DITADURA e
SERVIÇO SOCIAL

EDITORA AFILIADA

Dados Internacionais de Catalogação na Publicação (CIP)
(Câmara Brasileira do Livro, SP, Brasil)

Netto, José Paulo
    Ditadura e serviço social : uma análise do serviço social no
Brasil pós-64 / José Paulo Netto. – 17. ed. – São Paulo : Cortez,
2015.

    ISBN 978-85-249-2318-0

    1. Brasil – História 2. Serviço social – Aspectos políticos –
Brasil 3. Serviço social – Brasil I. Título.

14-13087
CDD-361.981

Índices para catálogo sistemático:

1. Brasil : Serviço social   361.981

José Paulo Netto

DITADURA e SERVIÇO SOCIAL

uma análise do Serviço Social no Brasil pós-64

17ª edição
5ª reimpressão

DITADURA E SERVIÇO SOCIAL. Uma análise do Serviço Social no Brasil pós-64
José Paulo Netto

Capa: de Sign Arte Visual
Revisão: Maria de Lourdes de Almeida
Composição: Linea Editora Ltda.
Coordenação editorial: Danilo A. Q. Morales

Nenhuma parte desta obra pode ser reproduzida ou duplicada sem autorização expressa do autor e do editor.

© 1990 by José Paulo Netto

Direitos para esta edição
CORTEZ EDITORA
Rua Monte Alegre, 1074 – Perdizes
05014-001 – São Paulo – SP
Tel.: (11) 3864-0111   Fax: (11) 3864-4290
E-mail: cortez@cortezeditora.com.br
www.cortezeditora.com.br

Impresso no Brasil — maio de 2023

*À Paulo e Nenem, meus pais, e à
memória de Giocondo Dias, meu
amigo e camarada.*

"Voltarei a estes temas tantas vezes quanto o indicar o curso da minha investigação e da minha polêmica. Talvez exista em cada um destes ensaios o esquema, a intenção de um livro autônomo. Nenhum deles está acabado e não o estará enquanto eu viver e pensar e tiver algo a acrescentar ao que escrevi, vivi e pensei. [...] Novamente repito que não sou um crítico imparcial [...]. Meus juízos se nutrem de meus ideais, de meus sentimentos, de minhas paixões."

José Carlos Mariátegui

Sumário

APRESENTAÇÃO 13

NOTA DO AUTOR À 17ª EDIÇÃO 17

NÓTULA À 10ª EDIÇÃO 21

NOTA À 2ª EDIÇÃO 25

CAPÍTULO 1. A autocracia burguesa e o "mundo da cultura" 27
1.1 A significação do golpe de abril 30
1.2 A autocracia burguesa: o "modelo" dos monopólios 42
1.3 O processo da autocracia burguesa 52
1.4 A autocracia burguesa e o "mundo da cultura" 65
1.5 O enquadramento do sistema educacional 77
1.6 A política cultural da ditadura 94
1.7 O legado da ditadura e a tradição marxista 136

CAPÍTULO 2. A renovação do Serviço Social sob a autocracia
burguesa.. 151

2.1 A autocracia burguesa e o Serviço Social 155

2.2 O processo de renovação do Serviço Social 167

    2.2.1 Traços do processo de renovação do Serviço Social..... 171

    2.2.2 A erosão do Serviço Social "tradicional" no Brasil....... 179

    2.2.3 A erosão do Serviço Social "tradicional" na América
Latina.. 185

    2.2.4 As direções da renovação do Serviço Social no Brasil... 197

2.3 A formulação da perspectiva modernizadora 213

    2.3.1 Araxá: a afirmação da perspectiva modernizadora...... 217

    2.3.2 Teresópolis: a cristalização da perspectiva
modernizadora.. 229

    2.3.3 Sumaré e Alto da Boa Vista: o deslocamento da
perspectiva modernizadora 248

2.4 A reatualização do conservadorismo 258

    2.4.1 A nova roupagem do conservadorismo 261

    2.4.2 O recurso à fenomenologia..................................... 267

    2.4.3 Os novos caminhos — reais e tendenciais — do
regresso 276

        2.4.3.1 A recuperação explícita dos valores
tradicionais.. 277

        2.4.3.2 A centralização na dinâmica individual............. 283

    2.4.4 A formulação seminal da reatualização do
conservadorismo.. 289

2.5 A intenção de ruptura... 314

    2.5.1 Intenção de ruptura e universidade........................... 317

    2.5.2 As bases sociopolíticas da perspectiva da intenção de
ruptura 325

2.5.3 O processo da perspectiva da intenção de ruptura...... 331

    2.5.3.1 Momentos constitutivos da perspectiva da intenção de ruptura 332

    2.5.3.2 Continuidade e mudança no processo da intenção de ruptura 340

2.5.4 Dois tempos fundamentais na construção da intenção de ruptura... 349

    2.5.4.1 Belo Horizonte: uma alternativa global ao tradicionalismo.. 351

    2.5.4.2 A reflexão de Iamamoto: o resgate da inspiração marxiana................................. 367

2.5.5 Intenção de ruptura e modernidade 382

2.6 A renovação profissional: caminho e viagem 387

REFERÊNCIAS 393

Apresentação

O texto que se oferece ao público constituiu a segunda parte da minha tese de doutoramento,[1] e é editado agora sem modificações substanciais. Seu objetivo é fornecer um contributo ao esclarecimento do processo de renovação experimentado pelo Serviço Social no Brasil entre os anos 1960 e 1980, no nível de suas formulações a que convencionalmente se denomina de "teorização".

Assumindo uma perspectiva que se reclama explicitamente inspirada na teoria social de Marx, não pretendi escrever uma *história* do período mais recente da profissão.[2] Antes, procurei apanhar o processo de renovação no entrecruzamento de duas dinâmicas: da dinâmica abrangente das *demandas socioinstitucionais* postas ao Serviço Social e da dinâmica interna à *realidade profissional* (que envolve níveis outros que o da estrita "teorização"). Considerei esta

---

1. Intitulada originalmente *Autocracia burguesa e Serviço Social*, a tese (cuja primeira parte, sob o título *Capitalismo monopolista e Serviço Social*, será oportunamente publicada [esta obra, também pela Cortez Editora, foi editada em 1992. Nota da 2ª edição]) foi elaborada no marco do Programa de Estudos Pós-Graduados em Serviço Social da Pontifícia Universidade Católica de São Paulo. Aproveito a oportunidade para agradecer à banca examinadora — formada pelo meu orientador, dr. Octavio Ianni, e pelos professores Carlos Nelson Coutinho, Celso Frederico, Nobuco Kameyama e Úrsula M. S. Karsch — as observações críticas quando da defesa oral do trabalho, bem como a nota máxima que generosamente me concedeu.

2. Por isso mesmo, não tratei aqui de autores, textos, eventos e organizações cujo protagonismo seria de indispensável consideração num estudo de história.

dupla dinâmica como um processo único — diferenciado pelos ritmos próprios da ordem societária e do acúmulo profissional, enlaçado pelo movimento totalizante da formação social brasileira sob o regime autocrático burguês. A renovação aparece aqui, pois, como uma *resposta* construída pelos assistentes sociais na rede de relações que se entretecem na interação profissionalidade/sociedade. Dado o privilégio do enfoque sobre o nível de *formulação* do processo de renovação, o sistema de mediações determinante entre profissionalidade e sociedade que se me impôs na análise foi o do *horizonte sociocultural* em cujo âmbito se constituíram (ou se inscreveram) as referências ideais (teóricas e ideológicas) que alimentaram os esforços da elaboração formal-abstrata dos assistentes sociais.

Por isso mesmo, o primeiro capítulo aborda o conjunto de transformações econômico-sociais e políticas próprias do ciclo autocrático burguês, realçando seus rebatimentos na vida cultural brasileira; o segundo, focando o Serviço Social no contexto daquelas transformações, busca identificar as linhas de força presentes na elaboração mais representativa dos assistentes sociais que se lançaram à empresa teorizante.

É desnecessário dizer que um fio extremamente polêmico atravessa estes dois ensaios. No primeiro, onde a gravitação das dimensões ideopolíticas possui flagrante ponderação, afirmo um ângulo analítico alternativo à apreciação "esquerdista" (acadêmica ou não) e à avaliação *liberal* da ditadura, bem como de suas políticas educacional e cultural. No segundo, a polêmica é direcionada para o debate profissional — e a minha falta de "diplomacia" seguramente desagradará a gregos e troianos, inclusive a companheiros com quem, ao longo de anos turbulentos e tempos ásperos, travei lutas comuns e me vinculei solidária e afetuosamente. Neste ponto, só cabe fazer notar que *se critica apenas o que se respeita* e que o confronto aberto de ideias e posições é elemento constitutivo da relação intelectual fraterna, que não tem por alicerce omissões gentis. E ainda: não se faz polêmica teórico-crítica com salto alto e luvas de pelica — especialmente num território como o do Serviço Social, onde predomina uma exasperante ausência de nítidas contraposições.

Não tenho dúvidas quanto à relatividade e à insuficiência de muitas das conclusões a que cheguei (conclusões sempre parciais em investigações que se reivindicam consequentes), mas me anima a convicção (ainda a passar pelo crivo da crítica) de que não incorri em qualquer passo arbitrário ou infundado.[3]

Como é de praxe, devo declarar que a responsabilidade por tudo o que se explicita aqui é exclusivamente minha. Declaração que — como também é de praxe — não elude a minha dívida intelectual com um enorme rol de mestres e companheiros. Nomeá-los seria simplesmente impossível. Entre os mestres, não posso calar o meu débito para com o prof. Octavio Ianni: sem o seu apoio, este trabalho provavelmente teria outro significado e destino. Entre os companheiros, aliás, de países diversos, há que não esquecer aqueles com quem trabalhei no Instituto Superior de Serviço Social e no Instituto Superior de Economia (ambos em Lisboa); há que aludir ao núcleo diretivo e de pesquisadores vinculados, entre 1975 e 1985, ao Centro Latinoamericano de Trabajo Social (CELATS, de Lima); há que mencionar os meus colegas da Escola de Serviço Social da Universidade Federal do Rio de Janeiro (UFRJ), em especial os do programa de pós-graduação e, notadamente, Marilda Villela Iamamoto; há que contabilizar o estímulo que sempre me foi brindado pelos colegas da Faculdade de Serviço Social e do Programa de Estudos Pós-Graduados em Serviço Social da Pontifícia Universidade Católica de São Paulo (PUC-SP), principalmente por Miriam Veras Baptista, Úrsula

---

3. Meu empenho em fundar minimamente certos passos levou-me reiteradas vezes a muitas citações e referências. Para quem as julgar excessivas, recordo conhecido economista: "Nos últimos tempos, numerosos autores e editores convenceram-se de que os leitores podem se sentir ofendidos pelo uso de notas de rodapé. [...] Estou persuadido de que essa convicção carece de fundamento. Nenhuma pessoa culta pode sentir-se perturbada com a existência de uma nota em tipo miúdo ao fundo de uma página, e todas as pessoas, sejam elas profissionais ou leigas, precisam conhecer as credenciais de um fato quando este é mencionado. As notas de rodapé são também um índice expressivo do cuidado posto no estudo de um determinado assunto" (Galbraith, s/d., p. 29).

Karsch e Suzana Medeiros; há que lembrar, também, o diálogo fraterno que mantive, ao longo dos anos 1980, com os companheiros da ABESS; e, *last but not least*, há que pontuar a simpatia dos estudantes que, nestas e em outras latitudes, tiveram a pachorra de me ouvir ao largo do meu exercício docente. Devo agradecer, igualmente, a Emília Mazzola, responsável pela preparação mecanográfica original deste trabalho. E, enfim, a José Xavier Cortez e Antonio de Paulo Silva, que correm os riscos desta edição.

Meus amigos, poucos e bons, suportaram estoicamente as minhas desatenções durante o período em que me ocupei desta investigação. Escusa dizer que o ônus da minha dedicação a este projeto recaiu sobre os ombros daqueles que amo. Espero que o resultado não os decepcione.

Uma última palavra: na tentativa de oferecer uma contribuição à crítica do Serviço Social, acabei formulando, involuntária, mas necessariamente, uma *autocrítica*. Mas este aspecto das páginas seguintes, como diria o Claudín de outros tempos, é absolutamente secundário.

São Paulo, inverno de 1990

José Paulo Netto

Nota do autor à 17ª edição

*D*itadura e Serviço Social: uma análise do Serviço Social no Brasil pós- -64 continua gozando do favor do público, como o prova a necessidade desta reedição, mesmo passado quase um quarto de século desde a sua primeira edição (1991). Entende o autor que há que ser grato à benevolência dos leitores (docentes, pesquisadores, profissionais e estudantes) que prosseguem conferindo alguma atenção a este trabalho — e aproveita mais esta oportunidade para registrar o seu agradecimento.

Em reedições anteriores, fiz questão de manter o texto tal como foi apresentado originalmente e esclareci as razões desta opção na "Nótula à 10ª edição" (2007), razões e opção que se mantêm até hoje.

Há, porém, dois pontos para os quais tenho agora ocasião para pedir um cuidado especial daqueles que continuam ou continuarem a dar crédito a *Ditadura e Serviço Social...* O primeiro diz respeito ao (como já fiz notar no passado) "trato raso" que neste livro se concede à questão da pós-modernidade. O leitor que quiser compulsar o meu tratamento adequado desta questão dispõe de materiais minimamente suficientes para fazê-lo.[1]

---

1. Cf. o meu livro *Marxismo impenitente*: contribuição à história das ideias marxistas (São Paulo: Cortez, 2004. p. 139-161) e, sobretudo, o Posfácio que redigi para Carlos Nelson Coutinho, *O estruturalismo e a miséria da razão*. São Paulo: Expressão Popular, 2010.

O segundo ponto implica consideração mais complexa — relaciona-se ao conhecimento da história do período em que está situado o objeto da minha investigação, vale dizer: a ditadura instaurada em 1964 e sua crise. Neste livro que é agora reimpresso, pretendi oferecer uma análise da *dinâmica* do processo da ditadura, mas sem me deter sobre a sua *factualidade* nem expor a sua *história*. Ora, o déficit de conhecimento histórico das novas gerações que ingressam na universidade — dado de realidade que nenhum docente ignora — problematiza, sem qualquer dúvida, um melhor aproveitamento, pelos discentes, da argumentação exposta no Capítulo 1 de *Ditadura e Serviço Social*... Mas se, à época da publicação deste livro, a bibliografia sobre a história da ditadura não estava consolidada, hoje o quadro é muito diferente e as dificuldades *específicas* decorrentes daquele déficit podem ser facilmente obviadas.[2] No entanto, as lacunas que apresentam os estudantes no domínio da história apenas sinalizam as mazelas da formação institucional pré-universitária brasileira: por causas e motivos que não cabe evocar aqui, a maior parte dos nossos alunos chega à graduação acadêmica com um déficit que não só é notável no plano dos conhecimentos históricos, mas ainda mais perceptível no que toca ao seu universo lexical — dispõem de um vocabulário ativo extremamente pobre e limitado e um vocabulário passivo também muito restrito. Como este outro dado — também de realidade e de notório conhecimento dos docentes — remete aos problemas gerais da nossa educação fundamental e média, o ponto que assinalo aqui é de extrema complexidade para sua resolução. Mas é fato que ele compromete a relação dos estudantes com um texto como *Ditadura e Serviço Social*... Ao longo desses mais de vinte anos de circulação do livro, pude aferir em

---

2. Há, atualmente, bastante acessível, um largo rol bibliográfico (e mesmo fílmico) envolvendo inclusive bons textos à moda de crônica, sobre a ditadura — as origens e características do golpe do 1º de abril, seus sujeitos coletivos e individuais, os principais eventos ocorrentes nas suas décadas de vigência, suas transformações, seu aparato repressivo, sua orientação macroeconômica, suas políticas sociais e as consequências do ciclo ditatorial. Como um dos exemplos dessa documentação, permito-me remeter ao meu livro *Pequena história da ditadura brasileira (1964-1985)* (São Paulo: Cortez, 2014).

alguma medida as dificuldades experimentadas pelos estudantes. Admito que não vejo soluções imediatas para elas.

Por outra parte, as transformações sofridas pela universidade — implementadas a partir de 1997, especialmente no segundo consulado FHC — estão longe de favorecer, institucionalmente e no âmbito das ciências humanas e sociais, uma vida intelectual e cultural mais rica e potenciadora. Os governos que se sucederam desde aqueles tempos deletérios não providenciaram dispositivos que revertessem a degradação dos padrões da vida acadêmica; mesmo a *massificação* (que não pode ser identificada à *democratização*) que de fato promoveram no ensino superior não contribuiu em nenhuma escala para qualquer elevação qualitativa do seu nível. Estão aí mecanismos como a chamada "educação à distância" que, *da forma como tem sido operada*, servem para sinalizar a quantas andamos.

Refiro-me a estes dois pontos tão somente para dizer que trabalho com a hipótese segundo a qual um livro como *Ditadura e Serviço Social* tem cada vez menos a ver com a ambiência acadêmica dos dias correntes. Suas contínuas vendagem, circulação e citações constituem, para mim, confesso, algo pouco compreensível.

Ademais, e também já me reportei a isto em outras oportunidades (por exemplo, naquela mesma "Nótula à 10ª edição), *Ditadura e Serviço Social...* é apenas *uma* contribuição à análise de um decisivo momento histórico-evolutivo do Serviço Social no Brasil. Desde a sua publicação, desenvolveram-se numerosas investigações, cresceu a massa crítica e novos interlocutores e protagonistas surgiram no universo profissional — o estoque de conhecimentos qualificados sobre o Serviço Social constitui hoje um acervo de pesquisas que lançam nova luz sobre aspectos que o meu livro não tratou de modo mais intensivo ou, em função dos seus objetivos centrais, ladeou. Esta consideração não significa que julgo que *Ditadura e Serviço Social...* esteja "superado" — significa, tão somente, que já são necessárias novas determinações para ampliar, aprofundar e, se necessário, revisar algumas de suas ideias centrais. E estou convencido de que já há um acúmulo de pesquisa que viabiliza este procedimento.

Saiba o meu leitor: tenho claro, sem falsa modéstia, que, como outros contributos ao conhecimento do processo de constituição do Serviço Social no Brasil, este livro é *importante*. Meu compromisso com esta profissão, porém, me faz reiterar, com responsabilidade, que ele não é *suficiente*. É preciso ir *além* dele.

José Paulo Netto
Recreio dos Bandeirantes, outubro de 2014

Nótula à 10ª edição

Há mais de quinze anos, precisamente em 1991, saía à luz este livro. Não estimava o autor que, década e meia depois, ele tivesse novas edições, continuando a figurar em bibliografias de cursos de graduação e de concursos para provimento de cargos (públicos e privados) no âmbito do Serviço Social. Se se tornou, entre outros títulos, uma espécie de referência, deve-se a muito mais que ao seu valor intrínseco.

Deve-se, em primeiro lugar, ao favor com que o público profissional generosamente o acolheu. Mas, sobretudo, deve-se, julga hoje o autor, à carência de materiais similares, que sistematizem os avanços bibliográficos que foram realizados — mormente na produção derivada de dissertações e teses acadêmicas — nos últimos quinze anos. E fica aqui registrada a necessidade de que outras pesquisas avancem nesta linha de trabalho, revisando, retificando, enfim enriquecendo com a sua crítica o patamar de reflexão que se pôde plasmar neste livro. Porque, de fato, neste lapso temporal foi expressivo o acúmulo de conhecimentos que o Serviço Social brasileiro operou e que não se refrata no texto que o leitor tem em mãos: *Ditadura e Serviço Social: uma análise do Serviço Social no Brasil pós-64*, nesta décima edição, reproduz-se tal como foi apresentado desde a sua segunda edição que, reiterando a primeira, tão somente corrigiu gralhas e introduziu umas poucas indicações documentais novas à época.

Não se conclua daí que o autor abandonou inteiramente esta seara, como o provam, diferencialmente, por exemplo, os ensaios "Transformações societárias e Serviço Social — notas para uma análise prospectiva da profissão no Brasil" e "A conjuntura brasileira: o Serviço Social posto à prova", publicados na revista *Serviço Social & Sociedade* (São Paulo, Cortez Editora) respectivamente nos números 50 (ano XVII, abril de 1996) e 79 (ano XXV, setembro de 2004). Igualmente indevida é a conclusão de julgar que o autor pense que o texto não mereça reparos — merece-os e muitos; um único exemplo, entre vários: o trato raso que, nas últimas páginas do livro (item 2.5.5), se concede à questão da pós-modernidade.[1]

A reiteração do texto original de *Ditadura e Serviço Social...* tem outra razão: entende o autor que um livro, posto em circulação, tem a sua história e a sua circunstância e, por isso, *exceto no caso de uma profunda mudança nos fundamentos e nos juízos substantivos nele explicitados*, não cabe modificar-lhe qualquer linha ou aduzir-lhe qualquer esclarecimento ulterior. *Ora, o autor mantém, passados mais de quinze anos da publicação destas páginas, as mesmas convicções teórico-metodológicas à base das quais elas foram redigidas* — seguindo o bom caminho de Mariátegui, pensador a que recorreu na epígrafe, o autor de *Ditadura e Serviço Social...* prossegue *marxista convicto e confesso*. E ainda: *também sustenta hoje a essencialidade das análises e avaliações formuladas neste livro.* Consequentemente, as alterações que acaso fizesse haveriam de ser meramente adjetivas.

É desnecessário insistir em que *Ditadura e Serviço Social...* está longe, muito longe, de ser um trabalho definitivo. Neste sentido, o registro acima consignado, referido à demanda de novas pesquisas e de contribuições ainda mais críticas, não é uma concessão à retórica: é uma exigência que resulta do próprio desenvolvimento contemporâneo do Serviço Social brasileiro. E, sobretudo, advirta-se:

---

1. O autor, porém, deu-lhe um tratamento mais adequado num ensaio dedicado a Lukács, publicado em *Marxismo impenitente*: contribuição à história das ideias marxistas (São Paulo: Cortez, 2004. p. 139-161).

este mesmo desenvolvimento, a partir da quadra histórica que se abre com a derrota da ditadura (que é o limite da análise contida em *Ditadura e Serviço Social...*), está a reclamar que as investigações já realizadas sejam totalizadas e socializadas pelo/no coletivo profissional.

É provável que as observações que faço nesta *nótula* sejam pouco relevantes para os eventuais novos leitores deste livro. É provável que constituam, antes de mais, um excurso com o qual trato de me desonerar da complexa tarefa de fazer avançar até os dias correntes, de modo sistemático, a linha de análise de que *Ditadura e Serviço Social...* tornou-se um documento.

Mas, para além dessas probabilidades, há outra que, para o autor destas páginas, pode justificar a décima edição deste livro: é que — talvez — *Ditadura e Serviço Social...* sirva a seus novos leitores, no que toca à história brasileira e ao desenvolvimento do *corpus* do Serviço Social, para ilustrar a máxima de Mário de Andrade — *o passado não é exemplo, é lição.*

José Paulo Netto
Recreio dos Bandeirantes, verão de 2007

Nota à 2ª edição

Esta segunda edição de *Ditadura e Serviço Social* sai a público sem qualquer modificação significativa — apenas eliminaram-se algumas gralhas e foram atualizadas umas poucas indicações documentais (todas devidamente anotadas).

A manutenção integral do texto da primeira edição não sinaliza que o nível do conhecimento sobre os processos aqui analisados permaneceu o mesmo. De fato, entre aquela edição (1991) e esta, muito se produziu, especialmente no marco de dissertações de teses acadêmicas. Todavia, nem os novos acréscimos ao conhecimento, nem o debate provocado pelo livro justificam, até este momento e a meu ver, alterações em um trabalho que, agora como antes, continua tendo pretensões e limites muito claros — e cuja essencialidade ainda não me pareceu afetada pela crítica, aliás, benevolente.

José Paulo Netto
Rio de Janeiro, Natal de 1993

CAPÍTULO 1

A autocracia burguesa e o "mundo da cultura"

Os três lustros que demarcaram no Brasil a forma aberta da *autocracia burguesa* (Fernandes, 1975) — constituindo mesmo, no curso do seu desdobramento, um regime político ditatorial-terrorista — assinalaram, para a totalidade da sociedade brasileira, uma funda inflexão: afirmaram uma tendência de desenvolvimento econômico-social e político que acabou por modelar um *país novo*.

Ao cabo do ciclo ditatorial, *nenhum* dos grandes e decisivos problemas estruturais da sociedade brasileira (em larga escala postos pelo dilema do que Florestan Fernandes, reiteradamente, chamou "descolonização incompleta") estava solucionado. Ao contrário: aprofundados e tornados mais complexos, ganharam um dimensionamento mais amplo e dramático. A ditadura burguesa, porém, não operou deles uma reprodução "simples": realizou a sua reprodução "ampliada" — e aqui a sua *novidade*: o desastre nacional em que se resume o saldo da ditadura para a massa do povo brasileiro desenhou uma sociedade de características muito distintas das existentes naquela em que triunfou o golpe de abril.

O processo global que acabou por dar forma e substância a este país novo ainda não está inteiramente elucidado, embora sejam incontáveis as análises setoriais (muitas delas extremamente esclarecedoras) incidentes sobre ele.[1] E trata-se, de fato, de um processo

---

1. A documentação produzida com o objetivo de deslindar o processo de desenvolvimento (bem como da gênese e da crise) da ditadura brasileira, no país e no exterior, é verdadeiramente mastodôntica. Parte dela pode ser entrevista nas fontes de que aqui nos utilizamos.

global e unitário — uma unidade de diversidades, diferenças, tensões, contradições e antagonismos. Nele se imbricam, engrenam e colidem vetores econômicos, sociais, políticos (e geopolíticos), culturais e ideológicos que configuram um sentido predominante derivado da imposição, por mecanismos basicamente coercitivos, de uma estratégia de classe (implicando alianças e dissensões).

A remissão aos momentos mais cruciais deste processo, numa ótica de tratamento sintético, parece ser absolutamente imprescindível para estabelecer com alguma procedência as condições em que, no mesmo período, se desenvolveram (ou *não* se desenvolveram) certas tendências, paradigmas e linhas de reflexão no Serviço Social. A esta remissão dedica-se este capítulo.

1.1 A significação do golpe de abril

Nunca escapou aos analistas da ditadura brasileira que sua emergência inseriu-se num contexto que transcendia largamente as fronteiras do país, inscrevendo-se num mosaico internacional em que uma sucessão de golpes de Estado (relativamente incruentos uns, como no Brasil, sanguinolentos outros, como na Indonésia) era somente o sintoma de um processo de fundo: movendo-se na moldura de uma substancial alteração na divisão internacional capitalista do trabalho, os centros imperialistas, sob o hegemonismo norte-americano, patrocinaram, especialmente no curso dos anos sessenta, uma *contrarrevolução preventiva* em escala planetária (com rebatimentos principais no chamado Terceiro Mundo, onde se desenvolviam, diversamente, amplos movimentos de libertação nacional e social).[2]

---

2. Praticamente, toda a bibliografia séria acerca do golpe de abril tematizou as suas conexões internacionais (com especial ênfase na ingerência norte-americana, anos depois confirmada sem possibilidade de contestação: cf. Correa, 1977).

A finalidade da contrarrevolução preventiva era tríplice, com seus objetivos particulares íntima e necessariamente vinculados: adequar os padrões de desenvolvimento nacionais e de grupos de países ao novo quadro do inter-relacionamento econômico capitalista, marcado por um ritmo e uma profundidade maiores da internacionalização do capital; golpear e imobilizar os protagonistas sociopolíticos habilitados a resistir a esta reinserção mais subalterna no sistema capitalista; e, enfim, dinamizar em todos os quadrantes as tendências que podiam ser catalisadas contra a revolução e o socialismo.

Os resultados gerais da contrarrevolução preventiva, onde triunfou, mostraram-se nítidos a partir da segunda metade da década de 1960: a afirmação de um padrão de desenvolvimento econômico associado subalternamente aos interesses imperialistas, com uma nova integração, mais dependente, ao sistema capitalista; a articulação de estruturas políticas garantidoras da exclusão de protagonistas comprometidos com projetos nacional-populares e democráticos; e um discurso oficial (bem como uma prática policial-militar) zoologicamente anticomunista.[3] Tais resultados — por si sós indicadores consistentes do sentido e do conteúdo internacionais do processo em tela —, porém, alcançaram-se mediante vias muito diferenciadas, específicas, que concretizaram, nas sociedades em que se materializaram, formas econômicas, sociais e políticas cuja peculiaridade só é apreensível se se consideram os movimentos endógenos aos quais se engrenaram as iniciativas imperialistas. É esta dinâmica *interna* que responde pelo êxito (transitório) da estratégia promovida pelos centros imperialistas — e, portanto, não compete fazer coro com aqueles que, como Morel (1965), imaginavam que os golpes começavam nas metrópoles do capital monopolista internacional

---

3. A articulação deste discurso e desta prática nas frentes externa e interna operou-se através da *doutrina de segurança nacional*: na frente externa, a militância anticomunista encorpava-se na tese das "fronteiras ideológicas" e no compromisso com o alinhamento automático a Washington; na frente interna, com a síndrome da segurança total e a criminalização do dissenso político (o "inimigo interno"). São numerosas as fontes para a análise desta doutrina: cf. especialmente Comblin (1978) e Moreira Alves (1987).

(embora, sem o concurso delas, sua viabilidade — para não mencionar suas resultantes — fosse crítica). De fato, parece inteiramente estabelecido que, neste processo, o privilégio cabe aos vetores internos, endógenos, que se moviam no interior de cada sociedade.[4] Ou seja: a significação do golpe de abril, sem menosprezo da contextualidade internacional da contrarrevolução preventiva, deve ser buscada na particularidade histórica brasileira.

As linhas de força que mais decisivamente contribuíram para perfilar esta particularidade são conhecidas: a construção, desde o período colonial e com assombrosa, todavia explicável, perdurabilidade, de um arcabouço de atividades econômicas básicas *internas* cujo eixo de gravitação era o mercado *externo*, o mercado mundial em emergência e, ulteriormente, em consolidação (Prado Jr., 1963, 1965); a ausência de uma nuclear e radical ruptura com o estatuto colonial (Fernandes, 1975); a constituição, no quadro posto pelas duas condições acima citadas e, sobretudo, pelas circunstâncias próprias dadas pelo imperialismo, de uma estrutura de classes em que à burguesia não restava fundamento político-econômico objetivo para promover quer a evicção do monopólio oligárquico da terra — uma vez que não tinha impulsões de raiz para confrontar-se com o latifúndio —, quer para realizar suas "clássicas" tarefas nacionais, posta a sua formação dependente e associada com os centros externos (Sodré, 1964; Fernandes, 1975); o caráter do desenvolvimento capitalista no país, atípico em relação à sua evolução euro-ocidental, muito precocemente engendrando o monopólio (Guimarães, 1963) e derivando numa experiência industrializante tardia (Chasin, 1978; Cardoso de Mello, 1986).

A confluência destas linhas de força, sua interação recíproca com variável ponderação das suas respectivas importâncias em

---

4. Teóricos e atores políticos de nível convergem quanto a isso. Para citar somente dois exemplos, cf. Fernandes (1975) e Tavares (1980; este texto é originalmente de 1966; seu autor, Assis Tavares é pseudônimo, era membro proeminente da direção do PCB); é pertinente notar que a convergência analítica refere-se apenas à ponderação dos componentes endógenos.

diversos momentos do processo de formação do Brasil moderno, acabaram por configurar uma particularidade histórica (cujas expressões definidas já apareciam, nítidas, na Primeira República, mas que, a partir da sua crise, só fazem se precisar progressivamente) salientada em três ordens de fenômenos, distintos porém visceralmente conectados.

Em primeiro lugar, um traço econômico-social de extraordinárias implicações: o desenvolvimento capitalista operava-se sem desvencilhar-se de formas econômico-sociais que a experiência histórica tinha demonstrado que lhe eram adversas; mais exatamente, o desenvolvimento capitalista redimensionava tais formas (por exemplo, o latifúndio), não as liquidava: refuncionalizava-as e as integrava em sua dinâmica. Na formação social brasileira, um dos traços típicos do desenvolvimento capitalista consistiu precisamente em que se deu *sem realizar* as transformações estruturais que, noutras formações (v. g., as experiências euro-ocidentais), constituíram as suas pré-condições. No Brasil, o desenvolvimento capitalista não se operou *contra* o "atraso", mas mediante a sua contínua *reposição* em patamares mais complexos, funcionais e integrados.[5]

Em segundo lugar, uma recorrente exclusão das forças populares dos processos de decisão política: foi próprio da formação social brasileira que os segmentos e franjas mais lúcidos das classes dominantes sempre encontrassem meios e modos de impedir ou travar a incidência das forças comprometidas com as classes subalternas nos processos e centros políticos decisórios. A socialização da política, na vida brasileira, sempre foi um processo inconcluso — e quando, nos seus momentos mais quentes, colocava a possibilidade de um grau mínimo de socialização do *poder* político, os setores de ponta das classes dominantes lograram neutralizá-lo.

---

5. Esse traço, imperceptível às abordagens que consagram o dualismo à moda de Lambert, responde, em larga medida, pela crise *estrutural* do capitalismo no Brasil, que se arrasta há muito — e que, quando se conjuga com crises *cíclicas*, frequentemente deriva em rearranjos político-sociais significativos.

Por dispositivos sinuosos ou mecanismos de coerção aberta, tais setores conseguiram que um fio condutor costurasse a constituição da história brasileira: a exclusão da massa do povo no direcionamento da vida social.

Em terceiro lugar, e funcionando mesmo como espaço, como *topus* social, de convergência destes dois processos, o específico desempenho do Estado na sociedade brasileira — trata-se da sua particular relação com as agências da sociedade civil. A característica do Estado brasileiro, muito própria desde 1930,[6] não é que ele se sobreponha a ou impeça o desenvolvimento da *sociedade civil*: antes, consiste em que ele, sua expressão potenciada e condensada (ou, se se quiser, seu *resumo*), tem conseguido atuar com sucesso como um vetor de desestruturação, seja pela incorporação desfiguradora, seja pela repressão, das agências da sociedade *que expressam os interesses das classes subalternas*. O que é pertinente, no caso brasileiro, não é um Estado que se descola de uma sociedade civil "gelatinosa", amorfa, submetendo-a a uma opressão contínua; é-o um Estado que historicamente serviu de eficiente instrumento contra a emersão, na sociedade civil, de agências portadoras de vontades coletivas e projetos societários alternativos.[7]

---

6. Neste passo, são necessárias duas reservas: *a)* quanto ao alcance da assertiva: é possível que ela não valha apenas para o Estado brasileiro, mas tenha significação em outros marcos nacionais; a prudência, todavia, sugere não extrapolar; *b)* quanto ao referencial historiográfico: ele é evidentemente uma *indicação,* contudo assentada em que nenhuma investigação digna de crédito põe em dúvida, hoje, o caráter *capitalista* da sociedade brasileira quando da submersão da Primeira República.

7. Discutir em profundidade esta problemática nos afastaria grandemente de nossos objetivos. Mas é preciso, dada a atual generalização da tese acerca da "fragilidade" da sociedade civil brasileira em face do Estado, salientar com muita ênfase que nada está mais longe da realidade do que a visão proporcionada por este veio interpretativo. Em nosso juízo, ele expressa — mesmo quando trabalhado por autores inspirados na tradição marxista — um *viés liberal* na apreciação da dinâmica do sistema político, com uma tendencial subestimação das determinações de classe que nele operam, derivando, no limite, em flagrante *politicismo*. Por outra parte, e numa posição antípoda no espectro ideológico, a tese foi antecipada como elemento factual da sociedade brasileira por pensadores claramente conotados com o reacionarismo, como Oliveira Viana (Ianni, 1981a e Vieira, 1981).

DITADURA E SERVIÇO SOCIAL

A expressão sintética destes fenômenos na formação social brasileira aparece na dinâmica da organização da economia e da sociedade no processo em que as relações sociais capitalistas saturam e determinam o espaço nacional: o desenvolvimento tardio do capitalismo no Brasil torna-o heteronômico e excludente (Chasin, 1978 e Cardoso de Mello, 1986); os processos diretivos da sociedade são decididos "pelo alto" (notadamente, mas não de forma exclusiva, por núcleos encastelados na estrutura do Estado).[8] Condensa-se aí, em boa medida, a particularidade da formação social brasileira.

Ora, precisamente estas linhas de força adquirem uma *dinâmica crítica* na entrada dos anos sessenta. Por força de um processo cumulativo que vinha dos meados da década anterior — e a que, obviamente, não são alheios os eventos econômicos e políticos ocorrentes na cena internacional —, cria-se uma conjuntura que põe a *possibilidade objetiva* de promover uma significativa inflexão na sociedade brasileira, alterando e revertendo aquelas linhas de força.

De uma parte, começa a exaurir-se o desenvolvimento fundado naquele modelo que estudiosos cepalinos denominaram de substituidor de importações (Tavares, 1972). Mais concretamente, a *industrialização restringida* passa a ceder o lugar, mormente a partir de 1956, à *industrialização pesada,* implicando um *novo padrão de acumulação.*[9] O modelo de desenvolvimento emergente supunha um crescimento acelerado da capacidade produtiva do setor de bens de produção e do setor de bens duráveis de consumo e, notadamente, um financiamento que desbordava as disponibilidades do capital nacional (privado) e estrangeiro já investidos no país; simultanea-

---

8. O caráter recorrente destas decisões "pelo alto" — que tem similitudes com o que Gramsci conceptualizava como "revolução passiva" (ou "revolução-restauração") — levou Coutinho (in VV. AA., 1974 e 1980) a pensar como traço característico da formação brasileira, inspirando-se em Lênin e em Lukács, a *via prussiana;* com inspiração análoga, mas procurando uma maior particularização, Chasin (1978) tematizou a *via colonial-prussiana.*

9. Cf. Cardoso de Mello (1986, p. 117 ss.); neste passo, resumimos e adaptamos a pertinente argumentação desse autor. Para análises diversas, cf., entre outros, Frank (1967), Furtado (1968) e Marini (1969).

mente, esta expansão acarretava "uma desaceleração do crescimento, ainda que se mantivesse a mesma taxa de investimento público, uma vez que a digestão da nova capacidade produtiva criada nos departamentos de bens de produção e de bens de consumo capitalista provocaria um corte significativo no investimento privado" (Cardoso de Mello, 1986, p. 121). Em suma, na entrada dos anos sessenta, a dinâmica endógena do capitalismo no Brasil, alçando-se a um padrão diferencial de acumulação, punha na ordem do dia a redefinição de esquemas de acumulação (e, logo, fontes alternativas de financiamento)[10] e a iminência de uma crise. Se esta não aparecia como tal aos olhos dos estratos industriais burgueses, a questão da acumulação mostrava-se óbvia.

Este quadro, com efeito, amadurecera nos anos de implementação do *Plano de Metas*, em seguida a 1956.[11] Nos primeiros anos da década de 1960, contudo, a *solução econômica* articulada para a consecução do *Plano de Metas* viu-se vulnerabilizada *politicamente*. De que solução se tratara? Basicamente, de um rearranjo nas relações entre o Estado, o capital privado nacional e a grande empresa transnacional, entregando-se a esta uma invejável parcela de privilégios.[12]

---

10. O problema do financiamento, discriminado por setores, e sua influência nas mudanças da estrutura produtiva foram analisados por Tavares (1972, p. 132 ss.).

11. "Não é difícil entender que um processo como este exigia como pré-requisito um determinado grau de desenvolvimento do capitalismo, uma ampliação das bases técnicas da acumulação que se fizera durante a fase da industrialização restringida. Porém, não é menos certo que a industrialização pesada tinha escassas possibilidades de nascer como mero desdobramento do capital nacional e estrangeiro empregado nas indústrias leves: nem se dispunha de instrumentos prévios de mobilização e centralização de capitais, indispensáveis à maciça concentração de recursos internos e externos exigida pelo bloco de investimentos pesados, nem se poderia obter a estrutura técnica e financeira dos novos capitais a partir da diversificação da estrutura produtiva existente. A expansão, portanto, não poderia deixar de estar apoiada no Estado e no novo capital estrangeiro, que se transfere sob a forma de capital produtivo" (Cardoso de Mello, 1986: 118).

12. "A ação do Estado foi decisiva [...] porque se mostrou capaz de investir maciçamente em infraestrutura e nas indústrias de base sob sua responsabilidade, o que estimulou o investimento privado não só por lhe oferecer economias externas baratas, mas, também, por lhe gerar demanda. [...] Coube-lhe, ademais, uma tarefa essencial: estabelecer *as bases da associação* com a grande empresa oligopólica estrangeira, definindo, claramente, um esquema

Entretanto, o suporte *político* deste arranjo, que parecera estável nos últimos anos da década de 1950, passa a sofrer forte erosão entre 1961 e 1964.

Após o fracasso da intentona golpista que cercou a renúncia de Quadros (agosto de 1961), as forças mais expressivas do campo democrático — responsáveis, aliás, pela manutenção das liberdades políticas fundamentais no seguimento dos eventos posteriores ao 25 de agosto — ganharam uma nova dinâmica. Com Goulart à cabeça do Executivo, espaços significativos do aparelho de Estado foram ocupados por protagonistas comprometidos com a massa do povo e, mesmo enfrentando um Legislativo onde predominavam forças conservadoras, tais protagonistas curto-circuitaram em medida ponderável as iniciativas de repressão institucional (Moniz Bandeira, 1977).

Em face de um Executivo permeado de protagonistas políticos com elas comprometidos, as forças democráticas vinculadas mormente às classes subalternas mobilizaram-se febrilmente. Acumulando reservas desde o governo constitucional de Vargas, o campo democrático e popular articulava uma importante ação unitária no terreno sindical, politizando-o rapidamente, e colocava em questão — sob a nem sempre inequívoca bandeira das reformas de base — o eixo sobre o qual deslizara até então a história da sociedade brasileira: o capitalismo sem reformas e a exclusão das massas dos níveis de decisão.[13]

A emersão de amplas camadas trabalhadoras, urbanas e rurais,[14] no cenário político, galvanizando segmentos pequeno-burgueses

---

de acumulação e lhe concedendo generosos favores" (Cardoso de Mello, 1986: 118). Neste rearranjo, como o mesmo estudioso esclarece em seguida, o capital industrial nativo também obteve ganhos significativos.

13. Sobre a movimentação e a politização das organizações sindicais, cf. especialmente Neves (1982). A discussão sobre as "reformas de base" aparece nítida nos vários textos da coleção *Cadernos do Povo* (1961-1964), da Editora Civilização Brasileira (Rio de Janeiro), e recebe um tratamento privilegiado em Corbisier (1968).

14. É certo que diferencialmente: a mobilização urbana tinha características muito próprias e, por outra parte, não se conseguiu uma articulação entre o movimento sindical urbano e o rural, com menores tradições organizativas e submetido a formas repressivas muito cruéis

(com especial destaque para camadas intelectuais) e sensibilizando parcelas da Igreja católica e das Forças Armadas, era um *fato novo* na vida do país.[15] Do nosso ponto de vista, esta emersão não colocava em xeque, imediatamente, a *ordem capitalista*: colocava em questão a modalidade específica que, em termos econômico-sociais e políticos, o desenvolvimento capitalista tomara no país. Vale dizer: a ampla mobilização de setores democráticos e populares, que encontrava ressonância em várias instâncias do aparelho estatal, não caracterizava um quadro pré-revolucionário. Não fora o golpe, é bastante provável que seus desdobramentos originassem um reordenamento político-social capaz de engendrar uma situação pré-revolucionária; no entanto, o contexto de precipitação social ocorrente entre 1961 e 1964 não a tipificava.[16]

Esta apreciação não deixa de lado a existência, no bojo das aspirações e demandas do movimento democrático e popular, de conteúdos objetivamente revolucionários — eles existiam e possuíam um vetor classista nítido, inserido especialmente nas articulações do movimento operário e sindical.[17] Nas condições brasileiras de então,

---

(inclusive exercidas por aparatos privados). Para uma sinopse das condições de luta no campo, cf. Forman (1984) e Martins (1986).

15. Não cabe traçar aqui a panorâmica deste período. Além do recurso aos periódicos da época e ao memorialismo dos protagonistas, deve-se apelar a Moniz Bandeira (1977).

16. Esta avaliação — que arranca de análise matrizada pelo mesmo enfoque contido em Tavares (1980) — consistiu, e ainda consiste, num dos pontos quentes da apreciação do processo vivido pelo país à época. Particularmente depois do golpe de abril, contra ela se posicionaram todas as forças de esquerda que acabaram por privilegiar, em detrimento das lutas políticas de massas, o confronto armado com a ditadura como forma de resistência. Momento especial desta polêmica, que até hoje permanece acesa, foram os debates em torno da obra de Prado Jr., *A revolução brasileira* (1966), nos quais Tavares (1966) teve papel destacado. Para apreciações alternativas, cf., além do citado texto de Prado Jr., Santos (1969) e Gorender (1987).

17. A extrema vulgarização — não só no Brasil — da denominada *teoria do populismo* (teoria que, no plano analítico, teve expressões canônicas e diferentes em Ianni, 1975 e 1975a, e em Weffort, 1978), no pós-64, contribuiu, com certeza independentemente da vontade dos seus autores, para desqualificar os grandes esforços e as grandes lutas do movimento operário e sindical, colaborando até com "uma *ofensiva ideológica* cuja finalidade era a de denegrir o passado recente do movimento sindical. [...] Até mesmo muitos intelectuais de esquerda [...] passariam a interpretar o período pré-1964 como um grande mal entendido. A análise da luta de classes foi substituída pelo discurso moralizante que condenava a ação das cúpulas

as requisições contra a exploração imperialista e latifundista, acrescidas das reivindicações de participação cívico-política ampliada, apontavam para uma ampla reestruturação do padrão de desenvolvimento econômico e uma profunda democratização da sociedade e do Estado; se, imediatamente, suas resultantes não checavam a ordem capitalista, elas punham a possibilidade concreta de o processo das lutas sociais alçar-se a um patamar tal que, por força da nova dinâmica econômico-social e política desencadeada, um novo *bloco de forças político-sociais* poderia engendrar-se e soldar-se, assumindo e redimensionando o Estado na construção de uma nova hegemonia e na implementação de políticas democráticas e populares nos planos econômico e social. A consequência, a médio prazo, do que estava em jogo — não capitalismo ou socialismo, mas reprodução do desenvolvimento associado e dependente e excludente ou um processo profundo de reformas democráticas e nacionais,[18] an-

---

do 'sindicalismo populista' que, fazendo o jogo da 'burguesia nacional', manipulava e corrompia a consciência de classe do operariado através da 'ideologia nacional-desenvolvimentista' etc. etc." (Frederico, 1987: 19). Um dirigente operário, acerca deste tipo de análise, ainda predominante nos meios acadêmicos, observou: "Tudo o que aconteceu antes de 1964 [...] tinha de ser esquecido. [...] E alguns intelectuais entraram nessa da reação. Descobriram uma palavra, o populismo [...]. Eles jogaram muito tempo sozinhos, num período em que uns estavam na cadeia, no exílio, e outros nem na cadeia, nem no exílio. [...] Se 1964 foi tudo isso que eles concluíram e querem passar para nova geração, a pergunta é: por que deram o golpe? Ora, se tudo era populismo, então os generais estavam todos bêbados [...]. Porque, se antes estava tudo dentro da linha, se não havia conteúdo revolucionário, se não havia uma mobilização de classe, não tinha nenhum motivo para mexer no poder da classe dominante" (Affonso Delellis, presidente do Sindicato dos Metalúrgicos de São Paulo em 1963-1964, apud Frederico, 1987, p. 20).

A crítica à teoria do populismo desborda os limites deste trabalho (no plano político, há elementos para ela em Trías [1979]; uma abordagem teórica alternativa aparece em Andrade [1979]; mas uma cuidadosa apreciação teórico-crítica está em Barbosa Filho [1980]). É impossível deixar de anotar, contudo, que sua vulgarização se insere numa ampla cruzada ideológica de crítica, formalmente de esquerda, às esquerdas pré-1964 (cujo alvo prioritário, velada ou abertamente, são os movimentos em que os comunistas — e, para a época, falar em comunistas é falar especialmente do PCB — dispunham de hegemonia) que tem servido, de fato, para obscurecer e mistificar a verdade histórica. Boa parte dos novos cruzados não deixa de ser herdeira dos *radicais de ocasião*, tão finamente retratados por Cândido (1978).

18. A crítica formalmente de esquerda ao nacionalismo do pré-1964, inserida na mesma cruzada ideológica mencionada na nota anterior, é outro dos pratos prediletos do mandari-

ti-imperialistas e antilatifundistas — poderia ser a *reversão* completa daquela particularidade da formação social brasileira; o significado desta reversão, numa perspectiva de revolução social, é óbvio.

Durante o governo Goulart, portanto, a sociedade brasileira defrontava-se necessariamente com um tensionamento crescente. A continuidade do padrão de desenvolvimento iniciado anos antes colocava, pela sua própria dinâmica, alternativas progressivamente mais definidas, acentuadas pela crise previsível (desaceleração do crescimento) que se manifesta claramente a partir de 1962. No curso de 1963, as divisórias se mostram cristalinamente: ou o capital nacional (privado) concertava com o Estado um esquema de acumulação que lhe permitisse tocar a industrialização pesada, ou se impunha articular um outro arranjo político-econômico, privilegiando ainda mais os interesses imperialistas, que sustentasse a consecução do padrão de desenvolvimento já em processamento. A primeira alternativa, na qual apostavam as forças democráticas e populares, continha, *para o capital,* os riscos assinalados na projeção a médio prazo que desenhamos linhas atrás, todos derivados da democratização (da sociedade e do Estado) que implicaria para efetivar-se — sem contar com o peso que o Estado (no qual já rebatiam claramente os interesses populares) acabaria por adquirir na própria economia.[19] A segunda, sem prejuízo das fricções existentes entre

---

nato acadêmico. Realizada abstratamente, termina sempre por concluir que o nacionalismo (junto com a ideologização do desenvolvimento e o populismo) foi um instrumento de mistificação das massas, de acobertamento das contradições de classe etc. Vasta é a produção universitária que lavra nesta seara e dispensamo-nos de indicá-la.

Cabe ressaltar que não se desqualifica aqui a necessidade de estabelecer uma crítica rigorosa do comportamento das esquerdas no pré-1964 — tal crítica é *indispensável.* Se, porém, ela não for operada a partir de uma análise cuidadosa e honesta do efetivo processo sociopolítico e econômico que se desenrolava à época, pode levar à conclusão — que, aliás, é a destilada por boa parcela de análises acadêmicas — de que os responsáveis pelo golpe de abril estão nas esquerdas. Ninguém duvida de que os erros das esquerdas pesaram na derrota de abril; mas creditar a elas a derrocada de 1964 é solidarizar-se com os promotores do golpe.

19. Lembra Cardoso de Mello (1986: 120) que a burguesia industrial brasileira "não era mesmo capaz sequer de definir com o Estado um esquema de acumulação que não significasse a *estatização* quase completa dos novos setores. Sua fraqueza política, que correspondia

DITADURA E SERVIÇO SOCIAL   41

setores da burguesia brasileira e o imperialismo, esboçava-se com uma quase ausência de riscos *políticos* para o capital, precisamente na exata escala em que neutralizava, mesmo que temporariamente, as forças mais aguerridas do campo democrático.

Toda a movimentação sociopolítica de 1963 a março de 1964 gira em torno da solução a ser encontrada. O arco de alianças que sustenta Goulart vai perdendo a sua relativa autonomia política em face da premência de decisões que a dinâmica econômica (precipitada pela crise) impõe. O campo democrático é atravessado por divisões (substantivas umas, adjetivas a maioria), enquanto a direita, que vinha de longo processo conspirativo,[20] vai colecionando adesões e saindo da sombra — naturalmente, com a utilização intensiva das instâncias do aparelho estatal sob seu controle e com as posições que detinha e que amplia na sociedade civil, com o veloz deslocamento de forças vacilantes.

O desfecho de abril foi a *solução política* que a força impôs: a força bateu o campo da democracia, estabelecendo um *pacto contrarrevolucionário* e inaugurando o que Florestan Fernandes qualificou como "um padrão compósito e articulado de dominação burguesa".[21] Seu significado imediatamente político e econômico foi óbvio: expressou a derrota das forças democráticas, nacionais e populares; todavia, o seu significado histórico-social era de maior fôlego: *o que o golpe derrotou foi uma alternativa de desenvolvimento econômico-social e político que era virtualmente a reversão do já mencionado fio condutor da formação social brasileira.* O que os estrategistas (nativos ou não) de 1964 obtiveram foi a postergação de uma

---

à sua fragilidade econômica, retirava-lhe, por outro lado, qualquer esperança de 'privatizar' no futuro o Estado".

20. O minucioso trabalho de Dreifuss (1981) é uma preciosa fonte para reconstituir o processo conspiratório, identificando seus financiadores e protagonistas.

21. Dissecando a fórmula de Florestan, Martins (1977, p. 209) esclarece que este pacto "visava a beneficiar, sem exceção, todas as classes proprietárias: tanto os setores burgueses mais progressistas, quanto os mais avançados, como a burguesia industrial; tanto as ligadas à produção, quanto às ligadas ao comércio e às finanças; tanto as mais poderosas, como as empresas multinacionais, quanto as mais débeis, como a pequena e a média empresa nacionais [...]".

inflexão política que poderia — ainda que sem lesionar de imediato os fundamentos da propriedade e do mercado capitalistas — romper com a heteronomia econômica do país e com a exclusão política da massa do povo. Nesse sentido, o movimento cívico-militar de abril foi inequivocamente *reacionário* — resgatou precisamente as piores tradições da sociedade brasileira. Mas, ao mesmo tempo em que recapturava o que parecia escapar (e, de fato, estava escapando mesmo) ao controle das classes dominantes, deflagrava uma dinâmica nova que, a médio prazo, forçaria a ultrapassagem dos seus marcos.

1.2 A autocracia burguesa: o "modelo" dos monopólios

Se tem procedência o veio analítico que estamos explorando, o fulcro dos dilemas brasileiros no período 1961-1964 pode ser sintetizado na constatação de *uma crise da forma da dominação burguesa no Brasil*, gestada fundamentalmente pela contradição entre as demandas derivadas da dinâmica do desenvolvimento embasado na industrialização pesada e a modalidade de intervenção, articulação e representação das classes e camadas sociais no sistema de poder político. O padrão de acumulação suposto pelas primeiras entrava progressivamente em contradição com as requisições democráticas, nacionais e populares que a segunda permitia emergir. O alargamento e o aprofundamento desta contradição, precipitados pelas lutas e tensões sociais no período, erodiam consistentemente o lastro hegemônico da dominação burguesa.

Aos estratos burgueses mais dinâmicos abriam-se duas alternativas: um rearranjo para assegurar a continuidade daquele desenvolvimento, infletindo as bases da sua associação com o imperialismo, pela via da manutenção das liberdades políticas fundamentais ou um novo pacto com o capital monopolista internacional (nomeadamente o norte-americano), cujas exigências chocavam-se com posições tornadas possíveis exatamente pelo jogo democrático. No primeiro caso, além de conjunturais traumatismos econômicos, a reafirmação hegemônica da burguesia haveria de *concorrer* com projetos alternativos (de classes não burguesas e/ou não possidentes) de *direção* da sociedade. No segundo, ademais da garantia sem alterações substanciais do regime econômico capitalista, estava dada a evicção, a curto prazo, do problema da hegemonia, com a hipertrofia do conteúdo coativo da dominação. Sabe-se em que sentido os setores burgueses resolveram os seus dilemas: deslocaram-se para o campo da antidemocracia.

Tal deslocamento, como ocorreu em abril de 1964, implicou, em relação ao passado recente da formação social brasileira, um movimento simultaneamente de continuidade e de ruptura. A continuidade expressa-se no resgate, que já indicamos, das *piores* tradições da nossa sociedade — a heteronomia e a exclusão, bem como as soluções "pelo alto"[22] —; consiste, especialmente, no *reforçamento* do papel peculiar do Estado, que se situa como o espaço privilegiado para o trânsito e o confronto dos interesses econômico-sociais em enfrentamento.[23] Entretanto, as dimensões principais do sistema autocrático que se ergue a partir do golpe de 1964 são as que transcendem a pura reiteração (com maior ou menor ênfase) dos traços consagrados na formação brasileira — são exatamente as que deter-

---

22. O juízo de valor aqui expresso naturalmente horroriza a "objetividade" das chamadas ciências sociais travejadas pelo positivismo. Não há por que preocupar-se com a sua irritação: basta levar em conta o saldo factual da ditadura.

23. Este papel peculiar do Estado brasileiro foi bem apanhado por um lúcido analista: "[...] o Estado que emerge no Brasil a partir da Revolução de 1930, e se consolida no curso do processo de industrialização, é um Estado que não se limita a garantir a ordem capitalista (quer dizer: manter as condições sociais externas à produção capitalista), mas que passa a atuar *internamente* ao sistema de produção para organizar a acumulação, tornando-se ao mesmo tempo promotor e autor da industrialização" (Martins, 1985, p. 33). O mesmo autor chama também a atenção para outro aspecto da funcionalidade estatal, a que retornaremos adiante: as mediações de que se incumbe em face do imperialismo: "[...] o Estado não apenas passa a desempenhar papel decisivo na organização (por via administrativa) da acumulação, como tem também que gerir o relacionamento com o 'centro' capitalista, mediar a ação dos grupos estrangeiros inseridos na produção local" (idem, ibidem, p. 25).

minam os traços que caracterizam a *novidade* do que se constituiu precisamente em centro articulador e meio coesionador da autocracia burguesa, o *seu* Estado. Estes traços novos são postos só secundariamente pela sua gênese imediata (a crise da forma anteriormente vigente da hegemonia burguesa, sua solução política pela coerção contra a massa do povo); primariamente, configuram-se e constelam-se nucleados pelo *caráter concreto* da sua funcionalidade, pelas tarefas de projeção histórico-societária que tinha a cumprir e pelo referencial político-ideológico que o enformava.

Já se mencionou que a articulação político-social que fundava o Estado brasileiro às vésperas de 1964 problematizava a continuidade do padrão de desenvolvimento dependente e associado que se engendrara em meados da década de 1950. O Estado que se estrutura depois do golpe de abril expressa o rearranjo político das forças socioeconômicas a que interessam a manutenção e a continuidade daquele padrão, *aprofundadas a heteronomia e a exclusão*. Tal Estado concretiza o pacto contrarrevolucionário exatamente para assegurar o *esquema de acumulação* que garante a prossecução de tal padrão, mas, isto é crucial, readequando-o às novas condições internas e externas que emolduravam, de uma parte, o próprio patamar a que ele chegara e, de outra, o contexto internacional do sistema capitalista, que se modificava acentuadamente no curso da transição dos anos 1950 aos 1960.[24] Readequado, *aquele esquema é definido em proveito do grande capital, fundamentalmente dos monopólios imperialistas*. O Estado erguido no pós-64 tem por funcionalidade assegurar *a reprodução do desenvolvimento dependente e associado*, assumindo, quando intervém diretamente na economia, o papel de repassador de renda para os monopólios, e politicamente mediando os conflitos setoriais e intersetoriais em benefício estratégico das corporações transnacionais na medida em que o capital nativo ou está coordenado com elas ou com elas não pode competir

---

24. Dispensamo-nos de aprofundar aqui este contexto *novo*, que se encontra amplamente debatido, entre outras fontes, em Magdoff (1969), Mandel (1976) e Mathias e Salama (1983).

(e não é infrequente que a coordenação se dê também por incapacidade para competir).[25]

Trata-se, pois, de uma funcionalidade *econômica e política*: a definição do novo esquema de acumulação é tanto a discriminação dos agentes a serem privilegiados como a daqueles a serem preteridos e, portanto, implica também um determinado marco para operar o processo de legitimação política. O universo extremamente reduzido dos protagonistas a serem beneficiados no novo esquema, contudo, não é a única, nem a mais significativa, das variáveis — a ela se conecta o peso específico de cada protagonista e, no caso em tela, a gravitação do grande capital imperialista é inconteste: a reprodução do desenvolvimento dependente e associado, nas novas condições, potenciava os mecanismos de *transferência de opções e valores* (sob a forma ou não de renda) para *loci* situados fora do circuito da economia nacional.[26] De onde uma solidariedade efetiva entre os segmentos associados em setores definidos, mas de onde, igualmente, um enorme leque de fricções e tensões na participação em novos setores (ou na participação em setores consorciados em fase de expansão);[27] fricções e tensões estas que, em conjunturas onde

---

25. Os dados empíricos da funcionalidade econômica do Estado ditatorial não deixam nenhuma dúvida de que ele esteve a serviço do capital monopolista (cf., por exemplo, Moniz Bandeira, 1975). O privilégio que concede ao imperialismo, contudo, não é absoluto e incondicional — ele está atravessado também pela presença do capital monopolista nativo e, quando a magnitude deste propicia e/ou exige, os confrontos emergem. Também aqui, pelo Estado confluem conflitos e tensões; não por acaso, comentando a política econômica de Estados como o ditatorial brasileiro, Mathias e Salama (1983: 10) escrevem que "caracteriza-se assim por uma dualidade: ela expressa o peso de uma divisão internacional do trabalho sofrida por tais países e, ao mesmo tempo, é a expressão de uma tentativa para modificá-la".

26. A descrição do "modelo econômico" da ditadura como sustentado pelo tripé capital nacional/capital estrangeiro/capital do Estado é, portanto, insuficiente, se não se os dimensiona particularmente. Para alguns dados estatísticos, sinóticos porém esclarecedores, cf. as tabelas apresentadas por Moreira Alves (1987, p. 336-337) e recorrer ainda a Moniz Bandeira (1975), Martins (1975) e Arruda et al. (1975).

27. Em boa medida, deve-se a este jogo de tensões o espaço por onde se moveu — durante algum tempo, em aparente contradição com a sua política global — o segmento estatal incumbido da política externa. Muito desenvolto durante a vigência do chamado "pragmatismo responsável" (período Geisel), este segmento jamais pôs em xeque as relações

o ciclo econômico experimentou momentos depressivos, se conden-savam nas tendências de as partes mais afetadas buscarem soluções políticas alternativas.[28]

O que importa acentuar, nesta funcionalidade econômica e política do Estado emergente depois do golpe de abril, é que ela determinava, simultaneamente, as suas bases sociais de apoio e de recusa. Nas condições dadas, promover a heteronomia implicava levar adiante a exclusão política — inclusive, para além das classes subalternas, a de setores da própria coalizão vitoriosa. Por isto mes-mo, reside naquela dupla funcionalidade do Estado pós-64 o seu caráter essencial: *ele é antinacional e antidemocrático*; o sistema de mediações que ele efetiva só se viabiliza na escala em que amplia e aprofunda a heteronomia (traço antinacional), mas, prejudicando um larguíssimo espectro de protagonistas de *todas* as classes, deve, para exercer seu poder, privá-los de mecanismos de mobilização, organização e representação (traço antidemocrático).[29] A exclusão é a expressão política do conteúdo econômico da heteronomia.

---

de dependência; em realidade, operou uma inteligentíssima intervenção no sentido de *disper-sar* a dependência (um esforço para compreender a 'diplomacia" da ditadura encontra-se em Martins, 1977; a fecunda ideia da "dispersão da dependência" foi avançada pelos comunistas brasileiros — cf. Partido Comunista Brasileiro, 1984).

28. Recorde-se, por exemplo, a "dissidência" de Albuquerque Lima. Por outro lado, parece claro que a crise da ditadura, na segunda metade dos anos 1970, está umbilicalmente relacionada a este processo, que deslocou da sua base social amplos segmentos burgueses (monopolistas inclusive).

29. Permito-me reproduzir uma passagem (ainda que não endossando o seu substrato teórico-analítico) em que o autor faz uma condensada apreciação da problemática em ques-tão: "Em tudo isso há um ponto central que é evidente por si mesmo: as massas populares tinham que ser excluídas do jogo do poder dada a impossibilidade de se constituir, entre os grupos dominantes, uma coalizão capaz de *dirigir* as classes trabalhadoras. Dirigir no senti-do gramsciano do termo, isto é, no sentido de exercer um controle hegemônico que, por basear-se na composição dos interesses e aspirações dos grupos dirigentes e dirigidos, con-ta com o assentimento voluntário dos dirigidos. [...] Em que se baseia a afirmação de que não havia condições para a formação de uma coalizão capaz de *dirigir* as classes trabalha-doras? [...] Quanto ao período que se inicia em 1964, a afirmação se baseia na lógica de funcionamento do padrão compósito de dominação que tende a conferir predominância política justamente à coalizão encabeçada pelo capital internacional, tradicionalmente hosti-lizado pelas lideranças do movimento popular e tipicamente incapaz de propor um modelo

A funcionalidade do Estado pós-1964, nesta ótica, introduz um curioso complexo de tensões no pacto contrarrevolucionário que assegurou a sua emergência. Aquele padrão compósito e articulado de dominação, a que se referiu Florestan Fernandes, vinculando o *conjunto* das classes possidentes, representando o seu interesse histórico coletivo, acabaria por vulnerabilizar *partes* significativas das mesmas classes possidentes. O segmento político-social que passou a controlar as efetivas instâncias do poder estatal não expressava — e nem poderia deria fazê-lo, dado o novo esquema de acumulação concertado — senão os nós vitais que *projetavam* e *decidiam* a continuidade do padrão de desenvolvimento dependente e associado. É assim que o pacto contrarrevolucionário refrata-se na divisão do poder: este é concentrado nas mãos de uma burocracia civil e militar que *serve* aos interesses consorciados dos monopólios imperialistas e nativos, integrando o latifúndio e deslocando a camada burguesa industrial que condensava a burguesia nacional.[30,31] A resultante é um Estado que estrutura um *sistema de poder* muito definido, onde confluem os monopólios imperialistas e a oligarquia financeira nativa.[32]

---

mobilizador e integrativo de transformação capitalista" (Martins, 1977, p. 214-215; uma interessante crítica a este trabalho encontra-se em Giannotti, 1985).

30. Não são de negar os interesses particulares-corporativos da vasta camada burocrática, civil e militar, que vicejou com a ditadura; entretanto, consideramos inteiramente equivocadas as análises que, a partir da constatação do grau de autonomização desta burocracia, querem ver nela uma "burguesia de Estado" (Cardoso, 1975) ou, mais generalizadamente, apontam para um "modo tecnoburocrático ou estatal" de produção (Bresser Pereira, 1977a); para a crítica dessas concepções, cf. especialmente Marques (1977), Belluzzo e Lima (1978), Coutinho (1980) e Giannotti (1985). Para uma valiosa investigação empírica acerca da constituição dessa camada burocrática no Brasil pós-64, cf. Martins (1985).

31. Escreve Martins (1977: 121): "[...] O novo padrão impôs uma perda substancial, absoluta e relativa, do poder de barganha da burguesia nacional. [...] A burguesia nacional ocupa, necessariamente, uma posição subordinada no seio da coalizão politicamente predominante". Mais adiante (p. 213), o mesmo analista conclui que a lógica econômico-política que se impõe em abril de 1964 "colocou nas mãos da burguesia internacional a liderança da coalizão politicamente predominante".

A categoria *burguesia nacional*, referenciada a países como o Brasil, é das mais polêmicas; em Ianni (1975, p. 53) encontra-se um rol bibliográfico útil para a sua problematização.

32. São ainda pouco frequentes as análises sobre a oligarquia financeira no Brasil; o estudo a que recorremos — e que foi divulgado clandestinamente ao tempo da ditadura — é o

A projeção histórico-societária de que deveria encarregar-se o Estado ditatorial estava inscrita, como necessário desenvolvimento da sua programática econômico-política, já, na implementação da continuidade do padrão de desenvolvimento dependente e associado — tratava-se de operar para a criação, no espaço nacional, das condições ótimas, nas circunstâncias brasileiras, para a consolidação do processo de concentração e centralização de capital que vinha se efetivando desde antes. Ao Estado pós-1964 cabia "racionalizar" a economia: não somente criar o melhor quadro *legal-institucional* para a concentração e a centralização, mas ainda *induzi-las* mediante uma ação *interna* no processo de produção e acumulação. A política econômica estatal, em todos os seus níveis (dos dispositivos tributários, creditícios e financeiros à alocação de capitais diretamente para a produção), deveria voltar-se para acelerar o processo de concentração e centralização. Isto equivale a determinar que, no Brasil, o Estado autocrático burguês não pode ser visto somente como tendo em sua gênese um processo de concentração e centralização prévio; em si mesmo, ele se constituiu para *induzir* esta concentração e esta centralização.[33] Analisado quantitativa e qualitativamente o período ditatorial, não resta nenhuma dúvida de que esta projeção histórico-societária, a que cabe perfeitamente a caracterização de *modernização conservadora*,[34] realizou-se exemplarmente,[35] amarrando toda a ordenação da economia brasileira.[36]

---

de Moraes (1972); para uma caracterização da oligarquia financeira, juntamente com uma panorâmica das classes sociais sob o Estado autocrático burguês (cf. PCB, 1984, p. 69 ss.).

33. Embora se discuta o *nível* efetivo desta concentração e centralização (como se percebe no debate acerca da vigência, no país, do chamado capitalismo monopolista de Estado (CME) — cf. Martins, 1977, Coutinho, 1980, Prestes, 1980; Cardoso de Mello, 1986), não há polêmica em torno do seu processamento e da sua indução pelo Estado ditatorial.

34. Referindo-se à dominação burguesa pós-64, Martins (1977, p. 219) fala em "coalizão internacional-modernizadora".

35. Uma análise qualitativa deste processo foi muito bem conduzida por Ianni (1981); uma panorâmica sintética encontra-se em Vieira (1983); uma interessante disquisição sobre o revestimento ideológico do projeto de concentração monopolista (travestido de "capitalismo social") deve-se a Covre (1983) e amplo material estatístico está disponível em Moreira Alves (1987).

36. Escusa ressaltar que este processo também atingiu em cheio o *campo*, dinamizando a ampliação da burguesia rural, reconcentrando a propriedade, arruinando o campesinato

A consecução desta projeção "modernizadora", segundo aquela articulação econômico-política que capturou a dinâmica das instituições estatais no pós-64, responde por uma das construções ditatoriais que mais profundamente marcou a vigência do regime autocrático burguês — o seu "modelo econômico".[37]

As linhas-mestras deste "modelo" concretizam a "modernização conservadora" conduzida no interesse do monopólio: benesses ao capital estrangeiro e aos grandes grupos nativos, concentração e centralização em todos os níveis etc. — consagradas inclusive em tentacular repertório operativo e normativo (fora de qualquer controle democrático ou parlamentar) acionado por conselhos e coletivos diretamente atrelados ao grande capital.[38] Elas instauraram o perfil e a estrutura econômico-social do Brasil legados pela ditadura: a internalização e a territorialização do imperialismo; uma concentração tal da propriedade e da renda que engendrou uma oligarquia financeira; um padrão de industrialização na retaguarda tecnológica e vocacionado para fomentar e atender demandas enormemente elitizadas no mercado interno e direcionado desde e para o exterior; a constituição de uma estrutura de classes fortemente polarizada, apesar de muito complexa; um processo de pauperização relativa praticamente sem precedentes no mundo contemporâneo;[39] a acen-

---

tradicional e *integrando,* sem eliminá-lo, o latifúndio. Sobre este ponto, cf. especialmente Silva (1982) e ainda Szmrecsányi (1979), Hoffmann (1979), Ianni (1979), Vinhas (1980), Sorj (1980) e Sampaio (1980).

37. É considerável a massa crítica sobre o "modelo econômico" da ditadura; para apreciações globais, cf. Tavares (1972), Furtado (1972), Singer (1973, 1976 e 1977), Fishlow (1974), Bresser Pereira (1977) e Santos (1979); um resumo conciso e contundente das linhas gerais do "modelo" encontra-se em Furtado (1981).

38. As condições do "modelo" tiveram uma operacionalização e normativização (embora em boa parte fungível ou permutável segundo as conjunturas ou eventuais interesses episódicos de grupos monopolistas) que ainda demandam análise pelas suas implicações no fluxo das relações econômicas e sociais. Dois exemplos deste tipo de análise necessária são, respectivamente sobre a política trabalhista e econômico-financeira da ditadura, as de Simões (1986) e Vianna (1987).

39. Avaliando globalmente o "modelo", Furtado (1981, p. 42) escreveu: "Poucas vezes ter-se-á imposto a um povo um modelo de desenvolvimento de caráter tão antissocial". Um dos instrumentos essenciais deste processo de pauperização relativa foram as políticas salariais

tuação vigorosa da concentração geopolítica das riquezas sociais, aprofundando brutais desigualdades regionais.[40] E lograram, ainda, cristalizar uma estrutura estatal-burocrática e administrativa conformada precisamente para gerir este "modelo" — estrutura parametrada pelas exigências do "modelo", mas (e este é um dos seus elementos mais significativos) enformada em escala ponderável por um referencial político-ideológico específico, aquele matrizado na doutrina de segurança nacional.[41]

Por todo o exposto, fica como indubitável que a programática do grande capital, na reprodução ampliada da continuidade do desenvolvimento dependente e associado, acentuando a subalternalidade da integração do país no sistema capitalista mundial e promovendo a concentração e a centralização no seu interior — fica como indubitável que esta programática implicaria a excepcionalidade política. Nas condições brasileiras de então, a supressão da democracia política haveria de responder, por uma parte, à necessidade de reverter o processo de democratização que estava em curso antes de 1964 (e de neutralizar os seus principais protagonistas) e, por outra, às exigências de adequar (e/ou criar) as instâncias estatais e os dispositivos institucionais requeridos pelas novas circunstâncias que emolduravam aquele padrão de desenvolvimento. No entanto,

---

impostas pela ditadura. Dados sobre elas encontram-se, entre outras fontes, em Lopes de Almeida (1982); dados sobre a superexploração dos trabalhadores estão disponíveis em Moreira Alves (1987). Quanto à política geral de concentração de renda no período ditatorial, cf. Tavares (1972), Tolipan e Tinelli [orgs.], (1975) e Moreira Alves (1987).

40. Um apanhado geral — contendo também indicadores quantitativos — das transformações econômicas, sociais e políticas operadas sob o Estado autocrático burguês e que mostram que o Brasil delas emergente é, *de fato*, um país novo encontra-se no conjunto de estudos (eles mesmos de nível muito diverso) reunidos em Sorj e Tavares de Almeida [orgs.], (1984).

41. Quanto a isso, a análise já referida de Moreira Alves (1987) é extremamente interessante. Caracterizando o Estado autocrático burguês brasileiro como "o Estado de Segurança Nacional", a pesquisadora tanto procura rastrear a conformação *global* da ditadura na doutrinação da Escola Superior de Guerra (ESG) quanto busca apanhar o movimento da sua constituição, pressupondo, acertadamente, que ela "só pode ser avaliada em relação ao processo dinâmico de sua interação com as formas e estruturas dos movimentos de oposição gerados na sociedade civil" (p. 27).

pela própria composição social do pacto contrarrevolucionário, as condições de concretização do regime político — que, como se sabe, não se identifica sumariamente com o Estado: "o regime político é a forma de manifestação do Estado" (Mathias e Salama, 1983, p. 15) — não estavam dadas e nem eram, ademais (exceto se se esposa uma concepção causal-linear da interação economia/política), imediatamente deriváveis do jogo dos interesses e conflitos econômicos.

De fato, o Estado ditatorial e o regime político que o expressa haveriam de se constituir num processo dinâmico e contraditório, plasmado pela intercorrência dos conflitos e tensões entre os parceiros do pacto contrarrevolucionário, pelas formas de oposição e resistência que encontrariam na afirmação do novo bloco dominante e suas políticas — e, também, dos obstáculos legal-institucionais legados pela ordem política anterior a abril e das novas colisões derivadas das suas iniciativas econômicas e sociais. Exceto a componente civil-militar que se vinculava à base das projeções nucleadas pela Escola Superior de Guerra (ESG),[42] os outros protagonistas vitoriosos em 1964 compunham um leque tão heterogêneo e contraditório[43] que estava impedida a prévia e/ou imediata definição do regime a ser implantado — a única nitidez referia-se ao seu caráter inicialmente excepcional, mas eram várias as alternativas propostas quanto à extensão e à profundidade do arbítrio necessário.

À medida que se clarifica, num processo nada idílico, que a parte do leão, no bloco vitorioso, cabe ao grande capital, a base de sustentação dos golpistas começa a erodir-se. E quando o projeto da

---

42. Para rastrear as origens, composição social, articulação política e projetos desta componente, é indispensável o recurso a Dreifuss (1981) e, notadamente, Moreira Alves (1987).

43. Tematizando esta heterogeneidade, escrevem Velasco e Cruz e Martins que a coalizão que sustentou o golpe era "a mais ampla e diferenciada possível", incluindo "praticamente todas as facções das classes dominantes (do rural ao urbano, do arcaico ao moderno, do nacional ao estrangeiro, do produtivo ao parasitário) juntamente com ponderáveis parcelas da pequena burguesia, das profissões liberais e da nova classe média burocratizada [...]" De onde a conclusão: "[...] a coalizão vitoriosa não era apenas heterogênea: era também fortemente contraditória e, mais importante do que isso, essencialmente incapaz de unificar setores dominantes e dominados num projeto policlassista" (in Sorj e Tavares de Almeida [orgs.], 1984: 16-17).

"modernização conservadora", tal como anteriormente resumido, vai se corporificando, o grande capital perde a legitimação política, isola-se — e resta-lhe o caminho da coação direta e cada vez mais abrangente. É também então que o processo da resistência democrática se alarga e se aprofunda, atraindo setores e protagonistas antes vinculados ao movimento golpista ou por ele neutralizados, levando o regime à defensiva, a concessões e, no limite, a negociar as vias de transição a outras formas de dominação.

1.3 O processo da autocracia burguesa

O exame menos epidérmico da ditadura brasileira revela-a como um *processo*, o ciclo da autocracia burguesa, com momentos nitidamente diferenciados e diferenciáveis no plano empírico e analítico.[44] Em tal processo contém-se a constituição e a crise da autocracia e do seu regime político.

Nesta seção, procuraremos realizar uma sinopse — que recolhe muitos dos passos analíticos consagrados na documentação já produzida sobre a ditadura, mas que, ao mesmo tempo, se afasta de muitas das considerações correntes — que dê conta apenas dos aspectos substantivos do processo em questão.

Entendemos que o ciclo autocrático burguês recobre três lustros — de abril de 1964 a março de 1979: do golpe à posse do general Figueiredo. Assinalar seu início com a empreitada que depôs o governo constitucional de Goulart não desperta polêmica, mas é seguro que se levantem dúvidas pertinentes acerca do marco estabelecido com a sagração Presidencial de João Figueiredo. Julgamos que é possível dirimi-las minimamente se esclarecermos, de início, que *não*

---

44. Praticamente todos os investigadores reconhecem a existência factual destes momentos, e a maioria deles concede, procedentemente, destaque às mudanças ocorridas em 1968 e sinalizadas pelo Ato Institucional n.5 (AI-5); ao que eu saiba, o estudioso que se dedicou a pesquisar mais detidamente as nuanças do processo da ditadura foi Moreira Alves (1987).

consideramos que o fim do ciclo autocrático burguês significa a desarticulação do Estado por ele criado e, logo, nem a substituição do regime próprio à ditadura; em poucas palavras: o fim do ciclo autocrático burguês não corresponde, em nossa ótica, à emergência de um regime político democrático. O que o governo Figueiredo demarcou, claramente — e de modo inédito, no bojo dos instantes finais do ciclo autocrático —, foi a incapacidade de a ditadura *reproduzir-se como tal*: em face do acúmulo de forças da resistência democrática e da ampla vitalização do movimento popular (devida, decisivamente, ao reingresso aberto da classe operária urbana na cena política), a já estreita base de sustentação da ditadura experimentou um rápido processo de erosão que a compeliu a empreender negociações a partir de uma *posição política defensiva*. Que esta situação não tenha desembocado numa *crise do Estado* instaurado pela ditadura, permitindo-lhe, durante o final do governo Geisel e durante o governo Figueiredo, estabelecer *o terreno e os limites* da negociação — eis uma das particularidades da transição brasileira da ditadura a um pacto e a um regime políticos que, neste momento, sob a vigência da Constituição de 1988, já têm definidos os seus parâmetros e arcabouço. É no governo Figueiredo que o *projeto de autorreforma* do regime ditatorial, a que nos referiremos adiante, a sua mais ambiciosa proposta de institucionalização, fracassa. Nele, a resultante do confronto entre a estratégia aberturista do regime e as aspirações e tendências à democracia, que operavam no seio da sociedade brasileira, é a impossibilidade de o regime *impor as suas regras*. É apenas neste sentido que tomamos o início do governo Figueiredo como o marco derradeiro do ciclo autocrático burguesa.[45]

Ao longo desses três lustros, a autocracia burguesa evoluiu diferencialmente. Parece-nos legítimo apanhar esta evolução segundo três momentos distintos: o que vai de abril de 1964 a dezembro de 1968 (cobrindo o governo Castelo Branco e parte do governo Costa

---

45. Algumas poucas questões referentes à transição deflagrada com o fim do ciclo autocrático burguês serão tacitamente tratadas no seguimento.

e Silva); de dezembro de 1968 a 1974 (envolvendo basicamente o fim do governo Costa e Silva, o *intermezzo* da Junta Militar e todo o governo Médici) e o período Geisel (1974-1979). É desnecessário apontar para a natureza aproximativa e indicativa destes marcos cronográficos; quanto à continuidade de que se nutrem as diferenciações que conformam estes momentos, ela será sumariada adiante.

O primeiro momento (1964-1968) é singularizado pela inépcia da ditadura em legitimar-se politicamente, em articular uma ampla base social de apoio que sustentasse as suas iniciativas. Após a vaga repressiva que desencadeou na sequência imediata da deposição de Goulart — vaga que incidiu sobre aqueles atores que poderiam protagonizar confrontos diretos com o pacto contrarrevolucionário, vale dizer: o movimento operário e camponês, as lideranças democráticas mais comprometidas com as forças populares e de esquerda, dentro e fora do aparelho estatal[46] —, após esta vaga repressiva, a coalizão vencedora esforçou-se para manter um consenso ativo entre seus parceiros e neutralizar as forças que lhe eram hostis. Para tanto, no plano político apresentou-se como responsável por um período preciso de excepcionalidade (v. g., a limitação temporal explícita dos seus instrumentos de arbítrio), não feriu o andamento formal da vida legislativa e se comprometeu com o calendário eleitoral anteriormente definido. Seus esforços, porém, mostraram-se inúteis: em pouco tempo as fraturas roeram a unidade dos parceiros do pacto contrarrevolucionário e as forças antiditatoriais buscaram mecanismos de rearticulação.[47]

---

46. Componente ainda indevidamente avaliado, nesta rodada repressiva, foi a evicção de elementos democráticos nas corporações armadas. Mesmo que se possa problematizar o potencial democrático e nacional que certas análises reivindicam para as corporações militares no pré-64 (e nesta reivindicação coincidem autores tão distintos como Sodré, 1965 e Pedrosa, 1966), está claro que a depuração que nelas promoveram os golpistas foi extremamente significativa. Sobre o papel das corporações militares, cf. Oliveira (1976) e o ensaio de Dreifuss e Dulci, in Sorj e Tavares de Almeida, [orgs.] (1984); para uma panorâmica do período mais recente, cf. Stepan (1986).

47. No andamento desta seção, centrar-nos-emos nos processos, sem a referência a *fatos*, que podem ser verificados nas fontes bibliográficas já apontadas e nos periódicos da época.

Para a erosão da unidade do pacto contrarrevolucionário concorreram vetores nitidamente políticos, entre os quais, com peso não desprezível, os projetos particulares de lideranças que jogaram no golpe com o fito de realizá-los mais facilmente. Todavia, o dinamismo essencial da erosão radicava em que a orientação econômico-financeira do novo governo colidia frontalmente com a composição heteróclita do pacto contrarrevolucionário: as medidas "racionalizadoras", quer em face da desaceleração do crescimento (que vinha desde 1962), quer em face de suas prospecções já lançando as bases para o "modelo econômico" que haveria de consolidar-se no momento seguinte, rachavam a unidade conseguida às vésperas de abril — aqui, a implementação do *Plano de Ação Econômica do Governo* (PAEG/1964-1966) é canônica. No campo dos trabalhadores, as iniciativas governamentais não ganhavam setores significativos — ao contrário, a liquidação da estabilidade no emprego e uma política salarial depressiva (com perdas muito visíveis a partir de 1967) só faziam alargar o fosso original entre o governo e a massa trabalhadora. Por seu turno, parte considerável da pequena burguesia urbana, afetada retardatariamente pela desaceleração do crescimento e muito penalizada neste período, descola-se rapidamente do pacto contrarrevolucionário. No lapso indicado, nos dois processos eleitorais por que passou o país (o segundo, em 1966, já com a imposição do bipartidarismo), o governo não colheu evidências de que seus suportes sociais conservavam posições seguras.

As dificuldades do primeiro governo dos golpistas são grandes em todas as frentes, mas apresentam-se óbvias particularmente em dois planos. O primeiro deles é o do sistema político-institucional: o arcabouço herdado do período pré-1964, mesmo violentado, embaraçava a efetivação não só do que suas políticas exigiam como, ainda, impunha-lhes um ritmo lento, flagrantemente negativo à afirmação da nova ordem. Escusa observar que as oposições aproveitavam-se de tudo o que poderia obstar os movimentos governamentais, explorando precisamente o que, naquele arcabouço, lhes favorecia. O segundo refere-se à coesão da força tutelar do novo poder, a corporação armada:[48] o processo conspirativo e a ascensão a posições públicas de poder e prestígio, comprometidas descaradamente com interesses econômico-financeiros explícitos, derruíram sensivelmente a sua unidade orgânica e funcional; no seu bojo, começaram a emergir "partidos" — e daí a incapacidade do primeiro titular golpista da Presidência para controlar a escolha do seu sucessor.

Este herdaria de Castelo Branco toda a acumulação de estrangulamentos políticos e sociais, sem outra perspectiva concreta e factível que a de legitimar-se, ante ponderáveis estratos da população, com a retomada do crescimento econômico, embora expressasse esforços para obter alguma legitimação política. Esta perspectiva foi eclipsada pela dinâmica política: capitalizando o difuso descontentamento popular, a oposição saiu da defensiva e, mesmo privada de instrumentos de poder, começou a romper o cerco com que os mecanismos do arbítrio procuraram insulá-la — é o tempo da Frente Ampla, sinal inequívoco da ruptura do pacto contrarrevolucionário. A aceleração do processo político foi potenciada por dois fenômenos: o movimento operário e sindical retomou ações significativas e o movimento estudantil, expressão privilegiada da pequena burguesia urbana, assumiu ruidosamente a frente da contestação à nova ordem. O quadro mudava: a oposição conquistava as ruas. E esta mudança operava alterações nos dois campos — no do governo e

---

48. A *tutela* militar foi a alternativa mais eficiente para o controle do poder emergente em abril, dadas a natureza do pacto contrarrevolucionário e as tarefas da ditadura. Martins (1977, p. 215-216) pontualiza: "Não podendo compor-se legitimamente com a nação, formando uma coalizão hegemônica entre os seus sub-setores, a classe [burguesa] teve que impor-se coercitivamente à nação [...]. A ditadura surgiu, assim, como a melhor solução possível para o macroproblema da reprodução do sistema de classes em sua globalidade. Dado esse passo, estava resolvido em *nome de quem* o poder estatal seria exercido. [...] Para que a solidariedade de base entre as classes, estratos e frações dominantes pudesse traduzir-se ao nível do controle efetivo do aparelho estatal, a nenhuma das partes integrantes do bloco no poder deveria ser concedido o privilégio de compor [...] os quadros da elite governamental. O homem de governo, para contar com a confiança de todos, tinha que ser, em princípio, o homem de ninguém: a vontade geral burguesa só preservaria intacta a sua pureza abstrata caso fosse encarnada por um *tertius*. Um *tertius* que, além de ser estranho ao povo, fosse também estranho à classe. Essa dupla condição foi perfeitamente atendida pelas correntes militares e tecnoburocráticas que se converteram na elite governamental contrarrevolucionária".

no da oposição. Nesta, adquiria densidade uma avaliação eufórica da situação e, por fora da política institucional, condensavam-se polos (básica, mas não exclusivamente, de extração pequeno-burguesa) que concebiam a liquidação do arbítrio como ultrapassagem da dominação burguesa.[49] Naquele, encorpava-se a tendência a precipitar a instauração profunda da nova ordem pela via da militarização do Estado e da sociedade.

1968 é o ano que decide do curso do processo. Conjugando a ação nos espaços legais cedidos pelo governo com a intervenção aberta na área de penumbra entre a legalidade e a ilegalidade, as oposições inviabilizaram a intenção governamental de legitimar-se politicamente. Fica patente que, mantidas em vigência as estruturas jurídico-políticas que reservavam canais para o dissenso, mesmo desprovido de chances imediatas de rebater nos centros decisórios do Estado, a projeção "modernizadora", em curso, entrará em ponto morto (assim é que nem a proposta constitucional de Costa e Silva/Pedro Aleixo mostra-se funcional, naquela conjuntura, a tal projeção). O nó de impasses é rompido com o Ato Institucional n. 5 (AI-5): abre-se o genuíno momento da autocracia burguesa.[50]

O que fora, até então, uma *ditadura reacionária*, que conservava um discurso coalhado de alusões à democracia e uma prática política no bojo da qual ainda cabiam algumas mediações de corte democrático-parlamentar, converte-se num regime político de *nítidas*

---

49. É o período em que começam a proliferar organizações clandestinas de esquerda, muitas reclamando o legado marxista (algumas frutos de cisões no PCB). São precisamente os grupamentos que, no momento seguinte, o regime liquidará com invulgar barbarismo (na já extensa documentação sobre a repressão no Brasil, é de consulta obrigatória o trabalho apresentado por Arns, 1985). É larga a bibliografia sobre a diferenciação e o destino deste segmento da esquerda. O texto mais recente que aborda esta temática, com o cuidado que é peculiar à seriedade do autor, é o de Gorender (1987). Mas ainda está por fazer-se a análise — que o próprio Gorender não realizou nessa obra — dos condicionamentos e das razões profundas que levaram boa parte dos melhores lutadores do povo brasileiro a cometer equívocos tão grosseiros na avaliação das forças em confronto e das perspectivas do período 1967-1973.

50. Com a sua certeira perspicácia, Florestan Fernandes (1975, p. 359) observou que "se já houve, alguma vez, um paraíso burguês, este existe no Brasil, pelo menos depois de 1968".

características fascistas.[51] No bloco sociopolítico dominante, conquista preeminência indiscutível o componente mais reacionário do pacto contrarrevolucionário, aquele que corporifica os interesses do grande capital monopolista imperialista e nativo. O processo de concentração e centralização capitalistas, com a desobstrução do campo realizada pelo PAEG e, em muito menor medida, pelo *Plano Estratégico de Desenvolvimento* (PED, do governo Costa e Silva), acelera-se velozmente — é que a estrutura do Estado, então, é inteiramente redimensionada e refuncionalizada para servir e induzir à concentração e à centralização. Se, entre 1964 e 1968, a ditadura assumiu o Estado, *ela agora cria as suas estruturas estatais*. Com efeito, é nesse

---

51. Na entrada dos anos 1970, a análise teórica privilegiou o "modelo político" configurado no pós-68. Na massa crítica produzida neste terreno e, naturalmente, levando em conta as demais experiências vitoriosas da contrarrevolução preventiva, fica em relevo a dificuldade para a caracterização dos Estados e regimes delas emergentes. O que tem predominado — descontadas as caracterizações obviamente frágeis ("regimes de legitimação restrita", no caso de analistas acadêmicos; "regimes militares", no caso de protagonistas políticos) — é a recusa a valer-se do instrumental crítico-analítico da tradição marxista, como o comprova a voga internacional das análises do "autoritarismo", esta pérola do cretinismo sociológico, que serve para compreender tudo, de Franco (Linz) a Videla, Médici e Pinochet (Garreton), voga constatável, por exemplo, nas antologias organizadas por Stepan (1973), Colier (1982) e Cheresky e Chonchol (1986).

A noção de autoritarismo — na qual convergem influxos da psicologia e da psicologia social, e em que concorrem paradoxalmente matizes de liberalismo e anarquismo — tem funcionado como panaceia descritiva e compreensiva, que. pela sua indeterminação, é aplicável a qualquer "objeto" e vale para as mais díspares conjunturas históricas (cf. o exemplo de Tavares, 1982). Seu valor heurístico, a nosso ver, é muito assemelhado ao da noção de totalitarismo, convenientemente desmontada, entre outros, por Chasin (1977). Um primeiro passo para avaliar a inépcia da noção de autoritarismo encontra-se em Fernandes (1979a); uma resenha crítica dos empregos da noção encontra-se em Quartim de Moraes (1986).

Sem menosprezo de outros estudiosos que lavraram a seara do autoritarismo, no Brasil o laurel de instrumentalizar mais seriamente a noção — com a simultânea recusa de trabalhar com a categoria de fascismo — parece caber a Fernando Henrique Cardoso (Cardoso, especialmente 1972 e 1975). A crítica conclusiva da interpretação cardosiana, que não é pertinente retomar aqui, está em belo ensaio de Marques (1977), no qual se fundamenta o caráter fascista do Estado brasileiro pós-1968.

É de valor observar que a caracterização rigorosa dos regimes políticos "autoritários" do Cone Sul, na década de 1970, é fonte de ampla polêmica, conforme registra Cueva (1983, p. 209), que parece aceitar para eles a categoria de fascismo, já que, na mesma obra anuncia um ensaio (que não pudemos examinar) intitulado "A política econômica do fascismo na América Latina".

momento do ciclo autocrático burguês que a ditadura ajusta *estruturalmente* o Estado de que antes se apossara para a funcionalidade econômica e política do projeto "modernizador". Esta adequação integra o aparato dos monopólios ao aparato estatal.

Na escala exata em que o Estado e o regime já não se confrontam apenas com o campo democrático e popular, mas com amplos setores burgueses, na defesa, que implica penalizações parciais de segmentos capitalistas, da projeção histórico-societária do grande capital, a tutela militar estende-se e amplia-se, generaliza-se por todos os poros do Estado e penetra os interstícios da sociedade. A repressão à oposição e ao dissenso, mesmo prosseguindo em linha seletiva, torna-se sistemática e se converte, operacionalizada de forma policial-militar (com o reconhecido aporte de meios empresariais e a assessoria, inicialmente, de personalidades afetas a organismos estrangeiros), em prática organizada e planificada oficialmente: o terrorismo de Estado é a contraface política da "racionalização", da "modernização conservadora" conduzida ao clímax na economia e visível na consolidação do "modelo".

A requisição da legitimação é deslocada do plano da representação de interesses sociais, do plano da representação e da expressão políticas — onde, naturalmente, não teria viabilidade —, para o da *eficácia* do regime e do governo na promoção do desenvolvimento econômico: é o tempo do crescimento acelerado, batizado então de "milagre brasileiro" e posto como organizador de um consenso passivo.

Deste momento do ciclo autocrático burguês, há dois fenômenos a reter. De uma parte, a construção do Estado a serviço dos monopólios não implicou apenas a liquidação de práticas e instituições do pré-64 (pense-se, por exemplo, na supressão da Federação pela sistemática tributária, no papel dos legislativos etc.) que obstaculizavam ou reduziam a velocidade da "modernização conservadora"; implicou, especialmente, tanto o crescimento *quantitativo* de aparatos funcionais ao "modelo econômico" que já tematizamos (e às suas consequências sociopolíticas, sublinhe-se) quanto uma alteração *qualitativa* no seu rebatimento na ordem estritamente econômica: conferiu-lhe um enorme poder de definição macroscópica de políticas sociais abrangentes e um idêntico poder para *efetivamente* implementá-las.[52] De outra parte, a sistemática do terrorismo de Estado conduziu as forças democráticas a uma *residual política de resistência* e compeliu o movimento democrático e popular a uma atividade que não pode ser denotada senão pelo termo *molecular*.

Dadas estas condições, é flagrante que neste momento da sua evolução o ciclo autocrático burguês tensionou ao limite o circuito Estado-sociedade. Esta evidência emerge, prenunciando desdobramentos incontroláveis, quando a única variável que legitimava o Estado e o regime apresenta indicações inequívocas de reversão — quando, já em 1973, o "milagre" começa a esgotar-se. Na crise do "milagre", que a partir daí só faria aprofundar-se, inscrevem-se as determinações que, pela mediação da resistência democrática e pela ação do movimento popular, desembocarão na crise do regime autocrático burguês.[53]

Esta mediação torna possível — num período em que as lutas classistas dos trabalhadores, nomeadamente do proletariado industrial, são constrangidas a formas elementares (Frederico, 1979) — conferir ao que a ditadura militar-fascista transformara em ritual um sentido específico: o processo eleitoral adquire uma significação peculiar, um caráter *plebiscitário* em relação ao regime. No terreno mesmo da manifestação esvaziada e ritualizada pela ditadura, a

---

52. É de notar que as políticas sociais típicas da autocracia burguesa (não apenas repressivas, "negativas", mas "positivas", com intenção coesionadora, dirigidas para obter consenso) emergem ao mesmo tempo em que a ditadura transita da *conquista do Estado* à modelagem do *seu* Estado — não se pense apenas no I Plano Nacional de Desenvolvimento (I PND), mas no largo elenco de programas anunciados (embora boa parte deles só anunciados) a partir de 1970.

53. Na crise do "milagre" entrecruzam-se uma crise cíclica — potenciada inicialmente pela conjuntura internacional — e a crise *estrutural* do capitalismo no Brasil; daí, também, a extensão e a profundidade do processo aberto com o colapso do "milagre". Análises diferenciadas sobre a crise do "milagre" encontram-se em Coutinho e Belluzzo [orgs.], (1982); a visão de seu principal estrategista aparece em Netto (1983).

massa do povo que tem acesso ao voto converte-o — a despeito de anos de terror que instauraram o circuito fechado do medo e do absenteísmo — em instrumento eficaz de mobilização e luta (e, de fato, passando por cima de todas as sugestões do "voto nulo", então próprias ao radicalismo pequeno-burguês de fachada socialista). O processo eleitoral de 1974, com este significado, aliás surpreendente para boa parte de seus protagonistas e analistas, derruiu qualquer pretensão de legitimação do autocratismo burguês em sua configuração militar-fascista, explicitando que seu futuro imediato tendia a comprometer-se numa rede crescente de fenômenos de instabilidade.[54]

Se 1968 marcou uma inflexão *para cima* do ciclo autocrático burguês, 1974 marcou-a *para baixo*: abre o momento derradeiro da ditadura, centralizado pelo aprofundamento da crise do "milagre" e por uma particular estratégia de sobrevivência implementada pelo mais alto núcleo militar do regime — estratégia expressa claramente por Geisel e sua equipe, autodenominada "processo de distensão" e que, avançando no governo Figueiredo, constituirá o *projeto de autorreforma* com que o Estado forjado pela ditadura procurará transcendê-la.[55] Tal estratégia, reduzida a seus termos mais simples, visava à recomposição de um bloco sociopolítico para assegurar a institucionalização duradoura do sistema de relações econômico-sociais e políticas estruturado a serviço dos monopólios (especialmente a estruturação plasmada no Estado). Seu objetivo axial, assentado numa "iniciativa da liberalização controlada e limitada", consistia em "instaurar no país a superestrutura política que considera adequada: uma combinação estável de formas parlamentares limitadas com mecanismos decisórios ditatoriais" (PCB, 1984, p. 25-26).

Na implementação desta estratégia, o Estado ditatorial precisava operar diretamente em dois planos e indiretamente num terceiro.

---

54. Moreira Alves (1987, p. 28) chama corretamente a atenção para o traço "intrinsecamente instável" do que denomina "Estado de Segurança Nacional".

55. Para uma apreciação do projeto de autorreforma no pós-1979 (cf. PCB, 1984).

Diretamente, por um lado, necessitava enquadrar rigidamente todo o vasto aparelho policial-militar repressivo, impedindo o seu acionamento por segmentos corporativos localizados — em suma, era-lhe indispensável suspender o arco de autonomia das facções do "partido militar", subordiná-lo inteiramente a um comando único e inquestionável. Por outro lado, era-lhe igualmente necessário aniquilar todas as forças político-organizativas que, na contestação radical do seu projeto, poderiam introduzir elementos de problematização de longo curso na sua intenção institucionalizante.[56] Não restam dúvidas de que a ação estatal, neste plano da intervenção direta, obteve êxito — mesmo que de alcance diverso (mais sucesso no primeiro que no segundo caso).

Existia, porém, a requisição de uma intervenção indireta: havia que conquistar — e, para tanto, a pura coerção era inepta — para o projeto de autorreforma segmentos ponderáveis da sociedade, contando ou não com a mediação das representações políticas. E foi precisamente neste plano que o projeto de autorreforma encontrou os maiores obstáculos: se, de uma parte, poucos daqueles segmentos visados se reconheciam nas representações políticas sancionadas pelo Estado, de outra o ritmo com que se aprofundava a crise econômica (recorde-se que o II Plano Nacional de Desenvolvimento acabou inviabilizado) promovia realinhamentos políticos. de importância, inclusive em suas hostes, potenciados por um *fato novo*: a reinserção da classe operária, a partir das greves do ABC paulista, na cena política. A implicação foi substantiva: imediatamente, a reemergência do proletariado urbano, *como tal,* como ator demandante independente que feria a legalidade posta pelo Estado, deflagrou uma *radicalização* na oposição democrática — que, então e aliás,

---

56. Nesta perspectiva, os dois passos são conjugados e da sua mútua consecução depende, em larga medida, o encaminhamento do projeto de autorreforma. Vê-se, pois, que lavram em equívoco aqueles que, apreciando o governo Geisel, consideram que a brutal escalada contra a militância e a direção do PCB e, igualmente, contra o núcleo dirigente do PCdoB eram "provocações" do aparelho repressivo ao Presidente — a este só repugnavam os "excessos".

inicia um giro explícito de aproximação à classe operária. Concorrentemente, o movimento democrático — que só parcialmente se reconhecia e se expressava na oposição democrática, sendo muito mais amplo e capilar que ela — se precipita: salta da ação que chamamos molecular, extravasa os seus espaços de origem e permeia amplamente algumas das agências da sociedade civil que, por esta saturação, ganham uma funcionalidade e uma ressonância inéditas.

Eis por que, em seu último momento evolutivo, a autocracia burguesa é *obrigada* a combinar concessões e gestos tendentes à negociação com medidas repressivas. E nenhuma das duas modalidades, ou mesmo a combinação de ambas, conduziu o seu projeto de autorreforma ao êxito — a institucionalização geiselista foi de curto prazo, esboroando-se no governo Figueiredo. Neste, a autocracia prossegue em seus intentos de autorreforma, sob a versão aberturista, mas a crise econômica que leva o país ao fundo do poço acentua os realinhamentos políticos — e já então, por força da ação do movimento operário e popular, que passa à ofensiva, deslocam-se do bloco de sustentação do regime até setores monopolistas. Culmina a crise da autocracia burguesa e a dominação burguesa é compelida a transitar por outros condutos — numa história que escapa ao quadro de interesse do nosso estudo.

Entretanto, há dois componentes *fundamentais* que percorrem o processo global da ditadura e que, se não forem destacados, não permitem nem clarificar o fio condutor que une visceralmente os distintos momentos da autocracia burguesa nem compreender o seu estágio crítico.

O primeiro diz respeito ao vetor que coesiona a tutela militar na conformação do Estado ditatorial. Em todo o ciclo autocrático burguês, o referencial político-ideológico da doutrina de segurança nacional foi o parâmetro ideal recorrente. A sua amplitude e labilidade — Moreira Alves (1987, p. 27), analisando um dos seus principais formuladores brasileiros, chega a caracterizá-la como uma *Weltanschauung* — presidiu *toda* a movimentação operada em torno e a partir do Estado. Num primeiro instante do processo, foi ela que orientou estrategicamente a conquista do Estado; em seguida, conformou um *novo* Estado e dirigiu-o. Tanto no curso ascendente da autocracia burguesa, até 1973-1974, quanto no limbo da sua crise, a expressão doutrinária e prática da segurança nacional permeou a intervenção do bloco que assumiu o poder. Não se trata, esta doutrina, de uma referência específica de um ou outro momento do ciclo autocrático burguês — antes, foi a sua representação ideal constante e privilegiada, fornecendo a ligadura orgânica quer para a repressão desenfreada, quer para a "distensão lenta, segura e gradual". Concretizando-se em formas precisas de ordenamento da economia e do poder político, impregnando as instituições estatais, a doutrina se inscreve na lógica imanente do Estado criado pela, para e na autocracia burguesa. A implicação é cristalina: *este* Estado é incompatível com um processo substantivo de democratização.[57]

O segundo componente a ser retido é que, também ao largo de todo o ciclo autocrático burguês, *no campo da oposição democrática a hegemonia nunca escapou das mãos de correntes burguesas.* Ao longo do processo ditatorial, o fenômeno relevante a ser observado é que, na sua contracorrente, não se engendraram núcleos democráticos sólidos capazes de emergir, na crise da ditadura, com propostas social e politicamente *viáveis* aptas a transcender os quadros da ordem burguesa. Não acidentalmente, um dos máximos horizontes de um avançado segmento democrático, com peso ponderável na oposição, tem sido o de uma democratização habilitada a *controlar* o Estado (o mesmo Estado que caracterizamos na seção 1.2).[58]

---

57. Da tese aqui sustentada — de que o Estado autocrático burguês foi um instrumento essencial para induzir à concentração e à centralização capitalistas, promovendo a emergência da oligarquia financeira e efetivando a integração entre os aparatos monopolistas e as instâncias estatais — *não* decorre a conclusão de que ele é imprescindível para manter a dominação burguesa que expressa a direção monopolista. Sobre este ponto, cf. Coutinho (1980: 112-118).

58. É esta, em resumidas contas, a programática (aliás, inteiramente congruente com as teses sobre "autoritarismo" e "burguesia de Estado") oferecida por Cardoso (1975).

Não é por acaso, pois, que a crise da ditadura, alongando-se por mais de uma década, configura um processo de transição que parece singular e atípico: deu lugar a uma *situação política democrá-tica*, nos primeiros anos da década de 1980, que vem se aprofundando, mas que coexiste com um aparato estatal inteiramente direcionado para um sentido incompatível com a sua manutenção, ampliação e consolidação. O impasse de fundo aí contido — uma clara defasagem entre o Estado e o regime político — seguramente não pode perdurar por muito tempo.

1.4 A autocracia burguesa e o "mundo da cultura"[59]

No seu processo — que, muito sumariamente, esboçamos na seção anterior —, a autocracia burguesa enfrentou-se, como não poderia deixar de ser, com o "mundo da cultura". Ao longo de sua vigência, desenvolveu em face dele um conjunto de procedimentos que, variando ao largo de três lustros, procurou, sempre, colimar um objetivo preciso: *controlar* a vida cultural no país.[60]

Trataremos de argumentar, no seguimento deste capítulo, que tal objetivo foi perseguido sistematicamente — através de políticas específicas cada vez mais articuladas. Avançando nesta perspectiva, veremos que a autocracia burguesa foi arquitetando, na curva histórica da sua emergência, consolidação e crise, um relacionamento com o "mundo da cultura" tanto mais progressivamente *positivo* (isto é: provido de conteúdos direcionados para a criação de um bloco

---

59. A expressão "mundo da cultura", divulgada especialmente por alguns marxistas italianos, denota, à diferença do que se reenvia com aquela de "mundo do trabalho", o contraditório, rico e diversificado complexo de manifestações, representações e criações *ideais* que se constitui nas sociedades capitalistas contemporâneas, envolvendo a elaboração estética, a pesquisa científica, a reflexão sobre o ser social e a construção de concepções de mundo.

60. Mais adiante, ver-se-á que este objetivo integra-se nas funções que a doutrina de segurança nacional atribui à cultura.

cultural funcional ao seu projeto "modernizador") quanto mais se estruturou o Estado próprio a ela.

Antes de desdobrar esta argumentação, e inclusive para subsidiar previamente o seu pleno entendimento, cabe — em passo claramente propedêutico — um rápido excurso sobre a questão da política cultural e, ainda, um resumo antecipatório do sentido em que se moveu aquela da ditadura. Isso nos permitirá, na exposição subsequente, prosseguir evitando circunlóquios que podem parecer dispersivos.

A política cultural,[61] enquanto política social determinada, demarca um terreno de intervenção em que as especificidades próprias ao "mundo da cultura", a produção e a difusão dos seus produtos (obras, elaborações), se entremesclam com os fenômenos e os processos macroscópicos da reprodução da vida social.[62] Astrojildo Pereira, em notável ensaio de meados da década de 1940, percebeu-o admiravelmente: discorrendo sobre as tarefas da intelectualidade brasileira para a criação de uma *cultura democrática*, o fundador do PCB aponta certeiramente para o nervo da política cultural — ela supõe a erradicação do analfabetismo, o combate à miséria e à exploração, o acesso a meios de comunicação livres de censura, padrões de participação social efetiva etc. (Pereira, 1978). Ou seja: na definição e implementação de uma política cultural qualquer (e escusa notar que Astrojildo tinha em vistas uma que fosse adequada ao Brasil liberado dos constrangimentos ditatoriais do Estado Novo) comparecem necessariamente problemas que dizem respeito à reprodução social como processo macroscópico e abrangente. É somente com o simultâneo equacionamento destes problemas (alfabetização,

---

61. Para abordagens teóricas da natureza da política cultural, além das econômicas, porém valiosas, indicações fornecidas por Feijó (1983), cf. Coutinho (1981), Vianna (1983) e Prnjat (1985); sugestões esparsas sobre a temática encontram-se em Gramsci (1968, 1968a) e Lukács (1974b).

62. É no âmbito deste "mundo" que se opera a dinâmica cultural, entendida (como Houaiss, 1971, a sintetizou) enquanto assimilação dos conhecimentos adquiridos pelas gerações precedentes e a elaboração para enriquecê-los criticamente à luz das experiências atuais e transmiti-los às gerações vindouras.

escolarização, garantia de alimentação e moradia, direito ao trabalho, assistência médico-hospitalar, participação social etc.) que se podem encaminhar as questões culturais *específicas*.

Não se trata, nesta angulação, de postular uma significância adjetiva para a política cultural (e, por decorrência, para a cultura, como se esta fora um epifenômeno ou um subproduto da reprodução e do desenvolvimento sociais). Ao contrário: trata-se de inserir a política cultural (e a cultura) no tecido social e político vivo — o requerimento de colocar as especificidades da questão cultural simultaneamente ao equacionamento de problemas candentes da vida social situa, à partida, o dilema da *congruência* da política cultural com o conjunto das políticas sociais de que ela faz parte. De fato, o sentido geral destas afeta medularmente a direção, a profundidade e o alcance daquela. A especificidade da política cultural, remetendo às condições da produção e da difusão dos produtos culturais, só ganha legimitidade e concreção a partir do seu grau de compatibilidade com o elenco maior das políticas sociais. E esta especificidade pode ser apanhada, basicamente, se se considera o papel do Estado em face da produção cultural e a natureza mesma desta última.

À diferença do que sucede em outras instâncias e esferas da reprodução da sociedade, a intervenção do Estado, através de suas instituições e agências, no plano da produção da cultura é indireta. Mais precisamente: salvo em situações tão pontuais e episódicas que não merecem relevo, o Estado *não produz cultura* — a produção cultural está deslocada da sociedade política, sendo prerrogativa pertinente de protagonistas que se movem no espaço da sociedade civil. Só *indiretamente* a intervenção projetada do Estado, pela mediação da política cultural, pode incidir na produção da cultura,[63] ao criar (ou não), difundir e generalizar condições que concorrem subsidiariamente na produção cultural (condições materiais: infraestrutura, equipamentos, alocação de recursos etc.; condições ideais: estímulo

---

63. Quanto a isso, permanece paradigmática a notação de Graciliano Ramos, na abertura das *Memórias do cárcere*, acerca da inépcia do "fascismo tupiniquim" para *impedir* a criação.

e/ou repressão de modelos, movimentos, tendências etc.). A intervenção imediata do Estado se dá no circuito da *difusão* dos produtos culturais; neste domínio é que a política cultural se instrumentaliza diretamente, mediante os mecanismos mais variados (repressão, censura, divulgação segmentar e seletiva, programas de apoio econômico, subsídios e convênios diversos etc.). De qualquer maneira, porém, esta intervenção direta acaba por rebater, se não na produção cultural *stricto sensu*, pelo menos na *existência social* do produto cultural: esta é uma variável da sua possibilidade de comunicação, que determina a sua apropriação social — se não for socializado (o que a política cultural, enquanto ordenadora da difusão, pode obstar), ele carecerá de existência social efetiva. Numa palavra: a seletividade e o estrangulamento na *difusão* comprometem o próprio desenvolvimento da *produção*.

Por outra parte, a especificidade da política cultural arranca da *essência compulsoriamente pluralista* do "mundo da cultura". A partir de um determinado nível de complexidade (só detectável pela análise particular de constelações culturais concretas, mas *já dado* nas sociedades contemporâneas de base urbano-industrial), a dinâmica do "mundo da cultura" tem como inelimitável força motriz endógena o confronto livre de posições, concepções e tendências, a tensão entre manifestações e expressões anímicas e intelectuais distintas. A vida cultural só é pensável e concebível enquanto diferenciação, oposição e contradição — processo perene, que encontra resoluções mais ou menos parciais e aproximativas no evolver da prática social. Um tal dinamismo imanente à vida cultural reproduz e reconstrói, por seus meios específicos e particulares, os feixes de tensão que percorrem a vida social: o "mundo da cultura" não é um todo ou bloco homogêneo, mas uma totalidade parcial onde se refratam os cortes, os dilaceramentos e os confrontos da totalidade social inclusiva, de que é um nível determinado. Eis por que a indução de mecanismos *equalizadores* no "mundo da cultura" tem por consequência, numa reiteração que parece configurar uma regularidade histórica, contrafações que conduzem ao estancamento do seu dinamismo elementar e, no limite, a um *gap* (perigoso, porque prenhe de implicações histórico-sociais e político-econômicas) entre a produção cultural e a reprodução social. De onde, nas sociedades contemporâneas de base urbano-industrial, ser a equalização do "mundo da cultura" uma alternativa *possível*, mas de realização pouco *provável*.[64]

A esta altura, faz-se míster um duplo esclarecimento. O primeiro conecta-se ao enquadramento, por indução equalizadora, da vida cultural.[65] É claro que se pode intentar o enquadramento do "mundo da cultura" (aliás, a demonstração óbvia encontra-se diante de qualquer observador da história contemporânea): em princípio, o "disciplinamento" das manifestações e expressões culturais é tão viável quanto o de quaisquer outras objetivações do ser social; abstratamente, a hipótese de enquadrar o "mundo da cultura" é tão factível quanto a de enquadrar o "mundo do trabalho". Mas o *custo social* desse enquadramento é exorbitante: sua legitimação política é extremamente frágil e, a médio prazo, ele tende a problematizar modalidades mais eficientes da reprodução social. O segundo refere-se ao sentido das próprias políticas culturais: cabe a indagação de se a sua mera existência não colide com a dinâmica específica do "mundo da cultura", posto que elas já segreguem (porquanto intervenção estatal) *uma vontade e uma estratégia de classe(s)*. É evidente que inexistem políticas sociais "neutras" — quanto a isso, qualquer discussão é pura perda de tempo —: em todas comparece um projeto de classe; e, para as classes sociais, a cultura não é um fim em si — tem valor instrumental. O problema substantivo consiste em determinar a congruência entre projeto de classe e desenvolvimento e florescimento culturais multifacéticos; mais concretamente, consis-

---

64. Esta é uma das causas profundas da contradição insanável entre ditaduras *abertas* da burguesia (e não só) e "mundo da cultura".

65. Não podemos discutir aqui a indução equalizadora própria aos complexos da *indústria cultural*. Vale apenas indicar o seu aceso debate em fontes distintas, especialmente Morin (1967), Costa Lima [org.], (1970), Horkheimer e Adorno (1971), Habermas (1973), Benjamin (1974), Adorno (1962, 1986), Prokop (1986), Marcondes Filho (1986) e Mattelart et al. (s/d., 1987) (cf. as notas 67 e 112).

te em determinar o nível de abrangência e inclusividade culturais suportado pelos projetos de classes em questão. Nesta ótica, se é verdade que qualquer política cultural porta uma orientação definida, *de classe*, o verdadeiro problema está em verificar a sua adequação à específica dinâmica do "mundo da cultura" — e a orientação *política* da política cultural é uma função da *direção política* condensada no Estado. Não se pode, portanto, inferir, *em princípio*, uma colisão entre a dinâmica cultural e a existência de políticas culturais, como se estas excluíssem ou castrassem aquela.

Isso posto, retornemos ao fio da exposição. Salvo situações-limite de coerção quase absoluta — que acabam por se revelar historicamente efêmeras —, a política cultural, como elemento do rol das políticas sociais, tende a implementar-se como instrumento de caráter político-administrativo, corporificando-se em *operações de intervenção imediata* e *procedimentos mediatos.* As primeiras incidem especialmente sobre a difusão dos produtos culturais; os segundos se referenciam às condições para a produção cultural que é situada como *preferencial* pela direção política da política cultural. E se umas remetem a políticas sociais setoriais (por exemplo, a política de comunicação social), os outros recolocam o imbricamento da política cultural com o *conjunto* das políticas sociais, a sua relação com a direção política para que estas se voltam (ou seja, põem o problema da congruência que já mencionamos). Posicionado como conduto visceralmente *mediador* entre operações e procedimentos da política cultural está o sistema de ensino institucional: na *política educacional* confluem e intercorrem operações imediatas e procedimentos mediatos que corporificam a política cultural.

Como se constata, a consideração das condições de implementação da política cultural requer o exame dos mecanismos e sistemas institucionais que, mesmo não lhe sendo precípuos, ela demanda — mecanismos e sistemas que ela transcende, mas que são indispensáveis para a sua viabilização. Aqui, o mais adequado é recorrer ao exemplo da política educacional e do sistema a ela afeto: ambos são imprescindíveis no encaminhamento e na condução integrados da política cultural, apesar de possuírem objetivos, funcionalidade e dinâmica próprios. É evidente, ademais, que este não é o único sistema institucional que deve ser contemplado na análise da implementação de qualquer política cultural;[66] nesta análise, peso ponderável deve atribuir-se à política e aos sistemas de comunicação social, sem os quais se torna impossível apreender o movimento cultural das sociedades contemporâneas.[67] De qualquer modo, será necessário oferecer um quadro sinótico pelo menos da política educacional da autocracia burguesa antes de tematizar particularmente a sua política cultural (cf. seção 1.5).

Esta, em sua configuração global, realizou-se — como adiante se tentará mostrar — plasmando um duplo e simultâneo movimento, de conservação e de transformação.

Por uma parte, o regime autocrático burguês procurou sistematicamente consolidar certas características culturais presentes de há muito na formação social brasileira, características essas que podem ser suficientemente sintetizadas na *tara elitista* que de longe persegue a vida cultural no Brasil.[68] Este selo — responsável, entre outros

---

66. Não se pode tematizar aqui o leque de problemas que se embute na articulação suposta neste passo, mas cabe aludir a eles: trata-se de um complexo potencial de contradições localizado nas diferenciadas demandas postas pela operação efetiva dos diversos sistemas institucionais.

67. Dados os limites e os objetivos deste trabalho, na argumentação subsequente seremos obrigados a deixar de lado o tratamento da política e do sistema de comunicação social implementados pela ditadura. Mas é de fundamental importância consignar, mesmo que de passagem, o papel desempenhado pela autocracia burguesa neste terreno. O Estado autocrático burguês criou as condições para a emergência, no Brasil, de uma *indústria cultural*, concentrada e monopolizada, fazendo do espaço nacional um mercado unificado onde se enfrentam uns poucos monopólios que dominam e manipulam a produção e a distribuição de uma *cultura de massas* com as conhecidas características de conformismo e de alienação e que, ao mesmo tempo, segmentando o público, divulgam seletivamente mensagens e universos simbólicos de outro quilate. Da já larga bibliografia sobre esta problemática, referida à situação brasileira, cf. especialmente Sodré (1966), Moniz Sodré (1977), Wertheim [org.], (1979), Knoploch (1980), Caparelli (1982), Arruda (1985), Marques de Melo (in Bosi [org.], 1987) e o bem documentado trabalho de Ortiz (1988) (cf., adiante, a nota 112).

68. A feliz expressão *tara elitista* comparece no sucinto *paper* de Cordeiro (1977), que circulou entre exilados pela ditadura que viviam na Europa Ocidental. Quanto à complexi-

traços peculiares da cultura brasileira, pelo cariz de excepcionalidade que nela possuem elaborações que Gramsci (1968, 1968a) designava como *nacional-populares* — é uma constante no erguimento da identidade cultural brasileira e está distante de esgotar-se nas problemáticas da *transplantação cultural* ou, mais sofisticadamente, das *ideias fora do lugar*.[69] E não pode ser sumariamente debitado a um sistema educativo institucional que historicamente reproduziu e reforçou as hierarquias sociais dadas e a alienação.[70] Antes, suas raízes profundas mergulham na própria conformação da estrutura de classes que se afirmou como substantiva no Brasil moderno e na particular dinâmica sócio-ocupacional que satura seus marcos, conferindo ao trabalho intelectual (e ao "mundo da cultura") um espaço que, ao fim e ao cabo, sempre se remete ao poder de sanção — positivo/gratificante, negativo/excludente — de franjas das classes dominantes, pela via institucional do Estado.[71]

Daí o estreito (e hostil) campo para a movimentação e o florescimento das tendências culturais de fundo crítico ou que se direcionam para a perspectiva nacional-popular — umas só a custo escapando do "intimismo à sombra do poder", outras transitando para a aberta marginalização, como o demonstram, no âmbito da literatura, emblematicamente, as trajetórias de Machado de Assis e Lima Barreto.[72] Uma das linhas de força da política cultural da autocracia burguesa, precisamente aquela que tipifica o seu movimento

---

dade contida na ideia mesma de "cultura brasileira", cf. o esclarecedor ensaio de Bosi, in Saviani et al. (1987a).

69. Os dilemas da *transplantação cultural* foram tratados por Sodré (1964a, 1965a); a discussão sobre as *ideias fora do lugar* deve-se a Schwarz (1977) e foi enriquecida por Carvalho Franco (1976) e Coutinho (1979).

70. Para avaliações qualitativas deste sistema, cf. especialmente Teixeira (1969) e Azevedo (1971); elementos quantitativos encontram-se em Berger (1980) e Cunha (1986); para outras aproximações, cf. algumas das contribuições reunidas em Pereira e Foracchi, [orgs.[(1964).

71. Pode-se discordar das análises que Miceli (1979) faz do poder de imantação do Estado sobre os intelectuais, mas é inegável a relevância *histórica* do fenômeno que o pesquisador — seguramente com alguma dose de unilateralidade — privilegiou.

72. A fecunda noção de "intimismo à sombra do poder", originalmente devida a Thomas Mann, teve criativa aplicação à cultura brasileira exatamente num ensaio dedicado à análise

conservador, consistiu na ampliação e no adensamento da teia de mecanismos e concepções tendentes a manter essa *tara elitista* (verifica-se, pois, que também aqui a ditadura resgatou, elevando a novo patamar, as nossas piores tradições).

Mas, por outra parte — e este é o aspecto especialmente relevante, que aponta para o seu movimento transformador, da sua intervenção no plano cultural —, a ditadura *não podia* contentar-se com a reprodução do viés elitista do processo da cultura brasileira. Era-lhe necessário, *procurando conservar e estender aquele viés*, investir na criação de um bloco cultural compatível com a sua projeção histórico-social "modernizadora" (que implicava a construção de um mercado nacional de bens simbólicos). Para tanto, a *tara elitista*, tal como se encorpara na cultura brasileira, era insuficiente — carecia de conteúdos funcionais à "modernização conservadora", revelava-se defasada e vazia, de um tônus apto a dar conta das realidades e exigências dinâmicas da nova ordem. No sentido de colimar seu objetivo, a autocracia burguesa precisava de uma orientação que enfrentasse, no "mundo da cultura", as tendências que operavam para romper com a *tara elitista* e, no mesmo andamento, desenvolvesse no seu interior tendências adequadas à "modernização conservadora". Vale dizer: a política cultural da ditadura teria de laborar em duas frentes: a) *reprimir* as vertentes que, no "mundo da cultura", apontassem para a ultrapassagem da *tara elitista*, estimulando aquelas que contribuíam para a sua cristalização e b) *induzir e promover* a emergência de tendências culturais funcionais ao projeto "modernizador".

A primeira face da política cultural necessária à autocracia burguesa, a face repressiva, "negativa", não advinha de um qualquer obscurantismo congênito à dominação burguesa (embora o obscurantismo tenha sido abundante no ciclo ditatorial). Ele denotava *um dado de realidade* no "mundo da cultura": se os vieses elitistas, alienados

---

de Lima Barreto (Coutinho, in VV. AA., 1974); sobre o fundo crítico da obra de Machado, cf. especialmente Pereira (1944) e Schwarz (1977).

e alienantes eram indiscutíveis e dominantes desde há muito, também desde há muito germinavam e se adensavam tendências que se direcionavam para a sua superação. A corrente quase subterrânea, que surgia à tona de quando em quando, da intelectualidade vinculada ao povo (não enquanto entidade abstrata e ideal, ou suposta síntese da "nacionalidade", mas como totalidade dinâmica, complexa e contraditória das classes subalternas em seu movimento histórico de resgate e libertação, centralizada pelo proletariado), essa corrente, essa vertente — elo que une, em épocas diferentes, escritores, críticos, artistas, ensaístas, cientistas e pedagogos[73] — encontrou condições propícias de expansão na passagem dos anos 1950 aos 1960. Quando do golpe de abril e imediatamente depois, como teremos oportunidade de referir mais adiante (cf. seção 1.6), esta vertente (diferenciada, tensionada por contradições e também pontilhada de equívocos e ilusões) desfrutava de prestígio particular e ponderável incidência político-social. Diante dela, a autocracia burguesa tinha de desfechar uma ação dominantemente repressiva — era ineliminável o antagonismo entre esta parcela do "mundo da cultura" e a ordem sociopolítica dos monopólios.

A segunda face da política cultural (e trata-se mesmo de *faces*: ambas são verso e reverso da *mesma* moeda), reclamada pela autocracia burguesa — a face promocional, indutora, "positiva" —, consistia em alentar tendências que, no "mundo da cultura", lhe assegurassem, na melhor das hipóteses, tanto uma efetiva legitimação ideal, ou, na pior, quanto a ausência de contestação concreta, garantindo-lhe, simultaneamente, o aporte de quadros técnicos e científicos. O limite superior pretendido (a legitimação ideal) supunha que se aderisse à concepção de fundo que sustentava a arqui-

---

73. Trata-se daquela "família intelectual" (como quer Octavio Ianni) que vem de Manuel Antônio de Almeida, passa por Euclides da Cunha e compreende, entre tantos outros, Astrojildo Pereira, Caio Prado Jr., o Mário de Andrade maduro, Carlos Drummond de Andrade, Graciliano Ramos, Dionélio Machado. Anísio Teixeira, Edison Carneiro, Samuel Pessoa, Mário Schenberg, Oscar Niemeyer, Cândido Portinari, Nelson Werneck Sodré, Florestan Fernandes et al.

tetura do Estado autocrático burguês, no caso a doutrina de segurança nacional estendida às manifestações anímicas e intelectuais. Desmobilizadora e militarizante, seu poder da imantação sobre o "mundo da cultura" foi tangencial — de onde o caráter grotesco e caricatural das elaborações dos ideólogos do regime (aqui, a figura "típico-ideal" é a do professor Jorge Boaventura). Muito distinta era a situação suposta no limite inferior (ausência de contestação concreta, possibilidade de neutralização dos componentes críticos): de um lado, desde os anos 1950 faziam-se presentes, na cultura brasileira, tendências intelectuais assépticas ou tecnoburocratizantes; de outro, desde o mesmo período se desenvolviam fortemente, na cultura dos países capitalistas avançados, matrizes deste género. O regime autocrático burguês jogou forte nessas tendências, inclusive vitalizando os vínculos da dependência cultural (e, nesse sentido, a política educacional foi um instrumento privilegiado), de forma a promover, no primeiro plano da vida cultural, e ao máximo, vertentes intelectuais assépticas no nível do debate político-social.

A política cultural da ditadura, na sua implementação diferenciada ao longo dos três lustros do ciclo autocrático burguês, sempre conjugou os componentes distintos requeridos pela realização destas duas tarefas em combinações diversas, ora com predomínio da sua intervenção repressiva, ora com maior ponderação da sua intervenção "positiva" — conforme a correlação de forças no plano político, o grau de resistência e pressão das forças e movimentos democráticos (dentro e fora do "mundo da cultura") e o nível de estruturação e de articulação alcançado pelo Estado autocrático burguês e suas políticas sociais. Adiante verificaremos (cf. seção 1.6) as mudanças ocorrentes na política cultural da ditadura; por agora, cabe só registrar que o alvo perseguido foi, sempre, o enquadramento, o *controle* do "mundo da cultura"; variaram as providências, os expedientes, os recursos e os métodos, porém se mantiveram nítidos os objetivos: compelir à residualidade as vertentes críticas e nacional-populares, privilegiar as tendências funcionais à "modernização conservadora".

Na sistemática busca do controle do "mundo da cultura", a autocracia burguesa procurou integrar a sua política cultural ao sentido global das suas políticas sociais (especialmente às suas políticas educacional e de comunicação social). Mas a intenção e as estratégias equalizadoras nunca asseguraram a inteira administração do "mundo da cultura": alimentadas pelas tensões entre a sua própria dinâmica e as exigências da autocracia burguesa, potenciadas pela resistência democrática e pelo movimento popular, as colisões e contradições entre o regime autocrático e o "mundo da cultura" jamais foram erradicadas.

O regime autocrático burguês nunca teve condições de promover a plena evicção das oposições no terreno cultural: aí sempre restaram espaços, mais ou menos restritos, para bolsões de oposição e crítica — que entravam em rota de choque aberto com o Estado todas as vezes em que buscavam mediações com organizações políticas democráticas e populares.

Há que acentuar a habilidade e a eficiência, neste âmbito, da ação estatal ditatorial, impossível de reduzir-se à pura repressão. Cônscio da impossibilidade de extirpar os vetores críticos, o Estado autocrático burguês tratou de assegurar o seu *isolamento* em face do processo social: não podendo impedir a sua existência, tratou de assegurá-la apenas como *oposição legal de caráter puramente intelectual.* Fez mais, todavia: não hesitou em tolerar tendências culturais "radicais" e "contestadoras", desde que restritas ao estreito universo da subjetividade reificada ou ao plano abstrato das construções lógico-formais, buscando (e, em alguns casos, conseguindo) esvaziar o alcance e a incidência da oposição intelectual que não tinha condições de eliminar.

Estes são uns poucos indicadores dos limites do projeto de controle do "mundo da cultura" implementado pelo Estado autocrático burguês. A sua política cultural, considerada a sua inteira vigência, nunca lhe rendeu um suporte ativo no seio da intelectualidade. No entanto, se o seu objetivo de enquadrar o "mundo da cultura" não foi colimado na escala das suas pretensões, o exame

DITADURA E SERVIÇO SOCIAL   77

mais detalhado da sua política cultural haverá de revelar que, para a ditadura, foram colhidos resultados parciais muito significativos.

1.5 O enquadramento do sistema educacional

Uma análise detalhada e minuciosa da política educacional da autocracia burguesa, para a qual já se dispõe de numerosa e qualificada documentação,[74] escapa aos objetivos deste trabalho. Pelo exposto anteriormente (cf. seção 1.4), cabe aqui tão somente uma sinopse dessa política — uma vez que ela é parte integrante e elementar do relacionamento do regime autocrático burguês com o "mundo da cultura". Em assim sendo, limitar-nos-emos a pontuar, recorrendo ao contributo já oferecido por especialistas da área, apenas alguns aspectos indispensáveis a uma compreensão mais abrangente da política cultural da ditadura.

Cumpre constatar, preliminarmente, a existência de um amplo consenso acerca do ponto de inflexão da postura ditatorial em face da educação: os analistas, apesar das suas diferenças ideopolíticas e de suas opções teórico-metodológicas alternativas, coincidem na verificação de que houve um giro, uma mudança qualitativa e estrutural, no trato da educação por parte da autocracia burguesa — e que este giro ocorre entre 1968 e 1969.[75] Em termos breves, há como que uma

---

74. Um dos aspectos mais interessantes do movimento intelectual democrático foi o surgimento, especialmente em meados da década de 1970, de uma produção crítico-analítica voltada para o enfoque da política educacional da ditadura nas suas múltiplas dimensões, retomando, em vários níveis, preocupações históricas da melhor intelectualidade brasileira. Da ponderável massa crítica desde então elaborada, recorremos nomeadamente aos textos de Berger (1980), Cunha (1985, 1986), Freitag (1986) e Romanelli (1987), recuperando sugestões contidas em Fernandes (1976a, 1979b) e Levin et al. (1984); mas apelamos também aos trabalhos de Saviani (in Garcia [org.], 1976, 1986), Garcia (1977), Manfredi (1978), Chaui (1978), Sá (1979), Fávero (1980), Oliveira (1981), Fávero [org.], (1983), Beisiegel (in Fausto [org.], 1986) e Machado (1987).

75. Esta verificação é, sobretudo, evidente nas análises de Romanelli (1987: 193-198), mas vem explicitada em Berger (1980: 178-180), Cunha (1985, p. 238-240) e em Freitag (1986, p. 89-90).

espécie de unanimidade em reconhecer pelo menos *dois momentos* no enfrentamento da ditadura com a educação: um, entre 1964 e 1968, caracterizado especialmente pelo esforço para erradicar as experiências democratizantes que se vinham desenvolvendo; outro, a partir de 1968-1969, marcado pela intervenção direcionada para modelar, pela política educacional, o sistema institucional de ensino conforme as exigências imediatas e estratégicas do projeto "modernizador".[76]

Não se trata, de fato, de localizar, na vigência do ciclo autocrático burguês, *duas concepcões* substantivas diversas acerca do papel da educação e do espaço que, no seu ordenamento, cabe ao Estado. Inúmeras investigações mostram que, desde o início do golpe de abril, no interior da coalizão que empalmou o poder, já se tinha definida a "filosofia" para a política social no terreno da educação.[77] Nuclearmente, esta "filosofia" consistia no enquadramento do processo *institucional* da educação.[78] O que variou, configurando a mudança registrada em 1968-1969, não foi essa "filosofia": foram as condições que permitiram levá-la à prática. Esquematicamente, a variação pode ser condensada na emergência de três feixes de problemas, *todos derivados da alteração na estrutura da demanda social por educação institucional*: o agravamento da crise do sistema educacional, as incidências político-sociais imediatas deste agravamento e o descompasso entre tal sistema e os objetivos globais (bem como os

---

76. O perfil destes dois momentos aparece sintetizado nos despretensiosos, mas competentes, trabalhos de Góes e Cunha (1985). As mudanças ocorrentes na postura do regime autocrático burguês em face da educação quando se abre a crise da ditadura não serão tratados aqui; subsídios para a sua tematização encontram-se em Cunha (in Góes e Cunha, 1985) e em Freitag (1986).

77. Especialmente Vieira (1983) e Freitag (1986), rastreando o discurso oficial da autocracia burguesa, indicam persuasivamente que, desde os primeiros pronunciamentos de Castelo Branco, esta definição aparece nítida; Berger (1980) trabalha com hipótese semelhante.

78. "As primeiras diretrizes formuladas [pela ditadura], norteadoras da futura política educacional, já foram fixadas no início do governo Castelo Branco [...]: o objetivo do seu governo seria restabelecer a ordem e a tranquilidade entre estudantes, operários e militares. Excluindo o grupo dos militares, podemos dizer que com a nova legislação, promulgada pelo governo militar, visa-se de fato criar um instrumento de controle e de disciplina sobre estudantes e operários" (Freitag, 1986, p. 77-78).

métodos políticos e de gestão) do regime e do Estado emergentes no pós-1964.

A alteração na estrutura da demanda social por educação institucional[79] expressa-se significativamente a partir de meados dos anos 1950. Seus condicionamentos societários mais fortes provêm das exigências e implicações do padrão de desenvolvimento vinculado à *industrialização pesada* — de uma parte, uma qualificação distinta para a força de trabalho e, doutra, as consequências da urbanização. No seu aspecto quantitativo, esta alteração se evidencia pela *crescente magnitude* dos contingentes que pressionam o sistema educacional e que tem um de seus picos (globais) precisamente na segunda metade da década de 1960.[80] À progressiva *expansão* da demanda global, entretanto, desde finais dos anos 1950 e, muito especialmente, dos meados dos sessenta, em função da política econômico-financeira implementada em seguida ao golpe, se acresce uma dimensão qualitativa *inédita*, realçada por Cunha, que inova na pressão sobre o sistema de ensino, nomeadamente no nível superior terminal — a universidade ganha, para as camadas médias urbanas (que incluem a pequena burguesia tradicional, sem a ela se reduzirem), a *centralidade* nas suas possibilidades de mobilidade social vertical ascendente.[81] Já não é só uma demanda quantitativamente

---

79. É preciso enfatizar este elemento *institucional*, considerando-se o fenômeno, colocado primeiramente por Florestan Fernandes, de a socialização fundamental da massa da população brasileira não transitar historicamente pela escola, em qualquer nível (cf. Berger, 1980, p. 225-228).

80. Os indicadores estatísticos recolhidos e ordenados por Berger (1980: 183-199) e Cunha (1985, Tabelas 3-1, 3-6, 3-7 e 3-8) são suficientes para fundar a assertiva; para uma fundamentação conclusiva, cf. os dados meticulosamente coligidos por Romanelli (1987, Quadros 1, 3, 8, 9, 11, 12, 15, 16, 19, 22, 25, 26, 33, 42, 43, 48 e 52-55).

81. Foi Cunha (1973, p. 47) quem identificou "a mudança do modelo de ascensão da classe média. Anteriormente, esta passava pela constituição de capital através da poupança, investimento em pequenas empresas, reprodução do capital, nova poupança etc. O alvo da ascensão social para as camadas médias era a abertura de um pequeno negócio ou o exercício de uma atividade profissional, por conta própria. A partir, no entanto, desse processo de concentração de capital, renda e mercado [operante especialmente desde 1964], os canais 'tradicionais' de ascensão tornam-se cada vez mais estreitos. Em função disto, as alternativas de ascensão das camadas médias transferem-se para as hierarquias ocupacionais, que se

superior à oferta de vagas que pressiona o sistema de ensino: é um contingente social cujas expectativas sociais — por outro lado animadas pelo novo regime —, se defraudadas, engendram um *efeito político-social* potencialmente ameaçador para a consolidação da vitória conquistada pela coalizão golpista de 1964. A resposta do regime a esta eventualidade, que chegou a adquirir gravitação real, será vista em seguida; por agora, só interessa salientar que esta alteração na estrutura da demanda dinamizou os feixes de problemas mencionados.

Com efeito, a mais imediata manifestação da alteração na demanda foi a evidência do agravamento da crise do sistema educacional. Crise que vinha de longe, que não fora travada e menos ainda, revertida sequer no instante de auge inicial da *industrialização pesada* e que se acentuara na entrada dos anos sessenta, sendo irretorquivelmente constatada no *Censo Escolar* projetado num dos últimos governos constitucionais e levado a cabo, em 1964, pela ditadura.[82] O panorama fornecido pelo *Censo*, além de avaliações qualitativas feitas pelos diversos protagonistas da área, deixava claro o estrangulamento do sistema que vai se revelando mais flagrante e agudo à medida que as alterações na demanda impõem soluções a curto prazo.

Porém, não é esse cenário que compele a um novo encaminhamento habilitado a concretizar a "filosofia" educacional da autocra-

---

ampliam e se modificam, tanto no setor privado quanto no setor público da economia". Dando continuidade a seu raciocínio, conclui o mesmo estudioso, em escrito posterior: "Em consequência, a demanda do ensino superior aumentou de modo que o crescimento das matrículas resultou insuficiente diante de uma procura cada vez maior. No período 1964-1968, o número de candidatos às escolas superiores cresceu de 120%, taxa superior à elevação do número de vagas, que foi de 56% no mesmo período" (Cunha, 1985, p. 238-239).

82. Os avanços incontestes que se verificaram no sistema educacional, entre 1956 e 1962-1963, não foram suficientes para deter aquela crise; aliás, apoiado em indicações de Lafer, Berger (1980: 176) lembra que, durante o quatriênio de Kubitschek, dentre os investimentos do Estado, os alocados ao setor educacional não ultrapassaram 3,4% das inversões totais. Para um resumo eficiente da política educacional dos governos Quadros e Goulart, cf. Vieira (1983: 164-173); análises de um marco fundamental na legislação deste período, a *Lei de Diretrizes e Bases da Educação Nacional* (Lei n. 4.024, de 20/12/1961), encontram-se em Berger (1980: 174 ss.), Freitag (1986, p. 54-65) e Romanelli (1987: 179 ss.).

cia burguesa: o que precipita a nova equação são as incidências político-sociais que arrancam deste estrangulamento. Nesse período — que corresponde ao momento em que o regime oriundo de abril perfila-se como uma ditadura reacionária (1964-1968), mas no qual se gesta o Estado militar-fascista —, o regime tem outras prioridades, quer de repressão às tendências democráticas e populares no plano político, quer de viabilização econômica do seu projeto "modernizador". Cuida que lhe bastam, em face do "mundo da cultura" (aí incluído o sistema educacional), ademais de uma repressão inicial, medidas de correção e ordenamento limitadas. Essa postura se modifica quando, dado o agravamento da crise do sistema educacional, ela se converte num particular detonador da ação antiditatorial: enquadrado, pela coerção, o movimento operário e sindical, na cidade e no campo, é o *movimento estudantil* (especialmente na universidade, mas não só) que se alça ao primeiro plano da contestação ao regime.[83] Este, naturalmente, através de seus estrategistas (munidos dos insumos que lhes oferecem os "serviços" tentaculares da "comunidade de informações" em articulação), sabe que não corre riscos com a agitação das vanguardas estudantis; o que preocupa às instâncias mais altas do poder é o efeito *catalisador* da mobilização nas escolas: ela se revela tendencialmente capaz de condensar a oposição geral que o regime se esforçava por manter difusa — e a condensação tem seu polo num segmento social que, radicalizando-se e descolando-se traumaticamente da coalizão vencedora em abril, poderia engendrar uma dinâmica político-social que, esta sim, estaria em condições de colocar sérios problemas para o regime (inclusive repondo o piso a partir do qual era inteiramente viável um afluxo do movimento operário e sindical). Nesse processo, o que se desgarrava era precisamente uma franja das camadas médias urbanas para as quais, como se viu, o acesso ao nível mais alto do sistema de ensino institucional aparecia como o instrumento central para

---

83. Uma síntese sobre o movimento estudantil à época, com referências bibliográficas, encontra-se em Moreira Alves (1987: 115 ss.).

incorporar-se positivamente à nova ordem. Os desdobramentos sociopolíticos desse desgarramento, visíveis na ação estudantil, poderiam desbordar enormemente as fronteiras dos estratos sociais diretamente envolvidos. Assim, foi o *potencial catalisador* do movimento estudantil no seio do bloco antiditatorial, explicitado notadamente no curso de 1967 e 1968, que colocou para o regime autocrático burguês a questão educacional como prioritária.

O emergir da educação como prioridade, por razões imediatamente políticas, acompanhada por estudos e análises dos estrategistas do regime, torna patente, por outro lado, que à autocracia burguesa é imperativa uma inteira *refuncionalização* do sistema educacional: os dilemas que a sua crise, então agudizada, traz à tona não são suscetíveis de, com um ataque emergencial, sofrer reversão expressiva. Se uma intervenção pontual mostrava-se como inadiável, a análise estratégica global demonstrava o curto fôlego dos seus resultados: o projeto "modernizador" implicava bem mais que debelar focos localizados de estrangulamento ou encontrar saídas conjunturais — o "modelo econômico" em avançada gestação supunha, para concretizar a "filosofia" educativo-institucional que o golpe segregava, um redirecionamento substantivo do sistema de ensino; este, para integrar-se sem fricções de monta nos quadros do "modelo", deveria ser objeto de uma intervenção que ferisse os seus componentes constitutivos e axiais.

Este é o divisor de águas de 1968-1969. Entre 1964 e 1968, a política educacional da ditadura materializou a sua intenção de controle e enquadramento implementando praticamente a destruição de instrumentos organizativos do corpo discente, promovendo um clima de intimidação no corpo docente (a primeira vaga repressiva, em 1964, atingiu milhares de estudantes, professores e pesquisadores, com a generalização, nas escolas, dos tristemente célebres IPMs) e, muito especialmente, reprimindo com furor inaudito as propostas, experiências, movimentos e instituições que ensaiavam e/ou realizavam alternativas tendentes a democratizar a política, o sistema e os processos educativos, vinculando-os às necessidades de base da massa da população.[84] O nível da violência cometida está na razão direta da ponderação que tais movimentos e experiências ganhavam no bojo do processo de democratização que se operava na sociedade e no Estado: era necessário *exemplarizar* os movimentos democráticos e populares abortando a inovadora projeção da Universidade de Brasília, exilando Paulo Freire, ilegalizando a *União Nacional dos Estudantes* (UNE), desmantelando o *Movimento de Educação de Base* (MEB) etc.[85] Este encaminhamento essencialmente "negativo", cuja lógica não se via afetada por nenhuma iniciativa governamental "positiva",[86] fracassou estrondosamente: quatro anos depois do golpe, o regime autocrático burguês tinha no sistema educacional um de seus flancos mais vulneráveis e mais sensíveis ao apelo político antiditatorial. Em 1968-1969, a política educacional da ditadura, para realizar a "filosofia" que a norteava, passa a operar a *refuncionalização* que lhe era necessária — e, para tanto, a sua dimensão "negativa", acopla-se uma dinâmica *construtiva* ("positiva"): o regime autocrático burguês, redefinindo-se na vertente do militar-fascismo, começa a instaurar o seu "modelo educacional", congruente com a concretização do seu "modelo econômico". Estabelece-se, enfim, a compatibilização *funcional-operativa* entre a política educacional e o conjunto da política social da ditadura — e não é um simples acaso que este processo se desenvolva si-

---

84. Não tem lugar, aqui, a crônica da *razzia* levada a cabo pela ditadura no seu furor contra os avanços e conquistas que as forças democráticas e populares vinham acumulando até as vésperas de abril. Já há farta documentação sobre esta empreitada obscurantista, que, à época, ensejou as situações tragicômicas que soem ocorrer quando torcionários, delegados de polícia e capitães se alçam à condição de juízes da pedagogia e da cultura.

85. Uma síntese das condições dessa vaga repressiva encontra-se em Góes (in Góes e Cunha, 1985) e em Moreira Alves (1987); para uma aproximação específica aos eventos referidos, cf. Machado Neto (1967), Poerner (1968), Ribeiro (1978), Paiva (1980) e Wanderley (1984).

86. Isto não significa a *ausência* de iniciativas governamentais — recordem-se, entre elas, a instituição do salário-educação (Lei n. 4.400, de 27/10/1964, posteriormente reformulada), os primeiros intentos de reorganização universitária (Decreto-lei n. 53, de 18/11/1966), as disposições referentes à educação que se consignam na Constituição de 1967 — mas sim a ausência de impactos efetivos dessas iniciativas no sistema educacional.

multaneamente à consolidação do Estado pertinente à autocracia burguesa, que já sumariamos (cf. seção 1.3).

A inflexão foi precedida, no plano da elaboração estratégica, pela série de estudos, análises e propostas que configuraram os famosos "acordos MEC-USAID", que vinham em andamento desde 1964.[87] Igualmente importante, no seu contexto, foi o trabalho da assim chamada "Comissão Meira Matos", bem como as sugestões do "Grupo de Trabalho da Reforma Universitária" (Romanelli, 1987). Todas as indicações factuais levam à conclusão de que a refuncionalização do sistema educacional a partir de então conduzida obedece, no que concerne ao ensino superior, ao modelo oferecido pelos assessores norte-americanos que comandaram os estudos para a "reforma universitária" (com especial destaque para Mr. Rudolph Atcon) — numa operação que um analista não hesitou em caracterizar como uma "desnacionalização no campo educacional [que] tomou formas nunca vistas" (Góes, in Góes e Cunha, 1985, p. 33).[88] Quanto à refuncionalização dos outros níveis do ensino, interpretação autorizada sugere que ocorreram conflitos entre representantes da ditadura e os conselheiros ianques triunfando uma opção reformuladora não inteiramente conforme o receituário da *Agency of International Development* (Romanelli, 1987, p. 234-235). O que importa é que, a partir de então, emerge *o sistema educacional da*

---

87. Exaustivo exame dos acordos foi realizado por Romanelli (1987, p. 205 ss.); cf. ainda, sobre eles, Goertzel (1967), Alves (1968) e Freitag (1986, p. 83 ss.).

88. Também aqui o que se desenrolou foi um processo de "modernização conservadora", como quer Cunha (in Góes e Cunha, 1985, p. 83), que reconhece que nem todas as medidas implementadas no âmbito da universidade "derivavam diretamente da política educacional da ditadura. Procuravam incorporar algumas demandas de professores e estudantes que, havia décadas, lutavam pelo aperfeiçoamento do ensino superior no Brasil. Duas das bandeiras incorporadas eram quase ponto de honra de suas lutas: a extinção da cátedra vitalícia e a universidade como padrão de organização do ensino superior" (idem, ibidem). Florestan Fernandes esclareceu o sentido profundo desta incorporação: "sob a pressão constante de tendências modernizadoras que partiam do interior do país, dos Estados Unidos e de organismos econômicos, educacionais e culturais internacionais, e sob o desafio da rebelião estudantil, a reação conservadora preferiu tomar a liderança política da 'reforma universitária'. Iria, portanto, modernizar sem romper com as antigas tradições, nem ferir interesses conservadores. Ao mesmo tempo, iria controlar a inovação" (Fernandes, 1979b, p. 58).

autocracia burguesa, erguido num processamento que primeiro incidiu sobre os níveis superiores do ensino para, em seguida, modelar os níveis elementares e básicos.[89]

É pertinente insistir num aspecto nuclear deste momento do empreendimento "positivo" da política educacional da ditadura: *ele não implicou a redução da dimensão repressiva explicitada especialmente nos desdobramentos imediatos à hora do golpe. Ao contrário: a empresa "construtiva" exigiu um reforço ponderável daquela dimensão, acionada já pelo Estado militar-fascista.* Se, em 1964, o furor ditatorial se fez sentir sobre inúmeros protagonistas do cenário educacional, é entre 1968 e 1969 que o regime autocrático burguês golpeia centralmente o conjunto de instituições do sistema educacional — e se o terrorismo estatal chega primeiro à universidade, foi tanto pela candência dos problemas aí existentes como pelo fato de por ela iniciar-se a compatibilização do sistema educacional ao "modelo econômico" (além, naturalmente, do efeito-demonstração apto a *exemplarizar* todas as outras instituições do sistema). O requisito da "construção educacional" era a liquidação — pelos métodos mais execráveis[90] — de todas as fontes visíveis de resistência à ditadura. São indissociáveis, na inflexão da implementação da política educacional, o terrorismo de Estado e a reformulação estrutural do sistema de ensino: a Lei n. 5.540 (de 28/11/1968) — que instituiu os princípios para a organização e funcionamento do ensino superior e sua articulação com a escola média — não pode ser pensada separadamente da especificação do AI-5 "ao sistema educacional, através do Decreto-lei n. 477, de 26 de fevereiro de 1969 e sua regulamentação,

---

89. Parece assente que o começo da refuncionalização pela universidade atendeu tanto à urgência de operações táticas (afinal, nela residia o polo imantador da contestação estudantil) quanto ao modelo proposto pelos conselheiros norte-americanos, para os quais o efeito multiplicador das mudanças no ensino superior permitiria, num *timing* ótimo, afetar os graus inferiores do sistema educacional.

90. A propósito, recordem-se os "livros negros" referentes a alguns casos modelares" de repressão à vida acadêmica (Universidade de São Paulo, Universidade Federal de Minas Gerais).

através das Portarias Ministeriais ns. 149-A e 3.524" (Romanelli, 1987, p. 226).[91]

O aparato legal de que a ditadura se valeu para edificar o *seu* sistema educacional — primeiro no âmbito do ensino superior,[92] depois no do ensino de 1º e 2º graus e do supletivo,[93] e ainda no quadro das suas (fracassadas) campanhas para combater o analfabetismo[94] —, bem como a realidade educacional por ele engendrada, já está bastante averiguado.[95] Para nossos fins, interessa tão somente enfatizar os traços mais salientes da obra educacional da autocracia burguesa, deixando de lado seus aspectos menos essenciais,

---

91. A orgânica vinculação entre reforço da repressão e refuncionalização do sistema educacional foi bem-apreendida por essa autora (que se refere a ambas, respectivamente, como "contenção" e "reformas de estrutura"). Depois de relacionar os diplomas que dispunham sobre a reforma do inteiro sistema educacional, ela comenta: "Os dois grupos de medidas [...] vieram quase simultaneamente. Com exceção da Lei n. 5.692 e do Decreto n. 68.908, baixados em 1971 [a lei fixou diretrizes para o ensino de 1º e 2º graus; o decreto dispôs sobre o exame vestibular], os demais foram decretados entre outubro de 1968 e fevereiro de 1969. *As reformas de estrutura e as medidas de contenção se completavam, no sentido de que estas últimas possibilitassem a rápida execução das primeiras*" (Romanelli, 1987, p. 226; o sublinhado não é do original).

92. O essencial deste aparato está contido em: Decreto n. 63.341 (1º/10/1968), estabelecendo critérios para a expansão do ensino superior; Decreto-lei n. 405 (31/12/1968), fixando normas para o incremento de matrículas em unidades do ensino superior; Lei n. 5.540 (28/11/1968) e Decreto n. 68.908 (13/7/1971), já referido.

93. Aqui, o principal diploma é a Lei n. 5.692 (11/8/1971), referente ao ensino de 1º e 2º graus; o ensino supletivo nela previsto só ulteriormente foi institucionalizado (Decreto-lei n. 71.737).

94. Através do Movimento Brasileiro de Alfabetização (MOBRAL), criado pelo Decreto-lei n. 5.379 (15/12/1967), mas só atuante a partir de 1970, quando se equacionaram as suas fontes de financiamento. A falência do MOBRAL, aliás, recentemente desativado, é indiscutível: "Se a taxa de analfabetismo de 1970 era de 33,6% para a população de quinze anos e mais, dez anos depois tinha baixado para 25,4%, ou seja, uma diferença de apenas 8,2%. Para uma barulhenta cruzada alfabetizadora, que esperava uma 'taxa residual' de analfabetos em 1980, inferior a 10%, era o fracasso proclamado aos quatro ventos. Ventos que sopravam ainda mais fortes quando se via que o número absoluto de analfabetos de quinze anos e mais aumentou, naquele período, de 540 mil pessoas, que foram somar-se aos 18,2 milhões de iletrados que havia em 1970" (Cunha, in Góes e Cunha, 1985, p. 59-60).

95. Cf. as fontes citadas na nota 74, que contém, por sua vez, indicações bibliográficas muito amplas. Também já está competentemente discutido o papel desempenhado, neste processo, pelo planejamento educacional (cf. especialmente Berger, 1980 e Freitag, 1986).

basicamente relacionados à expansão quantitativa (ela mesma muito relativa) do sistema de ensino.[96]

O primeiro deles refere-se diretamente à sua funcionalidade em face do "modelo econômico" próprio à autocracia burguesa, funcionalidade verificável em dois planos: o seu aporte em termos de reproduzir no/pelo sistema educacional os mecanismos excludentes que aquele generalizava em toda a estrutura societária e a sua adequada inserção no processo de privilégio ao grande capital, com um novo direcionamento do velho problema brasileiro do financiamento da educação. Em ambos os planos, o regime autocrático burguês promoveu uma bem sucedida refuncionalização do sistema educacional, ainda que operando por vias e condutos distintos no tratamento dos diversos graus e modalidades do ensino.

No ensino superior, a introdução da "lógica empresarial", conduzindo a vida acadêmica a um patamar antes desconhecido de burocratização, teve por efeito uma *racionalização segmentar* que derivou numa *irracionalidade global* (Freitag, 1968, p. 89). Aqui, a política educacional da ditadura lavrou no que Cunha (1985, p. 234 ss.) designou como *perspectiva de contenção*: as medidas racionalizadoras impostas com a reforma universitária (departamentalização, regime de créditos, instituição do ciclo básico, vestibular unificado, fragmentação do grau acadêmico de graduação, institucionalização da pós-graduação)[97] não só propiciaram ao Estado uma enorme economia de recursos como, sobretudo, instauraram mecanismos de exclusão no *interior* do próprio sistema universitário. De onde a

---

96. Para esta expansão, além das análises qualitativas conduzidas pelos especialistas que estamos citando, vale recorrer nomeadamente às várias *sinopses* publicadas pelo Ministério da Educação e Cultura.

97. Não trataremos aqui desta institucionalização, discutida por Cunha (1985, p. 244-245) e Freitag (1986: 104 ss.). Mas vale lembrar que "os cursos de pós-graduação, quase inexistentes nos anos 1960, tiveram suas matrículas multiplicadas, entre 1971 e 1975, de acordo com os seguintes índices: Ciências Biológicas e profissões da saúde, 348,6%; Ciências Exatas e Tecnológicas, 138%; Ciências Agrárias, 118,2%; Ciências Humanas, 382,5%; Letras e Artes, 394,9%" (Paiva, 1980a, p. 58).

possibilidade de oferecer mais vagas sem custos acrescidos (até reduzidos) e, principalmente, sem o risco de criar um "aumento do contingente de profissionais [com grau acadêmico] demandando emprego, problema considerado politicamente mais grave do que a 'simples' demanda de vagas" (Cunha, 1985, p. 240).

Mas a política educacional da ditadura para o ensino superior não se submeteu à orientação dos interesses do grande capital apenas contendo o acesso à graduação e reduzindo a alocação de recursos públicos, liberados para investimento em áreas mais prioritárias para os monopólios:[98] transformou, pela primeira vez na história brasileira, o ensino superior num setor para investimentos capitalistas privados extremamente rentáveis — a educação superior, sob a autocracia burguesa, transformou-se num "grande negócio". A assim chamada livre iniciativa encontrou aí um dos seus vários paraísos, estabelecendo as *suas* universidades — o que não impediu, por vários canais, que nelas fossem injetados vultosos recursos públicos —, preferencialmente frequentadas (e pagas) por alunos oriundos e/ou situados dos/nos níveis socioeconômicos inferiores (para os efeitos das universidades privadas e seus cursos "fáceis", cf. Freitag, 1986, p. 112 ss.).[99]

---

98. É conhecida dos analistas a redução dos investimentos públicos na educação, que só começa a ser revertida quando o regime autocrático burguês inicia a sua curva descendente (segunda metade dos anos 1970). Um dado é esclarecedor: "[...] A participação do MEC no orçamento da União, que oscilou entre 8,5% e 10,6% no período 1960-1965, desabou para a metade desses níveis nos anos 1970, chegando a 4,3% em 1975" (Cunha, in Góes e Cunha, 1985, p. 51-52). A mesma fonte revela que, em 1974, os gastos com a educação importavam em somente 2,8% das despesas públicas, situando o Brasil, em termos relativos, em 77º lugar entre as nações do mundo.

99. Dados coligidos por Cunha (in Góes e Cunha, 1985) e Freitag (1986) mostram que, se em 1964 as matrículas no ensino superior público representavam 75% do total, em 1984 elas só correspondiam a 25% e que, entre 1968 e 1973, a oferta de vagas cresceu muito assimetricamente: na rede pública, 210%; na particular, 410%.

A rede particular se concentrou basicamente nos cursos que demandam pouco investimento de capital (instalações simples, ausência de bibliotecas e laboratórios, recursos humanos de recrutamento fácil) — exatamente os da área de "humanidades". Freitag (1986, p. 114) oferece dados ilustrativos, referentes à matrícula *nacional* em 1973: dos 88 mil alunos matriculados em Direito, 72% estavam na rede particular; dos 71.400 em Letras, a ela vinculavam-se 66%; dos 67.700 em Educação, pertencia-lhe a porção de 72%; dos 67.500 em Administração,

DITADURA E SERVIÇO SOCIAL   89

Adequação homóloga aos interesses do grande capital foi obtida no ensino médio por uma estratégia diferente, a que Cunha (1985, p. 251 ss.) denomina como *perspectiva de liberação*, que, sem evitar a "exclusão pela base" de contingentes oriundos e/ou situados dos/nos níveis socioeconômicos inferiores, procurava ampliar a matrícula neste grau e dotá-lo, através de um direcionamento *profissionalizante*, de um cariz terminal.[100] O saldo mais significativo, aqui, da política educacional da ditadura foi a acentuada degradação da rede pública, paralela a uma inédita escalada *privatizante*.[101] É completamente desnecessário assinalar que a contrapartida deste processo privatizante foi a redução do *acesso* e da *permanência* à/na escola dos estudantes oriundos e/ou situados dos/nos níveis socioeconômicos inferiores, desenhando, para *todo* o sistema de ensino, uma figura que nada tem a ver com a "clássica" *pirâmide escolar* (Berger, aliás, para sinalizá-la, vale-se da sugestiva evocação do *obelisco*).[102]

---

cabiam-lhe 84%; dos 41 mil em Economia, tocavam-lhe 64%; nas áreas de Psicologia, Sociologia-Política-Antropologia e Comunicações, a sua participação respectiva era da ordem de 66%, 59% e 75% das matrículas. Remata a pesquisadora (ibidem): "Em cursos como Geociências, Farmácia e Nutrição (juntos, 9.100 alunos), que são pouco procurados, não há oferta de vagas na rede particular. Em cursos considerados prioritários pela legislação e planejamento educacional oficial, a matrícula no ensino privado é inferior à do ensino oficial: de 58.300 estudantes de Engenharia, 43% recorrem à rede privada; de 50.200 de Medicina, são 45%; de 10.600 de Agronomia, são somente 13% e de 8 mil de Veterinária, 8%".

100. Para a análise crítica detalhada do projeto profissionalizante, cf. Berger (1980) e Cunha (s/d., 1985 e in Góes e Cunha, 1985).

101. No nível médio, a privatização se processou por inúmeras vias: crescentes aportes de recursos públicos para empresas privadas do "ramo" educacional, ampla utilização fraudulenta dos dispositivos do salário-educação, transformação do *Conselho Federal de Educação* (CFE) em organismo controlado por *lobbies* privatistas, manipulação dos mecanismos do "crédito educativo" etc. Dados quantitativos e análises qualitativas pertinentes sobre este processo são oferecidos por Berger (1980) e Cunha (in Góes e Cunha, 1985). Cabe observar que esta privatização, em casos muito significativos, foi operada por grupos econômicos prévia ou simultaneamente à sua ação no ensino superior (típica é, aqui, a trajetória que, no Rio de Janeiro, levou do Colégio Piedade à Universidade Gama Filho). Outra nítida conexão entre os dois processos de privatização, verificada por Freitag (1986), é que a clientela da rede superior privada é grandemente *produzida* (em se tratando de estudantes oriundos e/ou situados dos/nos níveis socioeconômicos inferiores) pela rede privada do ensino médio.

102. Além da análise quantitativa e qualitativa da política educacional da ditadura neste nível, são pertinentes os dados sobre *exclusão e evasão* escolar oferecidos por Berger (1980)

Qualquer que seja a perspectiva explorada ("contenção" ou "liberação"), o fato relevante é que as alterações operadas no sistema educacional pela autocracia burguesa se imbricam organicamente — nem mesmo as "incoerências" que um investigador detectou na reformulação do 1° e 2° graus (Romanelli, 1987, p. 251-254) comprometem esta organicidade. A resultante global serviu à consolidação do regime autocrático burguês basicamente porque, provendo o mercado de trabalho com um fluxo de qualificados e semiqualificados formais que assegurava tanto a oferta da força de trabalho necessária quanto da excedente (vale dizer: mantendo a alimentação do respectivo exército de reserva), ao mesmo tempo garantiu eficientemente *a neutralização do sistema educacional como topus de problematização e crítica societárias.*[103]

Esta afirmação não deve ser tomada como denotando o enquadramento, o controle e a manipulação plenos do sistema educacional pela ditadura. Este limite só seria alcançável se a autocracia burguesa obtivesse a inteira equalização do sistema erradicando os vetores contraditórios (endógenos e exógenos) nele operantes. A isso não chegou a política educacional do Estado ditatorial: ela repôs, num piso mais alto e de maior complexidade, todos os dilemas históricos da educação institucional no Brasil.[104] Permaneceram as fraturas; as contradições — mesmo asfixiadas — não foram superadas; logo que a resistência democrática e o movimento popular retomaram a ofensiva, na segunda metade da década de 1970, a dinâmica represada no/do sistema educacional ressurgiu abertamente.[105] Mais ainda: a política educacio-

---

e Levin et al. (1984).

103. Crucial é também a relação entre a política educacional da ditadura e a reprodução dos mecanismos concentradores de renda (e de propriedade), pela via de um peculiar preenchimento dos *loci* da estrutura sócio-ocupacional. Neste sentido, é instrutiva a crítica feita por vários autores (entre os quais Cunha, 1985 e Leal e Velloso, in Levin et al., 1984) às teses, descaradamente apologéticas em face da ditadura, defendidas por Langoni (1973) acerca do papel da educação no processo da concentração da renda.

104. Berger (1980) e Freitag (1986), inteligentemente, discutem alguns desses dilemas e muitas das contradições repostas e postas por eles, antigas e novas.

105. Cf. nota 76.

nal da ditadura não impediu nunca que a resistência democrática conservasse áreas sob a sua influência, mesmo que extremamente restritas,[106] nem jamais obteve sucesso no seu esforço para conquistar, nesse terreno, um patamar mínimo de legitimação e consenso ativo.[107]

O êxito que creditamos à política educacional da ditadura reside especialmente na *neutralização* que mencionamos, visível nomeadamente — e este é um dos aspectos que mais interessam ao nosso objetivo — no *esvaziamento da universidade*. Sem condições de construir — em função do que historicamente representou para a sociedade brasileira — uma universidade ativamente legitimadora, o regime autocrático burguês teve o *seu* sistema universitário (como, de fato, todo o sistema educacional) conformado num ensino superior asséptico, apto a produzir quadros qualificados afeitos à racionalidade formal-burocrática. Em larga medida, o regime conseguiu o que pretendia: cortou com os laços vivos, tensos e contraditórios que prendem a universidade ao movimento das classes sociais: oclusos, obturados pela repressão e pela gestão "modernizadora", os seus condutos com a vida e o processo sociais, a universidade foi insulada: perdeu o dinamismo crítico (e, pois, criativo) que só lhe garante o rebatimento, no seu interior, das tensões entre distintos projetos societários, e consequentemente viu exauridos os seus processos específicos e particulares de elaboração *produtiva*. Nela, hipertrofiou-se o procedimento *reprodutivo*, com a decorrência inevitável da *degradação do seu padrão de trabalho intelectual*. Com a efetiva supressão de

---

106. No nível médio, algumas pequenas escolas particulares, especialmente dedicadas a estratos socioeconômicos altos, puderam, neste período, ministrar o que chamavam de "ensino crítico" — mas sua influência era residual. No ensino superior, não foram poucas as frentes de resistência, porém com êxito limitadíssimo — salvo o caso excepcional da Universidade Estadual de Campinas (UNICAMP) que, porém, só se evidencia quando a ditadura caminha para a sua curva crítica.

107. Aqueles que negam o *empenho* do Estado autocrático burguês em buscar legitimação e consenso ativo parecem esquecer-se da intencionalidade, dos recursos e da metodologia do ensino (em *todos* os níveis, inclusive pós-graduado) da disciplina Educação Moral e Cívica (nos cursos superiores, Estudo dos Problemas Brasileiros), compulsória a partir de um Decreto-lei (n. 869) baixado pela Junta Militar em outubro de 1969.

qualquer laivo autônomo significativo,[108] veio a perda, entre outras implicações, de incidências expressivas na vida nacional.

No âmbito da pesquisa e da investigação das ciências e áreas de controle da natureza, a mediocratização foi implantada, e a universidade viu-se marginalizada da função de renovar, ampliar e criar o estoque científico e técnico do país. Essa marginalização pouco significou para um Estado que, coerentemente com o seu conteúdo econômico-social, substituía a requisição de uma política científica e tecnológica formulada *a partir de dentro* pelo aprofundamento da dependência e da subalternalidade aos centros imperialistas, via aquisição de "pacotes negros".[109] Por outra parte, o mercado de trabalho (leia-se: o Estado e os monopólios, imperialistas principalmente) encontrou formas próprias e alternativas para requalificar a força de trabalho de ponta de que eventualmente necessitasse. Destarte, os vários mecanismos que degradaram intelectualmente a universidade *não* afetaram o projeto autocrático burguês: antes, constituíram um de seus *feitos* — a universidade neutralizada, esvaziada, reprodutiva e asséptica era *funcional* a ele.

Um dos componentes fundamentais desta neutralização, *consistente na restrição do trabalho acadêmico nos limites da academia* — ou seja, o curto-circuito (instaurado *originalmente* por meios coativos) entre teoria, pesquisa e prática social —, foi extremamente importante naquelas áreas universitárias cujo objeto era a reflexão teórica sobre o ser social. Aqui, revertendo uma fecunda tendência que se manifestava desde a década de 1950, o insulamento universitário, que foi ulteriormente legitimado, no plano intelectual, como requisito e índice de "competência", "qualificação" e "objetividade"

---

108. Ainda está por avaliar-se o papel preciso que agências de financiamento diretamente vinculadas ao Estado (CNPq, CAPES, FINEP) desempenharam neste processo, dispondo de imenso poder discriminador na concessão de recursos, deslocando a dinâmica autonômica da universidade com seus aportes "supletivos" e/ou "complementares".

109. Instrutivo, aqui, foi o soberano desprezo com que o Estado autocrático burguês tratou a "comunidade científica" na definição da sua política nuclear; sobre este ponto, cf. Goldemberg (1978) e Morel (1979).

científicas, desempenhou uma multiplicidade de papéis que cabe não descurar. Com o expurgo de docentes e pesquisadores cuja carreira vinculava-se às tendências democratizantes e progressistas anteriores, mais o crescimento quantitativo do corpo docente, criou-se um quadro de professores "descomprometido com o passado", inclusive e principalmente com a continuidade do padrão de trabalho intelectual que vinha se afirmando, a duras penas, desde meados dos anos 1950. Abria-se o espaço para uma intelectualidade "independente", que tanto exercitou (é certo que minimamente) uma contestação abstrata do regime autocrático burguês quanto, por isso mesmo, ofereceu a este uma possibilidade (também diminuta, é verdade) de legitimação pelo aparente pluralismo que sugeria tolerar. Propiciou-se a existência (longe de ser hegemônica, naturalmente) de um discurso teórico formalmente de esquerda, que só pagava um preço para sobreviver: não conjugar a reflexão ("teoria", "ciência") com a intervenção prático social dela decorrente ("ideologia", "política").[110] No limite, tal neutralização era compatível até com a existência de um "marxismo acadêmico" — desde, é claro, que jejuno de prática social e, preferencialmente, crítico do "marxismo aplicado". Este "marxismo acadêmico", limitado a fronteiras puramente intelectuais, potencialmente desempenhava funções de *apologia indireta*.[111] O modismo intelectual como fácil via para o estrelismo e o ecletismo como recurso esópico de sobrevivência (ou, ainda,

---

110. Um episódio amplamente divulgado no auge do militar-fascismo (governo Médici), é exemplar dessa atmosfera: respondendo, pela imprensa, a indagação de estudante gaúcho, o polivalente (já fora ministro do Trabalho e, posteriormente, ocuparia outra pasta ministerial) coronel de plantão no MEC, Jarbas Passarinho, esclarecia que era *legal* o estudo de Marx na universidade; *subversivo* era utilizá-lo "política" e "ideologicamente".

111. Seria interessante avaliar, sob esta luz, o desempenho de alguns dos mais consequentes representantes do regime autocrático burguês na vida acadêmica. Sem menosprezar os serviços prestados por outras personalidades, parece-me que se deveria atentar para o trabalho do capitão-de-mar-e-guerra José Carlos Azevedo: reitor na Universidade de Brasília, destacou-se tanto como expressão do militar-fascismo à frente da repressão contra estudantes e professores quanto como promotor de eventos que, reunindo nomes ilustres da intelectualidade (vários de esquerda e de oposição, alguns estrangeiros de prestígio), tinham entre seus objetivos a finalidade de discutir a "crise" ou o "caráter ultrapassado" da tradição marxista.

como decorrência da degradação do padrão de trabalho intelectual) se generalizaram neste caldo cultural favorecedor de um novo mandarinato acadêmico, traços que, por quase uma década, fizeram com que o pouco de original e vivo que resistia no "mundo da cultura" passasse ao largo dos muros da academia. Não é este o lugar para tratar da vivência subjetiva dos protagonistas deste drama na cena universitária; para aqueles que conservaram a sua integridade intelectual e ética, permanecer aí era travar, honestamente, *sem ilusões*, a batalha da resistência possível; para boa parte dos novos quadros, precisamente aqueles "descomprometidos com o passado", foi quase imperceptível o trânsito da resistência possível para a *ilusão da resistência* — numa racionalização tanto mais elaborada quanto mais se expressava a crise da ditadura.

Esta universidade esvaziada, igualmente apta a produzir profissionais afeitos à lógica formal-burocrática que preside aos ordenamentos tecnocráticos na mesma escala em que modela atores orientados pela irresponsabilidade social do cinismo, esta universidade — que um juízo mais duro talvez não vacilasse em considerar domesticada e corrompida — foi a obra do regime autocrático burguês. Ela dá a medida da extensão e dos limites da sua política educacional — e, por isso mesmo, a crise da ditadura apenas faz vir à tona a crise da *sua* universidade (bem como do *seu* sistema educacional). Aqui, o projeto de controle e enquadramento foi bem mais longe que noutros espaços do "mundo da cultura", como veremos a seguir.

1.6 A política cultural da ditadura

À diferença do que se pode verificar no que tange à política educacional da ditadura — em torno da qual é vasta e abrangente a massa crítica, já se dispondo de análises globais sobre seu processamento e muitas de suas implicações —, no que concerne à política cultural da autocracia burguesa carecemos de estudos sistemáticos e inclusivos.

Razões diversas devem ser arroladas na explicação desta diferença. Um motivo elementar está vinculado ao papel mesmo que o Estado desempenha nestas duas esferas: em função da sua própria natureza, a política educacional apresenta uma sistematicidade e uma organicidade distintas da política cultural. Como vimos (seção 1.4), a intervenção estatal no domínio da produção e da difusão culturais tem particularidades que a peculiarizam claramente em face da realizável no plano da educação institucional. Outro componente a ser levado em conta na explicação em tela deriva da ponderação menos imediata da vida cultural, tomada macroscopicamente, nas modalidades da reprodução social, se comparada ao peso específico da dinâmica educacional. Recorde-se, também, a premência político-social (ressaltada na seção 1.5) da refuncionalização do sistema educacional, que compeliu o Estado autocrático burguês a priorizar a formulação e a implementação da sua política para o setor, privilegiando-a no espectro do "mundo da cultura". Por outra parte, e como um elemento axial neste processo, durante o ciclo autocrático (e, naturalmente, desenvolvendo no sentido determinado pelo seu projeto "modernizador" tendências emergentes na organização da economia contidas no bojo das possibilidades da *industrialização pesada*) transformou-se estruturalmente o marco da produção cultural no país. Trata-se, aqui, de um complexo de modificações que merece ser ressaltado.

Com efeito, a "modernização conservadora" que se constituiu na tarefa histórica da autocracia burguesa articulou, nesse âmbito, um padrão inédito para o desenvolvimento cultural: instaurou, na virada dos anos sessenta aos 1970 (não casualmente, quando o "modelo econômico" se consolidou), um *mercado nacional de bens simbólicos*. Esta instauração, competentemente apanhada em suas linhas principais por Ortiz (1988),[112] possui um largo leque de profundas e

---

112. Este trabalho de Ortiz oferece uma excelente panorâmica daquele processo (bem como um significativo rol de fontes primárias), a que se prende diretamente o surgimento da

históricas consequências, que não podem ser tematizadas aqui; é suficiente, neste espaço, constatar apenas que o "mundo da cultura" passou a ser penetrado e parametrado pela lógica do capital numa escala antes desconhecida nestas latitudes: uma *indústria cultural*, monopolizada e centralizada (ela também marcada pela associação do grande capital nativo com o imperialista),[113] ergueu-se no país, e a pauta da produção e da difusão culturais — inclusive com um amplo redimensionamento da inserção sócio-ocupacional dos "produtores de cultura" — passou a sintonizar-se, em escala determinante, com ela. Todos os indicadores estatísticos relevantes, assim como índices técnicos especializados,[114] depõem univocamente: o "modelo econômico" da autocracia burguesa, cujos traços medulares já vimos, capturou o "mundo da cultura", incorporando-o às suas legalidades e sobredeterminando a sua dinâmica.

Ora, a esta profunda transformação conecta-se — ao que tudo sugere — aquela carência analítica que assinalamos. De um lado, ela confrontava os observadores com um fenômeno novo: a política cultural da autocracia incidia sobre um cenário inédito, antes inexistente — e, portanto, as experiências brasileiras anteriores (mesmo ditatoriais) sequer podiam ser tomadas como símile para a nova postura estatal; de outro, também na tradição crítica brasileira não se encontravam instrumentos hábeis para deslindar o processo em curso.[115]

---

moderna indústria cultural no Brasil; para outros desdobramentos, além dos textos citados na nota 67, cf. Ramos (1972), Andrade (1974), Federico (1982), Durand (1985) e os dados constantes do documento da Secretaria da Presidência da República (1983).

113. As modalidades desta associação não estão ainda conclusivamente analisadas, mas é de valia notar que apresentaram formas bem diferenciadas daquelas que se manifestaram noutras áreas da economia. Nesta diferenciação, indiscutivelmente pesou a relevância atribuída pela doutrina de segurança nacional ao "fator psicossocial" na chamada "integração nacional".

114. Para um exame deles, cf. Ortiz (1988); para dados segmentares, cf. os textos citados nas notas 67 e 112.

115. Na sua lúcida argumentação, Ortiz (1988: 14-17, 116-118) chama a atenção para estes dois elementos, aliás, correlacionados: a incomparabilidade das situações e a ausência de um acúmulo crítico que permitisse enfrentar, à base de um patrimônio analítico, o novo quadro.

DITADURA E SERVIÇO SOCIAL

Enfim, há um condicionamento de extrema significação para explicar a diferença de acúmulo analítico em torno da política cultural da autocracia burguesa: por razões que discutiremos adiante, a formulação explícita, orgânica, sistemática e abrangente de uma política cultural, por parte do Estado autocrático burguês, foi um *processo tardio* no âmbito do seu ciclo histórico. De fato, esta formulação só tem expressão conclusa em meados da década de 1970, tomando corpo num documento de 1975, intitulado *Política Nacional de Cultura*[116] — isto é: quando a autocracia burguesa já ingressara no limbo da sua curva descendente. Não é forçar a mão, pois, considerar que, das políticas sociais da ditadura, a relativa à cultura foi a última, *no plano da formulação*, a receber um trato articulado.

Entendamo-nos: nada disso significa, por um lado, a ausência de uma política cultural durante todo o ciclo autocrático burguês nem, por outro lado, a inexistência de uma bibliografia crítico-analítica desta política. Com estas anotações preliminares, queremos tão somente nos aproximar a duas saliências da problemática cultural sob o Estado autocrático burguês: a tardia formulação da sua política cultural e a carência de uma documentação que a submeta a um exame global. Como veremos, desde os primeiros dias do golpe, a coalizão triunfante em abril definiu-se em face do "mundo da cultura". Quanto à documentação disponível, exceto no que toca à questão da censura,[117] ela apresenta duas características: é frequen-

---

116. O texto do documento (que ficou conhecido pelo seu título) encontra-se em MEC (1975); para seu tratamento crítico, cf. as contribuições de Miceli e Cohn, in Miceli [org.], (1984) e de Ortiz (1985).

117. E isto porque a censura — mesmo levando em conta a sua dupla funcionalidade, observada por Ortiz (1988: 14 ss.) — foi um elemento *constante*, embora de ponderação *variável*, na relação entre a autocracia burguesa e a cultura. Assim, em *todos* os momentos do ciclo ditatorial, a censura esteve no centro da luta democrática travada no interior do "mundo da cultura"; cf., por exemplo, Sodré (1965b: 114), Schwarz (1978, p. 89; a edição original é de 1970), Marques (1972), Amoroso Lima (in VV. AA., 1976: 172) e Ianni (1978, p. 217).

Para uma síntese da atividade da censura ao longo do ciclo autocrático burguês, cf. a seção "O momento literário", mantida por Nelson Werneck Sodré na *Revista Civilização Brasileira* (1965-1968), o número especial desta sobre teatro e realidade brasileira ("Caderno

temente muito segmentar (particularizada, referente a áreas delimitadas da vida cultural) e remete-se a quadras precisas do ciclo ditatorial (a lapsos curtos e determinados).[118] Incorporando criticamente vários elementos contidos nestas fontes, trataremos agora de esboçar um quadro inclusivo da política cultural da ditadura.

Em passagem anterior (seção 1.4) tivemos ocasião de pontualizar que a política cultural desenvolvida pela autocracia burguesa visava a um duplo objetivo: de uma parte, travar e reverter os vetores críticos, democráticos e nacional-populares operantes e/ou emergentes na cultura brasileira; de outra, animar e promover a emersão de tendências culturais compatíveis com a sua projeção histórico-social — de onde uma política cultural que combinou, variadamente, as dimensões "negativas" (repressão) e as "positivas" (promocionais e indutoras). A concepção geral dessa política cultural, escusa mencioná-lo, deriva da *Weltanschauung* (como quer Moreira Alves) matrizada na doutrina de Segurança Nacional; nesta, a cultura ganha relevo como argamassa psicossocial que deve ser controlada pelo Estado; ou, na lição de um especialista: "No Estado de Segurança Nacional, não apenas o poder conferido pela cultura não é reprimido, mas é desenvolvido e plenamente utilizado. A única condição é que esse poder seja submisso ao poder nacional, com vistas à Segurança Nacional" (Comblin, 1978, p. 239). A consequência, extraída por Ortiz (1985, p. 82-83), é direta: "Isto significa que o Estado deve estimular a cultura como meio de integração, mas sob o controle do aparelho estatal. As ações governamentais tendem assim a adquirir um caráter sistêmico, centralizadas

---

Especial", julho de 1968), as indicações fornecidas por Moreira Alves (1987, p. 212 ss.) e, especificamente, Michalsky (1979), Pereira (1979) e Marconi (1980).

118. Da documentação disponível, destacamos, como fontes de consulta indispensável: Marques (1972), Brito (1972), VV. AA. (1976), VV. AA. (1977), Schwarz (1977 e 1978), Ianni (1978), Coutinho (1979), Miceli [org.], (1984) e Ortiz (1985 e 1988); são ainda preciosos os materiais coligidos em FUNARTE [ed.], (1979), Bernardet (1979), Hollanda (1981), Ramos (1983), Moraes et al. [orgs.], (1986) e Bosi [org.], (1987). Em toda esta bibliografia, só procuram explícita e expressamente oferecer um tratamento global os textos de Schwarz e Marques (igualmente, o de Brito, redigido sob a visível influência de ambos).

em torno do poder nacional".[119] Trata-se, portanto, de uma concepção que implica uma política cultural de cariz basicamente manipulador, acionada segundo uma hierarquia onde fluxos (orientações) unívocos são operacionalizados por núcleos (órgãos, agências) de complexidade decrescente e de autonomia, tanto mais restrita quanto mais distanciados das instâncias mais altas do poder nacional. Desde a sua emergência, pois, o Estado oriundo do golpe de abril segregava um desenho geral de política cultural, que, também, é supérfluo aduzir, engrenava-se com o esboço estratégico de integração (nacional e "social") que jaz no seu marco ideológico (daí a adequação daquele desenho à específica política de comunicação social que o regime implementaria).[120] É importante acentuar isto — ou seja: "que o Estado manifesta seu interesse pela questão cultural desde o golpe militar" (Ortiz, 1985, p. 85) — porque a tardia *formulação* da sua política cultural levou alguns analistas a proclamar a sua inexistência.[121]

E, de fato, não são poucas as iniciativas estatais para dar concreção àquele desenho, para implementar uma política cultural consequente com a sua projeção histórico-societária — com destaque especial para a criação, em 1966, do Conselho Federal de Cultura (CFC).[122] A esse organismo, aliás, incumbiria, nas palavras do então

---

119. As balizas conceituais da Segurança Nacional, do Poder Nacional e dos Objetivos Nacionais — em suma, a coluna vertebral do cimento ideológico do Estado autocrático burguês — encontram-se em Escola Superior de Guerra (1975).

120. Recorde-se que é de 1965 a criação da Empresa Brasileira de Telecomunicações (EMBRATEL) e de 1967 a do ministério encarregado das telecomunicações. Ao que eu saiba, foi Ortiz (1985) o primeiro a pensar a política cultural da ditadura tomando o mote da "integração" e relacionando-a à política de comunicações e turismo.

121. Esta proclamação é uma constante verificável nos meios intelectuais — registramo-la em 1966 (cf. o editorial da revista *Tempo Brasileiro*, ano V, n. 9-10, abr./jun. 1966) e em 1984 (cf. a intervenção de Brockmann Machado, in Miceli [org.], 1984).

122. Devemos argutas análises sobre este organismo a Ortiz (1985) e, especialmente sobre a sua composição, a Diégues Quintela, in Miceli [org.], (1984). Sucintas cronologias referentes às iniciativas estatais — notadamente criação de agências e modificações em órgãos existentes neste domínio, entre 1965 e 1980, encontram-se em Miceli [org.], (1984, p. 58) e Ortiz (1985, p. 86).

ministro da Educação e Cultura, Tarso Dutra, formular um "plano nacional em favor da cultura", que só viria à luz na década seguinte. Entretanto, um exame do período que vai do golpe até o AI-5 mostra inequivocamente não só a inépcia do Estado ditatorial para formular expressamente uma política cultural *sua*, mas, sobretudo, para oferecer qualquer orientação que desbordasse as dimensões "negativas" do seu trato com a cultura.

Esse período — para o qual a documentação apresenta análises críticas globais[123] — é crucial para a compreensão do evolver da relação entre o Estado autocrático burguês e a cultura brasileiros. Ele demarca um lapso temporal em cuja moldura se insere um fenômeno aparentemente paradoxal: à instauração da dominação autocrático-burguesa não corresponde, para desespero dos sociologismos de qualquer matiz, um avanço do conservadorismo e/ou reacionarismo no "mundo da cultura". Ao contrário: neste momento inicial do regime autocrático burguês, o que se verifica é *a afirmação de uma tendencial hegemonia cultural — é certo que prenhe de problemas — dos setores democráticos e progressistas.*[124]

São três, pelo menos, os componentes a partir dos quais torna-se possível aclarar o fenômeno. O primeiro diz respeito ao avanço, desde a década de 1950, das tendências que, no seio da cultura brasileira, direcionavam-se para a superação da já referida *tara elitista*.

---

123. Refiro-me aos textos de Schwarz (1978) e Marques (1972). Vale a pena observar que o ensaio de Schwarz foi publicado originalmente na França (*Les Temps Modernes*, Paris, n. 288, jul. 1970) e que o de Marques circulou clandestinamente entre intelectuais antifascistas. Se o trabalho de Schwarz só cobre o período até o AI-5, o de Marques, já considerando a inflexão de 1968-1969, é o primeiro, ao que sei, a anotar a implementação de uma orientação "positiva" da parte da ditadura; talvez seja de interesse dizer que *Guilherme Marques* foi o pseudônimo com que o talentoso ensaísta Carlos Nelson Coutinho, então vinculado ao PCB, firmou muito da sua produção "ilegal" ao tempo da ditadura (a anotação é registrada com a anuência de Coutinho).

124. Como o reconheceu Schwarz (1978, p. 62): "Apesar da ditadura da direita, há relativa hegemonia cultural da esquerda no país". Ou nas palavras de Marques (1972, p. 5-6), que analisou cuidadosamente o fenômeno: "Já a partir do final de 1965, cessado o período mais duro da repressão, a esquerda voltou a assumir um papel tendencialmente hegemônico na cultura brasileira".

Na abertura dos anos sessenta, nomeadamente depois de agosto de 1961, tais tendências procuraram e encontraram modos de articulação com forças e movimentos sociais do arco democrático e popular — apenas à guisa de exemplificação, evoquem-se os desenvolvimentos do *Centro Popular de Cultura da União Nacional dos Estudantes* (CPC/UNE) e do *Instituto Superior de Estudos Brasileiros* (ISEB).[125] Às vésperas de 1964, aquelas tendências — correlatas também a experiências em andamento no campo educacional — polarizavam o que havia de mais dinâmico nos centros decisivos da cultura brasileira, imantando as chamadas ciências sociais, a poesia, o teatro, o cinema, a ficção, o ensaísmo. Ademais, chegaram a estruturar formas de mobilização sintonizadas com instâncias organizativas do movimento popular.[126] No processo de democratização da sociedade e do Estado então em curso, a diferenciação e a complexificação do "mundo da cultura" apontavam para a gradual marginalização dos intelectuais que divorciavam a sua intervenção cultural de uma saturação das suas responsabilidades cívicas. Na realidade, estava se adensando um segmento cultural conscientemente voltado para um compromisso expresso com o rompimento da tradição histórica brasileira de exclusão das grandes massas nos processos decisórios da vida social. Em suma, na hora do golpe, o "mundo da cultura" já desenvolvera fortes e muito significativos vetores que, à partida antagonizados em ele, tinham deitado raízes na cultura brasileira: extirpá-las e promover a sua evicção demandava um *terrorismo cultural* em larga escala e de considerável duração.

O segundo componente a ser levado em conta na apreciação do fenômeno assinalado é o seu raio de abrangência sociopolítica. E raio de abrangência em dois sentidos: no dos atores que envolvia

---

125. Sobre o primeiro, cf. especialmente o periódico *Movimento* (editado no Rio de Janeiro. até 1964, pela UNE) e Hollanda (1981), além do texto de um de seus principais ideólogos. Estevam (1963); sobre o segundo, ao qual retornaremos, a fonte obrigatória é Sodré (1977, 1977a, 1978 e 1978a).

126. Recorde-se, também à guisa de exemplo, o *Comando-Geral dos Trabalhadores Intelectuais* (CGTI), nucleado no Rio de Janeiro.

diretamente e no daqueles sobre os quais incidia mediatamente. Ressaltada a relevância do vetor que se contrapunha à tradição da *tara elitista* — relevância que determinou a sua repressão na sequência do golpe —, cumpre assinalar que seus protagonistas tinham, segundo todas as indicações disponíveis (especialmente Schwarz, 1978; Marques, 1972), uma situação de classe esmagadoramente comum: inseriam-se fundamentalmente na pequena burguesia urbana, eram basicamente estudantes, professores, artistas, técnicos e profissionais liberais jovens. A presença efetiva de protagonistas operários e/ou camponeses era muito tênue e débil, podendo mesmo considerar-se desprezível. No que tange à incidência mediata da elaboração deste segmento intelectual, também ressalvada a sua importância à época, não há como ladear a verificação de que, para uma sociedade com as dimensões da brasileira, a sua abrangência era parca: além do circuito letrado da pequena burguesia (onde se situavam, praticamente, os seus produtores), só residualmente se chegava a diminutas e determinadas franjas de trabalhadores, notadamente nos centros urbanos.[127]

O terceiro componente está conectado às próprias condições do golpe e da consolidação inicial do domínio da coalizão vencedora em abril. A frente prioritária a ser atacada pelos que empalmaram o poder era a do movimento operário e sindical e das organizações políticas e sociais a ele vinculadas e democráticas: a repressão que se seguiu ao 1º de abril concentrou-se naquelas forças que poderiam contrapor-se diretamente à nova ordem. Nesse sentido, a vaga repressiva que atingiu o "mundo da cultura", sem dúvida configurando uma fase intensa e breve de terrorismo, visou desmantelar suas instâncias organizativas e suas instituições mais salientes. Isto feito, a ditadura empenhou-se em restringir — e, nesse plano, a censura passou a desempenhar um papel central — a difusão cultural para

---

127. Para que se tenha uma ideia desta abrangência, basta citar um apontamento que se refere à segunda metade dos anos sessenta: "Falamos longamente da cultura brasileira. Entretanto, com regularidade e amplitude, ela não atingirá 50 mil pessoas, num país de 90 milhões" (Schwarz, 1978, p. 91).

DITADURA E SERVIÇO SOCIAL 103

além do circuito letrado. E se limitou a esta postura de contenção por razões de monta: primeiro, porque as tarefas de enquadramento do "mundo do trabalho" exigiam a concentração das suas energias; segundo, porque aspirava a ampliar seus suportes sociopolíticos buscando neutralizar os segmentos pequeno-burgueses de oposição sem o recurso da repressão; terceiro, porque tinha conhecimento da abrangência efetiva das tendências democráticas e progressistas do/ no "mundo da cultura"; e, enfim, porque pretendia ganhar alguma legitimidade em face dos segmentos mais "tradicionais" deste "mundo" e, para tanto, uma postura terrorista generalizada e de largo porte seria contraproducente.[128] E ainda — dado não desprezível — porque contava, no seu projeto "modernizador", com um esboço de política de comunicação social que tenderia a contrarrestar, na "cultura de massas", as incidências das vertentes democráticas e progressistas operantes na "alta cultura".[129]

Em poucas palavras: se, na sua emergência, a autocracia burguesa golpeou os segmentos avançados do "mundo da cultura", em seguida desenvolveu em face deles uma *estratégia de contenção*. Os golpes tinham o sentido de romper as suas ligações (políticas e organizacionais) com forças e movimentos sociais democráticos e populares; isto posto, o regime ditatorial — pelas razões que acabamos de ver — dispunha-se à contenção: tolerar, com o uso intermitente da censura, o intercâmbio ideal nos limites do "mundo da cultura".[130]

---

128. Insistamos: se o regime, neste período, não empreendeu, pelas razões vistas, um *sistemático* terrorismo cultural, isto não quer dizer que não foi brutal a sua intervenção imediata contra os vetores democráticos e progressistas do "mundo da cultura". A crônica do ano de 1964 é uma sucessão de arbitrariedades e atentados cometidos contra intelectuais e artistas.

129. Marques (1972, p. 6) destaca expressamente que é nesta "alta cultura" que se constata a tendencial hegemonia da esquerda. E os números fornecidos por Schwarz (cf. nota 127) relacionam-se obviamente a ela. Esse mesmo ensaísta situa, entre 1964 e 1968, o campo dessa hegemonia: "O seu domínio, salvo engano, concentra-se nos grupos diretamente ligados à produção ideológica, tais como estudantes, artistas, jornalistas, parte dos sociólogos e economistas, a parte raciocinante do clero, arquitetos etc. — mas daí não sai, por razões policiais" (Schwarz, 1978, p. 62).

130. Escreve Schwarz (1978, p. 62): "[...] Em 1964, [...] *grosso modo* a intelectualidade socialista [...] foi poupada. Torturados e longamente presos foram somente aqueles que haviam

E a ela se dispunha na escala em que, na proporção em que suas outras tarefas políticas e econômico-sociais lhe permitiam reservar forças para alocá-las à questão cultural, pretendia ganhar a adesão de outros segmentos do "mundo da cultura". Vale dizer: a contenção conjugava-se com a intenção de construir uma alternativa cultural jogando com atores da própria intelectualidade existente e atuante. E foi toda esta projeção que colidiu com a dinâmica da vida brasileira.

A implementação da "modernização conservadora", como se descreveu atrás (seções 1.2 e 1.3), deflagrou um processo de dilaceramento na base social do novo regime, conduzindo ao desgarramento de setores médios urbanos e, especialmente, à radicalização de parte da pequena burguesia. As possibilidades de legitimação do regime dos golpistas, nestes estratos — precisamente os que estavam na arena cultural —, tornavam-se mais problemáticas à medida que ele avançava na realização dos seus objetivos. E, na esfera específica da cultura, as adesões que o regime pôde colecionar, salvo raríssimas exceções, eram inexpressivas diante da gravitação dos protagonistas democráticos; mesmo no âmbito da intelectualidade desvinculada da esquerda, especialmente intelectuais "tradicionais" de formação liberal, a aceitação da nova ordem era muito condicional.[131] De fato, nesse período (1964-1968), o regime não conseguiu trazer para o seu campo (ou nele manter) figuras significativas da vida cultural. Em si mesma, esta incapacidade para imantar até aqueles protagonistas do "mundo da cultura" que não se caracterizavam por posicionamentos ideopolíticos avançados é sintomática — mas não comprometeria em magnitude de expressão os projetos do regime. Entretanto, o que sucede no período é bem mais que a refratariedade do essencial do "mundo da cultura" aos acenos do regime oriundo de abril.

---

organizado o contato com operários, camponeses, marinheiros e soldados. Cortadas naquela ocasião as pontes entre o movimento cultural e as massas, o governo Castelo Branco não impediu a circulação teórica ou artística do ideário esquerdista que, embora em área restrita, floresceu extraordinariamente".

131. Na sequência do AI-5, um ponderável contingente desses intelectuais "tradicionais" engrossará as fileiras da resistência democrática.

O acúmulo crítico que as tendências democráticas e progressistas realizavam desde finais dos anos 1950 viu-se potenciado com a situação criada nos imediatos desdobramentos do golpe. Rearticulando-se quando passou a vaga repressiva subsequente ao movimento civil-militar, aquelas tendências puderam dar continuidade e aprofundamento — com componentes autocríticos por vezes dolorosos — ao patrimônio que vinham construindo. E o adensamento da sua incidência sobre os círculos letrados cresceu em razão proporcional ao descontentamento (e à eventual decepção) que provocavam as ações do regime. Limitada repressivamente a sua abrangência pela estratégia de contenção, o seu circuito foi tensionado ao máximo — e notadamente porque, no plano político-social, o seu público era constituído expressamente por aqueles que tendiam a radicalizar-se em face do regime sem uma resposta de repressão direta (que esta, como se registrou, estava dirigida então a outros protagonistas da vida política brasileira). Por outro lado, e este é um fenômeno que ainda aguarda estudo cuidadoso, o próprio golpe acentuou a polarização, no interior do "mundo da cultura", exercida pelas tendências democráticas mais radicais, de inspiração socialista e revolucionária; um número significativo de intelectuais até o golpe apenas sensíveis às grandes temáticas populares, experimentando o erguimento da autocracia burguesa, evoluiu para posições de esquerda a um ritmo impensável não fora a empreitada de abril e suas consequências.

É nesta conjuntura que a tendência à hegemonia ideal das correntes democráticas, progressistas e de esquerda se apresenta na cultura brasileira *ao mesmo tempo em que se afirma a autocracia burguesa*. A emersão desta significou um traumatismo para o "mundo da cultura", mas não derivou numa ruptura com o seu desenvolvimento anterior — antes, saturou-o e o potenciou (ao contrário do que se passou noutras esferas societárias), porquanto a ditadura não conseguiu reunir as condições para implementar "positivamente" a *sua* política cultural. Em última instância, o que 1964 introduziu de substantivo na esfera da cultura foi um conteúdo *autocrítico* nas expressões significativas dos segmentos democráticos e progressistas.[132] Por isso mesmo, o panorama cultural dos anos 1965-1968 — nas ciências sociais, no teatro, na poesia, no cinema, na ficção — é inteiramente dominado pelas correntes críticas, democráticas e progressistas, com peso sensível, inclusive, de matrizes intelectuais extraídas da tradição marxista. E, no circuito desta cultura, o que se engendrou não foi apenas um caldo cultural de franca oposição ao regime — foi algo distinto; um caldo cultural anticapitalista.[133] A ditadura, em 1964, não interrompeu as linhas de desenvolvimento do processo cultural brasileiro; com o trauma da sua emersão, e com a violência inicial com que tentou conter as implicações societárias das expressões culturais nos limites formais do "mundo da cultura" — e, *ao mesmo tempo*, sem condições de dar corpo a uma política cultural funcional à sua projeção histórico-societária —, a ditadura, no primeiro lustro da sua vigência, só fez precipitar aquelas linhas de desenvolvimento, num quadro em que, pela própria existência do poder ditatorial e da sua condução antinacional e antipopular, as correntes críticas viam acentuada a sua gravitação.

Um balanço do que se produziu e divulgou no circuito cultural significativo brasileiro, neste período, revela a extrema riqueza, a intensa polêmica, a enorme criatividade e, simultaneamente, a atenção dada à realidade do país e do mundo. Evidentemente, não cabe neste espaço sequer a mais sumária síntese deste envolvente, complexo e contraditório momento da cultura brasileira. Quem percor-

---

132. Nos textos tanto de Schwarz (1978) quanto de Marques (1972) há elementos desta apreciação crítica e autocrítica. Outras contribuições neste sentido comparecem em Coutinho (1967) e Ortiz (1985).

133. Evidentemente, para este caldo cultural contribuiu a conjuntura política internacional — a saga (frequentemente apreendida de forma acrítica) da revolução cubana, a heróica resistência vietnamita à agressão norte-americana, as rebeliões estudantis nas metrópoles capitalistas etc. O vetor decisivo, porém e mais uma vez, deve ser localizado nas tensões imanentes da própria sociedade brasileira, que propiciaram, naquele período, o que Schwarz (1978, p. 62) descreveu plasticamente: "[...] Enquanto lamentava abundantemente o seu confinamento e a sua impotência, a intelectualidade de esquerda foi estudando, ensinando, filmando, falando etc., e sem perceber contribuíra para a criação, interior da pequena burguesia, de uma geração maciçamente anticapitalista".

DITADURA E SERVIÇO SOCIAL

107

rer o documentário da época, ouvir os seus protagonistas ou simplesmente rememorar as próprias vivências localizará então uma das mais ricas conjunturas da vida cultural deste país. Com a tradição marxista colocada no índex oficial, traduzem-se e editam-se autores dela expressivos (as primeiras versões de Lukács e Gramsci são deste período, assim como de pensadores como Lefebvre, Schaff, Goldmann, Althusser) ou a ela muito conectados (Marcuse, por exemplo) — igualmente, são os anos em que se inicia a publicação da primeira tradução portuguesa integral de *O capital*. Nas ciências sociais, o impacto de autores críticos (como Milis) ganha ressonância; a economia e a história econômica beneficiam-se do aporte de pensadores como Dobb, Sweezy e Huberman. A crítica e a prática teatrais se enriquecem com os textos de Brecht e Piscator. A toda esta renovação de "fontes de inspiração" são concomitantes, na produção ensaística de quase todas as áreas intelectuais, dois fenômenos significativos: uma acentuação do processo de desprovincianização cultural (por exemplo, amadurecem e são divulgados trabalhos de reflexão referidos a polêmicas universalizantes — cf., à guisa de ilustração, o primeiro grande ensaio de Giannotti, 1966) e um cuidado novo com o processo histórico-social da América Latina, até então pouco tratado entre nós (recordem-se os textos de Rodrigues, 1967, Fernandes, 1968 e Cardoso, 1971a, originalmente de 1969). É o tempo de uma atividade editorial febril, com destaque especial para as casas lideradas por Ênio Silveira (*Civilização Brasileira* e *Paz e Terra*), responsável por duas revistas de cultura que marcaram indelevelmente o período.[134] E é o tempo, no campo das artes, em que floresce o acúmulo crítico que vinha do pré-64, temperado pelo traumatismo do golpe: a ficção amadurece (entre tantos, evoque-se Callado, 1967), o *cinema novo* prossegue em seu curso (lembre-se, do período, *Terra em transe*, de Glauber Rocha), a expressão cênica se

---

134. Trata-se das revistas *Civilização Brasileira* e *Paz e Terra*. A importância cultural e ideopolítica destes dois empreendimentos — animados também pela atividade do poeta Moacyr Félix — ainda aguarda uma análise que faça justiça ao seu papel na vida brasileira (o estudo que à primeira delas dedica Mota (1977) é insuficiente).

alça a novo patamar estético e técnico (tenham-se em mente as montagens de Flávio Rangel e José Celso Martinez Correia). Manifestação privilegiada de todo este processo é a dimensão — estética e cultural — que a música popular adquire: desenvolvendo as conquistas temáticas e técnicas dos anos 1950, na composição e na interpretação, ela recebe o aporte da alta cultura (Vinícius de Moraes, por exemplo) e de uma geração intelectual moldada pelo clima crítico do pré-1964 (Gilberto Gil, Chico Buarque, Caetano Veloso). E a crítica literária e cultural se renova amplamente (é o momento dos primeiros trabalhos mais densos de Merquior, Coutinho e Schwarz).

A globalidade deste movimento não tinha como contraponto qualquer intervenção da ditadura — exceto a pressão censória, naturalmente anticultural. O regime emergente de abril não conseguia capturar para a sua órbita nenhuma expressão significativa do "mundo da cultura"; a sua presença, neste, só era visível enquanto interdição e contenção. Em suma: no "mundo da cultura", a hegemonia se aprofundava nas mãos dos segmentos para os quais abril fora, no plano político, uma derrota histórica.

Entretanto, havia um dado que, posto politicamente pela instauração da ditadura, iria introduzir, e a curto prazo, um forte componente de problematização nesta hegemonia. Se o golpe não implicou um corte, ou uma solução de continuidade, com o acúmulo crítico que vinha dos anos imediatamente precedentes, ele impôs um *curso político* ao "mundo da cultura": *as conexões deste com o movimento político e social das classes subalternas foram interrompidas.* Por mais débeis que, no plano geral, fossem as ligações entre os segmentos democráticos e progressistas do "mundo da cultura" e as forças sociais e políticas das camadas subalternas, *elas existiam*, potencial e realmente. O que a ditadura operou foi a obturação dos canais que permitiam e propiciavam tais ligações. A partir de 1964, *aqueles segmentos do "mundo da cultura" passaram a dirigir-se a si mesmos* — aqui sim, podemos falar num *corte* devido à ditadura.

E este elemento foi decisivo na evolução, a curto prazo, daquela hegemonia: quanto mais eram obrigados a se referenciarem por si mesmos, menos os segmentos democráticos e progressistas podiam escapar aos condicionantes sociopolíticos imediatos que influíram no comportamento dos seus atores e protagonistas. Se, como já foi indicado, todo o avanço crítico e ideal se processara com um peso pouco efetivo da participação de protagonistas proletários, agora até mesmo a ponderação que estes poderiam introduzir naquele movimento, como público-alvo, fora interditada. Sitiada no "mundo da cultura", a hegemonia cultural do campo democrático não só tendia a esgotar-se em si mesma como, principalmente, tinha debilitada a sua referência ao conjunto da sociedade — ganhavam gravitação crescente, nas suas expressões e manifestações, os componentes diretos que constrangiam os setores sociais que constituíam o seu universo de criação e fruição. Isto é, a dinâmica deste segmento do "mundo da cultura" passou a sofrer um comando cada vez mais marcado pela pressão política imediata vivida pelos seus protagonistas — as mediações culturais específicas, capazes de universalizar problemas e temas abordados sob uma ótica originalmente de classe, começaram a perder a sua concreção, canceladas pela dinâmica política do calor da hora.

De onde uma problematização *interna* naquela hegemonia: os processos político-sociais que levavam ao desgarramento de parte da pequena burguesia urbana (e de outras franjas das camadas médias urbanas) rebateram com intensidade ímpar no "mundo da cultura". Cultura e política começam a embaralhar-se e a confundir-se: a impossibilidade de *fazer política*, posta a ditadura, não engendrou somente a *politização da cultura* — a cultura converteu-se em sucedâneo e substitutivo da política. Para os setores em tela, a participação no *evento* cultural tinha uma relevância *política* em si mesma, dado o caráter antiditatorial do panorama cultural. O ato de cultura passou a ser, imediatamente, o ato contra o regime político. Aqui se mostra o anel de ferro que, especialmente a partir de 1966-1967, enlaça, numa relação peculiar, a cultura e seu público: os setores sociais que a protagonizam — no plano da produção e da fruição — são os mesmos em relação aos quais (contra os quais) a ditadura ainda não acionou o núcleo da sua força repressiva.

O sítio movido pelo regime de abril ao "mundo da cultura" desata, pois, num primeiro instante, um processo que tende a torná-lo um vazadouro das expectativas sociopolíticas do componente social predominante nos seus produtores-fruidores. À proporção que avança a construção do projeto histórico-societário que a ditadura porta, cindindo as camadas médias urbanas em face da nova ordem, seus segmentos que se desgarram espelham, no "mundo da cultura", o seu posicionamento político — e, na justa medida em que as determinações de classe se mostram como tais, as suas produções culturais se revestem de um nítido sentido documental. Quase imperceptivelmente, a princípio, depois de modo evidente (e tanto mais vigoroso quanto mais fica explícito o projeto "modernizador" do regime), começa a instalar-se no circuito cultural uma matriz *irracionalista*: a impermeabilidade da realidade sociopolítica aos influxos das demandas expressas pela manifestação cultural começa a dar lugar a um sentimento de impotência nos protagonistas culturais; se à razão da cultura não equivale a razão da sociedade — como parece mostrar a marcha da ditadura —, é porque ambas as razões são ineptas. A pouco e pouco, como a cultura se revela incapaz de incidir sobre a sociedade tal como projetavam seus autores, a falência (aparente) da razão política antiditatorial é convertida em falência (efetiva) da razão e da cultura. A falta de perspectivas políticas em face da ditadura transfere-se, dado que a atividade cultural fora posta como sucedâneo da ação política, para o domínio da cultura.

Esta inserção de um veio irracionalista na cultura brasileira pós-1964 é, como indicamos, um *processo*. Ela vai se configurando paulatinamente, na escala mesma em que se torna flagrante que a crítica cultural não derrota a ditadura. Quando, em 1968-1969, o regime autocrático burguês dá o golpe sobre o "mundo da cultura", aquele veio apresentar-se-á com todos os seus traços característicos — desenvolver-se-á como a perspectiva (ou melhor: a falta de perspectiva) da *contracultura*. No período que estamos considerando, porém, ele ainda está em emergência — então, oferece os pressupostos ideais para o *tropicalismo*.[135] Entretanto, é precisamente esta emergência que problematiza a tendencial hegemonia que as correntes democráticas e progressistas exercem no "mundo da cultura": a base efetiva sobre a qual esta repousava tinha como suportes os componentes clássicos do pensamento crítico — o racionalismo, o historicismo e o humanismo, parâmetros sem os quais, parece claro, é inviável a crítica cultural e seu desenvolvimento numa direção nacional-popular. Ora, os constrangimentos político-sociais imediatos a que estavam submetidos os protagonistas do circuito cultural — isolados pela ditadura, impedidos de contactar o "mundo do trabalho" e de realizar um metabolismo com um público mais diferenciado — contribuíram para debilitar a significância daqueles parâmetros.

Assim, ainda que o essencial do "mundo da cultura", entre 1964 e 1968, indique uma continuidade com as linhas de desenvolvimento que vinham de antes do golpe, no período surgem embriões, logo dinamizados, como veremos, que apontam para uma linha evolutiva alternativa.[136] Trata-se, tais embriões, de nódulos irracionalistas que correspondem ao isolamento sociopolítico a que o regime então condena os protagonistas do circuito cultural, predominantemente vinculados à pequena burguesia urbana. O tendencial desgarramento dos setores intelectualizados das camadas médias urbanas terá as consequências políticas que já sumariamos em seção anterior (1.3); no plano da cultura, as implicações também serão de monta: aqueles nódulos irracionalistas[137] vão adquirir estatuto de cânone intelectual nos anos seguintes. Em síntese: a hegemonia cultural dos segmentos democráticos e progressistas, no período imediatamente subsequente ao golpe de abril, trazia no

---

135. Schwarz (1978) é o primeiro a fornecer uma persuasiva análise do tropicalismo.

136. É supérfluo assinalar, também aqui, a influência cultural *externa* sobre todo este processo — mas, insistimos, ela é subsidiária em face da dinâmica interna.

137. Neste lugar, repetimos, não cabe sumariar o movimento cultural da época. Para a incidência deste emergente veio irracionalista no período — de que é mostra privilegiada a obra que Glauber Rocha então realiza —, cf. Konder (1967).

seu bojo alternativas de desenvolvimento que não operavam, necessariamente, para o aprofundamento crítico e nacional-popular originais — e a base histórico-social delas assentava no comportamento sociopolítico dos protagonistas destes segmentos do "mundo da cultura".

Exatamente este comportamento sociopolítico será medularmente vulnerabilizado em 1968-1969. A incapacidade da ditadura, até então, de implementar uma política cultural "positiva" é simultânea, concomitante e simétrica à sua inépcia para deter a erosão da sua base de apoio sociopolítico. Exemplarizado e neutralizado o movimento operário e sindical, nos anos 1967-1968 o eixo visível da mobilização e da luta antiditatorial faz coincidir a vanguarda contestadora com os segmentos democráticos e progressistas do "mundo da cultura" — seus protagonistas são os mesmos, a pequena burguesia urbana que se desgarra, estudantes e intelectuais. A inflexão política do regime ditatorial, balizada pelo AI-5, tem, pois, que enfrentá-los diretamente — e com os seus métodos particulares. A passagem de um regime político reacionário a um regime militar-fascista teve aqui um significado preciso: a instauração de um *terrorismo cultural sistemático*,[138] que não se processara em abril de 1964. É então, com o Estado autocrático burguês na sua forma e no seu conteúdo definidos, que se consuma o golpe contra o "mundo da cultura" — o que abril de 1964 representou para o "mundo de trabalho", dezembro de 1968 representou-o para o "mundo da cultura".

1968-1969 assinala o assalto ao "mundo da cultura" em todas as suas esferas. Como vimos, o regime autocrático burguês empreende a construção do sistema educacional que lhe é pertinente — aí, a repressão acopla-se, como elemento constitutivo, à refuncionali-

---

138. A referência é ao terrorismo como *política de Estado*; sabe-se que, desde finais de 1967, *segmentos* do Estado animaram ações terroristas contra a cultura de grupamentos paramilitares de direita (suas intervenções mais notórias foram os atentados contra os grupos teatrais *Opinião* e *Oficina*).

DITADURA E SERVIÇO SOCIAL

113

zação do sistema de ensino. Fora do âmbito educacional, contudo, o regime não tem condições de avançar uma política "positiva" para a cultura: tem de reforçar os seus mecanismos de coação direta sobre o conjunto da sociedade e, em especial, dedicar-se ao combate (e mesmo à eliminação física) dos grupos que transitam para a contestação armada, fundamentalmente resultantes daquele caldo cultural anticapitalista gestado nos anos imediatamente anteriores. Nesta operação, o regime joga em duas frentes: na liquidação dos atores da contestação armada e na liquidação do bloco cultural que, de uma maneira qualquer, os inspirara. Já não se trata de conter a produção cultural no seu circuito: *trata-se de abortá-la com a destruição deste circuito.* A crônica de 1969-1970 não deixa dúvidas quanto a isso: editoras são levadas ao fim, desestruturam-se grupos de teatro, artistas e intelectuais são conduzidos aos porões da ditadura e ao exílio — e, recorde-se, o processo é o mesmo que desembocou no "saneamento" das universidades. Se o "mundo da cultura" constituiu-se em santuário da oposição e da resistência democráticas, o regime entende, corretamente, que cabe desmantelá-lo — conduzi-lo à imobilidade ou obrigá-lo a aceitar o confronto no terreno da força. Inicia-se, de fato, um período novo na vida cultural brasileira, que vai prolongar-se aproximadamente até 1974-1975 e cuja face primeira e mais aparente foi caracterizada, ao que sabemos, por Alceu Amoroso Lima, com a denominação de *vazio cultural.*

O *vazio* assinala a resultante imediata, no "mundo da cultura", da transformação de uma ditadura reacionária em ditadura militar-fascista. É o que o regime autocrático burguês alcança como seu grande feito na esfera cultural: *a liquidação das linhas de desenvolvimento a que o campo democrático devia a sua hegemonia neste âmbito da vida social.* O acúmulo crítico que se adensara no início dos anos 1960 e que se potenciara na sequência do golpe de abril saía de cena — e, com ele, não só a frente intelectual de combate e resistência à ditadura, mas, e isto é o significativo, o que de mais vivo criativo *e* polêmico existia na cultura brasileira. O *vazio* — simétrico ao "milagre" que o "modelo econômico" opera — não é apenas o silêncio compulsório dos segmentos democráticos e progressistas no "mundo da cultura": é, simultaneamente, ao lado da sistemática terrorista que então nele se implanta, um duplo movimento — de uma parte, o momento em que as correntes irracionalistas existentes na cultura brasileira adquirem enorme ponderação e, de outra, o esforço iniciado pela autocracia burguesa para redirecionar amplamente o desenvolvimento cultural do país.

A nova ponderação de que se revestem as correntes irracionalistas expressa-se na rápida, meteórica e fugaz afirmação da *contracultura*, que ocorre na sequência do terrorismo estatal desatado a partir de 1968-1969 e vige, aproximadamente, até 1972. O que o tropicalismo segregava é redimensionado numa postura de absolutização reificada da subjetividade, num niilismo em que o desespero alia-se à capitulação diante das constrições que a ditadura põe à criação intelectual. Os eixos da dinâmica cultural democrática e progressista — o racionalismo, o historicismo e o humanismo — são substituídos (como anacrônicos, superados e carentes de capacidade para dar conta da "situação") pelo arbítrio de uma volição individual que só encontra na existência, dos indivíduos e da sociedade, o caos e o fragmento sem sentido. A análise sociológica da contracultura brasileira já se fez suficientemente (Marques, 1972), bem como de suas implicações especificamente culturais (Brito, 1972; Holanda, 1981), de forma que não cabe retomá-la aqui. No momento do *vazio cultural*, ela expressou, abstrata e alienadamente — e, não poucas vezes, com um componente de irrefutável mistificação e oportunismo[139] —, uma atitude de repulsa diante do processo de "modernização"; mas uma repulsa que, dado o seu traço escapista, jamais logrou desbordar as fronteiras do individualismo e do protesto de nítido cariz romântico-subjetivo e que, apesar disso, não podia ser

---

139. Cf. em Brito (1972) a crítica a Jorge Mautner, então expoente da contracultura. O talentoso compositor, falecido em 1987, era igualmente um crítico arguto, que via em Mautner uma "espécie de gigolô intelectual da mística", que "faz o jogo sórdido de nosso tempo" (Brito, 1972, p. 22).

inteira e abertamente tolerada pela ditadura.[140] Trata-se, pois, de uma repulsa impotente e autolimitada, inepta para interferir de qualquer maneira na realidade social — de onde, segundo alguns analistas, o seu *objetivo* significado apologético (Brito, 1972). Mesmo assim, porém, nela ainda se conservava um elemento de continuidade com o período anterior: uma postura crítica de estratos intelectuais rebeldes — postura que, é verdade, a pouco e pouco se foi diluindo no irracionalismo que evoluía para o misticismo[141] operando-se o processo de neutralização perseguido pelo projeto ditatorial.

O *vazio* é também, contudo, o período em que se inicia a implementação "positiva" da política cultural da ditadura — ainda que, então, ela não se formule explicitamente. Ao lado da sistemática terrorista que desloca inteiramente a hegemonia cultural exercida pelas correntes democráticas e progressistas no período que finda com o AI-5 e das colisões com a contracultura, o regime joga no redirecionamento do desenvolvimento cultural, precisamente na ótica constitutiva do Estado de segurança nacional. Se ao golpe no "mundo da cultura" é inerente uma espécie de *operação borracha*[142] — vale dizer: o exílio da memória da hegemonia cultural imediatamente anterior —, é-o igualmente a face "construtiva" da política cultural da ditadura. E esta se abre, no início dos anos 1970, com uma postura patrocinadora do Estado militar-fascista em face do

---

140. "[...] Embora apoiado essencialmente no grande capital nacional e internacional e nos setores tecnocráticos da pequena burguesia, o governo fascista viu-se sempre obrigado a conciliar com as facções 'moralistas' e provincianas dessa mesma pequena burguesia [...]. Isto explica a forte oposição moralista encontrada inicialmente pela contracultura, que se manifesta desde a detenção insensata de Caetano Veloso até à prisão em massa da equipe relacional de *O Pasquim* [...]; não se hesitou mesmo em apontar no sexo e nas drogas um eficaz instrumento dos 'desígnios moscovitas' de corromper nossa juventude. Decerto, além do moralismo, nessa posição contrária à contracultura expressava-se o confuso pressentimento daquele protesto originário que se expressa, ainda que de um modo cada vez mais abstrato e deformante, no movimento" (Marques, 1972, p. 23).

141. Em Britto (1972) encontra-se uma refinada análise do misticismo das correntes da contracultura.

142. Num precioso romance da época, *Incidente em Antares*, Érico Veríssimo oferece uma plástica refiguração do apagamento da memória social através de uma "operação borracha".

movimento cultural subsistente — de que é um primeiro encaminhamento a dinamização do *Instituto Nacional do Livro* (INL), cuja ação enérgica logo se faz sentir.[143]

Os passos iniciais deste promocionalismo mostram que, para aquele redirecionamento, é preciso, preliminarmente, investir numa ampla *reinterpretação* da herança cultural brasileira, capaz de erguer uma contraface à evicção das tendências histórico-críticas do cenário cultural. No essencial, tratava-se de buscar, na herança cultural, um veio (ou veios) cujas características justificassem, de algum modo, a evicção das vertentes críticas e nacional-populares e, especialmente, uma *tradição* que legitimasse um curso alternativo para o desenvolvimento cultural. A operação, em si mesma, não era simples, se referida à "alta cultura" — porém inteiramente factível se fosse conduzida com a margem de arbítrio que a ausência de confronto (ou a sua residualidade) no "mundo da cultura" propiciava. E foi com esta margem de arbítrio que se instaurou uma revisão do passado tendente a desqualificar as raízes críticas e nacional-populares em proveito de um radicalismo abstrato ou de vertentes estético-culturais que eludiam a questão central do realismo artístico.[144] Assim é que o período do *vazio cultural* assinala uma reinterpretação da herança cultural que conduz tanto à legitimação do irracionalismo da contracultura e do vanguardismo asséptico como à proposição de "modelos" de excelência artístico-literária — num andamento em que se deram as mãos os filhos desesperados do AI-5 e os representantes mais antigos do pensamento de raiz tecnocrática que alimentava certas vanguardas poéticas.[145] No âmbito das ciências sociais,

---

143. Os lineamentos desta dinamização são originalmente estudados por Marques (1972). Para os anos imediatamente posteriores, cf. os documentos do próprio INL (1973, s/d., 1976).

144. Realismo que entendido como método de criação/composição e não como *estilo, é* o lastro das construções estéticas críticas e/ou nacional-populares (cf. Lukács, 1966, 1967a, 1967b; Coutinho, 1967).

145. É então — especialmente a propósito do cinquentenário da *Semana de Arte Moderna* — que confluem as velhas (tecnocráticas) e novas (irracionalistas) vanguardas num "resgate" bastante curioso de Oswald de Andrade e das posturas "antropofágicas"; simultaneamente, a arte simbólico-realista de Graciliano é desqualificada em proveito de tendências barroco-

DITADURA E SERVIÇO SOCIAL

então duramente golpeadas, esta reinterpretação — a que não é alheio um recrudescimento dos influxos das velhas e novas formas da matriz positivista — consistiu frequentemente na denúncia do "ideologismo" da tradição crítica que até aí se acumulara, num movimento que marcará profundamente a sua evolução e atingirá em cheio as novas gerações intelectuais, com "releituras" tendentes (estivesse ou não este elemento claro na consciência dos analistas) a desqualificar componentes axiais do passado cultural recente.[146]

Os anos do *vazio*, no entanto, são bem mais complexos do que podem fazer crer estas notas. No espaço configurado por ele movem-se outros vetores culturais, prolongando influxos já existentes no cenário intelectual brasileiro e/ou inaugurando outros. Operando especialmente entre pensadores vinculados à filosofia e, não incidentalmente, afeitos a uma relação simpática para com posturas religiosas, o pensamento heideggeriano amplia significativamente o seu raio de influência na universidade brasileira — já não se trata, obviamente, de um qualquer existencialismo de combate, mas de uma perspectiva que, no limite, conjuga-se com o desesperado capitulacionismo que, em nível chão, a contracultura expressa.[147] Sem colidir com pressupostos idealistas e, ao mesmo tempo, oferecendo

---

-alegóricas (veja-se o espetaculoso interesse pela obra — cujo valor não se questiona aqui — de Guimarães Rosa). Sobre a natureza e a funcionalidade dessas reinterpretações, cf. Marques (1972) e Brito (1972).

146. Ver-se-á, mais adiante, que nesta "releitura" da tradição pesará amplamente a influência do "marxismo acadêmico" tolerado pela ditadura. Por agora, basta assinalar que o alvo central desta reinterpretação foi a contribuição de muitos marxistas ditos "ortodoxos", "tradicionais" ou "dogmáticos" — com o amesquinhamento do trabalho de figuras como Passos Guimarães e Nelson Werneck Sodré. Também deita raízes, aí, a crítica fácil e ligeira a instituições como o ISEB. Obra representativa desta linhagem, embora posterior aos anos do *vazio*, é a de Mota (1977), que provocou as fundadas iras de Sodré (1978); mas a generalização desse simplismo (a que escapa, por exemplo, o trabalho de Toledo, 1977), de funestas consequências na formação das novas gerações intelectuais, tem encontrado reações, decerto pouco numerosas, mas significativas (por exemplo, as abordagens que do mesmo ISEB fizeram Lamounier, 1978 e Ortiz, 1985).

147. Edições de Heidegger, em competentes versões de Carneiro Leão e E. Stein, foram lançadas à época pelas casas Tempo Brasileiro e Duas Cidades. O irracionalismo conformista de Heidegger foi objeto de análise de Lukács (1968) e de Adorno (1982); recentemente, Farias

sugestivas alternativas ao positivismo grosseiro, o engenhoso irracionalismo de Heidegger propiciava a seus adeptos um olímpico distanciamento da dura realidade brasileira, que contemplavam, às vezes, com ares de uma grande recusa.

O que de mais duradouro e importante se adensa nos anos do *vazio*, contudo, não são as vertentes que, direta ou explicitamente, se prendem às perspectivas irracionalistas. Ao contrário: o que começa a avançar é uma nova corrente racionalista, que dará forte contribuição à cruzada "desideologizante" que marca o período e que é tolerada pelo regime autocrático burguês.

Esta corrente não se identifica sumariamente com o racionalismo tradicional do pensamento positivista (ainda que seus vínculos com ele sejam substantivos); este, nas suas formulações convencionais e sob novas roupagens — de que são amostras significativas as abordagens *sistêmicas* do processo social e das instituições —, vai ser redinamizado a partir do *vazio*: com fundas raízes na cultura brasileira pelo menos desde a década de 1950, o pensamento tecnocrático, asséptico, encontra enorme estímulo sob a autocracia burguesa, não somente como indução planejada,[148] mas também pela própria natureza "modernizante" do projeto conduzido pela coalizão vencedora em abril — ao desenvolvimento do Estado autocrático burguês que comandava o crescimento das forças produtivas foi simétrica uma demanda crescente de quadros aptos a intervir segundo a racionalidade econômico-social que ele impunha; de onde um revigoramento e um reforço do pensamento tecnocrático, alimentado por insumos de disciplinas concernentes ao planejamento e à gestão/administração de complexos econômico-sociais públicos e privados.

(1987) mostrou, conclusivamente, que as relações do filósofo da Floresta Negra com o nazismo não foram nem episódicas nem superficiais.

148. Pense-se na funcionalidade e no espaço conferido na universidade a ciências sociais de cariz tecnocrático e no reforçamento da influência norte-americana sobre elas (*via* qualificação de docentes e quadros no exterior, programas de bolsas nos Estados Unidos etc.).

DITADURA E SERVIÇO SOCIAL

A nova corrente racionalista a que nos referimos não se confunde com esta, que, por sua vez, rebateu com intensidade no marco global da cultura brasileira.[149] Trata-se, com efeito, no Brasil, de uma corrente *inédita*, incorporada principalmente por um segmento intelectual que, conseguindo sobreviver no interior da universidade, recusava os impasses da contracultura e buscava um trabalho cultural intencionalmente contrarrestando a pressão autocrática e sintonizado com o que de contemporâneo se produzia em centros avançados do exterior (nomeadamente a França).

O sinal identificador desta corrente é o pensamento *estruturalista* — nas suas variadas e distintas facetas, da antropologia de Lévi-Strauss ao marxismo de Althusser, passando pelo privilégio das estruturas linguísticas e por uma crítica literária centrada na gravitação quase exclusiva da forma. A avalancha estruturalista sobre a cultura brasileira posterior a 1964, mas adensada nos imediatos desdobramentos do AI-5, praticamente não se defrontou com resistências ponderáveis — e não por razões intelectuais, mas sobretudo porque se operou em condições nas quais o debate franco e aberto estava efetivamente interditado.[150] Sem entrar na discussão interna do pensamento estruturalista — esta típica manifestação de neopositivismo[151] —, cabe assinalar que ele constituiu o eixo do que de mais atuante subsistiu no âmbito acadêmico, dos anos do *vazio cultural* à emersão clara da crise da autocracia burguesa. E sua voga comportou elementos indiscutivelmente positivos — entre os quais,

---

149. Embora este pensamento tecnocrático tenha marcado especialmente as ciências sociais (notadamente a economia e disciplinas afins, como o planejamento e a administração), ele pode ser nitidamente identificado nas posições literárias das ditas vanguardas que, sistematicamente, problematizavam a perspectiva nacional-popular (cf. Gullar, 1965, 1969; Chamie, 1972; Campos et al., 1975).

150. Salvo erro nosso, depois da irada reação de Carpeaux (1967), à maré-montante estruturalista só puderam replicar Caio Prado Jr. (1971) e Coutinho (1972), em textos cuja ressonância foi mínima. Importantes ensaios, como os de Giannotti (1968) e Merquior (1972), também não tiveram maior repercussão à época.

151. Além dos textos citados na nota anterior, são fundamentais na análise das várias expressões do estruturalismo os trabalhos de Lefebvre (1967), Vázquez (1980) e Thompson (1981).

ressalte-se, uma valorização do rigor analítico em detrimento dos impressionismos e um renovado interesse por áreas do saber até então pouco contempladas pela atenção intelectual (por exemplo, os estudos linguísticos). Seu papel ideal mais saliente, entretanto, foi a função "desideologizante" que desempenhou: dadas as suas características neopositivistas (o anti-historicismo, o formalismo, o epistemologismo) e dadas as condições sócio-históricas em que hegemonizou os segmentos intelectuais progressistas, basicamente no interior da universidade, o estruturalismo contribuiu eficazmente no Brasil para *neutralizar* os vetores críticos (e crítico-dialéticos) do "mundo da cultura".[152] Especialmente na escala em que nutriu amplamente o "marxismo acadêmico" (e, aqui, a influência da obra de Althusser ainda requer uma análise cuidadosa), ele respondeu por uma cultura de esquerda inteiramente asséptica[153] — descontada, naturalmente, uma "leitura científica" de Marx que o tornava palatável a uma infinita gama de gostos. Justamente esta funcionalidade do pensamento estruturalista (que, ademais, enquanto racionalismo limitado, abre o flanco a uma "complementação" irracionalista)[154] esclarece a tolerância e, em muitos casos, o estímulo de que ele desfrutou nos piores anos da ditadura.[155]

Estas observações, todavia, ainda não esgotam o período do *vazio*. Há que contabilizar, no seu panorama, a resistência — decer-

---

152. Por outra parte, o esquematismo das vertentes estruturalistas contribuiu, em medida não desprezível, para estimular contrafações modernosas, onde a citação de "autoridades" (Lévi-Strauss, Barthes, Derrida, Foucault, Althusser) era suficiente para legitimar conclusões apressadas. Se, em muitos intelectuais, a assunção do estruturalismo significou um posicionamento teórico de fundo, a sua voga deu azo a modismos levianos — veja-se, por exemplo, a utilização de Althusser, de um lado e, doutro, de Foucault (para a crítica deste pensador, cf. Merquior, 1985).

153. Sobre este ponto, a leitura do ensaio de Brito (1972) permanece estimulante, sobretudo quando comenta a "formalização do marxismo" por Poulantzas, o "didatismo" de Harnecker e sua vulgarização entre nós.

154. Para a análise da *objetiva complementaridade* entre a "destruição da razão" (as várias tendências irracionalistas) e a "miséria da razão" (as tendências racionalistas limitadas, formal-burocráticas, entre as quais se inserem as correntes estruturalistas), cf. Coutinho (1972).

155. Sobre este ponto, cf. Marques (1972) e Brito (1972).

to marginal — que pôde ser exercitada, nos estreitos limites de então, por uns poucos intelectuais e artistas que souberam encontrar e explorar os raros espaços que a ditadura deixava em aberto.[156] Há que levar em conta o papel especificamente cultural que começa a saturar agências da sociedade civil cuja funcionalidade precípua não se prendia ao "mundo da cultura".[157] Os dados mais substantivos do período, no entanto, são aqueles que se referem ao giro na operacionalização da política cultural da autocracia burguesa: é durante o *vazio* que se encontram as bases que propiciam a emersão do seu conteúdo e da sua dimensão "positivos".

Tais bases não se situam apenas no "mundo da cultura". É verdade que, durante o *vazio*, este teve a sua dinâmica disciplinada

---

156. Recorde-se, no período, a exemplar dignidade e a produção de Alceu Amoroso Lima e de liberais como Érico Veríssimo, a extrema coerência e a atividade de Chico Buarque e Gianfrancesco Guarnieri — entre tantos, sem mencionar o papel de vanguarda que Oduvaldo Viana Filho continuou desempenhando.

Ao mesmo tempo, a intelectualidade democrática e progressista, que conseguia subsistir legalmente, propôs-se projetos alternativos de pesquisa e associação cujos frutos mais ponderáveis avançariam sobre a crise da ditadura e sobreviveriam a ela (pense-se na articulação do *Centro Brasileiro de Análise e Planejamento*/CEBRAP) — mas, então, tais projetos eram verdadeiramente moleculares; quando pretendiam saltar para um circuito cultural mais amplo, eram liquidados (veja-se o destino da revista *Argumento*, efêmera iniciativa da editora Paz e Terra; anos depois, outra publicação semelhante, *Debate & Crítica*, da editora paulistana Hucitec, capitaneada por Jaime Pinsky, teria a mesma sorte).

157. Pense-se em iniciativas da Igreja católica e de algumas seitas protestantes, da *Associação Brasileira de Imprensa* (ABI), da *Ordem dos Advogados do Brasil* (OAB) etc.: a partir desse período, também a *Sociedade Brasileira para o Progresso da Ciência* (SBPC) — em especial as suas reuniões anuais — começa a converter-se num foro de significação cultural inédita.

Toda uma série de evidências e informações não sistematizadas denota que, especialmente desde este período, segmentos significativos da Igreja católica estimularam e desenvolveram projetos e empreendimentos de natureza claramente cultural — centrados principalmente no eixo da chamada *cultura popular*. Desconhecemos material analítico abrangente sobre estas ricas experiências, capilarmente espalhadas por largas áreas da intervenção de clérigos e leigos frequentemente vinculados ao denominado "trabalho de base"; mas sabemos da sua intencionalidade explícita de resistir aos constrangimentos ditatoriais, nomeadamente resguardando a "identidade cultural" de categorias sociais subalternas e excluídas. As indicações de que dispomos (e que devem ser tomadas apenas como tais) sugerem que em muitas destas experiências caldeou-se a matriz pedagógica que vinha da tradição do CPC da UNE, marcada por influxos das propostas de Paulo Freire.

e neutralizada em grau ponderável: com a escalada terrorista, os efeitos da contracultura e a tolerância/estímulo às vertentes racionalistas assépticas e "desideologizantes", a liquidação da hegemonia exercida anteriormente pelas correntes democráticas e progressistas abriu o passo (e não se esqueça que, paralelamente, operava-se a refuncionalização do sistema educacional) ao novo estágio. Mas as bases reais para ele encontram-se na globalidade dos resultados a que chegara a autocracia com a consolidação do Estado militar-fascista: no plano político, a erradicação das atividades significativas da oposição clandestinizada, o enquadramento do "mundo do trabalho" e a contenção da oposição legal em marcos estritamente parlamentares (estes mesmos esvaziados); no plano social, a incorporação de largos segmentos das camadas médias urbanas ao seu projeto de "modernização conservadora"; no plano da economia, a sua obra — o "milagre" — revelava-se inteira. É este conjunto de resultantes que colocou as condições para que a ditadura, nos anos 1972-1973, avançasse do promocionalismo emergente no *vazio* para a implementação de uma política cultural em que a dimensão repressiva era deslocada e subalternalizada por uma intencionalidade "construtiva" — mais: não só se punha na ordem do dia essa implementação como, também, já se articulava a sua *formulação* sistemática oficial.[158]

Dissemos, páginas atrás, que a partir de 1969-1970 abria-se um período novo no processo cultural brasileiro, que haveria de prolongar-se até por volta de 1974-1975. É possível, agora, clarificar melhor esta observação. O período marca tanto a liquidação da hegemonia exercida pelos segmentos democráticos e progressistas entre os desdobramentos imediatos do golpe de abril e o AI-5 quanto a emersão da política cultural "positiva" do Estado autocrático burguês. O lapso do *vazio* (1969-1972) assinala o desmante-

---

158. É desse período (1972-1973) o documento *Diretrizes para uma política nacional de cultura*, que circulou restritamente em alguns meios governamentais; sobre o texto, cf. os comentários de Cohn, in Miceli [org.], (1984).

lamento do circuito cultural onde se dava aquela hegemonia, bem como o surgimento do promocionalismo ditatorial; o lapso subsequente, aproximadamente entre 1973 e 1975, é o da emersão referida, cujas bases, esquematicamente, foram lembradas. Que há um giro entre 1972-1973, é inconteste: o patamar então atingido pela autocracia burguesa, com o seu Estado militar-fascista afirmado e seu "modelo econômico" legitimando em boa medida arbítrio, a exceção e o terror, permite-lhe avançar firmemente na via de dotar-se de mecanismos e dispositivos para intervir não só coativamente no processo cultural.[159]

Esta intervenção mostra que só então, mercê dos condicionalismos indicados no decurso da nossa argumentação, a ditadura pôde levar ao campo da cultura os parâmetros que trazia definidos desde a sua origem — vale dizer, a concepção do processo cultural como componente psicossocial integrador, na ótica da doutrina de segurança nacional; mais exatamente, a intervenção no processo cultural (sob o controle do aparelho estatal) para torná-lo um *instrumento integrador*.[160] Mas, também aqui, reaparece a tensão dialética que percorreu toda a modelagem do Estado autocrático burguês e de suas políticas sociais: ambos, Estado e políticas, provieram menos de um projeto originalmente definido, imposto coativa e integralmente aos protagonistas sociais, do que de um confronto entre tal projeto e a movimentação reativa daqueles protagonistas. A resultante, pois, sempre derivou das concretas e determinadas correlações de forças nas várias instâncias sociais e políticas.

Isto é particularmente visível no tocante ao "mundo da cultura". No processo mesmo em que o Estado autocrático burguês reúne

---

159. Recorde-se que é destes anos, no âmbito do MEC, a criação do *Departamento de Assuntos Culturais* (DAC) e do *Conselho Nacional de Direito Autoral* (CNDA) e o lançamento, igualmente, do *Programa de Ação Cultural* (PAC). No âmbito da Secretaria de Planejamento da Presidência da República (SEPLAN) surge o *Programa de Reconstrução de Cidades Históricas* (PCH). Um panorama dessas iniciativas governamentais é oferecido nas contribuições de Miceli ao volume por ele organizado (1984).

160. É interessante recorrer à análise de Cohn, citada na nota 158, para observar como aparece, no documento a que ele se refere, esta concepção.

as condições para implementar a sua política cultural "positiva", é compelido a fazê-lo em circunstâncias precisas — e estas registravam mais dois dados cuja ponderação seria grave desconsiderar. O primeiro concernia ao divórcio efetivo entre o Estado autocrático burguês e o "mundo da cultura": neste, as sequelas do terrorismo estatal pesavam muito mais que os esforços promocionais da ditadura; eram poucos os produtores culturais dignos desta caracterização que se dispunham a aceitar qualquer gesto "positivo" do Estado e menos ainda os que se mostravam sensíveis à colaboração com ele. Não estava em questão a notória ambiguidade dos intelectuais em face do poder — o que operava era a experiência, bem recente, e fresca na memória de todos, de um Estado que se relacionava com a cultura através do cacete policial-militar. O segundo dado relevante dizia respeito às colisões que se desenvolviam no interior das próprias instituições estatais (ou de alguma maneira conectadas ao Estado) que se dirigiam para a implementação da política cultural da ditadura. Se, à época, o Estado já começava a contar com quadros afeitos à administração da cultura, exemplares de uma burocracia cultural de novo corte, seus conflitos com o segmento "tradicional" que se pôs à sombra do poder (de que eram típicos representantes os componentes do CFC) eram flagrantes e levavam a conjunturas institucionais problematizantes.[161]

Tais balizas respondem, de uma parte, pelas características das iniciativas da política cultural da ditadura, a partir de 1972-1973, e, doutra, pela primeira formulação — ainda longe de uma solidez mínima, mas já com arcabouço muito nítido — da sua programática "positiva".

O ponto central das suas iniciativas, que superam largamente o mecenato clientelista e de menor importância, incide no terreno

---

161. Miceli, na fonte citada na nota 159, faz uma interessante disquisição em torno dos conflitos entre os segmentos (que ele chama de "vertentes") *executivos* e *patrimonialistas*. O mesmo analista aponta, com argúcia, os confrontos institucionais entre os gestores do PAC e a estrutura do DAC.

da conservação do patrimônio histórico e cultural. Dado o que sumariamos pouco atrás sobre as relações entre a intelectualidade e a ditadura, esta incidência é facilmente compreensível.[162] Mais: parece fora de dúvidas que os empreendimentos estatais neste âmbito — que seriam incrementados nos anos seguintes[163] —, além de factualmente terem sido significativos para reduzir o hiato entre autoridades governamentais e produtores culturais e de promoverem recuperações e ganhos efetivos para o acervo cultural brasileiro, cristalizaram, de forma orgânica, o primeiro investimento essencialmente "construtivo", "positivo" da programática cultural da autocracia burguesa. Com efeito, é nesse terreno que a ação do Estado autocrático burguês se opera atendendo aos pressupostos da intervenção na cultura próprios ao referencial da segurança nacional: "O Estado avoca a si o papel de manter acesa a chama da memória nacional e por conseguinte se transforma no criador e bastião da identidade nacional" (Oliven, in Miceli [org.], 1984, p. 51).[164]

A concentração da ação sobre o terreno do conservacionismo — patrimonial e simbólico)[165] —, porém, não resumiu a investida estatal "positiva". Ela começou a se estender, especialmente na ótica da promoção de *eventos*, sobre as várias manifestações estéticas, e

---

162. "A preservação do patrimônio histórico e artístico converte-se [...] num terreno de consenso em torno do qual é possível fazer convergir os esforços de agentes cujos interesses e motivações certamente colidiriam em gêneros de produção cultural onde a problemática estivesse fortemente referida a questões da atualidade social e política. O patrimônio constitui [...] o repositório de obras sobre cujo interesse histórico, documental e, por vezes, estético, não paira qualquer dúvida. Trata-se de obras e monumentos que, no mais das vezes, já se encontram dissociados das experiências e interesses sociais que lhes deram origem" (Miceli, 1984: 101-102).

163. Para abordagens sobre este incremento, suas características e conflitos, cf. as contribuições de Falcão e Miceli ao volume organizado por este último (1984).

164. Esse mesmo analista nota que, nesta via, o Estado propõe-se como "o criador de uma imagem integrada do Brasil que tenta se apropriar do monopólio da memória nacional", começando a "usar a cultura como espaço para a construção de um projeto de hegemonia" (in Miceli [org.], 1984, p. 51).

165. Este último, obviamente, mais conforme a um projeto de hegemonia "que funciona basicamente em termos de manipular símbolos nacionais" (Oliven, loc. cit.).

com uma orientação que, marcando todas as iniciativas posteriores do Estado autocrático burguês, era meridiana: não interferir naqueles setores em que a indústria cultural podia dar conta quer do controle ideológico, quer da reprodução do próprio setor.[166]

Mais importante, contudo, é o avanço que, neste período, a autocracia burguesa realiza para a formulação da sua programática cultural. Já indicamos que é então que a ditadura articula nitidamente, pela primeira vez, um projeto formal de política cultural que subalternaliza as dimensões repressivas.[167] Foram vistas as condições mediante as quais a autocracia burguesa alçou-se a este patamar — a principal delas sendo a liquidação da hegemonia cultural vigente no período anterior. E não conta ponderavelmente o fato de este projeto formal não ter tido consequências imediatas — conta, antes, a sua própria formulação e, sobretudo, que ele contenha as linhas de força que vão orientar o desenvolvimento seguinte.[168] Realmente, de 1969-1970 (da instauração do *vazio*) a 1974-1975 (quando a ditadura avança no seu roteiro "positivo"), a autocracia burguesa e seu Estado criaram todos os pressupostos, em colisão com tudo aquilo que poderia problematizá-los, para formular conclusivamente e implementar a *sua* política cultural.

Estes pressupostos, entretanto, se revelam como dados no momento em que se abre o processo declinante da autocracia burguesa: criados no apogeu de regime militar-fascista, *eles se põem como o patamar ideal para a política cultural da ditadura quando esta começa a experimentar a sua curva descendente*. Não se repetirá aqui a argumentação já exposta; cabe somente remarcar a dissincronia,

---

166. "[...] A atuação governamental no campo da produção cultural caracterizou-se por uma postura eminentemente defensiva e reativa, estando muito aquém do ritmo do desenvolvimento logrado em outras áreas de investimento social privilegiadas pelo poder público. Ao contrário do que se costuma dizer, a atitude oficial consistiu em marcar sua presença e intervir de modo consistente sobre os rumos da atividade intelectual e artística erudita, deixando os gêneros e veículos mais rentáveis como 'reserva' cativa da iniciativa privada" (Miceli, 1984: 101).

167. Cf. nota 158.

168. Remetemos novamente às fontes citadas na nota 158.

o desenvolvimento desigual dos níveis da vida societária também no marco da autocracia burguesa. A ditadura reúne as condições para formular a sua política cultural, *enquanto projeto de construção hegemônica*, no instante em que o curso histórico-social aponta para o seu ocaso. Em 1964-1968, a autocracia dispõe de forças para a coação e, depois de 1969-1970, de inesgotável arsenal repressivo — mas carece de condições para transitar para um projeto cultural ancorado em lastro diferente da coerção; por volta de 1975, a autocracia articulou os componentes necessários para avançar no plano da construção da hegemonia — mas as bases político-sociais desses componentes começam a ser postas em questão abertamente. *À tardia formulação da política cultural da ditadura acresce-se, pois, um dado elementar: ela é concomitante à emersão dos vetores da crise da autocracia burguesa.*

A formulação desta política, como indicamos, aparece inicialmente no documento *Diretrizes para uma política nacional de cultura*, de 1973; no entanto, só se explicita inteiramente no texto *Política Nacional de Cultura*, de 1975. As diferenças entre os dois documentos, que estão longe de eludir o seu núcleo estratégico e orgânico comum — diferenças e denominador suficientemente analisados por Cohn (in Miceli [org.], 1984) —, devem ser debitadas exatamente na conta do fenômeno que registramos: o documento de 1975 é compelido a situar-se num contexto em que já não vigem plenamente as circunstâncias sociopolíticas do período anterior. Manifesta-se a crise do "milagre", a resistência democrática é vitalizada pelo embate eleitoral de 1974, segmentos burgueses evidenciam atitudes dissonantes, a classe operária começa a retomar algumas iniciativas; a resposta do regime trilha o caminho da "distensão lenta, segura e gradual" do consulado geiselista. Tudo isso transparece no texto de 1975,[169] certamente elaborado por intelectuais que, prestando serviços ao

---

169. Observa Cohn: "Os fundamentos doutrinários [do texto de 1975, em comparação ao de 1973] são semelhantes, mas o tom é mais nuançado, sem o esforço, tão visível no texto anterior, para construir uma linguagem que fosse simultaneamente do agrado dos militares e dos tecnocratas do desenvolvimento" (in Miceli [org.], 1984, p. 92).

regime, nem por isso deixavam de guardar distâncias em face de suas características mais brutais.[170]

Está claro que esta contextualização, posta em razão da dinâmica geral que começa a atravessar a resistência e o movimento democráticos, incide tanto na formulação de 1975 quanto na sua implementação — para a qual se escolhe um ministro, Nei Braga, que não estivera visivelmente comprometido com os "excessos" cometidos nos porões da ditadura. Também está claro que, desde a sua formulação, esta política empenhava-se em ganhar, justamente pelos seus matizes da "distensão", se não a confiança, pelo menos uma postura não hostil de segmentos intelectuais expressivos.[171]

Os aspectos substantivos a serem ressaltados aqui são de duas ordens: a *natureza* da política cultural que o Estado autocrático burguês propõe-se como sua e a *estrutura institucional* que pôs de pé para implementá-la.

O fulcro da concepção de cultura que está no fundo da proposta de 1975[172] é perfeitamente conforme à funcionalidade que a ela atribui a doutrina de segurança nacional: um vital componente psicossocial para a " integração", nacional e social — e não por acaso a referência, e nisto se prossegue com a ótica do texto de 1973, que subjaz ao processo "integracionalista" é a da "comunidade nacional". O que é distinto do texto de 1973, como Cohn bem observou (in Miceli [org.], 1984, p. 93), é a modalidade da intervenção do Estado; no documento anterior, caberia às agências estatais *difundir*

---

170. Cohn nota que o texto, "preparado sob a coordenação de Afonso Arinos de Melo Franco, é bem representativo de uma postura liberal-conservadora às voltas com as exigências contraditórias da espontaneidade e da intervenção estatal, da modernização e da conservação [...]" (in Miceli [org.], 1984, p. 92-93).

171. E, em parte, conseguiu-o — recorde-se a caricatural intervenção de um gênio como Glauber Rocha neste sentido. E conseguiu-o especialmente porque recrutou, para a sua implementação, alguns nomes respaldados por trajetórias anteriores de seriedade (Orlando Miranda, Roberto Farias, Manuel Diégues Jr.) — um recrutamento por sua vez impensável não fora a revitalização das lutas democráticas.

172. Valemo-nos, para esta argumentação, de algumas ideias de Ortiz (1985, 1988) e de Cohn e Miceli, in Miceli [org.], (1984) — mas as inserimos num quadro analítico diverso.

(após seleção prévia) produtos culturais; agora, a ênfase recai sobre pontos antes ausentes: a avaliação ética e a autonomia da criação: "Uma política de cultura deve levar em consideração a ética do humanismo e o respeito à espontaneidade da criação popular. Justifica-se assim uma política cultural como o conjunto de iniciativas governamentais coordenadas pela necessidade de ativar a criatividade, reduzida, distorcida e ameaçada pelos mecanismos de controle desencadeados através dos meios de comunicação de massa e pela racionalização da sociedade industrial" (apud Cohn, ibidem). Tais pontos, como se constata, jogam com a contraposição entre cultura e civilização e imprimem na proposta o selo da intelectualidade "tradicional". O que é igualmente flagrante quando — e, de novo, o texto de 1975 diferencia-se do seu precedente — o documento toca a corda do antielitismo e da inserção da cultura no processo do desenvolvimento: "[...] O desenvolvimento brasileiro não é apenas econômico, mas sobretudo social, e [...] dentro desse desenvolvimento social há um lugar de destaque para a cultura"; "Uma pequena elite intelectual, política e econômica pode conduzir, durante algum tempo, o processo de desenvolvimento. Mas será impossível a permanência prolongada de tal situação [... porque] a plenitude e a harmonia só podem ser atingidas com a elevação da qualidade dos agentes do processo que a integram" (apud Cohn, in Miceli [org.], 1984, p. 92). As transcrições são importantes: revelam que a formulação da política cultural do Estado autocrático burguês implicou uma *ambivalência* elementar — a conjunção de um vetor típico da doutrina de segurança nacional (a funcionalidade da cultura na "comunidade nacional") com uma retórica liberal-conservadora ("ética do humanismo" abstrato, "plenitude" e "harmonia" do desenvolvimento).[173]

A tentação de localizar nesta conjunção uma debilidade teórica ou, noutro plano, uma fragilidade de recursos "intelectuais" do Estado ditatorial (que teria de recorrer a quadros "liberais", "tradi-

---

173. Cf. nota 170.

cionais", para formular a sua política cultural) é grande. Parece-nos, contudo, que ela pode derivar no diversionismo: o que está em jogo, aqui, é menos uma questão de carência conceptual ou de recursos humanos que um *problema político substantivo*.

A ambivalência registrada na formulação de 1975, inexistente no texto de 1973 (embasado fundamentalmente no mote "segurança e desenvolvimento"), sinaliza, precisa e simultaneamente, o dilema com que se defronta o regime autocrático burguês no âmbito da política cultural e a solução que procura. O *dilema* consiste em que seu projeto de construção hegemônica encontra expressão abrangente no momento em que a sua vigência efetiva se vê diante de uma processo de erosão crescente e flagrante. A *solução* esboçada vai no sentido de incorporar e assimilar demandas que, constitutivas daquele processo, poderiam — se contempladas em alguma medida — reduzir ou amenizar o seu alcance e profundidade. Aquela ambivalência, pois, é tanto um sintoma de *cedência* por parte do regime quanto de uma *estratégia antecipadora* de seus ideólogos em face da previsível aceleração do ritmo da erosão que o comprometia. Ela conserva a *concepção* de política cultural própria da doutrina de segurança nacional, mas se flexibiliza quando situa *o papel do Estado no processo cultural*: à diferença do que se expressa no texto de 1973, o processo cultural é apreendido, de uma parte, como possuindo uma complexidade que escapa à normativização do Estado — logo, a política estatal do setor aparece como *um* (embora central) interveniente ordenador, e não mais como *o* instrumento demiurgo dos conteúdos psicossociais da "comunidade nacional"; de outra parte, ele é tomado (e trata-se aqui de uma diferença fundamental) como dispondo não só de uma forte autonomia diante dos processos socioeconômicos quanto como vocacionado para assegurar a reprodução, por via não elitista, dos valores que os sustentam e legitimam.

A impostação diferente faz da formulação de 1975 o projeto cultural *viável* do Estado autocrático burguês, modelado como resultante do confronto entre as suas projeções originais de fundo e a resistência a elas oferecida pelos protagonistas do "mundo da cultura". Esta viabilidade tem um preço: por ela não passa apenas o conjunto dos *desiderata* do regime; mas, exatamente por isso, ela se coloca como um patamar a partir do qual o Estado pode entabular uma convivência com um elenco de produtores culturais que, até então, se revelara refratário a propostas de interação com ele.

No que toca às condições institucionais para a implementação desta política, o Estado autocrático burguês pôs de pé um leque de instrumentos operativos que redundou na construção de um aparato burocrático-administrativo de complexidade e atribuições sem precedentes para assegurar a intervenção estatal. De fato, é a partir de 1975 que o Estado equipou-se para interferir articuladamente em todas as esferas da expressão cultural.[174] Não é necessário aduzir que o erguimento desta estrutura institucional levou-se a cabo tomando em conta a realidade do mercado nacional de bens simbólicos, assim como a sua peculiar indústria cultural. Ela instaurou-se e se consolidou acoplada à política nacional de comunicação social e, também, à política nacional de turismo.[175] E sua dinâmica funcional estabeleceu-se de forma a não afetar aquela que era própria à assim chamada iniciativa privada que atuava nos mesmos setores;[176] antes, a ló-

---

174. Observe-se que: em junho de 1975, cria-se, por contrato firmado entre o Ministério da Indústria e Comércio e o governo do Distrito Federal, o *Centro Nacional de Referência Cultural*; a Lei n. 6.281, do mesmo ano, extingue o *Instituto Nacional do Cinema* e amplia as atribuições da *Empresa Brasileira de Filmes S.A.* (EMBRAFILME, instituída em 1969); a Portaria n. 442, de 1975, cria a *Campanha de Defesa do Folclore Brasileiro* (posteriormente incorporada, pelo Decreto n. 81.454, de 17/3/1978, à FUNARTE, como *Instituto Nacional do Folclore*); a Lei n. 6.312, de 16/12/1975, cria a *Fundação Nacional de Arte* (FUNARTE), incorporando o acervo e as atribuições do *Serviço Nacional de Teatro*, do *Museu Nacional de Belas Artes* e da *Comissão Nacional de Belas Artes*; o Decreto n. 77.299, de 16/3/1976, cria o *Conselho Nacional de Cinema* (CONCINE). Posteriormente, o Decreto n. 81.454, de 17/3/1978, criou, no âmbito do MEC, a *Secretaria de Assuntos Culturais* (SEAC) envolvendo as subsecretarias de Desenvolvimento Cultural, de Estudos, Pesquisas e Referência Cultural e de Planejamento, assumindo as funções e o acervo do antigo DAC (cf. nota 159), subordinando o *INL*, a *Biblioteca Nacional*, o *Museu Histórico Nacional*, o *Museu Imperial de Petrópolis* e supervisionando a *EMBRAFILME* e a FUNARTE. Todo este processo, que coroa o andamento iniciado em 1972 (cf. nota 159), é caracterizado por Miceli como de "construção institucional".

175. Recorde-se que a *EMBRATUR* foi criada em 1966 (cf. nota 120).

176. Cf. nota 166.

gica organizacional e funcional desta estrutura se punha como complementar aos monopólios que vicejavam no campo da cultura; os conflitos que surgiram entre a intervenção estatal e a iniciativa privada, malgrado seu matiz imediatamente político, sempre tiveram suas motivações básicas em situações que comprometiam a rentabilidade desta última[177] — e não por acaso foram eventuais e geralmente resolvidos em seu benefício.

Assim, a política cultural que a autocracia burguesa formula como projeto de hegemonia expressa com nitidez a relação entre o Estado autocrático burguês e a parcela do "mundo da cultura" a que se dirigia, no quadro da inflexão sociopolítica que indicava a clara erosão dos suportes do regime ditatorial. Nesta política comparece a intenção de controlar o processo cultural, submetendo-o a uma organização matrizada por uma concepção de cultura que responde aos objetivos do Poder Nacional e operacionalizada institucionalmente por um aparato burocrático-administrativo que a ele obedece. Uma tal organização confere ao Estado e às suas iniciativas um papel dirigente, no desempenho do qual os elementos "negativos" da sua intervenção tendem a adquirir um estatuto crescentemente marginal.[178] Pela primeira vez desde o golpe de abril, o Estado e seus organismos culturais não se posicionam diante da cultura como um adversário a derrotar (1964-1968) ou um inimigo a exterminar (1969-1973); comportam-se — e buscavam evidenciar este comportamento diferenciado — como se estivessem diante de um protagonista social legítimo, que deve ser controlado. Esta postura revela, simultaneamente, a firmeza dos desígnios autocráticos e a gravitação da resistência democrática no "mundo da cultura". Não tivesse o

---

177. Cf. os comentários de Ortiz (1988: 118 ss.) sobre a crítica de empresários de teatro e cinema aos mecanismos de censura então vigentes.

178. Já se indicou que um desses elementos, a censura, está presente ao longo de todo o ciclo autocrático (cf. nota 117); entretanto, a partir de 1976-1977, ela foi progressivamente desvinculada do marco das instituições voltadas para a política cultural, alocando-se cada vez mais como procedimento puramente policial do Ministério da Justiça, que dele usou e abusou (recorde-se que, através da Portaria n. 427, de 25/5/1977, esse órgão estendeu a censura prévia às publicações que procediam do exterior).

regime ditatorial obtido um disciplinamento considerável da produção e da difusão culturais (pelos métodos já vistos) e esta pretensão dirigente não se afirmaria; porém, não tivessem os segmentos democráticos do "mundo da cultura" se obstinado na resistência e seu protagonismo estaria eliminado.

O que se manifesta aqui é um traço que procuramos salientar ao longo desta argumentação: como em todos os outros níveis societários, aquilo que se modelou durante a autocracia burguesa — como política e sistema institucional — não proveio diretamente das projeções originais dos componentes dominantes da coalizão vencedora em abril. A vontade autocrática se impôs, por via coercitiva, mas a resultante sempre teve a marca dos processos deflagrados pelos sujeitos sociais que a ela se opunham. Neste sentido, a formulação e a implementação da política cultural não se discriminam no conjunto das políticas sociais da ditadura.

O que as especifica é a modalidade como este processo se realizou, modalidade posta precisamente pelas peculiaridades da dinâmica cultural. A diferença do que ocorreu, por exemplo, no marco do sistema educacional, onde o Estado autocrático burguês implantou a sua política com a liquidação de quaisquer projetos alternativos, neste marco do "mundo da cultura" a *sua* política não pôde dispensar-se — *enquanto procedimento "positivo"* — do reconhecimento da refratariedade da criação e da produção de bens simbólicos a dispositivos de poder homogeneizadores. Este reconhecimento não cancelou a política cultural autocrática, mas compeliu-a a contemplar, em medida maior que em qualquer outra das suas políticas sociais, os elementos de dissenso. Aclara-se, pois, o caráter tardio de sua formulação: ele deveu-se tanto às tarefas de consolidação autocrática noutros âmbitos da vida social quanto à particular resistência demonstrada pelos vetores democráticos no "mundo da cultura".

A coincidência temporal da sua formulação com a emergência da crise da ditadura trouxe para a política cultural autocrática um complexo de complicadores. Na sua formulação, como se sugeriu, tais complicadores rebatem dando corpo à *ambivalência* a que nos referimos. É certo que incidem aí tanto as concessões que a autocracia é obrigada a fazer, em decorrência quer da refratariedade dos principais atores do "mundo da cultura" aos seus acenos, quer das lutas macroscópicas da resistência democrática que erodiam as suas bases sociopolíticas, quanto a antecipação da sua estratégia de sobrevivência, que iria se perfilando com mais clareza à proporção que sua crise amadurecia. Este último aspecto merece ser destacado; há fortes indícios de que ele — refratando-se especialmente na *implementação* da política cultural tenha sido também o resultado de uma *deliberação para negociar* com setores da intelectualidade democrática, de forma a garantir, nas mudanças que já se vislumbravam, um espaço para manobra e uma reserva de eventual legitimação para o sistema de poder engendrado no bojo do Estado autocrático. Na implementação desta política, parece que o regime experimentou com refletida decisão alguns dos eixos que comporiam o elenco da sua alternativa de autorreforma.[179]

É este aspecto que, superlativamente, realça a especificidade da política cultural "positiva" do Estado autocrático burguês. Nas tensões que ela foi compelida a portar, o centro nevrálgico foi ocupado por uma *contradição básica,* que não se apresentou nas outras políticas sociais do regime: quando ela pôde articular-se como projeto de hegemonia, as condições envolventes da autocracia impuseram-lhe a admissão (tácita) da crise de seus suportes e a necessidade de administrá-la — de onde, já à partida, uma posição intrinsecamente problemática. Em suma: trata-se de um projeto de construção hegemônica que, desde o início, defronta-se com perspectivas sociopolíticas que comprometem a sua exequibilidade. Dentre todas as políticas sociais do Estado autocrático burguês, foi a referida à cultura

---

179. Entre meios políticos e jornalísticos, dá-se de barato que, especialmente entre 1975 e 1977, desenvolveram-se inúmeros contatos entre figuras de proa da autocracia (nomeadamente Golbery do Couto e Silva) e grupos intelectuais, com tratativas as mais diversas. A ausência de documentação, porém, obriga a considerar cautelosamente essas informações, no geral comunicadas em *off* — mas perfeitamente cabíveis na "teoria" do *distensionismo,* haurida em autores como Huntington (1968).

a que mais vitalmente se viu afetada pelo movimento real da ultra-passagem da autocracia.

Nenhuma dessas considerações deve conduzir à conclusão de que, no último lustro da sua vigência, o regime autocrático burguês abriu mão de seu objetivo disciplinador da dinâmica cultural ou deixou de pretender o seu enquadramento — nada estaria mais distante da realidade que esta inferência. Enfrentando um crescente rol de conflitos (mais intensos quanto mais se erodia o seu arco de sustentação), inclusive endógenos, e gerenciando aquela contradição básica, que igualmente rebatia no seu interior, o Estado autocrático burguês logrou conservar sob seu controle os processos culturais decisivos. A pressão exercida pela agudização da sua crise não derruiu os seus instrumentos de ordenamento cultural; criou-se uma situação — visível sobretudo depois de 1978 — em que o processo cultural desbordava progressivamente as fronteiras demarcadas pela presença estatal, mas os dispositivos institucionais demonstravam-se aptos para continuar operando o seu projeto. Este foi o cenário dos últimos anos do governo Geisel.

Somente quando o regime autocrático burguês é levado à defensiva, com a derrota do seu projeto de autorreforma e com as fraturas que cindiram a sua base de sustentação e permitiram que o campo democrático passasse à ofensiva, somente então a estrutura institucional que implementava aquela política começou a revelar-se inepta — e uma dinâmica cultural *nova*, propiciada exatamente pela ultrapassagem dos constrangimentos políticos da ordem autocrática, abriu seu passo, conduzindo subsequentemente a uma redefinição da política cultural. Este é o panorama próprio do governo Figueiredo: não só a explicitação da impossibilidade da reprodução ditatorial — mas a *inviabilidade*, nas suas condições, da política cultural que o Estado autocrático burguês pudera formular como viável.[180]

---

180. Escapa aos nossos objetivos a análise do destino da política cultural nos anos 1979-1985, ainda que alguns comentários sejam expendidos a seguir. Cabe apenas assinalar

1.7 O legado da ditadura e a tradição marxista

Na abertura deste capítulo, dissemos que o saldo do ciclo autocrático burguês, para a massa do povo brasileiro, resume-se num desastre nacional. O mais rápido dos exames do legado da autocracia burguesa no plano cultural é uma eloquente prova daquela afirmativa.

No marco das nossas observações sobre o sistema de ensino institucional estão contidas indicações que nos parecem suficientemente sólidas para tornar reiterativos outros desdobramentos acerca da degradação que nele realizou a política da ditadura. Bastarão, à guisa de fecho, duas pequenas notas sobre o legado do ciclo autocrático neste setor.

No âmbito do ensino fundamental, o simples panorama quantitativo que Gadotti (in Carnoy e Levin, 1987, p. 12) ordenou é esclarecedor: "Pelos dados do Censo Demográfico de 1980, 52% da nossa população tem menos de dois anos de escolaridade; 33% das nossas crianças entre 7 e 14 anos estão excluídas da escola, isto é, 7,5 milhões de crianças. Nesta mesma faixa etária 27,6% estão defasadas em relação à série que deveriam estar frequentando, o que faz com que mais de 60% de nossas crianças e jovens estejam sem atendimento escolar ou com atendimento precário. O quadro tende a se agravar, já que 49,6% da população brasileira tem menos de 20 anos de idade".

No que concerne ao ensino universitário — objeto, desde os anos 1970, de críticas de analistas estrangeiros[181] —, parece consen-

---

que a ditadura, neste seu período agônico, não conseguiu articular inflexões na sua formulação, apenas redefinindo-a setorialmente, e que se precipitaram, nas agências estatais, conflitos de condução política que acabaram por deixar o último governo do ciclo ditatorial como um paraplégico neste domínio. A patética experiência de Eduardo Portella Filho na equipe Figueiredo ainda não é suficientemente conhecida, mas alguns dos problemas por ele enfrentados são aflorados em algumas das contribuições contidas em Miceli [org.], (1984).

181. Documento expressivo, aqui, é o depoimento, de 1976, de conhecida autoridade que, a convite da FINEP, visitou o país para apreciar o ensino superior e instituições de pesquisa.

DITADURA E SERVIÇO SOCIAL

sual o juízo emitido por Callai, segundo o qual a universidade é uma "entidade burocratizada, disfuncional e sem identidade. Numa infeliz paródia de Macunaíma, a universidade brasileira é hoje um anti-herói sem nenhum caráter".[182]

É evidente, contudo, que este funesto legado ditatorial possui a sua contraface. Ainda que tenha encontrado mecanismos para modelar a escola, em todos os níveis, conforme o seu projeto "modernizador", e tenha estabelecido sobre ela eficientes dispositivos de controle, o regime autocrático burguês deflagrou processos de resistência e oposição — e vimos que um de seus resultantes, já nos anos 1970, foi a emersão de uma nova reflexão crítica sobre a educação brasileira. Quando se acentua a crise da ditadura, aqueles processos se adensam e o que se registra, nos anos 1980, ao se recuperarem as liberdades políticas elementares, é uma grande efervescência nas escolas e nos *campi*, centrada sobre a urgência de transformar

---

Seu conciso relatório é uma peça devastadora, que constata que "a grande massa do sistema universitário produz pós-graduados mais inclinados a perpetuar a ineficiência obliteradora do que a eliminá-la" (Ben-David, 1987, p. 71).

182. Esta intervenção de Jaeme Luiz Callai dirigiu-se ao I Encontro Nacional do Programa de Apoio ao Desenvolvimento do Ensino Superior (PADES), realizado na Universidade Federal do Espírito Santo (Vitória, março de 1986) e, com outros materiais levados ao conclave, está registrada em *Resenha* (Brasília, MEC, n. 8, abril de 1986), publicação da Subsecretaria de Desenvolvimento da Educação Superior da Secretaria de Educação Superior do MEC, fonte importante para avaliações qualitativas do ensino superior brasileiro.

Mas não são apenas os especialistas que apontam a degradação do ensino superior. Tratando do sistema universitário mantido diretamente pelo Estado, bem recentemente anotava uma publicação dirigida para o grande público: "Com 90% dos seus recursos comprometidos com a folha de pagamentos de professores e funcionários — um contingente de aproximadamente 150 mil pessoas —, não é de surpreender que haja um baixíssimo número de pesquisas em andamento, que as bibliotecas estejam desatualizadas, os equipamentos não recebam manutenção adequada, as instalações sejam precárias e que, algumas vezes, chegue mesmo a faltar dinheiro para pagar as contas da água e luz. Mas esse quadro tem como agravante o inchaço desmedido do número de professores: as [universidades] federais detêm a mais alta relação professor/aluno do mundo ocidental — um professor para 6,6 alunos, enquanto a média em países mais adiantados é de um por 15. Além disso, 74% do corpo docente trabalham em regime de tempo integral, mas dedicam apenas 29% do seu tempo às salas de aula. [Os professores são] eles próprios vítimas desse gigantismo: seus salários são baixos e não há, sequer, um plano de carreira que funcione como estímulo" (*Guia do Estudante*/88. *Cursos e Profissões*. São Paulo: Abril, 1988, p. 9).

tanto o perfil global do ensino quanto as práticas pedagógicas. Esta efervescência vem dinamizada especialmente pelas novas formas associativas que os intervenientes diretos do sistema de ensino (nomeadamente os professores) desenvolveram em suas demandas corporativas e políticas, ainda sob o regime autocrático burguês.

Estamos diante de uma movimentação complexa e rica, cujas características requerem análises cuidadosas — e que, até agora e inclusive porque se trata de um processo em curso, são raras. No entanto, parece que sobre ela pesam fortes hipotecas, em larga medida derivadas das regressões que o ciclo ditatorial fez incidir sobre os protagonistas do sistema de ensino, principalmente acadêmicas — e tanto que conhecido analista viu-se levado a perorar, fundadamente, acerca das contrafações que esta mobilização vem portando no seu encaminhamento (Giannotti, 1987).

No âmbito dos circuitos culturais, o legado ditatorial apresenta um leque de contradições ainda mais amplo — até mesmo em função das dificuldades que encontrou (e que sumariamos) para formular e implementar a sua política cultural. Ao fim da vigência do ciclo autocrático, o mercado nacional de bens simbólicos por ele instaurado mostra-se permeável às demandas democráticas e progressistas — e, como é da natureza da indústria cultural, passa a atendê-las na mesma proporção em que a resistência democrática avança.[183] Não é este, porém, o aspecto mais significativo do que ocorre no campo da cultura, no caso da ditadura: significativa é a emergência, configurada na entrada dos anos 1980, de um novo pensamento social de oposição, explicitamente reclamando-se de esquerda.

Desde meados da década de 1970 — quando a ditadura registra a sua inflexão para baixo —, vinham se acumulando pesquisas e investigações (boa parte delas desenvolvida ou por instituições independentes, como o CEBRAP, ou no âmbito de alguns cursos de

---

183. No fim dos anos 1970 e na entrada da presente década, essa situação é exemplificada, por exemplo, por veículos "culturais" como o "Folhetim", da *Folha de S.Paulo* e, em outro nível, pela reafirmação de casas editoras tradicionais, como a Brasiliense (São Paulo).

pós-graduação), especialmente focalizando temáticas econômico-sociais, cujo sentido era claramente o da desmistificação da retórica oficial da autocracia. Quando, no final da década, a resistência democrática é vitalizada pelo protagonismo político da classe operária, estas pesquisas são amplamente dinamizadas e passam a cobrir nomeadamente os fenômenos do "mundo do trabalho".[184] Simultaneamente, renova-se o interesse por abordar a história social e política do movimento operário, tanto recente quanto mais remota,[185] e se generalizam estudos sobre categorias e parcelas da população caracterizadas como "minorias".[186] Não resta nenhuma dúvida acerca de dois pontos: o de que esta produção assinala um avanço, uma progressão, inclusive porque marca um esforço positivo de vincular a reflexão teórica e a investigação com o movimento social;[187] e o de que ela vem impulsionada por uma inspiração de esquerda.

O primeiro ponto não reclama maiores problematizações: na escala em que os constrangimentos ditatoriais são reduzidos, os recursos intelectuais até então compelidos a não saltar os muros da academia espraiam-se pelos vários níveis e instâncias da vida social. E o fazem com tanto mais vigor quanto mais se somam, às inquietudes represadas autocraticamente, óbvias convocações do próprio movimento social — com a catalisação específica da luta política contra a ditadura e suas estratégias de sobrevivência.

Quanto à inspiração de esquerda, que envolve matizes os mais diferenciados — da impostação social-democrata a requisições de corte socialista revolucionário, cobrindo proposições utópico-românticas e mesmo anarcóides —, ela exige alguma atenção crítica. Na sua diversidade, comparecem as incidências de fenômenos cuja

---

184. Tornou-se então quase um modismo estudar a "condição operária": multiplicam-se as teses de mestrado e doutorado sobre ela.

185. Neste contexto, é de ressaltar positivamente a ênfase na recuperação e organização de arquivos e centros documentais.

186. A temática indígena ganha notoriedade, redescobre-se a problemática negra, e a questão da mulher adquire relevo.

187. Marcando, pois, a ruptura com um dos elementos axiais da política autocrática, que consistiu em *obturar* os canais entre a universidade e o movimento social.

importância intrínseca é inegável: a diferenciação e a complexificação da estrutura social brasileira, resultantes dos processos econômico-sociais acentuados ou deflagrados sob o ciclo autocrático; a realidade do mercado nacional de bens simbólicos; os novos papéis sociopolíticos assumidos pelos quadros intelectuais universitários, no contexto da transição democrática e na sua vinculação aos movimentos políticos e sociais; a própria magnitude dos problemas econômicos e sociais que se contemplam como o saldo da autocracia e os influxos ideoculturais que sopram dos países capitalistas avançados. Na sua configuração global, este pensamento de oposição e de esquerda demanda uma análise que, ao que sabemos, ainda está por fazer-se.

Atendo-nos somente à parcela desse pensamento que mostra um cariz democrático radical, determinando a colocação em xeque não só das sequelas da autocracia burguesa, mas a recusa mesma da *ordem* burguesa, dois pontos merecem destaque. E ambos revelam — sob mais de uma luz — o alcance do legado da ditadura.

Em primeiro lugar, nesta parcela ressalta a face de um novo irracionalismo.[188] Não se trata de um mero *aggiornamento* da contracultura que já examinamos, embora se registrem laços de continuidade com ela; trata-se, como Rouanet (1987) observou, de um pensamento que se vincula expressamente a posições de esquerda (com a pretensão explícita de uma intencionalidade revolucionária) e que se inspira não só nos ideólogos que nos chegaram ao tempo do *vazio cultural,* mas em influências ulteriores (como Deleuze, Lyotard e outros).[189] O traço francamente político-participativo desta vertente — outro contraste com a velha contracultura — é a recuperação, para o seu âmbito, de toda uma postura de antielitismo, de antiautoritarismo e de anticolonialismo cultural. Entretan-

---

188. Em nosso juízo, o analista que mais procedentemente tratou desta problemática foi Rouanet (1987): em argutíssimo ensaio, o competente crítico nota que "podemos, sem exagero, falar na ascensão de um novo irracionalismo no Brasil" (1987: 124).

189. Fecunda crítica — embora elaborada a partir de pressupostos neokantianos — a estes e outros veios inspiradores do novo irracionalismo encontra-se em Ferry e Renaut (1988).

DITADURA E SERVIÇO SOCIAL 141

to, esta recuperação se opera com uma inflexão intelectual que *põe a razão como instrumento de dominação:* os parâmetros da racionalidade são assimilados a componentes do poder (burguês) e, pois, desqualificados como vetores de libertação.[190] Elabora-se toda uma teorização *contra* a razão teórica, identificada como o discurso da "fala competente" do poder opressor; o praticismo, justificado por uma teoria antiteórica, adquire um estatuto canônico.[191] A imantação que esta vertente realiza sobre parte significativa das novas gerações intelectuais é ponderável: ela catalisa o desprezo pelo recente passado ditatorial e a recusa às óbvias limitações da sua superação; mas, em larga medida, atende às debilidades da própria formação cultural dessas gerações, com as necessidades convertendo-se em virtudes.[192]

Em segundo lugar — e este ponto nos interessa particularmente —, justamente esta parcela do novo pensamento social de oposição de esquerda, *mas não só ela*, tem como alvo prioritário da sua crítica a tradição marxista emergente no pré-1964. Não se trata, aqui, das reservas que, em geral, dirigem ao pensamento marxista os investigadores que, inserindo-se no diferenciado espectro do socialismo reformista ou "democrático", questionam o que lhes parece unilateral, determinista ou equivocado naquela tradição; trata-se, basicamente, ou de uma crítica realizada em nome da própria inspiração marxista ou de uma postura revolucionária "radical", "autêntica". Há que desenvolver algumas observações para clarificar minimamente este ponto.

---

190. Rouanet (1987: 11-17 e 124 ss.) mostra persuasivamente como se opera esta mistificação.

191. A este respeito, pontua Rouanet (1987: 17): "A fórmula é quase sempre a mesma: a prática contém sua verdade imanente e dispensa toda teoria, ou admite apenas uma teoria desentranhada da própria prática".

192. Tentando diagnosticar as causas endógenas deste novo irracionalismo, Rouanet escreve (1987: 125): "Talvez a política educacional do regime autoritário seja o mais importante desses fatores internos. [...] Os egressos desse sistema educacional deficitário transformam [...] seu não saber em norma de vida e em modelo de uma nova forma de organização das relações humanas".

Comecemos por notar que, pelo menos até meados da década de 1950, a precária acumulação do pensamento marxista no Brasil estava *diretamente* vinculada à elaboração teórica, política e ideológica de intelectuais situados no PCB — as dissidências e divisões que até então se tinham registrado nesse partido não chegaram a configurar um veio significativo de reflexão inspirada em Marx para além das fronteiras do marxismo "oficial".[193] Menos que a uma eventual força dos intelectuais organizados no e pelo PCB, este fenômeno relaciona-se, a nosso ver, à debilidade da tradição do pensamento socialista em nosso país.[194] De fato, afora alguns "precursores" do final do século XIX e o incipiente trabalho de personalidades do anarquismo nos primeiros anos deste século,[195] é o PCB que inaugura no Brasil a vertente do socialismo revolucionário que se reclama apoiado em Marx.

Num cenário como este — além da carência de uma herança (intelectual e prático-política) socialista, precaríssimas tradições de reflexão filosófica e ausência de instituições universitárias e de pesquisa[196] —, compreendem-se as vicissitudes da elaboração teórica dos marxistas brasileiros. Vicissitudes, ademais, acentuadas tanto pela sistemática repressão de que foram vítimas quanto pelo enquadramento político-ideológico de que são objeto os intelectuais do

---

193. As dissidências que tomaram o sentido do trotskismo, nos finais dos anos vinte (Mário Pedrosa et al.), encorpadas na segunda metade dos anos trinta (Hermínio Sachetta), não chegaram a dar curso a uma tradição teórica alternativa.

Já é longa a bibliografia — aliás, de valor muito irregular — sobre a história do PCB; à guisa de referência, anote-se Dulles (1977 e 1985), Pereira (1979 e 1980), Sodré (1980, 1980a e 1981), Rodrigues (1981), Segatto (1981), Chilcote (1982), Carone (1982), Vinhas (1982) e Zaidan Filho (1985).

194. A debilidade das formulações do pensamento socialista no Brasil é historicamente flagrante e, ao que tudo indica, está muito ligada também às debilidades da tradição filosófica no país até esta época (cf., especial e respectivamente, Chacon, 1965 e Costa, 1967).

195. Sobre tais "precursores" e as contribuições do anarquismo, cf. Dias (1962), Chacon (1965), Dulles (1977), Cerqueira Filho (1978), Magnani (1982), Hardman (1983), Rodrigues (1984) e Hecker (1986).

196. É de recordar o caráter *tardio* da universidade brasileira — a primeira instituição digna deste nome, a Universidade de São Paulo (USP), só surge nos anos trinta e, como se sabe, tem uma inspiração nitidamente oligárquica.

PCB, especialmente a partir dos anos trinta, quando o peso da Internacional Comunista (e, posteriormente, do Centro de Informação dos Partidos Comunistas)[197] equaliza o pensamento oficial comunista na escolástica própria da era de Stalin.[198] Estas vicissitudes, parcialmente examinadas por Konder (1988), todavia, estão longe de desqualificar a elaboração dos marxistas brasileiros até a década de 1950, como querem inúmeros analistas.[199] O seu esforço de divulgação da literatura revolucionária e o empenho em produzir material autóctone (verificável quando se investiga sem preconceitos, como se pode ver em Carone, 1986 e, muito especialmente, em Rubim, 1986) só é corretamente avaliável quando se levam em conta aquele cenário e os interlocutores dos intelectuais comunistas. Perdidos esses referenciais, a crítica necessária descai na facilidade e no comodismo do hipercriticismo abstrato. Não se trata, obviamente, de dissimular ou obviar as debilidades da elaboração com que os comunistas deram início à construção de uma tradição marxista no Brasil; trata-se, porém, de pensá-las *concretamente,* num apanhado crítico sem apriorismos e anacronismos.

É somente a partir da segunda metade dos anos 1950 que a emergência de uma tradição marxista começa a extravasar as fron-

---

197. É ampla a bibliografia sobre estes dois organismos (*Komintern* e *Kominform*); para uma apreciação geral sobre eles, contendo vasto rol de fontes, cf. Claudín (1985 e 1986).

198. Acerca deste enquadramento — sua natureza e consequências — e para um sintético rol bibliográfico sobre ele, cf. Netto, in Stalin (1982).

199. Especialmente no âmbito do "marxismo acadêmico" e da produção universitária pós-1964 (e já vimos algumas das razões disso), tal desqualificação é a tônica. Formulações como esta — "[...] É importante ressaltar a precariedade dos textos teóricos produzidos pelos intelectuais do partido" (Cavalcante, 1986, p. 32-33) —, referidas praticamente a toda a história do PCB até 1964, são clichês na historiografia "crítica".

A precariedade de tais clichês, na sua generalidade, é ululante — ora se confundem as elaborações *políticas* da direção do PCB com a produção dos seus intelectuais, ora se é obrigado a discriminar os intelectuais segundo sua filiação ou não à dogmática stalinista. É claro que uma rigorosa análise *histórico-crítica* de umas e outras se faz urgente, numa tarefa que precisa envolver comunistas e não comunistas; conduzida com seriedade, esta análise revelará, *concreta e particularmente*, não só as limitações do movimento comunista na interpretação da realidade brasileira, mas as suas causalidades e o seu marco global e, com igual ou maior peso, a efetiva contribuição que deram (inclusive com seus equívocos) para a constituição de uma tradição marxista no Brasil.

teiras do PCB. Responde pela quebra do seu "monopólio", fundamentalmente, num primeiro momento, o traumatismo causado pelas revelações que tiveram por palco o XX Congresso do PCUS, com as cisões que desencadeia no PCB — bem como, decerto, as implicações internacionais daquele evento. Num segundo momento, já na passagem para a década de 1960, acentua este desbordamento a própria polarização que a vertente marxista revela sobre pensadores desvinculados de uma intervenção política orgânica (partidária).

No primeiro caso, dois movimentos são dignos de registro. Emergem no PCB, na sequência da grave crise orgânica de 1956-1957, vetores de uma ampla renovação, que se expressam num giro político de profundas consequências táticas e estratégicas (concretizadas inicialmente na "Declaração de Março")[200] e numa inflexão correlata ao nível da preocupação e da elaboração teóricas (que, entre outras manifestações, encontra eco na revista *Estudos Sociais*).[201] Tais giro e inflexão — a que devem creditar-se a ampliação da influência política e da credibilidade da orientação cultural dos comunistas até 1964 — começavam a dar os seus primeiros frutos quando o golpe de abril os aborta. Outro movimento, naturalmente conectado ao

---

200. O texto completo deste importante documento encontra-se em PCB (1980).

201. Editada bimestralmente no Rio de Janeiro, entre maio-junho de 1958 e 1964 — escusa observar que foi uma das primeiras vítimas do golpe de abril —, *Estudos Sociais*, dirigida por Astrojildo Pereira, partia do reconhecimento da "ausência de uma tradição de estudos marxistas em nosso país. O trabalho teórico dos marxistas, empregado na investigação e interpretação da realidade brasileira, tem sido muito precário, limitado [...]. No momento atual, a tarefa dos marxistas brasileiros consiste principalmente em voltar-se para a nossa realidade viva, estudando-a em seus múltiplos aspectos. [...] Desejamos afirmar claramente que é nosso propósito estimular a polêmica: polêmica entre marxistas, polêmica entre marxistas e representantes de outras correntes do pensamento. É nossa convicção que a luta de opiniões, o confronto de ideias, a crítica, a discussão são indispensáveis ao desenvolvimento do pensamento e da cultura" ("Apresentação" do n. 1, ano I, p. 3-4, maio/jun. 1958).

Apesar da atenção que lhe conferiu o cuidadoso Rubim (1986, p. 73-75), *Estudos Sociais* — assim como a *Revista Brasiliense*, de vida mais longa e desvinculada do aparelho partidário comunista, animada em São Paulo por Caio Prado Jr. — permanece como objeto inexplorado de pesquisa: seus dezenove números atestam que estava em processamento uma interpretação da realidade brasileira rica, matizada e crítica, no rumo da constituição de uma tradição marxista no Brasil. Não parece casual o fato de a historiografia "crítica" do "marxismo acadêmico" raramente referir-se a *Estudos Sociais* (Mota, 1977, aliás, ignora-a solenemente)

DITADURA E SERVIÇO SOCIAL

anterior, mas sobretudo desencadeado pela crítica da dogmática oficial vigente nos anos precedentes, é a valorização da análise e do estudo das fontes originais do pensamento socialista revolucionário, até então subalternizadas pela divulgação de comentadores.[202]

O segundo caso tem interesse peculiar. É na passagem dos anos 1950 ao 1960 que a inspiração marxista começa a rebater, expressiva e visivelmente, na elaboração intelectual de pensadores e investigadores sem vinculação partidária, operando como um fecundante elemento crítico em construções articuladas sobre matrizes teóricas diversas.[203] O veio marxista não surge aqui como sinal pertinente de prática, mas como instrumental heurístico; o fato de frequentemente inserir-se num quadro de referência que obscurecia a sua sistematicidade original introduzia nesta utilização, é verdade, componentes problemáticos (como o risco do ecletismo); no entanto, este não era fenômeno central — era-o a emersão do marxismo no diálogo teórico intelectual para além das molduras partidárias.[204]

Amadureciam, portanto, as condições para a constituição de uma tradição marxista no Brasil. E é precisamente este processo, com todas as suas dificuldades e limitações — e ao qual conecta-se, em medida ponderável, a tendencial hegemonia democrática e progressista no imediato pós-1964, que já vimos —, que a ditadura e sua política cultural vão interromper e abastardar, pelos meios e modos expostos anteriormente. É claro que (e não seria necessário anotá-lo aqui), no âmbito da evolução individual de pesquisadores e intelectuais que participaram deste processo, o aprofundamento das tensões por ele detonadas prosseguiu e chegou a objetivar-se numa assunção

---

202. Nesse sentido, o trabalho realizado, a partir de 1958-1959, por editoras partidárias como a Vitória (Rio de Janeiro) foi realmente significativo.

203. Penso especialmente no trabalho que então se desenvolve no ISEB (com destaque para as investigações de Álvaro Vieira Pinto) e no andamento de pesquisas sociológicas da USP (capitaneadas por Florestan Fernandes).

204. É desnecessário observar que esta emersão, decerto influenciada pelos eventos que se desenrolaram na cena comunista, conectava-se a dois componentes determinados: o próprio florescimento das atividades de pesquisa e investigação e o processo de democratização em curso na sociedade e no Estado.

criadora da perspectiva marxista, engendrando contribuições de magnitude quer para a compreensão da formação social brasileira, quer para o erguimento da própria tradição marxista no país.[205] No entanto, e este é aspecto fundamental a reter, a autocracia burguesa promoveu a liquidação sociopolítica daquele processo.

Não pode restar qualquer dúvida quanto a isso: nesse terreno, papel desempenhado pela ditadura teve profundas consequências. Evidentemente, não lhe foi possível extirpar da cultura brasileira o rebatimento das matrizes do pensamento socialista revolucionário; mas ao interromper a dialética que vinha se operando, entre interlocutores diferenciados, para a constituição de uma tradição marxista no país, a ditadura obteve um tento dos mais importantes — não só travou por ponderável lapso temporal esta constituição como, ainda, introduziu no seu andamento complicadores cuja resolução demandará esforços de largo fôlego e a conjunção de inúmeras circunstâncias favoráveis, que não parecem resultantes do acaso. A recuperação, em novo patamar e sobre novas bases, do acúmulo crítico que se processava às vésperas de abril e se adensou até 1968-1969 é, efetivamente, um desafio para o conjunto dos vetores democráticos e progressistas que atuam no "mundo da cultura" e fora dele.

A intervenção ditatorial, neste campo, teve, direta e indiretamente, duas consequências imediatas que devem ser salientadas. A primeira foi a ultrapassagem de qualquer monopólio político-partidário da inspiração socialista revolucionária — culminando, pois, o processo que se iniciara nos anos 1950 —, mas em condições extremamente negativas para a esquerda. A proliferação de agrupamentos políticos reclamando-se revolucionários — dissidências ou não do PCB — na segunda metade da década de 1960, organizações de vida geralmente efêmera,[206] é o signo inconteste daquela ultrapassagem. Dadas as circunstâncias em que surgiam esses grupamentos

---

205. Parece-me que, aqui, o caso típico é o de Florestan Fernandes (cf. Nctto, in Incao [org.], 1987).

206. Um quadro sintético desta proliferação é oferecido em Arns, prefaciador (1985, p. 89-109); recorde-se que, já antes do golpe de abril, surgiam protagonistas diferenciados no

(gerais: o clima repressivo; específicas: a sua intencionalidade política), compreende-se por que em quase nada contribuíram para acrescer o acervo que vinha se gestando no pré-1964. A frequente utilização de versões políticas particulares da tradição marxista (v. g., o maoísmo) para legitimar uma prática determinada (nomeadamente o confronto armado com a autocracia) fez do referencial teórico derivado de Marx um repositório de citações e fórmulas rituais. Se é verdade que protagonistas dessa quadra dramática da vida brasileira, sobrevivendo à guerra de extermínio que lhes moveu a ditadura, ulteriormente puderam realizar aportes teóricos e críticos de valia, é igualmente verdadeiro que nestes segmentos da esquerda generalizou-se uma cultura marxista de pacotilha, no seio da qual a petição voluntarista e praticista gestou um simplismo intelectual que se mostra inteiramente vulnerável a qualquer antagonista medianamente informado. As recidivas infantilistas que parte das esquerdas experimentam com a crise da ditadura puseram em destaque, novamente, essa "cultura" marxista — com os resultados previsíveis e compatíveis com a sua indigência.

A outra consequência da intervenção ditatorial foi a emersão, já observada, do "marxismo acadêmico". Não há que duvidar de que seu desenvolvimento comportou — além da intenção da resistência que manifestava — elementos positivos, que devem ser cuidadosamente ponderados pelos legatários contemporâneos do acervo crítico-analítico que a ditadura quis liquidar. Entretanto, e também dadas as circunstâncias (comentadas anteriormente) em que se articulou, o "marxismo acadêmico" recolocou e colocou componentes nefastos na cultura da esquerda. De uma parte, reforçou um velho traço nesta cultura: a substituição do exame das matrizes originais da teoria social revolucionária pela exegese de seus comentaristas e/ou vulgarizadores.[207] De outra, introduziu

---

espectro da esquerda marxista — por exemplo, é de 1961 o grupamento *Política Operária* (POLOP) e de 1962 o *Partido Comunista do Brasil* (PCdoB).

207. Um dos produtos deste "marxismo acadêmico" é a formação de intelectuais marxistas "críticos" que jamais estudaram Marx.

tanto o oportunismo teórico quanto entronizou a crítica abstrata: as "fontes" ou "inspirações" não variam segundo exigências imanentes da reflexão, mas ao sabor de conjunturas[208] e a avaliação do passado é posta sem a menor consideração concreta dos efetivos condicionalismos histórico-sociais e políticos que sobre ele incidiram, operando juízos de valor francamente moralistas (quando não filisteus).[209]

Resumamos: o fundo golpe que a autocracia burguesa desferiu sobre o que podemos chamar de *cultura de esquerda* (parte constitutiva da cultura brasileira) — que, naturalmente, não se reduz à inspiração marxista, mas que tem nesta um seu componente axial — não se esgota no fato de ter interrompido brutalmente um acúmulo crítico que, nos anos sessenta, começava a configurar uma tradição marxista no Brasil, que avançava naquela década diferenciando-se, desbordando as fronteiras do movimento comunista organizado e lançando raízes na cultura brasileira. Só isso já assinalaria um dano incalculável para o desenvolvimento dos vetores democráticos e progressistas no "mundo da cultura" e fora dele. A autocracia burguesa foi mais adiante: no seu legado, deixou componentes macroscópicos e específicos que conspiram vigorosamente contra a possibilidade de resgatar criticamente o patrimônio arduamente acumulado em mais de meio século de lutas sociais e confrontos ideológicos. Entretanto, a mesma autocracia gestou necessidades e possibilidades objetivas — econômicas, sociopolíticas e culturais — que situam como concreta a alternativa de recuperar os

---

208. Assim é que, com as práticas sociais de contestação política canceladas, o "marxismo acadêmico" teorizava sobre a "prática teórica" (nos anos do *vazio cultural,* a referência althusseriana); quando a resistência democrática se revigora e a classe operária se reinsere na cena política, o "marxismo acadêmico" teoriza sobre a "sociedade civil" e seus movimentos (na segunda metade dos anos 1970, a utilização abusiva e ligeira de Gramsci); nos anos 1980, a voragem intelectualista põe na ordem do dia a modernidade e a pós-modernidade. De onde a descontinuidade intelectual e teórica, o modismo como signo de renovação.

209. Aqui, são canônicas as avaliações sobre as debilidades do marxismo no Brasil antes de 1964 — que primam pela ignorância do quadro cultural mais amplo, das condições sociopolíticas da intervenção dos comunistas etc.

ganhos do passado e construir, sobre o patamar da contemporaneidade, a tradição marxista brasileira que ela quis conjurar.

Esta alternativa, hoje, ainda não é mais que um projeto; supõe,
além de uma prospecção pluralista daquela tradição, a ultrapassagem
dos vieses irracionalistas e a superação do hipercriticismo abstrato
do "marxismo acadêmico" — senão ao preço de o pensamento social
de oposição continuar reproduzindo, nos seus desdobramentos, as
marcas próprias do legado autocrático.

CAPÍTULO 2

A renovação do Serviço Social sob a autocracia burguesa

O lapso histórico que é coberto pela vigência da autocracia burguesa no Brasil demarca também uma quadra extremamente importante e significativa no evolver do Serviço Social no país. Sem correr o risco do exagero, pode-se afirmar que esse período circunscreve um estágio do processo da profissão cujas incidências para o seu desenvolvimento — imediato e mediato — possuem uma ponderação desconhecida em momentos anteriores (salvo, talvez, aquele que assinala, na transição dos anos 1930 aos 1940, a emergência do Serviço Social entre nós).

Do estrito ponto de vista profissional, o fenômeno mais característico desta quadra relaciona-se *à renovação do Serviço Social*. No âmbito das suas natureza e funcionalidade constitutivas, alteraram-se muitas demandas práticas a ele colocadas e a sua inserção nas estruturas organizacional-institucionais (de onde, pois, a alteração das condições do seu exercício profissional); a reprodução da categoria profissional — a formação dos seus quadros técnicos — viu-se profundamente redimensionada (bem como os padrões da sua organização como categoria); e seus referenciais teórico-culturais e ideológicos sofreram giros sensíveis (assim como as suas autorrepresentações). Este rearranjo global indica que os movimentos ocorridos neste marco configuram bem mais que a resultante do acúmulo que a profissão vinha operando desde antes. Articulam, especialmente, uma *diferenciação* e uma *redefinição* profissionais sem precedentes, desenhando mais particularmente a renovação a que nos referimos e que deveremos qualificar ao longo destas páginas.

O cariz do Serviço Social, em meados dos anos 1980, revela a simultânea e contraditória relação que, nas duas décadas anteriores, o desenvolvimento profissional estruturou com a sua herança: mudança, continuidade e intenção de ruptura.[1]

A análise desta renovação, tomada na sua pluricausalidade e na sua multilateralidade, é ainda um desafio para os estudiosos do Serviço Social, sejam assistentes sociais ou não.[2] Ela supõe, é desnecessário dizê-lo, a compulsória e mediatizada remissão ao movimento macroscópico da autocracia burguesa — *a renovação do Serviço Social, no Brasil, mesmo que não se possa reduzir os seus múltiplos condicionantes às constrições do ciclo ditatorial, é impensável, tal como se realizou, sem a referência à sua dinâmica e crise* (cf. capítulo 1, especialmente seção 1.3). Supõe, igualmente, a investigação dos diversos e autoimplicados níveis que comparecem no movimento interno da profissão: as modalidades interventivas para responder às novas demandas, os padrões imperantes na reprodução da categoria profissional, as suas formas organizativas, as influências teórico-culturais, as suas elaborações intelectuais e as suas (auto)representações. Trata-se, com efeito, de um largo programa de pesquisa e investigação, a requerer longos e coletivos esforços.[3]

Nosso objetivo central, aqui, é oferecer um contributo à necessária análise deste processo de renovação, cujos rebatimentos são visíveis nos dias correntes. Tendo por base as concepções e reflexões

---

1. Parte dos *resultados* desta renovação se explicita na entrada dos anos 1980 — de onde, pois, a necessidade de investigá-la em documentos também desta década.

2. O que não significa a inexistência de ponderáveis esforços nesta direção dentre os muitos trabalhos empreendidos neste âmbito; cite-se, aleatoriamente, Almeida (1970, 1975), Netto (1976), Santos (1976), Cornely (1976), Junqueira (1980). Aguiar (1982), Silva (1983), Lima (1984), Carvalho (1986) e Faleiros (1987).

3. Na década de 1980, o interesse institucional da *Associação Brasileira de Ensino de Serviço Social* (ABESS), carreando aportes de agências de financiamento, tem propiciado investigações que, mesmo elipticamente, concorrem para a consecução deste programa; cite-se, a propósito, os projetos de investigação sobre a formação profissional do assistente social (Carvalho et al., 1984) e sobre o ensino da disciplina de Metodologia (VV.AA., 1989). Por outro lado, nos cursos de pós-graduação em Serviço Social (cf. infra), linhas de pesquisa estão acumulando materiais que igualmente favorecem um tal programa.

elaboradas no capítulo anterior, nossa contribuição, obviamente, não poderá sequer tangenciar a gama de vetores que concorre na renovação em tela — *privilegiaremos apenas as suas dimensões macroscópicas e ideais*. Em nosso juízo, é precisamente nestas que mais flagrantemente surge a renovação do Serviço Social — nos seus avanços e limites.

2.1 A autocracia burguesa e o Serviço Social

As relações entre o movimento global do ciclo autocrático burguês e o Serviço Social não podem ser visualizadas em aspectos que, embora indicadores do caráter profundo da ditadura, são efetivamente adjetivos.[4] Antes, cabe localizá-las nas *condições novas* que, sincronizadas à dinâmica e ao significado histórico da autocracia burguesa no Brasil (cf. capítulo 1, especialmente seções 1.1, 1.2, 1.5 e 1.6), a ditadura colocou para as práticas, as modalidades de reprodução e as (auto)representações profissionais. E na confluência deste condicionalismo inédito que se pode rastrear a essencialidade daquelas relações e identificar com nitidez a sua conexão com a renovação do Serviço Social.

---

4. Pensamos, especialmente, no trato repressivo para com os profissionais, docentes e discentes mais inquietos — trato que foi da marginalização ao exílio, passando pelas fases "normais" da cadeia e da tortura, de que Marques (1985) tentou oferecer uma curiosa refiguração romanesca. Aqui, o rol dos atingidos não é desprezível, inclusive com casos paradigmáticos, como o de Vicente de Paula Faleiros, perseguido por duas ditaduras, a brasileira e a chilena. Por outra parte, a lista dos profissionais, docentes e discentes que se viram submetidos a coações mais sutis, ainda que profundamente dolorosas e constrangedoras, é longa.

Deve-se observar que este trato repressivo esteve inserido numa relação altamente *seletiva* do Estado com a categoria profissional: a ditadura promoveu amplamente os quadros que a serviam e, de fato, nada está mais longe da verdade que imaginar que os assistentes sociais protagonizaram, pelos seus segmentos mais representativos, um papel de relevo na resistência democrática; realmente, o papel oposicionista destes segmentos só começa a se evidenciar sem ambiguidades quando a crise da ditadura já era profunda e parecia irreversível, aparecendo à luz do dia com obviedade por ocasião do III Congresso Brasileiro de Assistentes Sociais (São Paulo, 1979).

Salientar o vínculo entre a autocracia burguesa e a renovação do Serviço Social não é o mesmo que sugerir que a estratégia e o sentido da ditadura jogaram, intencional e prioritariamente, na erosão e na deslegitimação das formas profissionais consagradas e vigentes à época da sua emersão e consolidação. Pelo contrário: até o final da década de 1960, e entrando pelos anos 1970 inclusive, no discurso e na ação governamentais há um claro componente de *validação e reforço* do que, noutro lugar, caracterizamos como Serviço Social "tradicional".[5] Tudo indica que este componente atendia a duas necessidades distintas: a de preservar os traços mais subalternos do exercício profissional, de forma a continuar contando com um firme estrato de executores de políticas sociais localizadas bastante dócil e, ao mesmo tempo, de contrarrestar projeções profissionais potencialmente conflituosas com os meios e os objetivos que estavam alocados às estruturas organizacional-institucionais em que se inseriam tradicionalmente os assistentes sociais.[6] Vale dizer: *um dos componentes das relações entre a autocracia burguesa e o Serviço Social operou para a manutenção, sem alterações de monta, das modalidades de intervenção e (auto)representações que matrizavam a profissão desde o início dos anos 1950.* Se se leva em conta a força da inércia no bojo da institucionalidade profissional (inércia ela mesma potenciada pelos referenciais ideais do Serviço Social "tradicional"), é possível agarrar a significância deste componente da

---

5. Para uma análise deste discurso e ação, cf. Santos (1979), Ianni (1981), Vieira (1983) e Covre (1983).

Sugerimos entender como Serviço Social *tradicional* "a prática empirista, reiterativa, paliativa e burocratizada" dos profissionais, parametrada "por uma ética liberal-burguesa" e cuja teleologia "consiste na correção — desde um ponto de vista claramente funcionalista — de resultados psicossociais considerados negativos ou indesejáveis, sobre o substrato de uma concepção (aberta ou velada) idealista e/ou mecanicista da dinâmica social, sempre pressuposta a ordenação capitalista da vida como um dado factual ineliminável" (Netto, 1981b, p. 44).

6. Não é difícil apreender a grande compatibilidade entre as respostas a estas duas necessidades: precisamente o lastro de subalternidade profissional fornecia o quadro de referências culturais e ideológicas para travar o movimento no rumo de uma contestação à nova ordem (para um levantamento geral daquele lastro. cf. Carvalho, in Iamamoto e Carvalho, 1983).

postura ditatorial — ele é um dos vetores que responde, em grande medida, pela continuidade de práticas e (auto)representações profissionais que, prolongando-se nos dias atuais, mostram-se inteiramente defasadas em face das requisições socioprofissionais postas pela dinâmica da sociedade brasileira.[7]

Entretanto, este componente, de feição obviamente conservadora, parece-nos o menos decisivo no feixe de relações de que agora nos ocupamos. Se, realmente, a autocracia burguesa investiu na reiteração de formas tradicionais da profissão, seu movimento imanente apontou, como tendência e factualidade, para uma ponderável reformulação do cenário do Serviço Social, justamente pela instauração daquelas *condições novas* a que aludimos linhas atrás. Tais condições vinculam-se sobretudo à reorganização do Estado e às modificações profundas na sociedade que se efetivaram, durante o ciclo autocrático burguês, sob o comando do grande capital. Elas ferem o Serviço Social, não exclusiva, mas especialmente, em dois níveis, imbricados porém diferenciados por especificidades: o da sua prática e o da sua formação profissionais.[8]

No que diz respeito à prática dos profissionais, o processo da "modernização conservadora" (cf. capítulo 1, seção 1.2), tomado globalmente, engendrou um mercado *nacional* de trabalho, macroscópico e consolidado, para os assistentes sociais. O desenvolvimento das forças produtivas, na moldura sociopolítica peculiar da autocracia burguesa, saturou o espaço social brasileiro com todas as

---

7. É absolutamente inconteste que esta continuidade — ou seja: a vigência do Serviço Social "tradicional" — envolve amplíssimas camadas da categoria profissional e uma parcela não desprezível das agências de formação. Mesmo que não se disponha de análises rigorosas e abrangentes sobre este aspecto, ele reponta em encontros da categoria e é detectável em investigações as mais diversas (cf. por exemplo, Serra, 1983; Souza, 1985; Weisshaupt [org.], 1985 e VV. AA., 1989).

8. Parece claro — e é supérfluo remarcá-lo — que o rebatimento destas condições novas sobre o Serviço Social, ao contrário dos efeitos daquele componente de validação do tradicionalismo que já mencionamos, não foi um elemento estratégico prioritário da intervenção ditatorial, mostrando-se antes como uma resultante objetiva dos processos econômico-sociais que deflagrou e/ou aprofundou.

refrações da "questão social" hipertrofiadas e com a sua administração crescentemente centralizada pelas políticas sociais do Estado ditatorial. De onde a generalização de *loci* na estrutura sócio-ocupacional a serem preenchidos por assistentes sociais (e não só), quer nos aparelhos burocrático-administrativos do Estado, quer no âmbito de setores diretamente geridos pelo capital.[9]

A criação de um mercado *nacional* de trabalho para os assistentes sociais tem seus mecanismos originais deflagrados em meados dos anos 1940 (quase uma década depois da fundação das primeiras escolas de Serviço Social, portanto), no bojo do processo de "desenvolvimento das grandes instituições sociais" implementadas no ocaso do Estado Novo (Carvalho, in Iamamoto e Carvalho, 1983, p. 241 ss.). Nos anos 1950 e no início dos anos 1960, esse mercado se expande,[10] e não pode haver dúvidas acerca da conexão desta

---

9. Não existem dados estatísticos confiáveis acerca das precisas dimensões desta expansão das oportunidades de trabalho para os assistentes sociais. Ainda que não se possa tomar como índice dela o número de profissionais existentes, cabe notar que o crescimento numérico da categoria profissional durante o ciclo autocrático burguês foi inquestionável, mesmo que não haja dados conclusivos sobre ele — se, em 1982, um documento menciona a existência, no país, de 28.264 assistentes sociais (CENEAS, 1982, p. 55), profissional bastante familiarizado com a categoria chega a apontar, para o ano seguinte, a cifra de 50 mil (Cornely, 1983, p. 26). A informação que parece mais realista, porém, é a recolhida, junto à presidência da *Associação Nacional de Assistentes Sociais* (ANAS), por Heckert (1988, p. 66), segundo a qual, em 1987, deveriam existir cerca de 40 mil profissionais no Brasil. Segundo o CFAS, este número, em 1988, era de 54.626 (Martinelli, 1989: 135). Para se ter uma ideia do peso da categoria no país, em comparação com o conjunto da América Latina, basta recordar que nesta, conforme dados da *Asociación Latinoamericana de Escuelas de Trabajo Social* (ALAETS), em 1988, existiam cerca de 70 mil profissionais, 3 mil professores e mais de 100 mil estudantes de Serviço Social (Lopes, 1989, p. 47).

Vale anotar que a expansão é referida apenas para o ciclo autocrático burguês; já entrados os anos 1980, a crise econômico-social legada pela ditadura parecia indicar uma saturação, ainda que conjuntural, no mercado de trabalho — cf., quanto a esta conjuntura, os depoimentos colhidos por Pinto e os dados referentes à região metropolitana de São Paulo (Pinto, 1986: 110-111, 117).

10. "No fim da década de 1940 e especialmente na década seguinte, abre-se um novo e amplo campo para os assistentes sociais [...]. O Serviço Social se interioriza, acompanhando o caminho das grandes instituições, a modernização das administrações municipais e o surgimento de novos programas voltados para as populações rurais. Ao mesmo tempo, nas instituições assistenciais — médicas, educacionais etc. — o Serviço Social paulatinamente

expansão com o andamento da já vista *industrialização pesada.* Trata-se, porém, de um mercado de trabalho emergente e ainda em processo de consolidação — só residualmente estendendo-se por todo o território nacional e com relações trabalhistas carentes de uma institucionalização plena (exceto no âmbito estrito das organizações governamentais).[11]

É esse mercado de trabalho que o desenvolvimento capitalista operado sob o comando do grande capital e do Estado autocrático burguês a ele funcional redimensiona e consolida nacionalmente. A reorganização do Estado, "racionalizado" para gerenciar o processo de desenvolvimento em proveito dos monopólios, reequaciona inteira e profundamente não só o *sentido* das políticas setoriais (então voltadas prioritariamente para favorecer o grande capital), mas especialmente toda a *malha organizacional* encarregada de planejá-las e executá-las.[12] O tradicional grande empregador dos assistentes sociais reformula substantivamente, a partir de 1966-1967, as estruturas onde se inseriam aqueles profissionais — na abertura de uma série de reformas que, atingindo primeiramente o sistema previdenciário,[13] haveria de alterar de cima a baixo o conjunto de instituições

---

logra maior sistematização técnica e teórica de suas funções, alcançando definir áreas preferenciais de atuação técnica" (Carvalho, in Iamamoto e Carvalho, 1983, p. 350).

Paralela a este desenvolvimento, corre a caução legal da profissão: a Lei n. 1.889, de 13 de junho de 1953, normaliza o ensino do Serviço Social e é regulamentada pelo Decreto n. 35.311, de 8 de abril de 1954; a Lei n. 3.252, de 27 de agosto de 1957, dispõe sobre o exercício profissional e é regulamentada pelo decreto 994, de 15 de maio de 1962 (a íntegra desses diplomas legais encontra-se em Vieira, 1985, p. 214 ss.).

11. Ainda em meados da década de 1980, escrevia um profissional: "a depreciação dos salários tornou-se característica da oferta de empregos porque o assistente social não tem sequer um piso salarial estabelecido pela categoria ou por seus órgãos de representação. [...] O salário mínimo profissional foi, inclusive, tema dos debates do último Congresso Brasileiro de Assistentes Sociais, em outubro de 1982, ocorrido no Rio de Janeiro" (Pinto, 1986: 106); cf. também CENEAS (1982).

12. Estudo de consulta obrigatória para desvendar este processo, ainda que incidente sobre organizações/instituições determinadas, é o já citado de Martins (1985).

13. Parece-nos fundamental, para um tratamento exaustivo deste instante crucial das conexões entre a ditadura e a profissão, uma análise em profundidade do processo de unificação das instituições previdenciárias, com a criação do *Instituto Nacional de Previdência Social*

e aparatos governamentais através dos quais se interfere na "questão social".[14] Esta reformulação foi tanto *organizacional* quanto *funcional:* não implicou só uma complexificação (a que correspondeu uma vaga de burocratização) dos aparatos em que se inseriam os profissionais; acarretou, igualmente, uma diferenciação e uma especialização das próprias atividades dos assistentes sociais, decorrentes quer do elenco mais amplo das políticas sociais, quer das próprias sequelas do "modelo econômico" (cf. capítulo 1, seção 1.2).[15] Promovida aquela reformulação em escala nacional e sob a ótica centralizadora do "Estado de Segurança Nacional", ela atravessou de ponta a ponta o mercado "estatal" de trabalho dos assistentes sociais: a sua nova inserção nos chamados serviços públicos[16] viu-se universalizada no espaço nacional[17] — aqui, a reformulação organizacional e funcional supôs também uma *extensão quantitativa* da demanda dos quadros técnicos de Serviço Social.

A consolidação do mercado *nacional* de trabalho para os assistentes sociais, como variável das modificações ocorridas durante o ciclo autocrático burguês, não derivou apenas da reorganização do Estado — que, ao que tudo indica, permaneceu e mantém-se ainda hoje o principal empregador desses profissionais. O mercado nacio-

---

(INPS). Fonte importante para este tratamento observa que o instrumento legal que o instaurou "é considerado, ainda hoje, pelos tecnocratas, como a maior reforma da América Latina na administração pública" (Simões, 1986, p. 52).

14. O coroamento desta alteração inclusiva realizar-se-á plenamente quando o regime autocrático burguês assumir a forma do militar-fascismo. Para referências deste processo ao longo do ciclo ditatorial, incidentes sobretudo na política previdenciária e trabalhista e sobre a questão da saúde, cf. Ferrante (1978), Luz (1979), Simões (1986) e Moreira Alves (1987).

15. Tais diferenciação e especialização tanto se deram no interior das próprias agências estatais (pense-se, por exemplo, nos serviços de "reabilitação" de acidentados no trabalho, no bojo da previdência, diretamente relacionados ao nível de superexploração da força de trabalho) quanto rebateram no seu exterior (pense-se, por exemplo, na intervenção dos profissionais junto a populações envolvidas com as políticas habitacionais da ditadura; cf., a respeito, Abramides et al. [orgs.], 1984).

16. E não só no âmbito das instituições federais, mas também estaduais e municipais (mesmo que em escala mais reduzida, em se tratando destas últimas).

17. Esta *universalização*, promovida rapidamente (entre 1966-1967 e 1970-1971), distingue claramente este estágio do desenvolvimento do mercado *nacional* de trabalho dos anteriores.

DITADURA E SERVIÇO SOCIAL 161

nal configurado já nos finais dos anos sessenta é dinamizado por outro polo, que não diretamente o Estado: trata-se das médias e grandes empresas (nomeadamente as grandes empresas monopolistas e as empresas estatais). Até meados da década de 1960, o mercado para os assistentes sociais, nesta área, era verdadeiramente residual e atípico[18] (complementado efetivamente, no setor privado, pelas "obras sociais" filantrópicas que, embora girando na órbita estatal, não estavam ligadas diretamente às agências oficiais). Ora, o crescimento industrial que se opera, especialmente nos anos do "milagre", torna este segmento do mercado de trabalho algo extremamente expressivo — é a partir de então que, entre nós, pode-se falar propriamente de um Serviço Social de empresa (ou do trabalho, conforme a ótica do analista).[19] Cabe salientar que o espaço empresarial não se abre ao Serviço Social apenas em razão do crescimento industrial, mas determinado também pelo pano de fundo sociopolítico em que ele ocorre e que instaura necessidades peculiares de vigilância e controle da força de trabalho no território da produção.[20]

Com este duplo movimento (mais exatamente: com estes dois movimentos de um mesmo processo) — de uma parte, as modificações no âmbito do Estado; de outra, a sólida inserção do assistente social no mundo empresarial[21] — concorreu a demanda posta por organizações desvinculadas dos polos estatal e privado-empresarial. Os fenômenos de pauperização relativa (e, nalguns casos, absoluta) de amplos setores da população, as sequelas do desenvolvimento

---

18. "As empresas não são consideradas tradicionais empregadores de assistentes sociais. [...] Embora seja conhecida a existência de experiências esparsas a partir dos anos 1940, tanto no Sul como no Nordeste, é notório que a inclusão do Serviço Social na empresa se deve a conjunturas específicas, marcadamente a partir de 1960" (Mota, 1985, p. 41).

19. Em artigo de 1987, um especialista esclarece que, "no Brasil, atualmente, as empresas (públicas e privadas) são o terceiro maior empregador de assistentes sociais" (Mota, 1987: 139).

20. Sobre estas condições — que envolvem não somente o Serviço Social, mas o conjunto de profissões que se encarregam das "relações humanas" —, cf. especialmente Frederico (1978, 1979).

21. Observe-se que esta inserção compreende tanto as empresas industriais (inclusive agroindustriais, nomeadamente a canavieira, sob estímulos do *Pro-Álcool*) quanto empresas do setor de serviços (transportes, finanças e crédito).

orientado para privilegiar o grande capital, os processos de migração que inflaram as regiões urbanas etc. — enfim, o quadro próprio do "modelo econômico" da ditadura — compeliram organizações de filantropia privada a requisitar, como antes não o faziam, o concurso de profissionais.[22] Ainda que este vetor não tenha, em nenhuma medida, a mesma ponderação dos anteriores, não se trata de um componente desprezível na consolidação do mercado nacional de trabalho para os assistentes sociais.

Este mercado colocou para o Serviço Social, dada a sua contextualidade sociopolítica, um *novo padrão de exigências* para o seu desempenho profissional — quer nas agências estatais, quer nos espaços privados recém-abertos. Ainda que não nos pareça correto mencionar a emersão de uma nova modalidade de inserção dos assistentes sociais nas estruturas organizacionais, o fato expressivo deste processo de configuração/consolidação do mercado nacional de trabalho, concretizado em menos de uma década, é que suas resultantes estão longe de se reduzir a uma oferta de empregos antes ignorada ou à sua extensão a todo o território do país. Mesmo que o conteúdo geral das práticas profissionais não tenha sido deslocado da execução terminal de políticas sociais setoriais, o enquadramento de assistentes sociais em estruturas organizacionais mais complexas e com interconexões múltiplas e polifacetadas, no marco da burocratização própria a elas, alterou em escala significativa o relacionamento dos profissionais com as instâncias hierárquicas a que se prendiam, com as fontes dos seus recursos, com os outros profissionais com que concorriam e com os seus utentes ("clientela"). A racionalidade burocrático-administrativa com que a "modernização conservadora" rebateu nos espaços institucionais do exercício profissional passou a requisitar do assistente social uma postura ela mesma "moderna", no sentido da compatibilização do seu desempenho com as normas, fluxos, rotinas e finalidades dimanantes daquela racionalidade. A prática dos profissionais teve de revestir-se

---

22. Pense-se, por exemplo, em organismos ligados e/ou patrocinados pelas Igrejas, especialmente a católica.

de características — formais e processuais — capazes de possibilitar, de uma parte, o seu controle e a sua verificação segundo critérios burocrático-administrativos das instâncias hierárquicas e, doutra, a sua crescente intersecção com outros profissionais. Num plano geral, ela foi compelida a integrar o conjunto de procedimentos administrativos "modernos"; particularmente, ela foi atravessada por uma requisição de organicidade e transparência, de maneira a ser incorporada no sistema de práticas compreendido pela moldura organizacional. O *efeito global* dessas exigências engendrou precisamente um vetor de erosão do Serviço Social "tradicional": implicou um dimensionamento técnico-racional — quer no nível de *legitimação* das práticas, quer no nível da sua *condução* — que derruía os comportamentos profissionais impressionistas, fundados consequentemente em supostos humanistas abstratos e posturas avessas ou alheias às lógicas da programação organizacional. Sinteticamente, o fato central é que, no curso deste processo, mudou o *perfil* do profissional demandado pelo mercado de trabalho que as condições novas postas pelo quadro macroscópico da autocracia burguesa faziam emergir: exige-se um assistente social ele mesmo "moderno" — com um desempenho onde traços "tradicionais" são deslocados e substituídos por procedimentos "racionais".

Está claro que produzir este profissional "moderno" implicava uma profunda rotação nos mecanismos vigentes da *formação* dos assistentes sociais — e dela encarregou-se a política educacional da ditadura (cf. capítulo 1, seção 1.5). Com efeito, as referidas condições novas reclamavam um inteira refuncionalização das agências de formação dos assistentes sociais, apta a romper de vez com o confessionalismo, o paroquialismo e o provincianismo que historicamente vincaram o surgimento e o evolver imediato do ensino do Serviço Social no Brasil[23] — além, naturalmente, da expansão quantitativa das próprias agências.

---

23. Estes traços estão evidenciados em todas as análises sérias da formação profissional no Brasil. A fonte mais abrangente, aqui, continua sendo a pesquisa de Carvalho (in Iamamoto e Carvalho, 1983).

Tais refuncionalização e expansão (na verdade, os dois processos são indissociáveis, no caso do Serviço Social) foram alcançadas praticamente no mesmo lapso em que se consolidou o mercado nacional de trabalho. Em pouco mais de uma dezena de anos, o sistema de ensino superior (público e privado) passou a oferecer, em todo o país, cursos de Serviço Social numa escala impensável uma década antes — se, em 1960, havia 1.289 estudantes de Serviço Social, em 1971 o seu número chegava a 6.352.[24]

Neste processo — efetivado em circunstâncias que, como veremos, abrigavam implicações que, no seu andamento, acarretariam consequências de monta no relacionamento entre segmentos da categoria profissional e entre esta e o projeto autocrático burguês — há particularidades dignas de nota. Em nosso entender, todas elas derivam do fato de este processo ter significado, realmente, a *inserção do ensino de Serviço Social no âmbito universitário*. Diferentemente de outras profissões de nível superior, que padeceram a refuncionali-

---

24. Os 28 cursos existentes em 1959 (quatro na cidade do Rio de Janeiro, dois na cidade de São Paulo, um em Campinas, Lins, Campina Grande e Juiz de Fora e um em cada capital dos estados existentes à época, exceto Teresina e Cuiabá) passaram a 57 em 1976 (23 públicos e 34 privados) e 61 em 1982 (26 públicos e 35 privados); os dados mais recentes, de 1988, apontam a existência de 66 cursos (26 públicos e 40 privados); quanto a estes dados, cf. Pinto (1986) e VV.AA. (1989). Vale observar que, em 1988, o Brasil reunia mais de 20% do total das escolas superiores de Serviço Social então existentes na América Latina, que ascendia a 307 unidades universitárias (Lopes, 1989, p. 47).

Cabe assinalar ainda que, antes dos anos 1970, inexistiam cursos de pós-graduação em Serviço Social — e, ao fim do ciclo ditatorial, eles já totalizam 6 programas *stricto sensu* (dos quais 3 em instituições públicas: nas universidades federais da Paraíba, Pernambuco e Rio de Janeiro), sendo que apenas 1 oferece o doutoramento (o da Pontifícia Universidade Católica de São Paulo; os outros 2 programas privados são os das universidades católicas do Rio de Janeiro e Rio Grande do Sul). À mesma época, nos outros países latino-americanos, só existiam 4 programas de pós-graduação, todos em nível de mestrado.

Vale indicar aqui que a política expansionista da ditadura para o ensino superior incidiu sobre o Serviço Social de maneira peculiar — ainda que o resultado final tenha sido similar ao constatado em outras áreas, com o favorecimento da chamada iniciativa privada (cf. capítulo 1, seção 1.5). No caso do Serviço Social, este resultado foi produto de um duplo movimento: inicialmente, verificou-se a *integração*, na rede superior pública, de escolas privadas; só em seguida é que se registrou a *proliferação* de unidades na rede superior privada — o que, por si só, dá uma medida de como a privatização se implantou nesta área que, na caracterização já vista de Freitag, aparece como um "curso fácil" para os interesses do capital.

DITADURA E SERVIÇO SOCIAL 165

zação da sua formação pela ditadura já com um lastro acadêmico, o Serviço Social ingressa no circuito da universidade justamente no lapso de vigência da autocracia burguesa. Com efeito, data daí a inscrição do Serviço Social no espaço universitário. Não se trata de um evento formal ou de cariz jurídico:[25] trata-se, ao contrário, da efetiva incorporação da formação profissional pela universidade, introduzindo os cursos na malha de relações própria à academia e subvertendo amplamente as condições de ensino. As escolas isoladas, mantidas destacadamente por organizações confessionais ou leigas,[26] com parcos recursos materiais e humanos, funcionando à base do esforço e da dedicação de profissionais e docentes que exerciam o magistério impulsionados, sobretudo, por valores morais, contando com alunos em número reduzido, relacionando-se com outras escolas e cursos superiores especialmente através de mecanismos e condutos informais — estas pequenas agências de formação convertem-se, em pouco tempo, em unidades de complexos universitários.[27] Não é difícil imaginar o impacto que esta inserção no âmbito acadêmico causou sobre o ensino de Serviço Social: em um breve lapso de tempo, a formação profissional viu-se penetrada pelas exigências e condicionalismos decorrentes quer da refuncionalização global da universidade pelo regime autocrático burguês, quer da sua própria virgindade acadêmica; se se conectam umas e outros, compreende-se por que esta formação mostrou-se tão vulnerável aos constrangimentos gerais do ciclo ditatorial.

No plano específico do perfil da formação profissional, o impacto operado pelo ingresso na universidade foi multifacetado e contra-

---

25. Já vimos que o reconhecimento do estatuto superior e acadêmico da profissão vem de princípios da década de 1950 (cf. nota 10).

26. Objeto digno de pesquisa aprofundada é o papel desempenhado na difusão do ensino de Serviço Social, no Brasil, por determinadas ordens religiosas (pense-se, por exemplo, no trabalho das freiras vinculadas à *Congregação das Missionárias de Jesus Crucificado*).

27. Esta observação (e suas decorrências) vale inteiramente para escolas/cursos que foram incorporados pela rede pública, mas só parcialmente para os da rede privada. Pesquisa realizada em 1988 revela que, dos 40 cursos oferecidos pela rede privada, 27 eram-no por unidades isoladas. Para detalhes sobre esta diferenciação, cf. VV. AA. (1989).

ditório. De um lado, propiciou institucionalmente a interação das preocupações técnico-profissionais com as disciplinas vinculadas às ciências sociais;[28] é então que a formação recebe de fato o influxo da sociologia, da psicologia social e da antropologia. É absolutamente inegável o aspecto positivo daí decorrente — principalmente se se leva em conta o fato, consensualmente reconhecido, da ausência de fortes tradições intelectuais e de investigação na formação profissional. Simultaneamente, contudo, dada esta mesma característica, registrou-se o largo flanco aberto na formação aos traços mais deletérios deste influxo — residentes no viés tecnocrático e asséptico das disciplinas sociais possíveis na universidade da ditadura. O conjunto de sequelas que o ciclo ditatorial imprimiu ao quadro educacional e cultural do país, que já analisamos (cf. capítulo 1, seções 1.5 e 1.6), rebateu com imensa força sobre a formação dos assistentes sociais. De outro lado, o recrutamento do novo pessoal docente — tornado compulsório pela expansão dos cursos — também revelou-se contraditório: recolhendo os quadros encarregados de reproduzir a profissão especialmente entre profissionais jovens, operou diversamente — agregou elementos que vinham da formação em momentos imediatamente anteriores ou posteriores à implantação da ditadura ou que se formaram já sob o militar-fascismo; igualmente enquadrados na universidade do autocratismo burguês, estes componentes da docência se desenvolveram desigualmente mas, pela sua permanência nos marcos acadêmicos, com possibilidades de dedicação e envolvimento intelectuais inexistentes para os docentes de períodos anteriores, puderam acumular reservas de forças e engendrar, no âmbito do Serviço Social, uma massa crítica também inexistente antes. Quando se superam as constrições ditatoriais, o acúmulo realizado por este componente profissional vem à tona com significativa ponderação.

Estas sumárias indicações delineiam o giro que então sofre a formação profissional do assistente social (giro que, naturalmente,

---

28. Esta interação começa a esboçar-se na passagem dos anos 1950 aos 1960; entretanto, ela só se concretiza no interior do processo que estamos sinalizando aqui.

não se esgota no que levantamos aqui).[29] Ele imbrica a formação com as demandas do mercado nacional de trabalho constituído e consolidado no processo da autocracia burguesa: passa a oferecer àquele um profissional "moderno", cuja legitimação advém menos de uma (auto)representação humanista abstrata que de uma fundamentação teórico-técnica do seu exercício como assistente social. A "modernização conservadora" revela-se inteiramente neste domínio: redefine-se a base da legitimidade profissional ao se redefinirem as exigências do mercado de trabalho e o quadro da formação para ele.

É neste contexto que se desenvolve a renovação do Serviço Social: ele fornece as balizas histórico-sociais e ideoculturais no interior das quais a profissão experimentará as maiores rotações desde que surgiu no país. As relações assinaladas com a autocracia burguesa, no entanto, não qualificam nem particularizam o processo que nos interessa circunscrever; apenas sinalizam os seus condicionantes mais genéricos. Portanto, é preciso, a partir daquelas balizas, elaborar mais detidamente tal renovação.

2.2 O processo de renovação do Serviço Social

A apreciação do processo do Serviço Social no marco da autocracia burguesa indica que os movimentos da dinâmica profissional fizeram mais que responder funcionalmente às demandas e aos

---

29. Não nos interessa mais que remarcar os passos de maior relevo neste processo complicado e pluricausal. Um outro elemento que nele comparece, a nosso ver com gravitação ponderável, é a própria *mudança do público que ingressa nos cursos de Serviço Social* (para dilucidá-la minimamente, é preciso considerar as alterações na estrutura de classes da sociedade brasileira na transição dos anos 1960 aos 1970 e sua relação com os mecanismos de mobilidade social vertical ascendente via educação superior, cf. capítulo 1, seções 1.2 e 1.5). Ainda que sem comprovação em pesquisa empírica, quer-nos parecer (pela nossa observação direta e sistemática e por indicações de profissionais inseridos na luta pela organização da categoria, como Delgado, 1981) que o público preferencial de toda a década de 1970 em diante provém menos das classes e camadas "tradicionais" que de estratos mais "modernos" (as novas camadas médias urbanas).

condicionalismos que aquela lhe colocava. O ocaso da autocracia e a sua ultrapassagem revelaram que, sob ela, o Serviço Social desenvolveu potencialidades sem as quais não apresentaria as características com que veio atravessando a década de 1950. Efetivamente, a compreensão do evolver profissional sob o regime autocrático burguês, se não pode ser enviesada pelo anacronismo que consiste em pensá-lo a partir das realidades atuais, ganha uma nova luz se se consideram as virtualidades que explicitou quando da superação da ditadura. Também aqui, um estágio de desenvolvimento mais alto contribui para esclarecer aquele que se mostra menos complexo.

Panoramicamente, o Serviço Social com que se depara o observador contemporâneo configura-se como um caleidoscópio de propostas teórico-metodológicas, com marcadas fraturas ideológicas, projetos profissionais em confronto, concepções interventivas diversas, práticas múltiplas, proposições de formação alternativas — sobre o patamar de uma categoria profissional com formas de organização antes desconhecidas[30] e o pano de fundo de uma discussão teórica e ideológica ponderável também inédita.[31] Trata-se de um cenário, em primeiro lugar, completamente distinto daquele em que se moveu a profissão até meados dos anos 1960. Sem entrar na complexa causalidade que subjazia ao quadro anterior da profissão, é incontestе que o Serviço Social no Brasil, até a primeira metade da década de 1960, não apresentava polêmicas de relevo,

---

30. Já na segunda metade dos anos 1970, em visível relação com a consolidação do mercado nacional de trabalho e a cristalização da condição *assalariada* do profissional, emergem formas de organização da categoria que transcendem os moldes legal-tradicionais (o *Conselho Federal de Assistentes Sociais*/CFAS e seus *Conselhos Regionais/CRAS*) — formas cada vez mais próximas dos instrumentos sindicais de representação e luta (cf. Rodríguez e Tesch, 1978). Nos anos 1980, tais formas se concretizam na revitalização de inúmeros sindicatos, na criação de outros e na *Associação Nacional de Assistentes Sociais* (ANAS), de 1983, que vem no desdobramento da *Comissão Executiva Nacional das Entidades Sindicais de Assistentes Sociais* (CENEAS), articulada em 1979.

31. De que é um índice a quase profusão — em comparação com o que se passava até a década de 1960 — de materiais acerca da profissão: livros, artigos, teses etc. Um dos traços do Serviço Social no Brasil, até os anos 1960, era a carência de uma *literatura própria* — hoje, este é um fato do passado.

mostrava uma relativa homogeneidade nas suas projeções interventivas, sugeria uma grande unidade nas suas propostas profissionais, sinalizava uma formal assepsia de participação político-partidária, carecia de uma elaboração teórica significativa e plasmava-se numa categoria profissional onde parecia imperar, sem disputas de vulto, uma consensual direção interventiva e cívica.[32] A ruptura com este cenário tem suas bases na *laicização* do Serviço Social, que as condições novas postas à formação e ao exercício profissionais pela autocracia burguesa conduziram ao ponto culminante; são constitutivas desta laicização a *diferenciação* da categoria profissional em todos os seus níveis e a consequente *disputa pela hegemonia* do processo profissional em todas as suas instâncias (projeto de formação, paradigmas de intervenção, órgãos de representação etc.). Destaquemos, imediatamente, este ponto: tal laicização, com tudo o que implicou e implica, é *um dos elementos caracterizadores da renovação do Serviço Social sob a autocracia burguesa*. Se é verdade que ela vinha se operando desde os finais da década de 1950, a sua culminação está longe de resultar de um acúmulo "natural" — foi precipitada decisivamente pelo desenvolvimento das relações capitalistas durante a "modernização conservadora" e só é apreensível levando-se em conta as suas incidências no mercado nacional de trabalho e nas agências de formação profissional.

Em segundo lugar — e há que sublinhar este aspecto —, trata-se de um cenário que vai além das requisições da autocracia burguesa ao Serviço Social: nele não comparecem somente traços de funcionalidade e congruência com o regime autocrático burguês e suas demandas específicas, mas também núcleos e vetores que segregavam elementos de oposição e contestação. O caráter contraditório dos fenômenos e processos sócio-históricos surge aqui em toda a sua

---

32. Nem de longe estamos insinuando a *ausência* de conflitos e tensões no Serviço Social no Brasil até a abertura dos anos 1960 — há indícios de conjunturas tensas e de colisões no evolver profissional até aquela época. Todavia, é inegável que os eventuais confrontos encontraram soluções "diplomáticas", escaparam a ressonâncias públicas e não assinalaram sensíveis traumatismos no âmbito profissional.

efetividade: ao refuncionalizar a contextualidade da prática profissional e redimensionar as condições da formação dos quadros por ela responsáveis, o regime autocrático burguês deflagrou tendências que continham forças capazes de apontar para o cancelamento da sua legitimação. Em poucas palavras, isto equivale a afirmar que, *instaurando condições para uma renovação do Serviço Social de acordo com as suas necessidades e interesses, a autocracia burguesa criou simultaneamente um espaço onde se inscrevia a possibilidade de se gestarem alternativas às práticas e às concepções profissionais que ela demandava.*

Verifiquemos, à guisa de simples ilustração, um dos desenvolvimentos desta contraditoriedade. É elemento constitutivo da renovação do Serviço Social a emergência, notadamente a partir de meados da década de 1970, de elaborações teóricas referidas à profissão e de um significativo debate teórico-metodológico. Este elemento está *diretamente vinculado* à inserção profissional no circuito universitário: a pesquisa e a investigação que subjazem àquele debate seriam impensáveis sem as condições próprias do trabalho acadêmico. Mesmo que aquela inserção tenha se realizado no âmbito de uma universidade domesticada, suas resultantes conformaram espaços de reflexão que foram ocupados e utilizados para gestar uma massa crítica (cuja qualidade e pertinência não podem deixar de ser problematizadas) que forneceu o patamar para o erguimento de estritas preocupações intelectuais para os assistentes sociais: pela primeira vez, *institucionalmente*, criavam-se condições para o surgimento de um *padrão acadêmico* (ainda que o possível na universidade da ditadura) para exercitar a elaboração profissional, constituindo-se vanguardas sem o compromisso imediato com tarefas pragmáticas. Está claro que a estratégia autocrático-burguesa se desdobrava para a produção de profissionais aptos para atender às suas demandas "modernizadoras" e, para tanto, jogava com as suas políticas educacional e cultural; é indiscutível que este escopo foi atingido — porém, ao mesmo tempo, engendraram-se circunstâncias que permitiram a incorporação e o posterior desenvolvimento, especialmente pelos quadros docentes marcados pelas lutas sociais e

DITADURA E SERVIÇO SOCIAL

estudantis da década anterior, de influxos teórico-metodológicos e crítico-analíticos que questionavam as bases mesmas da autocracia burguesa.[33] Destarte, a estratégia autocrático-burguesa, para atender a algumas de suas necessidades, instaurou, *malgré tout*, uma ambiência que se revelou favorável também para segmentos que com ela não se solidarizavam; no empenho para produzir profissionais adequados ao seu projeto societário, acabou por colocar condições que possibilitaram um acúmulo apto a ser direcionado diversamente.

Efeitos similares ocorreram noutros níveis — inclusive e destacadamente naqueles que diziam respeito às dimensões prático-operativas da profissão.[34] Todos eles concorrem para solidificar a ideia de que a renovação do Serviço Social sob a autocracia burguesa, tomada globalmente, desenhou um feixe de alternativas que desbordavam amplamente as projeções ditatoriais.

2.2.1 Traços do processo de renovação do Serviço Social

Com estas duas observações elementares acerca do cenário diferente do Serviço Social, antes e depois da vigência da autocracia burguesa, podemos clarificar minimamente o que consideramos

---

33. Já mencionamos que, dada a expansão das agências de formação, o recrutamento do pessoal docente adquiriu na renovação do Serviço Social uma gravitação especial. Na primeira metade dos anos 1970, surge um estrato de professores cuja história de vida estava profundamente vincada pelo clima intelectual e político de polêmica e contestação que vigiu até 1968-1969. Enquadrado na universidade da ditadura, este segmento participou da resistência possível e não raro vinculou-se ao "marxismo acadêmico" anteriormente referido (cf. capítulo 1, seção 1.7); boa parte das polêmicas profissionais mais vivas que se registram, já a partir do ocaso da ditadura, tem nestes remanescentes do pré-68 seus protagonistas ativos.

34. Pense-se, por exemplo, no papel que acabou por ter a execução de determinadas políticas sociais que alocavam profissionais junto a grupos organizados da população ou a própria inserção do profissional no território da produção. As mobilizações daqueles e os conflitos no interior deste foram capazes de provocar em segmentos significativos da categoria profissional deslocamentos político-ideológicos (facilitados parcialmente pelas constrições vividas pelos próprios assistentes sociais) que tiveram implicações técnico-profissionais.

como o processo de renovação profissional — que, obviamente, não nos parece um simples e "natural" desenvolvimento das tendências e possibilidades existentes no interior do Serviço Social no pré-1964.[35]

Entendemos por renovação o conjunto de características novas que, no marco das constrições da autocracia burguesa, o Serviço Social articulou, à base do rearranjo de suas tradições e da assunção do contributo de tendências do pensamento social contemporâneo, procurando investir-se como instituição de natureza profissional dotada de legitimação prática, através de respostas a demandas sociais e da sua sistematização, e de validação teórica, mediante a remissão às teorias e disciplinas sociais.

Trata-se, como se infere, de um processo global, que envolve a profissão como um todo — as modalidades da sua concretização, em decorrência da laicização mencionada, configuram, todavia, *perspectivas diversificadas*: a renovação implica a construção de um *pluralismo profissional*, radicado nos procedimentos diferentes que embasam a legitimação prática e a validação teórica, bem como nas matrizes teóricas a que elas se prendem.[36] Este pluralismo, contudo, não esbate o cariz comum às suas vertentes, inédito em face da evolução profissional anterior: nesta, o fundamento da instituição profissional era frequentemente deslocado para bases ético-morais, a legitimação prática fluía da intencionalidade do agente, e a validação teórica não possuía relevo ou não se registrava a simultaneidade destas duas dimensões.[37] É próprio do processo de renovação a *coexistência* de legitimação prática e de validação teórica quando a profissão busca definir-se como instituição. Nesta ótica, a renovação do Serviço Social aparece, sob todos os aspectos, como um *avanço*:

---

35. Como veremos adiante, a renovação deu continuidade a algumas destas tendências — mas as repôs sobre patamares distintos em função das condições colocadas pela autocracia burguesa.

36. A *diversidade* característica do processo de renovação será tematizada adiante.

37. O exame da literatura profissional produzida no Brasil, aliás diminuta, até os primeiros anos da década de 1960 dá amplo suporte a estas afirmações. Igualmente, a análise da formação e de alguns eventos profissionais (por exemplo, os congressos de 1947 e 1961) vai na mesma direção.

DITADURA E SERVIÇO SOCIAL   173

mesmo nas vertentes em que as concepções herdadas do passado não são medularmente postas em causa, registra-se uma articulação que lhes confere uma arquitetura que procura oferecer mais consistência à ordenação dos seus componentes internos.

Interessa-nos aqui, como já indicamos, a tematização especial da renovação no plano das suas elaborações ideais, destacadamente o esforço realizado para a validação teórica. Este alvo não nos é prioritário por razões aleatórias: de uma parte, é nele que avulta, mais que em qualquer outro nível da profissão, o processo renovador; de outra, pela sua própria natureza (tendencialmente) sistemática, é nas suas fronteiras que se pode capturar, com mais nitidez, a reposição de históricas tensões imanentes ao Serviço Social, postas desde a sua constituição particular como profissão. Este último aspecto será tematizado adiante; quanto ao primeiro, vale acentuar que ele é o índice mais expressivo da renovação do Serviço Social no Brasil.

Respondendo pelo debate teórico-metodológico a que aludimos há pouco e, também como vimos, conectado à inserção da formação no âmbito acadêmico, o esforço pela validação teórica da profissão (independentemente da avaliação que se possa fazer sobre a sua congruência e articulação interna) tem a ele contabilizado um *dado novo* na história do Serviço Social no Brasil: a perspectiva que abriu para a conquista de um espaço na interlocução com os problemas e as disciplinas das ciências sociais.[38] Na escala em que incorporaram ao debate profissional as polêmicas e confrontos contemporâneos

---

38. Está claro que, entre os anos 1940 e 1960, no campo profissional, destacaram-se inúmeros assistentes sociais que, mercê do seu trabalho enquanto tais, alcançaram um reconhecimento público (entre a categoria profissional, entre autoridades e políticos e entre segmentos e instituições da sociedade civil) da sua competência. Entretanto, salvo grave erro de avaliação nosso, não há casos, entre estes companheiros, de reconhecimento público de personalidades com relevo intelectual enquanto teóricos e/ou críticos em face de produção de conhecimentos. Tais figuras de destaque eram credibilizadas nomeadamente como executores/interventores prático-sociais eficientes — de onde a sua marginalidade e lateralidade na chamada "comunidade científica". E não é relevante, para a nossa argumentação, o fato de este espaço novo de interlocução ser ocupado também por assistentes sociais com uma antiga tradição de intervenção na profissão.

das ciências sociais, profissionais do Serviço Social não só o abriram aos influxos da modernidade, mas, nesta operação, vêm se credibilizando como interlocutores junto às tradicionais fontes fornecedoras de insumos teóricos à profissão, inserindo-se nas suas discussões não apenas como receptores ("consumidores"). Se a elaboração emergente neste tipo novo de relacionamento contém problemas e ambiguidades, uma coisa é certa: ela contribui para oferecer, no plano intelectual, um contrapeso à subalternidade profissional que historicamente envolveu o Serviço Social. Começou a mudar, de fato, a posição do Serviço Social em face das ciências sociais: a condição de vazadouro das suas produções tende a ser deslocada por uma postura de crítica dos seus fundamentos, o que implica o seu conhecimento específico.[39]

No entanto, as consequências do esforço pela validação teórica estão longe de se exaurir no padrão novo de relações que tende a se estabelecer entre assistentes sociais e outros protagonistas profissionais e/ou das áreas de saber conexas. Elas incidem sobre dois traços também constitutivos do processo de renovação: o grau de abrangência das discussões teóricas e as formas organizativas de que elas passam a valer-se. O grau de abrangência que comparece no empenho de validação teórica do Serviço Social apresenta uma complexidade desconhecida anteriormente, trate-se quer do universo temático que envolve, quer das referências culturais de que se socorre. De um lado, procura-se dar fundamento sistemático a todos os componentes do processo profissional e a um arco de intervenientes cada vez maior — das análises e diagnoses, passando pelos passos interventivos, às variáveis sociais que interferem na ação profissional. De outro, recorre-se a um diversificado elenco de fontes teóricas e ideoculturais para operar aquela fundamentação.[40] Vale dizer: a validação teórica da profissão adquire a dimensão

---

39. Para alguns segmentos tradicionalistas da profissão, o movimento aí contido foi percepcionado como uma "desprofissionalização" do assistente social.

40. É esta conjunção que distingue elementarmente este esforço de validação teórica de toda a assim chamada teorização levada a cabo até os anos 1960. Não vale recorrer somente

DITADURA E SERVIÇO SOCIAL

de uma reflexão inscrita num marco que desborda o corporativismo e o exclusivismo, circunscrevendo um terreno de preocupações que incorpora impostações investigativas diversas para questionar o conjunto de supostos e procedimentos profissionais. De onde, nesta abrangência, duas características: a referência a um repertório de problemas e a um arsenal heurístico progressivamente mais amplos e uma recepção crescente a núcleos temáticos do processo cultural contemporâneo da sociedade brasileira. Em suma, o movimento configurado nesta abrangência franqueia o Serviço Social às incidências *atuais* do "mundo do trabalho" e do "mundo da cultura"[41] e confere às suas elaborações um relevo estritamente intelectual.[42] Não é um puro acaso, portanto, que um dos traços mais salientes dessas elaborações seja a *ênfase na análise crítica do próprio Serviço Social:* a profissão mesma se põe como objeto de pesquisa, num andamento antes desconhecido — é só no marco desta abrangência que o Serviço Social explicitamente se questiona e se investiga como tal.[43]

Esta substancial alteração da discussão teórica da profissão encontra paralelo nos foros organizados da categoria onde rebate e nos quais tem um palco privilegiado. As antigas entidades, que tradicionalmente eram os polos dinamizadores das discussões,

---

à diferença entre a complexidade cultural pré e pós-1964 para reduzir o alcance da renovação aqui pontuado: afinal, desde os anos 1940 já existia uma diferenciação de matrizes teórico-metodológicas sobre o ser social na cultura brasileira, e a esta diferenciação foi *impermeável* aquela teorização.

41. Este *aggiornamento* é de uma verificabilidade quase imediata e pode ser ilustrado de um modo talvez contundente comparando-se textos exemplares da bibliografia profissional produzidos antes dele e no seu interior — e, naturalmente, a sua causalidade está menos no talento/capacidade de seus autores do que na sua contextualidade histórico-social.

42. Este relevo tem reconhecimento institucional: credibilizando-se como interlocutor das ciências sociais e desenvolvendo-se no plano da pesquisa e da investigação, o Serviço Social consagra-se junto a agências oficiais de financiamento que apoiam a *produção de conhecimentos.*

43. Atestam-no as inúmeras pesquisas (ensaios, artigos, teses) sobre a *história* do Serviço Social no Brasil, campo até então praticamente virgem e só coberto por tentativas cronográficas ou de uma ingenuidade epistemológica injustificáveis num país cuja cultura, desde os anos 1930, exibia uma investigação histórica de altíssimo nível (pense-se, entre outros, em Caio Prado Jr. e Sérgio Buarque de Hollanda).

viram-se ponderavelmente afetadas no processo de renovação.[44] Na preparação e realização de colóquios, seminários, encontros e congressos profissionais[45] — de que a categoria profissional é pródiga[46] —, não se registra somente um alargamento (global) da participação de profissionais ou um progressivo aprofundamento das temáticas tratadas, com um nível de problematização crescente. Antes, o que se constata é a redução cada vez mais sensível do seu caráter superficial de "celebração da profissão".[47] Evidentemente, nesses eventos, há sempre um tom de narcisismo profissional; entretanto, o que é notável, na renovação do Serviço Social, é que esses eventos (inclusive os mais massivos, nos quais é sobremaneira difícil evitar a dispersão e o confusionismo) deixam de ser espaços de consagra-

---

44. As mais importantes — tirante a *Associação Brasileira de Assistência Social* (ABAS), criada em 1946 e que definha no fim dos anos 1950 — são a *Associação Brasileira de Escolas de Serviço Social* (ABESS, depois *Associação Brasileira de Ensino de Serviço Social*) e o *Comitê Brasileiro da Conferência Internacional de Serviço Social* (CBCISS, depois Centro Brasileiro de Cooperação e Intercâmbio de Serviços Sociais).

A ABESS, criada em 1946, realiza convenções nacionais periódicas desde 1951 (até 1989, foram realizadas 26, oito das quais sob a ditadura); há indicações de que, nos anos 1970, os efeitos da laicização do Serviço Social provocam tensões no seu interior: o fato é que, desde o final daquela década, a instituição torna-se um elemento organizador das polêmicas profissionais mais contemporâneas.

O CBCISS, cujos embriões datam do final dos anos 1940 e que de fato se organiza em 1961-1962, teve papel destacado na promoção, através dos seus "seminários de teorização" (Araxá, 1967; Teresópolis, 1970; Sumaré, 1978 e Alto da Boa Vista, 1984), de reflexões profissionais também inscritas no processo de renovação do Serviço Social no Brasil. Este organismo, responsável pelo periódico *Debates Sociais* (lançado em outubro de 1965), constituiu-se em significativo núcleo de difusão editorial da profissão.

45. Recorde-se que, desde a década de 1940, além de fazer-se representar em eventos semelhantes no exterior (aliás, uma das tradições do Serviço Social no Brasil é um contínuo intercâmbio com seus similares estrangeiros), realizaram-se no país pelo menos nove eventos de caráter nacional: os três *Congressos Brasileiros de Serviço Social* (I, 1947; II, 1961; III, 1965) e os seis *Congressos Brasileiros de Assistentes Sociais* (I, 1974; II, 1976; III, 1979; IV, 1982; V, 1985; VI, 1989).

46. As convenções da ABESS, os seminários do CBCISS e os congressos citados na nota anterior nem de longe dão conta desses eventos, cada vez mais numerosos e frequentes à medida que se avança do passado ao presente (a propósito, veja-se a listagem levantada por Junqueira, 1971).

47. Para a discussão desta noção, bem como de suas funções no Serviço Social, cf. Verdès-Leroux (1986, p. 54-56).

DITADURA E SERVIÇO SOCIAL

ção consensuais e se revelam territórios de polêmica. O papel das instâncias organizativas, pois, também se modifica: entidades que tradicionalmente tinham referendadas as suas propostas, neste processo veem-se em xeque e são obrigadas a estabelecer uma nova sintonia com parcelas importantes da categoria profissional — tanto no que diz respeito a questões corporativas como, e este é o ponto importante, a temáticas de outra natureza (teórica, ideológica e política).[48]

Com base nestas observações, é possível sintetizar rapidamente os quatro aspectos que, a nosso ver, tanto sinalizam os nós mais decisivos do processo de renovação do Serviço Social quanto condensam feixes de implicações que rebatem para além do seu esforço de validação teórica:[49]

a) a instauração do pluralismo teórico, ideológico e político no marco profissional, deslocando uma sólida tradição de monolitismo ideal;[50]

b) a crescente diferenciação das concepções profissionais (natureza, funções, objeto, objetivos e práticas do Serviço Social), derivada do recurso diversificado a matrizes teórico-metodológicas alternativas, rompendo com o viés de que a profissionalidade implicaria uma homogeneidade (identidade) de visões e de práticas;[51]

c) a sintonia da polêmica teórico-metodológica profissional com as discussões em curso no conjunto das ciências sociais, inserindo o Serviço Social na interlocução acadêmica e cultural contemporânea

---

48. Quanto a isto, são paradigmáticos a XXI Convenção Nacional da ABESS e o III Congresso Brasileiro de Assistentes Sociais, ambos realizados em 1979.

49. Nossa reiterativa alusão ao caráter inclusivo desta renovação deve-se ao nosso cuidado em não reduzi-la a este plano, o único que estudaremos aqui.

50. Monolitismo que, desde o I Congresso Brasileiro de Serviço Social (1947), viu-se entronizado na própria *definição* da profissão: "Serviço Social é a atividade destinada a estabelecer, por processos científicos e técnicos, o bem-estar da pessoa humana, individualmente ou em grupo, *e constitui o recurso indispensável à solução cristã e verdadeira dos problemas sociais*" (apud Vieira, 1985: 143; grifos nossos).

51. Esta diferenciação já foi tema de vários estudos, conduzidos sob óticas diferentes; cite-se, entre eles, as referências a autores brasileiros contidos em Silva (1983) e Macedo (1986).

como protagonista que tenta cortar com a subalternidade (intelectual) posta por funções meramente executivas;[52]

d) a constituição de segmentos de vanguarda, sobretudo mas não exclusivamente inseridos na vida acadêmica, voltados para a investigação e a pesquisa.[53]

Contextualizando esses traços no evolver do Serviço Social no Brasil, não temos dúvidas em asseverar que seu conjunto circunscreve uma funda inflexão em relação ao quadro que o antecedeu. Mas é preciso um mínimo de cautela para não absolutizar o que factualmente são componentes novos numa moldura de novidade hipostasiada. A dialética entre o Serviço Social no país antes e durante/depois do ciclo autocrático não é nem a ruptura íntegra, nem a mesmice pleonástica: é um processo muito complexo em que rompimentos se entrecruzam e se superpõem a continuidades e reiterações; é uma tensão entre vetores de transformação e permanência — e todos comparecem, em medida desigual e metamorfoseados, na resultante em que, indubitavelmente, predomina o novo. O que importa apanhar, numa análise que pretende agarrar a particularidade dos processos reais (superando, pois, as generalidades e as singularidades abstratas e empíricas), é a modalidade pela qual, no espaço demarcado pelos traços pertinentes da renovação, as várias tendências com que se enriqueceu a profissão foram se definindo e desenvolvendo. Porque, de fato, até agora a nossa argumentação tratou *abstratamente* o processo de renovação do Serviço Social: não avançamos para determinar como, no âmbito desta renovação,

---

52. É neste processo, por exemplo, que o Serviço Social é reconhecido como área de investigação e produção de conhecimento a ser estimulada no âmbito da "comunidade científica" pelo *Conselho Nacional de Desenvolvimento Científico e Tecnológico* (CNPq). Sobre este ponto, cf. Ammann (1984) e a nota 42.

53. Esta constituição — que supõe, entre outros dados, a diferenciação entre segmentos profissionais alocados preferencialmente à prática e segmentos alocados especialmente ao trabalho investigativo — tem sido equivocadamente identificada a uma ruptura teoricista com a prática profissional; como sabem todos aqueles que têm alguma familiaridade com a reflexão sistemática, ela é a condição mesma para a criação dos requisitos para a *compreensão crítica* da prática profissional.

construíram-se as principais concepções profissionais que emergem e se afirmam no período da vigência do autocratismo burguês e no seu ocaso. Para operar esta determinação é preciso, antes de tudo, esboçar rapidamente dois feixes de incidências que condicionaram aquela construção e fornecer, antecipando os resultados da nossa reflexão, o mapeamento geral das citadas concepções.

2.2.2 A erosão do Serviço Social "tradicional" no Brasil

Pontuamos que a instauração da autocracia burguesa cria os suportes histórico-sociais para a evicção do Serviço Social "tradicional" (cf. seção 2.1).[54] Mas, na verdade, as novas condições postas pela emersão do autocratismo burguês precipitam — e o fazem rápida e decisivamente — um rol de vetores que, desenvolvendo-se a partir da segunda metade da década de 1950, desenhavam um processo de crise que, se efetivado sem travas e sem traumatismos, também acabaria por derruir as bases das formas tradicionais do exercício profissional (bem como suas representações). Nossa interpretação, portanto, atribui à autocracia burguesa a função precipitadora de um processo de erosão do Serviço Social "tradicional" que lhe é anterior — e a cujo desfecho, como se verá, ela conferiu uma direção particular.

Com efeito, o quadro econômico-social do final dos anos 1950, em plena alavancagem da *industrialização pesada*, colocava demandas de intervenção sobre a "questão social" que desbordavam amplamente as práticas profissionais que os assistentes sociais brasileiros estavam cristalizando como próprias da sua atividade (basicamente concretizadas nos "processos" das abordagens individual e grupal). De onde, já então, o empenho profissional para desenvolver outras

---

54. Para outras notas sobre este processo, cf. Netto (1976, p. 89-90) e Carvalho (in Iamamoto e Carvalho, 1983, p. 370-371).

modalidades interventivas, com a assunção da abordagem "comunitária" enquanto outro "processo" profissional.[55]

Esta assunção — que se faz mediante uma incorporação teórica e metodológica que não passa sem problemas —, em si mesma, denotando um esforço de sincronia com as exigências da realidade nacional, terá algumas consequências significativas para o evolver imediato da profissão. Uma diz respeito à incidência, no mundo mental do assistente social, de disciplinas sociais que sensibilizam o profissional para problemáticas macrossociais. Ainda que o universo teórico-ideológico dos suportes originais do Desenvolvimento de Comunidade fosse candidamente acrítico e profundamente mistificador dos processos sociais reais e não supusesse uma ruptura com os pressupostos gerais do tradicionalismo (Ammann, 1982; Castro, 1984; Arcoverde, 1985), ele abria uma fenda num horizonte de preocupações basicamente microssociais. Outra consequência, igualmente expressiva, era a inserção do assistente social em equipes multiprofissionais nas quais, dado o caráter relativamente novo destas experiências entre nós, o seu estatuto não estava previamente definido como subalterno. Enfim, posta a natureza das experiências e dos programas, relacionava o assistente social com aparelhos administrativos e decisórios do Estado, situando-o ao mesmo tempo em face de novas exigências de alocação e gestão de recursos[56] e de circuitos explicitamente políticos.

Num curto prazo de tempo, o novo "processo" profissional começou a polarizar intensamente os quadros mais jovens da cate-

---

55. Datam de então, no país, as primeiras elaborações teóricas sobre o Desenvolvimento de Comunidade como campo de intervenção profissional, embora a disciplina já integrasse o currículo profissional desde antes. Para uma panorâmica crítica deste processo e seus desdobramentos, cf. Ammann (1982); observações pertinentes à América Latina encontram-se em Castro (1984).

Como se verá pela argumentação subsequente, a abordagem "comunitária", em si mesma, não significa a transcendência do tradicionalismo, mas contém vetores que apontam para a sua ultrapassagem.

56. Recorde-se que, nesta fase do desenvolvimento do Estado brasileiro, acentuam-se os mecanismos de planejamento e realizam-se experiências consequentes de planificação regional (v. g., a criação da *Superintendência para o Desenvolvimento do Nordeste*/SUDENE).

goria dos assistentes sociais. Contribuía para isso, de um lado e fortemente, o cenário sociopolítico brasileiro e, igualmente, um caldo de cultura internacional: a temática da superação do subdesenvolvimento dava a tônica nas ciências sociais, na atividade política e imantava interesses governamentais e recursos em programas internacionais — estava-se em plena era do *desenvolvimentismo* (a sua expressão brasileira foi estudada, entre outros, por Cardoso, 1977). Mas, de outro lado, a gravitação do Desenvolvimento de Comunidade crescia porque, além da incorporação ao seu ideário de nomes respeitados na profissão, nele os novos quadros visualizavam a forma de intervenção profissional mais consoante com as necessidades e as características de uma sociedade como a brasileira — onde a "questão social" tinha magnitude elementarmente massiva. É nesta postura que, nem sempre elaborada teórica e estrategicamente, se filtra a erosão das bases do Serviço Social "tradicional": sem negar-lhe explicitamente a legitimidade, as novas energias profissionais dirigiam-se para formas de intervenção (e de representação) que apareciam como mais consentâneas com a realidade brasileira que as já consagradas e cristalizadas nos "processos" que o identificavam historicamente (o Caso e o Grupo).

Estamos, pois, diante de uma intercorrência em que, no "espírito da época", confluem expectativas profissionais emergentes e dados factuais que as calçam: tudo colabora para que o tom decisivo da legitimação profissional comece a girar — e, realmente, ele se inflete: na plástica expressão de fino analista, o assistente social quer deixar de ser um "apóstolo" para investir-se da condição de "agente de mudança" (Castro, 1984). Prova-o, eloquentemente, um evento marcante: o *II Congresso Brasileiro de Serviço Social*, realizado no Rio de Janeiro, em 1961 (CBCISS, 1962). O congresso não significou apenas "a descoberta do desenvolvimentismo" (Carvalho, in Iamamoto e Carvalho, 1983, p. 352): efetivamente, entronizou a intervenção profissional inscrita no Desenvolvimento de Comunidade como aquela área do Serviço Social a receber dinamização preferencial, situada como a ponta da profissão e a mais compatível com o conjunto de demandas da sociedade brasileira.[57] No desdobramento do largo temário do conclave — subordinado ao mote "Desenvolvimento nacional para o bem-estar social" —, despontam três elementos que são absolutamente relevantes para detectar a erosão do Serviço Social "tradicional": primeiro, o reconhecimento de que a profissão ou se sintoniza com "as solicitações de uma sociedade em mudança e em crescimento" ou se arrisca a ver seu exercício "relegado a um segundo plano"; em consequência, levanta-se a necessidade "de [...] aperfeiçoar o aparelhamento conceitual do Serviço Social e de [...] elevar o padrão técnico, científico e cultural dos profissionais desse campo de atividade"; e, finalmente, a reivindicação de funções não apenas executivas na programação e implementação de projetos de desenvolvimento.[58] Mesmo sem explicitar as questões candentes que iam anacronizando o Serviço Social "tradicional" (por não tomá-las como tais ou por expediente "diplomático"), estes três elementos delimitam-nas nitidamente: a dissincronia com as "solicitações" contemporâneas, a insuficiência da formação profissional e a subalternidade executiva.

Não se constata até aí, abertamente, uma *crise* do Serviço Social "tradicional"; de fato, ela é somente sinalizada. Entretanto, nos anos imediatamente seguintes, a erosão das formas consagradas do Serviço Social ganha uma dinâmica mais intensa. Seus detonadores de fundo são extraprofissionais: compreendem o estágio de precipitação da dinâmica sociopolítica da vida brasileira, entre 1960-61/1964, com o aprofundamento e a problematização do processo democrático na sociedade e no Estado (cf. capítulo 1, seção 1.1). Possuem, porém, um rebatimento profissional, pela mediação diversa de quatro condutos específicos, embora com óbvias vinculações entre si.

---

57. Para a análise deste evento — em que ficou patente a "celebração da profissão" —, cf. Ammann (1982, p. 74 ss.) e Carvalho (in Iamamoto e Carvalho, 1983, p. 352 ss.).

58. As passagens citadas são transcrições de CBCISS (1962), extraídas da alocução do assistente social Luís Carlos Mancini na 6ª sessão plenária do congresso, cujo tema era "A posição do Serviço Social no desenvolvimento social para o bem-estar". Para a pauta das aludidas reivindicações, cf. Carvalho (in Iamamoto e Carvalho, 1983, p. 358, nota).

DITADURA E SERVIÇO SOCIAL   183

O primeiro remete ao próprio amadurecimento de setores da categoria profissional, na sua relação com outros protagonistas (profissionais: nas equipes multiprofissionais; sociais: grupos da população politicamente organizados) e outras instâncias (núcleos administrativos e políticos do Estado). O segundo refere-se ao desgarramento de segmentos da Igreja Católica em face do seu conservantismo tradicional; a emersão de "católicos progressistas" e mesmo de uma esquerda católica, com ativa militância cívica e política, afeta sensivelmente a categoria profissional. O terceiro é o espraiar do movimento estudantil, que faz seu ingresso nas escolas de Serviço Social e tem aí uma ponderação muito peculiar.[59] O quarto é o referencial próprio de parte significativa das ciências sociais do período, imantada por dimensões críticas e nacional-populares.

A resultante desses componentes rebate no âmbito profissional do Serviço Social: de uma parte, vai criticando práticas e representações "tradicionais"; de outra, introduz diferenciações mesmo no interior das práticas e representações que se reclamavam conectadas às novas exigências — precisamente aquelas que se prendiam ao Desenvolvimento de Comunidade.[60] Vislumbra-se, no primeiro lustro dos anos 1960, um duplo e simultâneo movimento: o visível desprestígio do Serviço Social "tradicional" e a crescente valorização do que parecia transcendê-lo no próprio terreno profissional, a intervenção no plano "comunitário". E aqui, rebatendo mediatamente o processo sociopolítico em curso e as suas tensões, divisavam-se três vertentes profissionais — uma corrente que extrapola para o Desenvolvimento de Comunidade os procedimentos e as representações "tradicionais", apenas alterando o âmbito da sua intervenção;

---

59. Quer em função da *dimensão* das escolas, quer — muito especialmente — da sua *unidade*: salvo situações muito pontuais, o movimento estudantil nas escolas de Serviço Social, durante toda a década de 1960, foi inteiramente dominado pela esquerda católica (primeiro, a *Juventude Universitária Católica*/JUC; em seguida, a *Ação Popular*/AP). Cabe observar que muitos dirigentes estudantis da época, com ativa militância nos processos políticos do tempo, integrariam posteriormente os quadros docentes do Serviço Social.

60. O processamento destas diferenciações é objeto da análise de Ammann (1982, cap. II).

outra, que pensa o Desenvolvimento de Comunidade numa perspectiva macrossocietária, supondo mudanças socioeconômicas estruturais, mas sempre no bojo do ordenamento capitalista; e, enfim, uma vertente que pensa o Desenvolvimento de Comunidade como instrumento de um processo de transformação social substantiva, conectado à libertação social das classes e camadas subalternas.[61]

Não é um exercício de especulação projetar que o desenvolvimento deste processo profissional, nas condições então vividas pela sociedade brasileira, conduziria, a médio prazo pelo menos, à plena erosão das formas "tradicionais" do Serviço Social. Evidentemente, não estariam em questão as abordagens profissionais individuais e grupal, porém o seu enquadramento teórico-metodológico, ideológico e operativo. Ao mesmo tempo, o próprio evolver do Desenvolvimento de Comunidade, muito provavelmente, experimentaria os conflitos e as tensões que derivariam do confronto entre suas vertentes.

Esse desenvolvimento foi abortado pelo golpe de abril. Como variável independente, a autocracia burguesa modificou substantivamente o cenário em que ele vinha se desenrolando. Modificou-o muito contraditoriamente: num primeiro momento, pela neutralização dos protagonistas sociopolíticos comprometidos com a democratização da sociedade e do Estado, cortou com os efetivos suportes que poderiam dar um encaminhamento crítico e progressista à crise em andamento no Serviço Social "tradicional"; mas, com a implementação do seu projeto de "modernização conservadora", precipitou esta mesma crise. É sobre este patamar que se vai operar a renovação profissional que é objeto do nosso interesse: ela arranca de um acúmulo prévio que, em boa medida, condicionará o seu conteúdo. Realmente, as formas "tradicionais" terão seus fundamentos de legitimação colapsados em curto prazo, mas o conservantismo sociopolítico a elas inerente engendrará outros componentes de fundamentação e legitimação para as suas concepções profissionais.

---

61. Retomo aqui os cortes que Ammann (1982, p. 97-98) desenvolve com mais detalhe.

DITADURA E SERVIÇO SOCIAL 185

As vertentes que, no "processo" do Desenvolvimento de Comunidade, revelavam-se compatíveis com os limites da autocracia burguesa (ou seja, as duas primeiras vertentes mencionadas há pouco) encontrariam um campo aberto para o seu florescimento.

Evidencia-se, assim, que a renovação do Serviço Social que se processa no marco da autocracia burguesa mantém uma relação complexa com o quadro anterior da profissão: erguendo-se sobre o colapso da legitimação das formas profissionais "tradicionais", resgata alguns de seus núcleos tanto quanto bloqueia alternativas de desenvolvimento que estavam embutidas naquele colapso — ao mesmo tempo em que dinamiza, sobre novo piso, outras tendências emergentes no processo da crise que converteu em dado explícito. A complexidade tem o seu relevo mais salientado se se considera a assimetria temporal da intervenção autocrático-burguesa: se ela golpeia os suportes socio-políticos das tendências profissionais críticas e mais avançadas na imediata decorrência do 1º de abril, só um lustro mais tarde liquidará com a ambiência teórico-cultural que as alimentava — já vimos o papel que, entre 1964-65/1968-69, as correntes democráticas, progressistas e de esquerda exercem na cultura brasileira (cf. capítulo 1, seção 1.6). Ainda que sem espaços para fazer rebater, na prática profissional, os ganhos deste lapso, os assistentes sociais vinculados à crítica mais consequente do Serviço Social "tradicional" deles se beneficiariam, e, no ocaso da ditadura, haveriam de capitalizá-los.

2.2.3 A erosão do Serviço Social "tradicional" na América Latina

A crise do Serviço Social "tradicional", no entanto, esteve longe de configurar-se como um processo restrito às nossas fronteiras. Em verdade, vindo à tona nos anos sessenta, ela é um *fenômeno internacional*, verificável, ainda que sob formas diversas, em praticamente todos os países onde a profissão encontrara um nível significativo de inserção na estrutura sócio-ocupacional e articulara algum lastro de legitimação ideal.[62]

Há todo um arco de razões a que se pode creditar o fenômeno, aliás imbricado numa série de outros similares — afinal, os anos 1960 foram marcados por alguns terremotos econômico-sociais, políticos e ideoculturais que vincaram indelevelmente a face da história, da sociedade e da cultura contemporâneas. A baliza de 1968, de Berkeley a Paris, de Praga à selva boliviana, do movimento nas fábricas do norte da Itália à ofensiva Tet no Vietnã, das passeatas do Rio de Janeiro às manifestações em Berlim-Oeste, assinala uma crise de fundo da civilização de base urbano-industrial[63] que se refrata em todas as esferas da ação e da reflexão. A sua análise crítica tem sido, não casualmente, uma análise autocrítica do essencial das vertentes teóricas e ideológicas mais relevantes do século XX. Não tem o menor cabimento, aqui, o intento de recuperar sequer uma parcela mínima da mastodôntica documentação produzida a respeito nem, menos ainda, da bibliografia acerca dos rebatimentos macroscópicos dimanados da precipitação daquela década de projetos naufragados e utopias renascidas, de rebeldia e neorromantismo, de reinvenção e reiteração insuspeitadas. Cabe, entretanto, assinalar alguns núcleos problemáticos que, *especificamente em relação ao Serviço Social*, podem responder pelos traços gerais da erosão da legitimação das suas formas até então consagradas, e em escala mundial; não se trata mais que de um mapeamento, cujo objetivo limita-se a acentuar o que indiscutivelmente incidiu sobre a profissão.

O pano de fundo de tais núcleos é dado pelo exaurimento de um padrão de desenvolvimento capitalista — o das "ondas longas" de crescimento, que vinham seguras desde o fim da Segunda Guerra Mundial e encontram seu último momento de vigência precisa-

---

62. Ao que saibamos, inexiste uma análise inclusiva e rigorosa que dê conta quer da causalidade profunda, quer das formas particulares de expressão deste processo internacional.

63. É impossível indicar aqui, mesmo muito sumariamente, as fontes que estudam esta crise, dada a sua multiplicidade; apenas a título de ilustração, cf. Lefebvre et al. (1968), Garaudy (1968), Ingrao (1977), VV. AA. (1980a), Heller e Feher (1981), Heller (1982) e Mészáros (1987).

mente na década de 1960 (Mandei, 1976, v. 1, p. 213-291).[64] O tensionamento das estruturas sociais do mundo capitalista, quer nas suas áreas centrais, quer nas periféricas, ganhou uma nova dinâmica; num contexto de desanuviamento das relações internacionais (superados já os tempos da Guerra Fria), gestou-se um quadro favorável para a mobilização das classes sociais subalternas em defesa dos seus interesses imediatos. Registram-se então amplos movimentos para direcionar as cargas da desaceleração do crescimento econômico, mediante as lutas de segmentos trabalhadores e as táticas de reordenação dos recursos das políticas sociais dos Estados burgueses. Em tais movimentos, o conteúdo das demandas econômicas — em função da complexidade e da diferenciação sociais já presentes nas sociedades capitalistas mais desenvolvidas, nas quais o impacto da revolução científica e técnica era visível (Richta, 1968) — entrecruza-se e conflui com outras demandas, sociais e culturais: começam a cristalizar-se reivindicações referenciadas a categorias específicas (negros, mulheres, jovens), à ambiência social e natural (a cidade, o equipamento coletivo, a defesa dos ecossistemas), a direitos emergentes (ao lazer, à educação permanente, ao prazer) etc. Nas suas expressões menos consequentes, estes movimentos põem em questão a racionalidade do Estado burguês e suas instituições; nas suas expressões mais radicais, negam a ordem burguesa e o seu estilo de vida. Em qualquer dos casos, recolocam em pauta as ambivalências da *cidadania* fundada na propriedade e redimensionam a atividade *política*, multiplicando os seus sujeitos e as suas arenas.

Ora, este é o cenário mais adequado para promover a contestação de práticas profissionais como as do Serviço Social "tradicional":[65] seu pressuposto visceral, a ordem burguesa como limite da história, é questionado; seus *media* privilegiados, as instituições e

---

64. Ocupar-nos-emos somente do cenário do mundo capitalista porque, fora dele, a incidência do Serviço Social é verdadeiramente insignificante.

65. Reitere-se que o processo não se restringe à nossa profissão — ao contrário, espraia-se por praticamente todo o elenco de atividades institucionalizadas que, de uma forma mais nítida, opera tributariamente na reprodução das relações sociais.

organizações governamentais e o elenco de políticas do *Welfare State*, veem-se em xeque; seu universo ideal, centralizado nos valores pacatos e bucólicos da integração na "sociedade aberta", é infirmado; sua aparente assepsia política, formalizada "tecnicamente", é recusada. Mais decisivo ainda: a sua *eficácia* enquanto intervenção institucional é negada, a partir dos próprios resultados que produz.

Esta contestação procede, como é óbvio, do *exterior* da profissão; indiretamente, parte da movimentação social que caracteriza o período; diretamente, arranca dos segmentos sociais que padecem a intervenção imediata dos assistentes sociais. Sua conversão em efervescência profissional *interna* deve-se à convergência de três vetores que afetam a reprodução da categoria profissional como tal.

Em primeiro lugar, a revisão crítica que se processa na fronteira das Ciências Sociais.[66] Os insumos "científicos" de que historicamente se valia o Serviço Social e que forneciam a credibilidade "teórica" do seu fundamento com a chancela das disciplinas sociais acadêmicas viam-se questionados no seu próprio terreno de legitimação original. A impugnação do funcionalismo, do quantitativismo e da superficialidade que impregnavam as Ciências Sociais universitárias não provinha de protagonistas alheios à "comunidade científica", mas tinha seus centros dimanantes no interior mesmo daquelas respeitáveis instituições de que se socorria o Serviço Social quando precisava caucionar seus pressupostos teórico-metodológicos.[67] É uma interdição de monta: a fonte primária da sustentação teórico-metodológica da construção profissional experimentava

---

66. Uma síntese desta revisão e sua relação com a crise do Serviço Social "tradicional" encontra-se em Netto (1975). Para indicações desta revisão, cf. Sorokin (1959), Milis (1969), Fromm (1971), Leclerc (1973), Gouldner (1973) e Shaw (1978).

67. A este processo de revisão crítica, sabe-se, foi conatural a emergência de diferenciadas requisições socialistas. Este fenômeno de dupla face — o inquisitorial às Ciências Sociais acadêmicas e o surgimento de novas petições socialistas — é bem tipificado na *New Left* anglo-norte-americana e seu impacto intelectual sobre as novas gerações de assistentes sociais ainda demanda investigações detalhadas (um índice visível: em praticamente todas as discussões teóricas ocorrentes no Serviço Social, à época, é constante a menção a Charles Wright Mills).

convulsões que repicavam no vazadouro constituído pelo Serviço Social. Se é certo que esta incidência não teria no interior da profissão a mesma ressonância que alcançava nos quintais da Sociologia, da Antropologia, da Psicologia Social etc., em razão das mediações que estabeleciam a conexão Serviço Social/Ciências Sociais, também é certo que a teorização efetivada no campo profissional não passaria impunemente por ela.

O segundo vetor que intercorria no processo era o deslocamento sociopolítico de outras instituições cujas vinculações com o Serviço Social são notórias: as igrejas — a Católica, em especial, e algumas confissões protestantes.[68] Deslocamento muito desigual nas várias latitudes, porém visível em todas elas e operante em dois planos: no adensamento de alternativas de interpretação teológica que justificavam posturas concretamente anticapitalistas e antiburguesas e na permeabilidade de segmentos da alta hierarquia a demandas de reposicionamento político-social advindas das bases e do "baixo clero". No caso do credo romano, estas mudanças são flagrantes durante o pontificado de João XXIII e afetarão o Serviço Social por todos os lados: no quadro da formação (sensibilizando setores docentes por outras vias menos vulneráveis às pressões sociais), no quadro da ação (mediante a sua relação com as militâncias laicas e suas "obras sociais") e no quadro da sua visão de mundo (coroando-se um clima de diálogo vocacionado para a debilitação do velho sectarismo vaticano).

Finalmente, *last but not least,* o movimento estudantil: condensadamente, ele reproduz, no molde particular da contestação global característica da sua intervenção, todas as alterações que indicamos e as insere perturbadoramente no próprio *locus* privilegiado da reprodução da categoria profissional: as agências de formação, as

---

68. Nas discussões operadas na América Latina, este processo é quase sempre reduzido às mudanças que se dão no interior da Igreja Católica — o que é perfeitamente compreensível, em face da sua gravitação entre nós. Todavia, mais discreto, mas não menos efetivo, o processo feriu várias confissões protestantes, e a sua ponderação (por exemplo, nos Estados Unidos e no Canadá) tocou fundo o Serviço Social.

escolas. Parece claro que, também no marco do Serviço Social, a erosão das formas tradicionais da profissão (e das suas legitimações) foi dinamizada pelo protagonismo discente — e a "rebelião juvenil" foi aí tanto mais eficiente quanto mais capaz se mostrou de atrair para as suas posições estratos docentes.

É por esses condutos e sujeitos principais que a problemática própria da contestação social dos anos sessenta se internaliza no Serviço Social, metamorfoseando-se em problemática profissional.[69] É inconteste a universalidade desse processo, expressando-se diversamente, conforme já sugerimos, nos diferentes países e regiões. É indiscutível que, apreciada a profissão em escala mundial, ela experimentou então uma profunda inflexão, cujo conteúdo basilar se constituiu justamente na erosão da legitimidade do Serviço Social "tradicional".

A expressão desse processo erosivo que mais nos interessa, por razões que serão vistas adiante, foi a que se explicitou na América Latina a partir de 1965 e que teve a sua curva ascendente por quase uma década — o chamado *movimento de reconceptualização* (ou *reconceituação*) *do Serviço Social*.[70]

A reconceptualização é, sem qualquer dúvida, parte integrante do processo internacional de erosão do Serviço Social "tradicional" e, portanto, nesta medida, partilha de suas causalidades e características. Como tal, ela não pode ser pensada sem a referência ao quadro global (econômico-social, político, cultural e estritamente

---

69. Não descuramos o efetivo papel protagonizado, neste processo, por segmentos profissionais "de campo" que, diretamente submetidos às pressões do movimento social, contribuíram para acelerar a erosão do Serviço Social "tradicional" — papel tanto mais importante, quanto mais flexíveis e ágeis se apresentavam as suas formas de organização profissional. Quer-nos parecer, todavia, que este protagonismo foi tributário dos três condutos que acabamos de arrolar.

70. Já se alonga a bibliografia sobre o movimento, nem toda portadora da mesma qualidade. Entre os títulos mais pertinentes, citamos a panorâmica recolhida pelos vários textos coligidos em Alayón et al. (1976) e os estudos de VV. AA. (1971, 1985), Ander-Egg et al. (1975), Palma (1977), Parodi (1978), Lopes (1979), Junqueira (1980), Silva (1983), Lima (1984), Santos (1985), Fazzi (1985), Escalada (1986), Macedo (1986), Carvalho (1986), Faleiros (1987), Karsch (1987) e Martinelli (1989).

profissional) em que aquele se desenvolve. No entanto, ela se apresenta com nítidas peculiaridades, procedentes das particularidades latino-americanas; nas nossas latitudes, "a ruptura com o Serviço Social tradicional se inscreve na dinâmica de rompimento das amarras imperialistas, de luta pela libertação nacional e de transformações da estrutura capitalista excludente, concentradora, exploradora" (Faleiros, 1987, p. 51). Esta determinação política condensa boa parcela da problemática do processo de erosão do Serviço Social "tradicional" entre nós — e que não encontramos em suas outras versões com o mesmo relevo.

Com efeito, a reconceptualização está intimamente vinculada ao circuito sociopolítico latino-americano da década de 1960: a questão que originalmente a comanda é *a funcionalidade profissional na superação do subdesenvolvimento*. Indagando-se sobre o papel dos profissionais em face de manifestações da "questão social", interrogando-se sobre a adequação dos procedimentos profissionais consagrados às realidades regionais e nacionais, questionando-se sobre a eficácia das ações profissionais e sobre a eficiência e legitimidade das suas representações, inquietando-se com o relacionamento da profissão com os novos atores que emergiam na cena política (fundamentalmente ligados às classes subalternas) — e tudo isso sob o peso do colapso dos pactos políticos que vinham do pós-guerra, do surgimento de novos protagonistas sociopolíticos, da revolução cubana, do incipiente reformismo gênero Aliança para o Progresso —, ao mover-se assim, os assistentes sociais latino-americanos, através de seus segmentos de vanguarda, estavam minando as bases tradicionais da sua profissão. É este movimento, localizável praticamente em todos os países ao sul do Rio Grande, que permite uma espécie de *grande união* profissional que abre a via a uma renovação do Serviço Social. Ela é o ponto de partida para o processo que se esboça em 1965[71] e que, genericamente, tem como objetivo expresso

---

71. Segundo boa parte dos analistas, o arranque do movimento ocorre no I Seminário Regional Latino-Americano de Serviço Social, realizado em Porto Alegre, em maio de 1965,

adequar a profissão às demandas de *mudanças sociais* registradas ou desejadas no marco continental — e que sensibilizavam o Serviço Social pelos mesmos condutos e sujeitos que, internacionalmente, como vimos, forçavam e parametravam alterações profissionais.

Em um prazo muito curto — cerca de um lustro —, porém, aquela *grande união* objetivamente se esfarinha. Concorrem para isso duas ordens de causas. A primeira foi o leito real seguido no equacionamento das *mudanças sociais* nas áreas mais significativas do continente: a perspectiva burguesa da "modernização" por vias ditatoriais ou do seu puro congelamento repressivo acabou por impor-se, derrotando as alternativas democráticas que apostavam nas vias reformista-democrática e revolucionária. Primeiro no Brasil, depois em todo o Cone Sul, as ditaduras burguesas não deixaram vingar as propostas que situavam a ultrapassagem do subdesenvolvimento como função da transformação substantiva dos quadros societários latino-americanos. Neste plano, tanto se estreitou o suporte social para uma renovação progressista do Serviço Social como também se condicionou a direção teórico-metodológica da renovação operada (sobre estes dois aspectos, cf. Netto, 1976). A segunda radicava na própria composição daquela *grande união*: se colocavam em xeque o Serviço Social "tradicional", seus constituintes faziam-no a partir de posições distintas e com projeções também diferentes. Dentre os que a compunham, havia pelo menos um corte central: um polo investia num *aggiornamento* do Serviço Social e outro ten-

---

com a presença de 415 participantes do Brasil, Argentina e Uruguai. Estes seminários regionais (o II ocorreu em 1966, no Uruguai, o III em 1967, na Argentina, o IV em 1969, no Chile, o V em 1970, na Bolívia e o VI em 1972, novamente em Porto Alegre) tiveram papel central no processo da reconceptualização; para uma síntese dos temas neles discutidos, bem como uma versão muito particular do seu direcionamento, cf. Ander-Egg et al. (1975). Cabe notar que no seminário de 1965 afloram, com nitidez, muitos dos núcleos temáticos que serão desenvolvidos e aprofundados na vertente modernizadora que estudaremos adiante.

Contemporâneos e protagonistas do movimento são a *Associação Latino-Americana de Escolas de Serviço Social* (ALAETS), criada em 1965, e o apoio institucional de um organismo ligado à Fundação Konrad Adenauer, da democracia-cristã germano-ocidental, o *Instituto de Solidariedade Internacional* (ISI). Para um balanço dos seminários realizados pela ALAETS, cf. Lopes (1989).

DITADURA E SERVIÇO SOCIAL

cionava uma *ruptura* com o passado profissional (como se vê, refletiam-se — é certo que mediatizadamente — no estrato renovador os cortes que se verificavam macroscopicamente na realidade sociopolítica do continente). Corte elementar e decisivo, mas que não era o único: nos campos que estes dois polos imantavam entrecruzavam-se e colidiam concepções de sociedade, de teoria e de profissão diversas. Vale dizer: o conjunto dos renovadores era um leque extremamente heterogêneo, que necessariamente articularia uma renovação caleidoscópica.

A evolução do movimento de reconceptualização, que como tal se exaure por volta de 1975,[72] vai explicitar esta heterogeneidade — patente na sua elaboração e nos confrontos teóricos que pôde propiciar —, dissipando completamente a ilusão de unidade que marcou a sua emersão.[73] Importa-nos aqui, tão somente, destacar dois de seus traços pertinentes.

O primeiro deles refere-se à relação com a tradição marxista. É no marco da reconceptualização que, pela primeira vez de forma aberta, a elaboração do Serviço Social vai socorrer-se da tradição marxista — e o fato central é que, *depois da reconceptualização, o pensamento de raiz marxiana deixou de ser estranho ao universo profissional dos assistentes sociais.* O recurso dos reconceptualizadores à tradição marxista não se realizou sem problemas de fundo: excepcionalmente com o apelo às suas fontes originais, no geral valeu-se de manuais de divulgação de qualidade muito discutível[74] ou de versões defor-

---

72. As principais razões deste exaurimento estão apontadas em Netto (1976). Basicamente, elas se referem à supressão dos espaços políticos democráticos nos principais polos da renovação (especialmente Chile, Argentina e Uruguai). Não é casual que, na sequência desta supressão, seja no Peru que se estruture o organismo que, nos anos seguintes, procurará dar continuidade à renovação: referimo-nos ao *Centro Latino-Americano de Serviço Social* (CELATS), cuja origem está vinculada ao ISI (cf. nota 71). Uma síntese da evolução do CELATS, dos anos do ISI à entrada da década de 1980, encontra-se em Lima (1984).

73. Não cabe aqui a análise daquela produção e daqueles confrontos, em boa parte contida nas referências da nota 70.

74. Pense-se, por exemplo, no papel *fundante* que, à época, tiveram os textos de Besse/Caveing (a partir das lições de Politzer) e a homeopatia conceitual de Harnecker.

madas pela contaminação neopositivista[75] e até pela utilização de materiais notáveis pelo seu caráter tosco.[76] Mais ainda: a diluição da especificidade do pensamento de inspiração marxiana no cadinho do ecletismo[77] redundou em equívocos tão grosseiros que se chegou a supor a sua congruência teórico-metodológica com o substrato das propostas de Paulo Freire.[78] Não se trata, como se vê, de um ingresso

---

75. Boa parte dos materiais reconceptualizados identifica o trabalho de Althusser, realizado nos anos 1960, com *o* marxismo; cf. Lima (1975) e o "Método BH" (Santos, 1985).

76. As concepções ditas filosóficas de Mao Tse-tung (filtradas em textos como *Sobre a contradição, Sobre a prática* etc.) vincaram inclusive as mais cuidadas produções do período (Faleiros, 1972).

77. O ecletismo das elaborações reconceptualizadas já foi objeto de estudos que enfocaram algumas de suas expressões (cf., entre outros, Santos, 1985; Carvalho, 1986; Escalada, 1986); compreensivelmente, ele é mais visível nos autores que intentaram construções inclusivas (Lima, 1975) do que naqueles que tematizaram aspectos mais determinados do processo profissional (Kisnerman, 1976).

Parece-me importante assinalar que, no movimento da reconceptualização, o traço eclético surge nas arquiteturas mais avançadas com peculiaridades que o particularizam na moldura histórica do ecletismo próprio ao Serviço Social. No caso específico da reconceptualização, três circunstâncias concorrem para dar a seu cariz eclético uma impostação singular:

a) a recusa à "importação de teorias" (resposta, num primeiro momento, ao hegemonismo do Serviço Social norte-americano) levou a uma postura de relativização da universalidade teórica que, no limite, infirmava a validade da teorização produzida em outras latitudes; de onde a valorização da produção "autóctone", presumidamente mais "adequada" às nossas condições histórico-sociais — residindo aqui boa parte da motivação que conduziu ora à incorporação da "pedagogia do oprimido", ora à consagração de propostas tão insustentáveis como as contribuições de G. Zavala, ora, enfim, à canonização das "novas concepções econômicas" inseridas nas teses das teorias da dependência;

b) o confusionismo ideológico, que procurou "sintetizar" as inquietudes da esquerda cristã e das novas gerações revolucionárias "não ortodoxas" e "não tradicionais" sobre a base teórica do marxismo mais dogmático — de onde o entrecruzamento da herança romântica de Camilo Torres e Guevara com Althusser, Mao, Kedrov e Spirkin;

c) o reducionismo próprio ao ativismo político, que obscureceu as fronteiras entre a profissão e o militantismo — de onde a hipostasia das dimensões políticas do exercício profissional, posto como fazer heróico e/ou messiânico, com a consequente minimização da função retora da teoria.

Estas circunstâncias diferenciam o ecletismo verificável nas produções de vanguarda da reconceptualização daquele que acompanha historicamente a (auto) representação do Serviço Social.

78. Aqui, o limite do grotesco teórico é alcançado por Clark (1974). Cabe observar a abrangente e profunda influência do pensamento do pedagogo brasileiro sobre as vanguardas profissionais neste período; salvo erro nosso, boa parcela da produção latino-americana do

DITADURA E SERVIÇO SOCIAL

muito feliz da tradição marxista em nosso terreno profissional; entretanto — e não há que perder de vista este aspecto —, o principal é que, a partir de então, criaram-se as bases, *antes inexistentes*, para pensar-se a profissão sob a lente de correntes marxistas; a partir daí, a interlocução entre o Serviço Social e a tradição marxista inscreveu-se como um dado da modernidade profissional.[79]

O segundo elemento importante introduzido no curso do processo de que estamos cuidando foi uma nova relação dos profissionais no marco continental. É certo que os mecanismos de interação entre os profissionais latino-americanos são antigos — verificam-se da formação das escolas pioneiras à organização de eventos internacionais; é possível afirmar-se, neste sentido, que desde os anos 1940 existe um efetivo intercâmbio profissional entre nós (Ander-Egg e Kruse, 1970; Ander-Egg et al., 1975; Castro, 1984). O dado significativo e inédito, todavia, é que no processo em tela articulou-se uma interação que se apoiava no explícito reconhecimento da urgência de fundar uma unidade profissional que respondesse às problemáticas comuns da América Latina — uma unidade construída autonomamente e sem as tutelas imperiais; vale dizer, a noção de continentalidade que se resgatava e recriava era a que provinha de Vasconcelos e Martí, não a de Monroe ou Roosevelt. Este passo, igualmente, não se deu sem equívocos;[80] mas, graças a ele, alteraram-se substantivamente a direção e o conteúdo dos foros que reuniam as inquietações e as propostas profissionais; desde então, a

---

Serviço Social, nestes anos, no que tem de *proposta interventiva*, depende inteiramente das formulações contidas em Freire (1986).

79. Sobre a interlocução entre Serviço Social e tradição marxista, cf. especialmente Netto (1989).

80. Todos derivados, praticamente, do pensar a *unidade* latino-americana como *identidade* — de onde uma homogeneização das realidades continentais, dissolvente das reais diversidades regionais e nacionais. A análise de parte ponderável da literatura reconceitualizada sinaliza claramente este reducionismo, que acaba por conferir um estatuto de idealidade ao que Martí chamava de "nuestra América" — reducionismo que, diga-se de passagem, penetra ainda hoje a literatura profissional que se pretende a mais avançada (cf. Maguiña et al., 1988 e a crítica contida em Iamamoto e Netto, 1989).

consciência das particularidades latino-americanas, com suas implicações para a intervenção profissional, polariza os debates, antes diluídos no "pan-americanismo" patrocinado pelo hegemonismo norte-americano.[81]

Destacamos apenas estes dois elementos no bojo da reconceptualização porque o seu desenvolvimento marca com nitidez o evolver do movimento. Quanto mais eles se aprofundam — ou seja, quanto mais se intensifica a interlocução com a tradição marxista e a compreensão do caráter abrangente e comum de certas condições do exercício profissional no continente —, *no curso das modificações sociopolíticas que se produzem na transição dos anos 1960 aos 1970*, mais se explicitam os cortes e as colisões no seu interior, distinguindo com fronteiras muito visíveis os segmentos profissionais *modernizantes* daqueles que apostavam numa *ruptura* com as práticas e as representações do Serviço Social "tradicional". Já nos primeiros anos da década de 1970, estas fronteiras não podem mais ser veladas — e boa parte dos modernizantes, quase todos vinculados ao reformismo desenvolvimentista, se demarcava intencionalmente do outro polo renovador,[82] nalguns casos refluindo mesmo para alianças com setores "tradicionais".[83] As diferenças irão em crescendo até a exaustão

---

81. Compare-se, por exemplo, o temário e as conclusões de eventos como os citados na nota 71 com os célebres "congressos pan-americanos" promovidos pela Organização dos Estados Americanos (OEA) — cf. Ander-Egg e Kruse, 1970; Ander-Egg et al., 1975. Quanto ao pan-americanismo, recorde-se que Vasconcelos, identificando-o à "doutrina Monroe", observava que ele é apenas o "ideal anglo-saxônico de incorporar as vinte nações hispânicas ao império do Norte" (apud Castro, 1984: 128).

82. A ruptura aparece, nitidamente, nas condições que cercam o VII Congresso Interamericano de Serviço Social (Equador, 1971) e rebate no VI Seminário Regional (Porto Alegre, 1972; cf. nota 71).

83. Vale insistir em que muito da reconceptualização colidiu de frente com as práticas institucionais tradicionais e os interesses (corporativos, de capelinhas e individuais) de profissionais que as executavam. Não foram poucos, nem de solução pacífica, os confrontos que se operaram ao longo do processo. Tratou-se de um enfrentamento direto, cujo palco principal foram as escolas — e não se contaram como raros os traumatismos. Os segmentos tradicionalistas, geralmente escamoteando suas vinculações e interesses políticos e institucionais sob o pretexto da "defesa da profissão", onde não puderam impor-se administrativamente, não suportaram a colisão no plano das formulações e evitaram o combate neste âmbito —

DITADURA E SERVIÇO SOCIAL

do movimento, sinalizada em meados daquela década e óbvia no seu final. Mas destacamos aqueles elementos, por outra parte, para melhor apontar a relação da renovação brasileira do Serviço Social com o processo latino-americano.

2.2.4 As direções da renovação do Serviço Social no Brasil

Nas seções anteriores deste capítulo, procuramos determinar minimamente as relações entre a autocracia burguesa e o Serviço Social, os traços mais essenciais de que se revestiu a renovação da profissão e a erosão das suas formas "tradicionais". As determinações que alcançamos constituem o patamar indispensável e prévio para mapear e identificar as *direções* intrínsecas do processo de renovação do Serviço Social — direções que serão estudadas particularmente na sequência da nossa argumentação. Com efeito, tais determinações fornecem a contextualização necessária para o tratamento das principais linhas de desenvolvimento da reflexão profissional durante o período de vigência e crise da autocracia burguesa no Brasil.

Na pesquisa deste processo de renovação, no âmbito da (auto) representação do Serviço Social, submetemos a cuidadoso exame a parcela mais significativa da literatura profissional *difundida nacionalmente* entre 1965 e 1985.[84] Este exame — a partir do qual detectamos as mencionadas direções intrínsecas — revelou que o processo

---

quando não optaram por soluções próximas à da investigação policial. Com a exaustão do movimento, empenharam-se numa cruzada restauradora, ora estabelecendo um efetivo inquisitorial à reconceptualização (Netto, 1981b), ora promovendo a recuperação velada ou aberta das formas de intervenção e representação do passado.

84. Evidentemente, não nos foi possível estudar *todos* os materiais produzidos neste período no âmbito do Serviço Social — mas estamos convencidos de que trabalhamos o que há de mais significativo e representativo neste acervo. Além de títulos publicados antes e depois destas duas décadas, foram objeto de nosso exame, no período:

a) todas as edições (inclusive os "suplementos") da revista *Debates Sociais*, editada no Rio de Janeiro pelo CBCISS;

de renovação configura um movimento cumulativo, com estágios de dominância teórico-cultural e ideopolítica distintos, porém entrecruzando-se e sobrepondo-se, de onde a dificuldade de qualquer esquema para representá-lo. Se é possível levantar as principais linhas de desenvolvimento da reflexão profissional particularizadas pelo seu travejamento teórico e ideopolítico, é preciso enfatizar, ao fazê--lo, que elas concorrem frequentemente no tempo e no espaço. Neste sentido, há que anotar, antes de mais, tanto a distribuição diacrônica da elaboração profissional no período quanto a incidência diferencial dos organismos que estimulam e alimentam o processo de renovação.

No que toca à distribuição diacrônica da elaboração profissional, nosso exame sugere um cenário em que se registram três momentos privilegiados de condensação da reflexão: o primeiro cobre a segunda metade dos anos 1960, o segundo é constatável um decênio depois e o terceiro se localiza na abertura dos anos 1980. Esta distribuição de alguma maneira se relaciona com os organismos que sustentam o processo de renovação: no primeiro momento, o impulso organizador é praticamente monopolizado pelas iniciativas do CBCISS, que então abre a série dos seus importantes "seminários de teorização".[85] No segundo, além da presença dessa entidade, verifica-se

---

b) todos os textos de autores brasileiros inseridos na série "Cadernos Verdes", referidos especificamente ao Serviço Social (estes *papers* são também da responsabilidade editorial do CBCISS);

c) todos os *Anais* e conclusões de eventos profissionais de âmbito nacional, bem como seus materiais preparatórios;

d) praticamente todos os títulos de Serviço Social publicados pelas editoras Agir (RJ), Francisco Alves (RJ), Vozes (Petrópolis), Cortez e Moraes (SP) e Cortez (SP);

e) todas as edições da revista *Serviço Social & Sociedade*, editada em São Paulo (Cortez);

f) ademais, examinamos um bom número de teses de mestrado e doutorado elaboradas no eixo Rio de Janeiro-São Paulo, uma porção expressiva de apostilas utilizadas em cursos de especialização/atualização profissionais e de textos oferecidos em encontros regionais e/ou de campos de atuação específicos da profissão.

85. Até o momento, estão disponíveis os materiais referentes a quatro dos cinco "seminários de teorização": Araxá (março de 1967), Teresópolis (janeiro de 1970), Sumaré (novembro de 1978) e Alto da Boa Vista (novembro de 1984) (cf. CBCISS, 1986, 1988); nesta última

especialmente a objetivação das inquietudes sistematizadas no âmbito dos cursos de pós-graduação, inaugurados pouco antes.[86] No terceiro, acresce-se a estas duas fontes alimentadoras a intervenção de organismos ligados às agências de formação (ABESS) ou diretamente à categoria profissional (como as associações profissionais, posteriormente sindicatos, CENEAS etc.). Adiante veremos que esta diversidade de organismos tem conexões com proposições profissionais diferentes; por agora, basta realçar que o movimento global desses momentos parciais oferece um desenho nítido: a renovação se inicia mediante a ação organizadora de uma entidade que aglutina profissionais e docentes, em seguida tem o seu centro de gravitação transferido para o interior das agências de formação e, enfim, espraia-se desses núcleos para organismos de clara funcionalidade na imediata representação da categoria profissional — esta é a evolução que leva da ação quase exclusiva do CBCISS ao debate nas escolas (principalmente nos cursos de pós-graduação) e, posteriormente, à conjunção desses dois espaços com aqueles de organizações estritamente profissionais. Neste processo, rebatem tanto o peso novo que vão adquirindo as agências de formação (postas a sua ampliação e a sua inserção acadêmica) quanto as implicações da organização da categoria (posto o mercado nacional de trabalho) e isto no marco da antes referida laicização. E há que contabilizar, no mesmo movimento, dois dados significativos: o *alargamento* do elenco dos inter-

---

publicação, ver especialmente a contribuição de Vieira. O quinto seminário da série em questão, realizado no Rio de Janeiro na última semana de junho de 1989, tematizando "A questão da construção do conhecimento em Serviço Social", ainda não teve divulgados os seus resultados e por isso não é considerado aqui. As repercussões dos dois primeiros seminários sobre a categoria profissional podem ser rastreadas nos "encontros regionais" que debateram seus respectivos documentos (cf. *Debates Sociais*, supl. n. 3, ago. 1969 e CBCISS, 1984). É importante assinalar que, ao longo do período que nos interessa, as iniciativas do CBCISS foram muito mais além da promoção destes "seminários de teorização" — envolveram grande atividade editorial e a organização de inúmeros cursos dirigidos a profissionais e docentes.

86. De fato, boa parte da produção divulgada no final dos anos 1970 já é fruto desses programas de pós-graduação, muito especialmente as teses defendidas nas Pontifícias Universidades Católicas de São Paulo e do Rio de Janeiro.

locutores, em função da pluralidade dos organismos envolvidos e da ampliação da categoria profissional, e a *modalidade de difusão* dos conteúdos da renovação; a decorrência do primeiro é o esbatimento do relevo das "personalidades" profissionais — gradualmente, o grupo restrito das "estrelas" consagradas da profissão vai sendo deslocado por um segmento cada vez maior de profissionais (inclusive com uma localização geográfica menos concentrada no país) que participam dos debates que dão o tom da polêmica profissional. No segundo, o que se observa é a emergência de condutos mais capilarizados e eficazes para divulgar os eixos temáticos da renovação.

O exame do conjunto do material pesquisado (cf. nota 84) permite afirmar que, erodida a base do Serviço Social "tradicional", a reflexão profissional se desenvolveu diferencialmente — quer cronológica, quer teoricamente — em três direções principais, constitutivas precisamente do processo de renovação.

A primeira direção conforma uma *perspectiva modernizadora* para as concepções profissionais — um esforço no sentido de adequar o Serviço Social, enquanto instrumento de intervenção inserido no arsenal de técnicas sociais a ser operacionalizado no marco de estratégias de desenvolvimento capitalista, às exigências postas pelos processos sociopolíticos emergentes no pós-1964. Trata-se de uma linha de desenvolvimento profissional que, se encontra o auge da sua formulação exatamente na segunda metade dos anos 1960 — seus grandes monumentos, sem dúvidas, são os textos dos seminários de Araxá e Teresópolis —, revelar-se-á um eixo de extrema densidade no evolver da reflexão profissional: não só continuará mobilizando energias nos anos seguintes[87] como, especialmente, mostrar-se-á aquele vetor de renovação que mais fundamente vincou a massa da categoria profissional.[88]

---

87. O mais representativo dos intelectuais desta perspectiva modernizadora, José Lucena Dantas, sobre cuja produção retornaremos adiante, exerceu papel significativo na teorização profissional até o fim dos anos 1970.

88. Parece indiscutível que esta vertente do processo de renovação foi aquela que mais substantivamente se viu apropriada pelos profissionais de Serviço Social — menos por seus

Como veremos na devida altura, o núcleo central desta perspectiva é a tematização do Serviço Social como interveniente, dinamizador e integrador, no processo de desenvolvimento. Sob este aspecto, ela mantém uma direta relação de continuidade com o acúmulo profissional realizado *na transição dos anos 1950 aos 1960* (cf. seção 2.2.2); esta continuidade, no entanto, é, em si mesma, *parcial e seletiva*: o que se recupera do acervo anterior a 1964 *exclui* a vertente que concebia o desenvolvimento brasileiro como função de transformações conducentes à eversão da ordem estabelecida. O que caracteriza esta perspectiva, todavia, está longe resumir-se à exclusão de tendências contestadoras: antes, o que lhe confere seu tônus peculiar é a nova fundamentação de que se socorre para legitimar o papel e os procedimentos profissionais. Se, neste âmbito, constatam-se reiterações da tradição, registram-se avanços inequívocos, com aportes extraídos do *back-ground* pertinente ao estrutural-funcionalismo norte-americano. Este o caráter modernizador desta perspectiva: ela aceita como dado inquestionável a ordem sociopolítica derivada de abril e procura dotar a profissão de referências e instrumentos capazes de responder às demandas que se apresentam nos seus limites — de onde, aliás, o cariz tecnocrático do perfil que pretende atribuir ao Serviço Social no país.[89] No âmbito estrito da profissão, ela se reporta aos seus valores e concepções mais "tradicionais", não para superá-los ou negá-los, mas para inseri-los numa moldura teórica e metodológica menos débil, subordinando-os aos seus vieses "modernos" — de onde, por outro lado, o lastro eclético de que é portadora.[90]

---

substratos teóricos ou por seus eventuais traços de congruência interventiva e mais por duas razões: a relação de continuidade que mantinha com a acumulação profissional anterior (cf. infra) e a sua funcionalidade em face das requisições próprias à institucionalidade construída pela autocracia burguesa.

89. "O *Documento de Araxá* reflete o pensamento dessa 'fina flor' da tecnocracia, pois reúne os assistentes sociais que haviam deixado de trabalhar nas obras sociais, nos morros, nas favelas, nas fábricas, nos círculos operários e passaram a ocupar postos e cargos na administração estatal" (Faleiros, 1987, p. 57).

90. Adiante concretizaremos os traços aqui mencionados.

Cabe notar que se o desenvolvimento dessa perspectiva revela um feixe de profundas vinculações com a ordem sociopolítica oriunda do golpe de abril — muito visivelmente, com a abertura de espaços socioprofissionais nas instituições e organizações estatais e paraestatais, submetidas à racionalidade burocrática das reformas promovidas pelo Estado ditatorial —, sua emergência como que antecipa o padrão de profissional que o Estado "reformado" pela coalizão golpista exigiria nos anos seguintes. Tudo indica que a construção deste padrão tem seu ponto de arranque na iniciativa de uma instituição extrauniversitária (no caso, o CBCISS) porque o sistema universitário ainda não fora refuncionalizado pela autocracia burguesa.[91] Quando esta refuncionalização se operar, as próprias agências de formação se encarregarão de reproduzi-lo eficientemente, não só em razão da sua natureza precípua como pela sua interação acadêmica com as Ciências Sociais assépticas, sob a inspiração de matrizes neopositivistas norte-americanas, que vicejaram na ditadura.

Por outro lado, essa perspectiva alcançou repercussão além fronteiras:[92] no marco da crise internacional do Serviço Social "tradicional", suas primeiras formulações (principalmente as apresentadas no *Documento de Araxá*) foram um elemento catalisador daquela "grande união" que já mencionamos. Não por acidente, há analistas que chegam mesmo a identificar nela um dos pontos de partida do movimento de reconceptualização (v. g., Ander-Egg et al.,

---

91. As iniciativas do CBCISS, à época, não se reduziam, como anotamos (cf. nota 85), à promoção dos "seminários de teorização" e de encontros para prepará-los e avaliá-los. Os intelectuais ligados ao organismo, em empreendimentos deste e de outras instituições, ministraram cursos de atualização/especialização para docentes e/ou profissionais e contribuíram decisivamente para fazer penetrar e difundir os conteúdos modernizadores nas próprias agências de formação, inclusive com substanciosos materiais apostilados que corriam todo o país. Esses intelectuais tiveram papel importante, por exemplo, nos "Cursos de Aperfeiçoamento para Docentes de Serviço Social" articulados pela ABESS — inclusive contando com o apoio da embaixada norte-americana (Vieira et al., 1987: 110-111) — em 1966-67, que de alguma forma abriram o caminho para as ulteriores formações pós-graduadas.

92. Ao que informa o próprio CBCISS (1986, p. 8), o *Documento de Araxá* foi traduzido para o inglês e o castelhano e o *Documento de Teresópolis* foi vertido a este último idioma.

1975). Só na década de 1970, com o amadurecimento deste último, é que se explicitaria a particularidade da perspectiva moderniza-dora brasileira — ela foi a expressão da renovação profissional adequada à autocracia burguesa (Netto, 1976). De fato, é na fase de emergência desta perspectiva que a reflexão brasileira interage inicialmente com os renovadores latino-americanos, fornecendo-lhes claras inspirações — num movimento de influência que posterior-mente será revertido.[93]

A perspectiva modernizadora, num plano ideal, terá a sua hege-monia posta em questão a partir de meados dos anos 1970 — até então, pode-se dizer que ela imanta indiscutivelmente a reflexão profissional. A crise da autocracia burguesa vai propiciar as condições para que, a partir do segundo lustro da década de 1970, se reduza progressivamente a polarização intelectual que exerceu. Toda a di-nâmica sociopolítica e cultural da autocracia burguesa, com seus rebatimentos no universo profissional, contribui então para reduzir a sua expressão na (auto)representação dos assistentes sociais. De uma parte, seu *conteúdo reformista* (recorde-se que ela incorpora o vetor do reformismo próprio ao conservantismo burguês) não aten-de às expectativas do segmento profissional que, agarrado às mais vetustas tradições do Serviço Social, resiste ao movimento de laici-zação ocorrente e se recusa a romper com o estatuto e a funcionali-dade subalternos historicamente assumidos pela profissão. Este segmento, de extração e vinculação católica, privilegia os compo-nentes mais conservadores da tradição profissional e mostra-se re-fratário às inovações introduzidas pela perspectiva modernizadora, com seu empenho de legitimar-se assimilando decididamente os parâmetros e referências teórico-ideológicas do pensamento estru-tural-funcionalista. De outra, seu *traço conservador* e sua *colagem à ditadura* incompatibilizam-na com os segmentos profissionais críticos

---

93. Nos textos da época, de autores como Ander-Egg, Kruse e Kisnerman, é visível a valorização da contribuição dos dois primeiros "seminários de teorização" promovidos pelo CBCISS. Já no final da década de 1970, o influxo será de sentido inverso: as correntes mais críticas do Serviço Social no Brasil vão inspirar-se nas produções latino-americanas (cf. infra).

quer em face da autocracia burguesa (vale dizer, que passam a comprometer-se, ou já vinham comprometidos, com a resistência democrática), quer em face dos seus substratos teóricos — segmentos cuja incidência acadêmica e na categoria profissional ganha tanto mais densidade quanto mais a autocracia burguesa experimenta o seu ocaso. A expressão ideal das concepções teóricas e profissionais destes segmentos diferenciados, objetivando-se especialmente (mas não exclusivamente) no segundo lustro dos anos 1970, plasma as duas outras direções que compõem o processo de renovação do Serviço Social no Brasil.

A direção que condensa a renovação compatível com o segmento do Serviço Social mais impermeável às mudanças pode designar-se como a perspectiva de *reatualização do conservadorismo*. Trata-se de uma vertente que recupera os componentes mais estratificados da herança histórica e conservadora da profissão, nos domínios da (auto) representação e da prática, e os repõe sobre uma base teórico-metodológica que se reclama nova, repudiando, simultaneamente, os padrões mais nitidamente vinculados à tradição positivista e às referências conectadas ao pensamento crítico-dialético, de raiz marxiana. Essencial e estruturalmente, esta perspectiva faz-se legatária das características que conferiram à profissão o traço microscópico da sua intervenção e a subordinaram a uma visão de mundo derivada do pensamento católico tradicional; mas o faz com um verniz de modernidade ausente no anterior tradicionalismo profissional, à base das mais explícitas reservas aos limites dos referenciais de extração positivista. Aí, exatamente, o seu caráter renovador em confronto com o passado: o que se opera é uma reatualização dele, com um consciente esforço para fundá-lo em matrizes intelectuais mais sofisticadas. O esforço se beneficia, de um lado, do descrédito cada vez mais generalizado do acervo proveniente do leito positivista; de outro, sua recusa às vertentes crítico-dialéticas se favorece do vulgarismo com que estas foram geralmente apropriadas no marco do Serviço Social. Assim, a lógica do "terceiro caminho" (Lukács, 1967) parece impor-se natural e facilmente: não é por um mero acaso que a reatualização do conservadorismo reclama expressamente uma inspiração fenomenológica, como verificaremos adiante.

Embora muito distante do êxito alcançado pela perspectiva modernizadora, e sem o alarde que logo revestirá a outra perspectiva renovadora que a seguir tangenciaremos, a perspectiva de reatualização do conservadorismo — cujo polo difusor concentra-se em instituições universitárias do Rio de Janeiro e de São Paulo[94] — encontra um significativo espaço para a sua influência. Em primeiro lugar, capitaliza o aparente distanciamento em face da ditadura que cercou a emergência das tendências irracionalistas (notadamente a utilização de Heidegger) na universidade brasileira — distanciamento que pôde até deixar a impressão de crítica discreta, e este não é um dado desimportante, na medida em que isenta esta perspectiva de qualquer instrumentalização direta por parte da autocracia, flanco demasiado aberto na perspectiva modernizadora. Em segundo lugar, ao conceder um relevo destacado às dimensões da subjetividade, ela atende às requisições fortemente psicologistas que surgem em amplos estratos profissionais cujo desempenho está travejado por um eticismo abstrato. Sabe-se que a retórica irracionalista da "humanização" (cristã tradicional ou de fundo existencialista) adquire saliência especial em contextos capitalistas de rápido desenvolvimento das forças produtivas: à crescente burocratização "massificadora" da vida social, ela opõe a valorização "profunda" da "personalidade", das "realidades psíquicas", das "situações existenciais" etc. Enfim, esta perspectiva — correlatamente ao anterior — se beneficia de todo um acúmulo ainda vigente de expectativas, historicamente respaldadas no desempenho tradicional dos assistentes

---

94. Na Universidade Federal do Rio de Janeiro e na Pontifícia Universidade Católica do Rio de Janeiro — aqui, sua objetivação mais ponderável se registra na elaboração de uma de suas figuras exponenciais, Anna Augusta de Almeida, cuja obra será mencionada adiante. Em meados dos anos 1970, outro vetor de influência fenomenológica será sensível, sem a gravitação verificada no Rio de Janeiro, na Pontifícia Universidade Católica de São Paulo, em função da aproximação de assistentes sociais ao pensador católico Joel Martins. Também na Pontifícia Universidade Católica do Rio Grande do Sul rebate esta influência.

sociais, referentes ao exercício do Serviço Social fundado no circuito da *ajuda psicossocial*. O extremo conservantismo desta perspectiva não reside apenas no seu referencial ideocultural (cujo eixo aparece congruente com consagrada interpretação vaticana do cristianismo); antes, ela é perceptível no embasamento "científico" com que constrói a relação do Serviço Social com seus "objetos" — como adiante se verá, trata-se de uma "cientificidade" evanescente, onde, em nome da "compreensão", dissolvem-se quaisquer possibilidades de uma análise rigorosa e crítica das realidades macrossocietárias e, derivadamente, de intervenções profissionais que possam ser parametradas e avaliadas por critérios teóricos e sociais objetivos.

Dado significativo quanto a esta vertente da renovação profissional é a sua relativa ausência na agenda dos debates que se operam no interior do Serviço Social no Brasil. Instalada explicitamente no universo dos assistentes sociais desde meados dos anos 1970, esta direção do desenvolvimento profissional não registra, como as duas outras que constituem o processo de renovação da profissão, uma polêmica acesa em torno das suas proposições.

A terceira direção identificada no processo de renovação do Serviço Social no Brasil é a perspectiva que se propõe como *intenção de ruptura* com o Serviço Social "tradicional". Ao contrário das anteriores, esta possui como substrato nuclear uma crítica sistemática ao desempenho "tradicional" e aos seus suportes teóricos, metodológicos e ideológicos. Com efeito, ela manifesta a pretensão de romper quer com a herança teórico-metodológica do pensamento conservador (a tradição positivista), quer com os seus paradigmas de intervenção social (o reformismo conservador). Na sua constituição, é visível o resgate crítico de tendências que, no pré-1964, supunham rupturas político-sociais de porte para adequar as respostas profissionais às demandas estruturais do desenvolvimento brasileiro. Especialmente, ela toma forma pela elaboração de quadros docentes e profissionais cuja formação se dera entre as vésperas do golpe e a fascistização assinalada pelo AI-5. Na sua evolução e explicitação, ela recorre progressivamente à tradição marxista (com os problemas

DITADURA E SERVIÇO SOCIAL 207

que indicaremos a seguir) e revela as dificuldades da sua afirmação no marco sociopolítico da autocracia burguesa: sua emersão inicial (configurada no célebre "Método Belo Horizonte"),[95] na primeira metade da década de 1970, permaneceu por longos anos um signo isolado. À medida que avança a crise da ditadura, e o "marxismo acadêmico" a que aludimos (cf. capítulo 1, seção 1.7) se desenvolve, ela se adensa, sobretudo enquanto padrão de análise textual;[96] quando a autocracia burguesa entra na defensiva e se processa a transição democrática, ela empolga vanguardas profissionais, fortemente mesclada ao novo irracionalismo, a que também nos referimos no capítulo anterior. Na primeira metade dos anos 1980, é esta perspectiva que dá o tom da polêmica profissional e fixa as características da retórica politizada (com nítidas tendências à partidarização) de vanguardas profissionais de maior incidência na categoria, permeando o que há de mais ressonante na relação entre esta e a sociedade — e de forma tal que fornece a impressão de possuir uma inconteste hegemonia no universo profissional.[97]

Tendo recebido ponderável influência do pensamento latino-americano reconceptualizado no final dos anos 1970 e o início da presente década,[98] esta vertente tem muito da sua audiência conta-

---

95. O "Método BH", resultante de experiências e formulações efetivadas entre 1972 e 1975 por um núcleo docente da Escola de Serviço Social da Universidade Católica de Minas Gerais, encontra-se acessível hoje em Santos (1985).

96. Significativa parcela de teses de mestrado em Serviço Social, produzidas na segunda metade dos anos 1970 na Pontifícia Universidade Católica do Rio de Janeiro, atesta este adensamento, para o qual parece ter sido fundamental o estímulo e o apoio de intelectuais avançados e progressistas de outras áreas (neste caso, um protagonismo destacado coube à profa. Miriam Limoeiro Cardoso) que, na abertura dos anos 1980, foram afastados daquela instituição.

97. Para confirmá-lo, cf. o processamento dos Congressos Brasileiros de Assistentes Sociais a partir de 1979.

98. Já observamos que a renovação do Serviço Social no Brasil, na segunda metade da década de 1960, rebate no primeiro momento da reconceptualização latino-americana (cf. nota 93); a partir da dissolução da "grande união", este rebatimento praticamente desaparece e o movimento interativo se inverte: aproximadamente já por volta de 1975, começa a sentir-se nos setores mais insubmissos do Serviço Social no Brasil a forte influência de autores latino-americanos (ou de brasileiros obrigados ao exílio na América Latina — é o caso de Faleiros), com especial destaque para aqueles divulgados pelas editoras portenhas Ecro e Humanitas

bilizada ao descrédito político da perspectiva modernizadora e à generalizada crítica às ciências sociais acadêmicas; no entanto, parecem-nos fundamentais, para explicar a sua repercussão, as condições de trabalho da massa da categoria profissional — com sua aproximação geral às camadas trabalhadoras —, o novo público em que se recrutam os quadros técnicos (cf. nota 29), o clima efervescente do circuito universitário quando da crise da ditadura (envolvendo todos os intervenientes da arena acadêmica) e, principalmente, o quadro sociopolítico e ideológico dos primeiros anos da década, que conduziu à participação cívica amplos contingentes das novas camadas médias urbanas, com destaque para seus setores técnicos.[99]

O que importa ressaltar, numa primeira caracterização desta perspectiva, é que ela, na expressão dos segmentos mais avançados da categoria profissional, tem conservado os seus traços dominantes de *oposição* ao tradicionalismo do Serviço Social — porém, alcançando resultados pouco significativos em proposições não prescritivas para o exercício profissional. De onde, no seu perfil, um flagrante hiato entre a *intenção* de romper com o passado conservador do Serviço Social e os *indicativos prático-profissionais* para consumá-la. Tal constatação não cancela o acúmulo que ela já realizou — um acervo em desenvolvimento, cujo mérito mais evidente, sem dúvida,

---

(Ander-Egg, Kruse, Kisnerman, Boris Lima — este com seu texto básico vertido ao português em 1975) e, em seguida, do núcleo de pensadores articulados em torno do CELATS (cuja revista, *Acción Crítica*, começou a circular em dezembro de 1976).

É interessante notar o forte condicionamento sociopolítico desta interação, *que responde pela tardia relação de segmentos da categoria profissional brasileira com o pensamento latino-americano reconceptualizado contestador*: quando se abrem espaços para a sua absorção no Brasil (ou seja, quando emerge a crise da ditadura), está se processando nos seus países de origem a crise dos seus suportes sociopolíticos (os marcos maiores são a derrocada da Unidade Popular chilena, em setembro de 1973, e a instauração da ditadura na Argentina, em março de 1976); sobre este condicionalismo, cf. Netto (1976)

99. Também se poderia arrolar aqui uma espécie de "purgação" psicossocial de expressivos segmentos da categoria: o mecanismo de apagar da memória profissional a massiva anuência à autocracia burguesa é fornecido pelo militantismo "comprometido com a classe trabalhadora" — exatamente quando os ônus desse militantismo são perfeitamente suportáveis ou até inexistentes.

DITADURA E SERVIÇO SOCIAL

tem sido a constante ampliação das referências teóricas e ideoculturais para repensar a profissão, inclusive qualificando-a no debate acadêmico e político.

Se estas são as direções principais que se estruturam no processo de renovação do Serviço Social no Brasil — e está claro que este mapeamento esquematiza uma dinâmica bastante fluida —, cabem algumas notações para evitar conclusões apressadas.

A primeira observação a ser feita recobre precisamente o caráter dinâmico e fluido do processo em tela. Submetidos a pressões da própria realidade (sociopolítica, do país; institucional-organizacional, da alocação ocupacional da categoria), muitos dos seus protagonistas avançaram no desenvolvimento do processo e alteraram significativamente as suas posições teóricas (e mesmo ideopolíticas) e suas proposições profissionais.[100] Afora os naturais casos de oportunismo, não são poucos os profissionais e docentes que, no curso do processo, evoluíram para posturas cujos substratos pouco têm em comum com suas intervenções nos primeiros momentos da renovação.[101] Movimento similar foi realizado por instituições e organismos, igualmente compelidos por vetores que lhes eram externos e por motivações alheias à sua inspiração original.[102]

---

100. Estas evoluções estão condicionadas, pelo menos, por duas ordens de fenômenos. De uma parte, a dinâmica mesma da autocracia burguesa, que acabou — ao revelar a sua real funcionalidade histórico-social — com as ilusões através das quais sensibilizou muitos segmentos liberais. De outra (e aqui entram propriamente mediações de ordem intelectual e profissional), o amadurecimento e o aprofundamento teórico-reflexivo de assistentes sociais que, especialmente mercê da sua integração no circuito acadêmico, puderam enriquecer e flexibilizar as suas concepções sobre a sociedade e a profissão.

101. Apenas a título de ilustração, entre os inúmeros casos deste tipo, veja-se o itinerário de um profissional como Miriam Veras Baptista, que avançou de supostos que nutriam o desenvolvimentismo mais tradicional para uma relação compreensiva e simpática com proposições do estruturalismo genético goldmanniano.

102. Ao que tudo indica, esta é, por exemplo, a trajetória do Programa de Estudos Pós-Graduados em Serviço Social da Pontifícia Universidade Católica de São Paulo. Iniciando-se numa direção que assumia claramente a perspectiva modernizadora, ele acabou por situar-se numa vertente de clara abertura a novos influxos na transição dos anos 1970 aos 1980, de uma parte, em função das orientações mais avançadas que tinham guarida naquela

De alguma maneira vinculado a estes movimentos evolutivos e de deslocação, está o entrecruzamento de concepções teóricas e proposições profissionais. Dada a natureza histórica do lastro tradicional da elaboração teórica pelos assistentes sociais e a igualmente histórica carência de tradição intelectual no âmbito do Serviço Social no Brasil, que se acrescenta problematicamente à dinâmica acima referida, é fácil concluir sobre a interação e a mesclagem que de fato se verificam no evolver daquelas três linhas de desenvolvimento. Não se trata apenas do intercâmbio decorrente da troca de influências e do enfrentamento polêmico entre as tendências em presença. O fenômeno é outro: posta a ausência (factual) de uma inteira ruptura com a tradição e a própria evolução gradual dos protagonistas da renovação — aliás, nem sempre com uma clara consciência dos supostos e das implicações das suas posições[103] —, resulta frequentemente uma sobreposição de referenciais teóricos, concepções ideológicas e indicativos prático-profissionais.[104] De onde a dificuldade de localizar, na massa crítica produzida ao longo do período que nos interessa, (auto) representações que, em si mesmas, revelem pura e integralmente os núcleos das linhas de desenvolvimento que recolhemos atrás.[105]

---

universidade, notadamente as influências provindas de outros programas da área das ciências sociais; de outra, pela própria demanda dos pós-graduandos; e, enfim, também pelo desempenho da Escola de Serviço Social daquela universidade, ao tempo um dos núcleos mais importantes do país na elaboração renovadora.

Igualmente no evolver do CBCISS são perceptíveis mudanças do mesmo gênero; pense-se, por exemplo, no caráter bem diferenciado dos seus "seminários de teorização": se Araxá aparenta uma ponderável consensualidade, esta se esbate ligeiramente em Teresópolis; o encontro do Sumaré descarta soluções conclusivas e o do Alto da Boa Vista já se inscreve numa perspectiva mais liberal no debate de concepções distintas.

103. É preciso atentar claramente para este ponto — vale aqui o célebre aforismo marxiano que Lukács recolheu como epígrafe da sua *Estética I*: "Não o sabem, mas o fazem". Ou seja: pouco importa o grau de consciência pessoal de cada um dos protagonistas deste processo acerca da significação, do sentido e do alcance das suas intervenções — não é esta intencionalidade subjetiva que está em jogo ou em avaliação.

104. É desnecessário fazer notar que, nestas circunstâncias, potencia-se o ecletismo nas formulações.

105. O que, obviamente, condicionará em larga medida o tratamento que a seguir lhes concederemos — na massa crítica afeta a cada uma destas vertentes, nós nos deteremos apenas naqueles materiais que mais "puramente" representam e expressam cada uma delas.

Outra notação de extrema importância diz respeito aos contextos sociopolíticos em que se inscreveram aquelas linhas de desenvolvimento. Se, como indicamos, sua gênese e desdobramento só podem ser pensados levando-se em conta a macroscopia da autocracia burguesa, são igualmente indispensáveis as cautelas de rigor para evitar simetrias apressadas e correlações mecânicas. Entre tais cautelas, duas são fundamentais: a relação das linhas de desenvolvimento com o acúmulo anterior à instauração da autocracia burguesa e as mediações institucional-organizacionais no marco preciso de instâncias profissionais e de docência. Com estas considerações sempre à vista, não se corre o risco, de uma parte, de perder os nexos de continuidade e ruptura que, simultâneos, comparecem no evolver do processo de renovação. Podem ser trazidos à tona tanto as fraturas quanto os liames que conectam a evolução das (auto)representações do Serviço Social com o acervo gestado entre a virada dos anos 1950 e o golpe de abril. De outra parte, pode-se dissipar o mito segundo o qual, nos piores períodos da autocracia (notadamente o estágio do militar-fascismo), não havia as mínimas condições para negar-se ao enquadramento e ao bater de calcanhares.[106] Especialmente a consideração das mediações institucional-organizacionais é aqui útil, para comprovar a inexistência de uma relação linear entre repressão política e anuência profissional.[107]

Nesta mesma linha de preocupações, cabe enfatizar a indescartabilidade da malha de mediações que concretizam as específicas relações entre as políticas cultural e educacional da autocracia com o processo renovador que o Serviço Social experimenta no Brasil nas duas décadas posteriores ao golpe de abril. Pelo que argumentamos até aqui, a partir das páginas que constituem o primeiro capítulo deste trabalho, estas relações são inegáveis: a perspectiva modernizadora, beneficiando-se da supressão política dos suportes que sus-

---

106. Mito tanto mais cultivado perante as novas gerações que ingressam na categoria profissional quanto mais justificador da passividade pretérita — o que também contribui para a "purgação" da memória profissional dos assistentes sociais (cf. nota 99).

107. A prova cabal desta inexistência é a experiência e a formulação do "Método BH" — *ambas construídas institucionalmente e precisamente nos anos mais escuros da ditadura* (1972-1975).

tentavam vetores eversivos da crítica (implícita) ao tradicionalismo, pode desenvolver-se com o subsequente aporte de uma universidade burocratizada e ideologicamente neutralizada; a reatualização do conservadorismo seria bastante problematizada sem o contributo que lhe forneceu a expansão dos veios irracionalistas, intimistas e psicologistas na cultura tolerada pela autocracia. A intenção de ruptura seria impensável sem a tendencial hegemonia cultural das correntes progressistas e de esquerda até 1968/1969, sem o desenvolvimento do "marxismo acadêmico" e sem as marcas do novo irracionalismo que irrompe quando já ia avançada a crise da ditadura. E o desenho global do processo renovador sequer seria visualizado se, ademais do condicionalismo que já tangenciamos (cf. seção 2.1), o Serviço Social não experimentasse a sua inserção acadêmica, com os eixos principais da renovação inscritos no movimento universitário como um todo, principalmente quando as tensões imanentes à academia se direcionam, contraditoriamente, para a oposição e mesmo a contestação à ditadura que a modelou.[108] Entretanto, estas balizas só têm sentido para indicar o *espaço sociopolítico* do desenvolvimento das perspectivas de renovação do Serviço Social e os eventuais privilégios concedidos à dinâmica própria a cada uma delas. As *modalidades particulares* através das quais elas tomaram densidade teórico-metodológica e ideológica demandam a análise das suas formulações determinadas. É a esta análise que dedicaremos as seções seguintes deste capítulo, procurando não descurar aquelas mediações e centrando a atenção na estrutura interna das formulações mesmas, sempre conservadas as dimensões da sua inserção sociopolítica.[109]

---

108. Quando se dá este direcionamento (como vimos no capítulo 1, seção 1.3, *depois* da reinserção da classe operária na cena política), segmentos docentes (e não só) do Serviço Social desempenharam papéis efetivamente progressistas e de vanguarda. Este é um processo que merece investigação específica, notadamente porque envolveu setores antes claramente conotados com o tradicionalismo profissional e o conservadorismo político. Pense-se, à guisa de ilustração, na firmeza e na verticalidade imprimidas à reitoria da Pontifícia Universidade Católica de São Paulo pela profa. Nadir Gouveia Kfouri.

109. As formulações que serão objeto da análise subsequente (cf. nota 105) são aquelas que nos parecem as mais *representativas* no âmbito da diversidade do processo de renovação

DITADURA E SERVIÇO SOCIAL   213

2.3 A formulação da perspectiva modernizadora

A perspectiva modernizadora, como já indicamos, constitui a primeira — sob todos os aspectos — expressão do processo de renovação do Serviço Social no Brasil. Emergente desde o encontro de Porto Alegre, em 1965 (cf. nota 71), ela encontra a sua formulação afirmada nos resultados do primeiro "Seminário de Teorização do Serviço Social", promovido pelo CBCISS na estância hidromineral de Araxá (MG), entre 19 e 26 de março de 1967, e se desdobra nos trabalhos do segundo evento daquela série, também patrocinado pelo CBCISS e efetivado entre 10 e 17 de janeiro de 1970, em Teresópolis (RJ).

Os textos finais desses dois encontros — o *Documento de Araxá* e o *Documento de Teresópolis* — possuem, como veremos em seguida, características e ênfases diferenciadas, mas podem perfeitamente ser tomados como a consolidação modelar da tentativa de adequar as (auto)representações profissionais do Serviço Social às tendências sociopolíticas que a ditadura tornou dominantes e que não se punham como objeto de questionamento substantivo pelos protagonistas que concorreram na sua elaboração.

A perspectiva modernizadora não se esgota, naturalmente, nas concepções e proposições consagradas nestes dois documentos. Antes, ela encontra impostações e matizes diversificados em inúmeros trabalhos de profissionais e docentes cujas reflexões se desenvolveram entre a segunda metade dos anos 1960 e o final da década seguinte.[110] Individualmente, o estudioso que pode ser referenciado como o intelectual de ponta desta tendência é Lucena Dantas, cuja

---

do Serviço Social. Esta representatividade foi aferida em termos de *ressonância no debate profissional, incidência nos desenvolvimentos ulteriores do processo* e *condensação dos principais núcleos temáticos do próprio processo.*

110. A produção dos assistentes sociais que pode ser relacionada a esta direção renovadora é rica e multifacética. São várias as elaborações que mereceriam citação; apenas para indicar profissionais reconhecidamente envolvidos neste esforço, mencionem-se Cornely (1972, 1976), Carvalho da Silva (1974) e Baptista (1976).

produção será tangenciada adiante. No entanto, não há qualquer dúvida acerca da extrema representatividade das formulações — de responsabilidade coletiva — que aqueles documentos condensam e veiculam, de onde a validez de centrar sobre eles a análise; melhor: é indubitável que neles se alcançou a mais expressiva síntese de um dado modo de conceber o Serviço Social no contexto brasileiro: um instrumento profissional de suporte a políticas de desenvolvimento — de onde, a partir deste traço sintético, a justeza de considerá-los exemplares.

Com efeito, a vinculação desses documentos à ideologia das políticas de desenvolvimento é hoje algo pacífico — como, aliás, o era para os profissionais que os elaboraram.[111] Era-o porque a problemática do desenvolvimento se colocava como um dilema central da vida brasileira desde a década anterior, somando-se a um caldo de cultura política que tinha as suas retórica e prática sancionadas pelos projetos experimentais e localizados promovidos com ou sem a colaboração de governos dos países capitalistas centrais e agências internacionais (como vários organismos da ONU, entre os quais a CEPAL, cujo papel teórico-ideológico neste processo nunca será exagerado). Problemática elementar no país, mobilizadora de segmentos burgueses e de lideranças afetas às classes subalternas, cujas projeções tanto enfibravam a ação estritamente política quanto animavam o erguimento de representações teórico-culturais — já se mencionou, neste trabalho, o desempenho do ISEB.[112] Problemática que, e também já o sugerimos, feriu o acúmulo do Serviço Social nos anos imediatamente anteriores ao golpe de abril.

---

111. O editorial da revista *Debates Sociais* que publicou o "Documento de Araxá" (n. 4, ano III, maio 1967) observa: "O documento de Araxá aprovado no domingo de Páscoa [26 de março de 1967] coincide com a promulgação da encíclica *Populorum Progressio*, de Sua Santidade o papa Paulo VI. Com satisfação, o CBCISS verifica que o *desenvolvimento* é o enfoque comum do documento pontifício e do mais recente documento de Serviço Social do Brasil".

112. Em cuja evolução, aliás, se percebe claramente o vetor burguês (Roberto Campos, Hélio Jaguaribe) e os vetores nacional-popular e democrático-socialista (Roland Corbisier, Nelson Werneck Sodré).

A vinculação das concepções formuladas naqueles documentos com a problemática do desenvolvimento, todavia, possui um viés particular — precisamente aquele que corresponde às estratégias político-sociais que assumem o desenvolvimento como *processo induzido de mudanças* para erradicar, mediante um gradativo aumento dos *níveis de bem-estar social*, o quadro de causalidades potencialmente conversíveis em vetores de alimentação de um caudal revolucionário. Suas tematizações de base estão enfeixadas nas polêmicas sobre a *modernização*, de uma parte e, de outra, sobre os *estágios do desenvolvimento* — com as nítidas influências de autores com Eisenstadt (1969) e Rostow (1966).[113] E é compreensível: a relação subdesenvolvimento/desenvolvimento é pensada como um *continuum*, o subdesenvolvimento aparecendo como uma *etapa* de um processo cumulativo que, submetida a intervenções racionais e planejadas, ver-se-ia ultrapassada e deslocada pela dinâmica que conduziria ao outro polo do *continuum*. Aquelas intervenções seriam direcionadas fundamentalmente para a superação dos estrangulamentos impeditivos do trânsito de um polo a outro, gargalos sobretudo derivados da inércia econômico-social dos *setores arcaicos* (tradicionais) das sociedades subdesenvolvidas, de onde a necessidade de induzir mudanças conducentes à sua compatibilização com a dinâmica dos *setores modernos* (urbano-industriais) — daí a quase identificação de *processo de desenvolvimento* e *processo de modernização*. É a esta concepção desenvolvimentista que se conecta a perspectiva renovadora configurada nos documentos de Araxá e Teresópolis: o processo de desenvolvimento é visualizado como um elenco de mudanças que, levantando barreiras aos projetos de eversão das estruturas socioeconômicas nacionais e de ruptura com as formas dadas de inserção na economia capitalista mundial,[114] demanda aportes técnicos elaborados e complexos além, naturalmente, da sincronia de "governos"

---

113. É curioso observar o subtítulo desta obra do conhecido assessor da administração Kennedy e ideólogo da *Aliança para o Progresso*: "Um manifesto não comunista".

114. É demasiado conhecida para ser reiterada aqui a relação entre os movimentos de insurgência latino-americanos (dinamizados especialmente após a vitória dos guerrilheiros

e "populações" —, com uma consequente valorização da contribuição profissional dos agentes especializados em "problemas econômicos e sociais".

A colagem dos assistentes sociais brasileiros a esta concepção de desenvolvimento não é de difícil explicação. Ademais do acervo que herdavam do período imediatamente anterior ao golpe de abril (e que, é óbvio, depois de 1964 era recuperado seletivamente); ademais das influências teórico-ideológicas do cenário internacional que sobre eles incidiam (o suporte das ciências sociais, as práticas dos projetos "de ajuda" e de "assistência técnica" de países capitalistas centrais e suas legitimações; o discurso *aggiornato* do Vaticano) — ademais de tudo isso, havia a formulação ideal do projeto que levara ao poder, em abril, a coalizão golpista: o *desenvolvimento*, exatamente como expresso na concepção descrita, aparecia como a pedra de toque dos governos ditatoriais ao tempo da elaboração daqueles documentos — em seguida acoplado à noção de segurança.[115] Vale dizer: a conjuntura teórico-ideológica e política (dada a evicção, nos cenários institucionais, do rebatimento de vontades políticas alternativas com razoável ponderação)[116] era a mais propícia para aquela colagem. Neste sentido, a categoria profissional, pelos seus segmentos (representativos) que construíram as formulações de Araxá e Teresópolis, mostrou-se muito bem sincronizada à nova ordem.

---

de *Sierra Maestra*) e as respostas reformistas contrarrevolucionárias (de que foi típico exemplo a *Aliança para o Progresso*).

115. Sobre o mote "segurança e desenvolvimento", cf. Ianni (1984); sobre a retórica do desenvolvimento no discurso ditatorial, reiteramos as referências a Ianni (1981), Vieira (1983) e Covre (1983).

116. E não se pode deixar de referir que, sobre a categoria profissional, não pesava apenas a hipoteca do medo em face da ditadura (o clima psicossocial gestado pela autocracia, aliás, não incidiu apenas sobre os assistentes sociais), nem somente o fato de — posta a sua intervenção basicamente executiva em instâncias do aparelho de Estado — constituir um grupo fortemente submetido vigilância hierárquica: havia todo o lastro de uma *tradição conservadora*. É esta que, a nosso ver, tem uma gravitação especial na colagem em questão — é que, realmente, os vetores profissionais majoritários inclinavam-se "naturalmente" para ela. *Observe-se que nos dois documentos não existe qualquer notação crítica direta em face da ditadura.*

2.3.1 Araxá: a afirmação da perspectiva modernizadora

Os 38 assistentes sociais de cujas reflexões resultou o *Documento de Araxá* partiram de um patamar consensual na apreciação da profissão: "Como prática institucionalizada, o Serviço Social se caracteriza pela ação junto a indivíduos com desajustamentos familiares e sociais. Tais desajustamentos muitas vezes decorrem de estruturas sociais inadequadas" (CBCISS, 1986, p. 24). Constatando que esse tipo de ação compreende dimensões corretivas, preventivas e promocionais, entendem que estas últimas — ressaltando que "promover é capacitar" (CBCISS, 1986, p. 26) — definem a inserção do Serviço Social "no processo de desenvolvimento, tomado este em sentido lato, isto é, aquele que leva à plena utilização dos recursos naturais e humanos e, consequentemente, a uma realização integral do homem. Destaca-se, quanto à promoção humana, a importância do processo de conscientização como ponto de partida para fundamentação ideológica do desenvolvimento global" (idem, ibidem).

Na aparente consequência destas afirmações, pode-se perceber uma *tensão de fundo*, que percorre a abertura do documento: a reposição de traços históricos da prática profissional (atuação microssocial "junto a indivíduos com desajustamentos familiares e sociais", só acidentalmente derivados de "estruturas sociais inadequadas") num marco macrossocietário, o "processo de desenvolvimento" (pensado "globalmente", ou seja, ainda concedendo muito ao humanismo abstrato e eticista da "realização integral do homem"). Todo o discurso profissional arranca desta tensão entre o "tradicional" e o "moderno" — *que será resolvida pela subsunção do primeiro ao segundo*: "As exigências do processo de desenvolvimento mundial vêm impondo ao Serviço Social, sobretudo em países ou regiões subdesenvolvidas, o desempenho de novos papéis" (CBCISS, 1986, p. 26), de onde a urgência de "romper o condicionamento de sua atuação ao uso exclusivo dos processos de Caso, Grupo e Comunidade, e rever seus elementos constitutivos, elaborando e incorporando novos métodos e processos" (CBCISS, 1986, p. 26-27). O escopo do documento, todo ele, vai na direção desse "rompimento", entendido aí como a ruptura com a *exclusividade* do tradicionalismo; realmente, *não há rompimento*: há a captura do "tradicional" sobre novas bases.

Dada esta ausência de ruptura — ou, se se quiser, este *transformismo* —, a tensão referida vai repontar ao longo da inteira reflexão espelhada em Araxá. Ela surge logo nas primeiras páginas do documento, na relação entre "objetivo remoto" e "objetivos operacionais" da profissão. O primeiro "pode ser considerado como o provimento de recursos indispensáveis ao desenvolvimento, à valorização e à melhoria de condições do ser humano, pressupondo o atendimento dos valores universais e a harmonia entre estes e os valores culturais e individuais" (CBCISS, 1986, p. 27) — os "valores universais" aceitos tal como se consignam na Declaração Universal dos Direitos do Homem, da ONU; os segundos compreendem um elenco minucioso de objetivos que permitem instrumentalizar a "reformulação" necessária da profissão, de modo a que "o Serviço Social, agente que intervém na dinâmica social [oriente-se] no sentido de levar as populações a tomarem consciência dos problemas sociais, contribuindo, também, para o estabelecimento de formas de integração popular no desenvolvimento do país" (CBCISS, 1986, p. 26). Mas logo em seguida se verifica que o cariz tradicional (nítido no "objetivo remoto") está subsumido à operacionalização "moderna": o rol das *funções* que se atribuem ao Serviço Social (CBCISS, 1986, p. 28) situa em quarto lugar — *depois* da intervenção no plano das políticas sociais, do planejamento e da administração de serviços sociais — os "serviços de atendimento direto, corretivo, preventivo e promocional, destinados a indivíduos, grupos, comunidades, populares e organizações" (idem, ibidem). Esta forma de resolução da tensão entre o "tradicional" e o "moderno" (via subsunção do primeiro ao segundo) é recorrente no documento e retorna na tematização da "metodologia de ação do Serviço Social" (que constitui o segundo capítulo do texto).

Neste passo, o andamento da argumentação fere uma questão crucial: enfrentando o que tradicionalmente se cristalizou como "princípios básicos da ação profissional", os formuladores de Araxá são compelidos a distinguir neles os *postulados* ("que representam os pressupostos éticos e metafísicos para a ação do Serviço Social", CBCISS, 1986, p. 29) dos *princípios operacionais* ("normas de ação de validade universal à prática de todos os processos do Serviço Social", idem, ibidem). A distinção é simétrica e decorrente à operação anterior que fixou a particularidade de "objetivo remoto" e "objetivos operacionais"; os postulados ("dignidade da pessoa humana", "sociabilidade essencial da pessoa humana", "perfectibilidade humana", CBCISS, 1986, p. 30) derivam diretamente do *neotomismo*, com seu eticismo inteiramente abstrato e a-histórico,[117] mas os princípios operacionais contemplam, de uma parte, a "atuação dentro de uma perspectiva de globalidade na realidade social", e, doutra, como elemento destes princípios (além do tradicional "relacionamento"), "a participação do homem em todo o processo de mudança" (idem, ibidem). A distinção está longe de esgotar-se no formalismo — tem implicações significativas: reconhece parcialmente a debilidade indicativo-instrumental dos "postulados", confere uma nova fundamentação à "participação" (que funciona como contraface da *integração*) e, principalmente, desbasta o terreno para avançar sobre a noção de *globalidade*.

Ainda que o documento não clarifique com rigor esta noção, percebe-se que ela é utilizada como um traço pertinente da ultrapassagem do tradicionalismo — à intervenção profissional que toma os "problemas sociais" de forma estanque deve substituir-se a "perspectiva da globalidade". Mas a noção é fulcral para dar conta de

---

117. Estas abstração e a-historicidade comparecem mesmo na referência à Declaração Universal dos Direitos do Homem, a que os autores do documento recorrem "na ausência de uma teorização suficientemente formulada sobre a universalidade da '*condição humana*'" (CBCISS, 1986, p. 27; grifos nossos). Observador arguto, aliás, já notou que, no documento, os pressupostos éticos "se colocam num nível tal de abstração e idealização que chegam a não atentar para o caráter histórico e temporal dos valores humanos" (Souza, 1978, p. 3).

algo com que se preocupam os assistentes sociais reunidos em Araxá: a peculiaridade profissional do Serviço Social. Esta não é localizada senão naquela "perspectiva": "A intervenção na realidade, através de processos de trabalho com indivíduos, grupos, comunidades e populações, não é característica exclusiva do Serviço Social; *o que lhe é peculiar é o enfoque orientado por uma visão global do homem, integrado em seu sistema social"* (CBCISS, 1986, p. 31; grifos nossos). À primeira vista, a determinação pode parecer somente uma extensão, para a angulação profissional, do princípio genérico que denota a "integralidade" do desenvolvimento; contudo, o dado distintivo é a menção ao sistema social: sai-se aqui do campo ético do neotomismo para o terreno teórico do estrutural-funcionalismo — a "globalidade" é a perspectiva das relações sistêmico-integrativas de indivíduo e sociedade. O deslocamento é significativo porque, no texto, ele interdita o questionamento da especificidade profissional. Permanece na mais nebulosa semiobscuridade este estranho privilégio da "globalidade", não se sabe por obra de que ou quem conferido ao Serviço Social entre tantas profissões.

Ora, é da "perspectiva da globalidade" que flui a reflexão que, em Araxá, vai conduzir à "adequação da metodologia às funções do Serviço Social" (CBCISS, 1986, p. 30).[118] Explorando as funções que se atribuem à profissão (cf. supra), o documento reconhece que elas se efetivam em dois níveis: o da micro e o da macroatuação. No primeiro, "essencialmente operacional" (CBCISS, 1986, p. 31), arrolam-se a administração e a prestação de serviços diretos; já "o nível de macroatuação compreende a integração das funções do Serviço Social no nível de política e planejamento para o desenvolvimento". E essa integração, acrescenta-se, supõe "a participação no planejamento, na implantação e na melhor utilização da infraestrutura social" (idem, ibidem). É nestas passagens do documento — mais

---

118. Posto que a "visão global" é a apreensão do homem "integrado em seu sistema social", é com o apelo a ela e o ulterior socorro da "realidade brasileira" (cf. infra) que se funda, no documento, a "adequação da metodologia às funções", adequação axial para a modernização profissional pretendida.

DITADURA E SERVIÇO SOCIAL

exatamente: dos parágrafos 49 a 60[119] — que a subsunção do "tradicional" ao "moderno" recebe o seu tratamento decisivo, resumido na valorização reforçada do "nível de macroatuação"; cabe, pois, deter-se um momento sobre elas.

O documento entende *a infraestrutura social* como "facilidades básicas, programas para saúde, educação, habitação e serviços sociais fundamentais"[120] e a distingue da *infraestrutura econômica e física*. Seguindo recente exemplo norte-americano, ressalta que a primeira possui "importância vital, merecendo prioridade idêntica e não inferior à assegurada para a solução dos problemas da infraestrutura econômica e física" (CBCISS, 1986, p. 31-32). A distinção não é de surpreender: é a incorporação franca da representação segmentar dos "subsistemas" da sociedade própria do neopositivismo, com os recortes "do 'social', do 'econômico' e do 'cultural'" inteiramente arbitrários. O que deve atrair a atenção é a "prioridade idêntica", porque ela embasa a importante (na resolução via subsunção já salientada) recuperação do "desenvolvimento integral do homem" em face do cuidado com a "infraestrutura econômica e física" — retoma-se aqui a ideia do desenvolvimento "integrado" ou, mais precisamente, "harmônico.[121] Mas não só: com estes recortes, delimita-se o *campo da macroatuação* do Serviço Social — com o que se subverte o tradicionalismo: se à microatuação reservam-se as atividades já consagradas historicamente na prática do Serviço Social no Brasil,[122] ela somente

---

119. O documento — que se compõe de uma introdução, três capítulos e uma nota final — está organizado em 124 parágrafos numerados.

120. Ao listar as condições que devem ser atendidas por essas "facilidades básicas" (CBCISS, 1986, p. 31-32), o documento enuncia, de fato, quatro itens programáticos de políticas sociais (inclusive agrária) que são uma pérola do reformismo conservador — e, não por acaso, inteiramente compatíveis com o discurso político da autocracia burguesa.

121. A recuperação do tradicionalismo é sempre recorrente; num passo do documento, afirma-se mesmo que "o desenvolvimento harmônico do homem" é um "permanente desafio à atuação do Serviço Social" (CBCISS, 1986, p. 44).

122. Atente-se para o esclarecimento: "O nível de microatuação compreende a prestação de serviços diretos, através dos processos de Caso, Grupo e Desenvolvimento de Comunidade e Processos de Trabalho com Populações. Este último, também empregado no nível de macroatuação, é de aplicação recente e está a exigir a elaboração de sua metodologia e estra-

serve à profissão para "a consecução de seu objetivo remoto e seus objetivos operacionais" se, *sincronizada à macroatuação*, formar *parte* da "pirâmide profissional necessária ao Serviço Social" (CBCISS, 1986, p. 32). A microatuação, portanto, terá validade se imbricada à macroatuação, o que, à parte o tratamento diplomático que o documento concede às formas profissionais tradicionalmente consagradas, significa simplesmente que sem a macroatuação esvai-se a "adequação" metodológica que se coloca como imperiosa para o Serviço Social. Aqui aparece, com nitidez, o *fulcro renovador* que é pontualizado pelo *Documento de Araxá*: a demanda da macroatuação revela-se o ponto arquimédico da sua dinâmica; efetivamente, é ela que comanda todas as reflexões substantivamente *novas* do documento em face do passado profissional.

O alcance da demanda fica patente quando o documento registra que, "ao nível de macroatuação, o *modus operandi* do Serviço Social consiste em: a) participar de todas as fases de programação para o macroplano; b) formular a metodologia e estratégia de ação para elaborar e implementar a política social; c) planejar e implementar a infraestrutura social" (CBCISS, 1986, p. 32). O evidente exagero da proposta — que exigiria uma superprofissão que, a bem da verdade, compreenderia imodestamente uma categoria capaz de saturar a estrutura sócio-ocupacional voltada para atender ao "social" — não deve obscurecer o que é nuclear: a recusa em limitar-se às funções executivas terminais, em torno das quais historicamente cristalizou-se a prática profissional, e a meridiana indicação dos novos papéis profissionais. A *vontade profissional* que se afirma nesse passo do *Documento de Araxá* é a volição própria dos renovadores: para cumprir com o "objetivo remoto" e os "objetivos operacionais" do Serviço Social, os assistentes sociais não podem permanecer meros executores das políticas sociais (e, menos ainda, fixar-se nos

---

tégia de ação. O processo de Desenvolvimento de Comunidade é igualmente empregado em ambos os níveis" (CBCISS, 1986, p. 32). Os "processos de trabalho com populações" (distintos do Desenvolvimento de Comunidade — cf. ibidem, p. 25, nota) — não são desenvolvidos.

DITADURA E SERVIÇO SOCIAL   223

circuitos tradicionais da *ajuda* entendida num sentido "psicossocial").
Devem ser capazes, também e, sobretudo, de *formulá-las e geri-las*.[123]
Confluem na proposta a consciência da necessidade de rever a funcionalidade da profissão no contexto brasileiro (concretizando indicações que já compareciam no II Congresso Brasileiro de Serviço
Social) a implícita petição de valorização do estatuto profissional
(que vem de muito antes), mas, bem destacadamente, uma acurada
percepção do tipo de quadro técnico requisitado pelas reformas em
andamento no Estado empalmado pela coalizão vencedora em abril.
O que rebate medularmente nesta proposta não é só a demanda
específica dos profissionais: é a demanda técnico-funcional em curso na moldura da autocracia burguesa que a categoria profissional
(através de uma expressiva frente renovadora) assume — e isto
porque não se abria, minimamente, qualquer espaço de polemização
acerca dos *conteúdos* das políticas sociais; o documento é *omisso*
quanto a esta polemização.

O *transformismo* que parametriza a reflexão de Araxá (vale dizer:
a recuperação sem rupturas do tradicionalismo, mas sob novas bases)
se evidencia na sequência do documento. Posta a necessidade de
combinar a micro e a macroatuação, seus autores veem-se compelidos a indicar a "utilização adequada" — quer em face desta combinação, quer em face da "realidade brasileira" — dos "processos" de
Serviço Social. Nos passos em que operaram esta indicação (CBCISS,
1986, p. 33-39), o que é notável é a sistemática *recuperação* do Caso,
do Grupo e do Desenvolvimento de Comunidade *desde que funcionais
à mudança e ao desenvolvimento*.[124] A questão, portanto, é a determinação do que seja este último.

---

123. Sintomaticamente, não acompanha esta demanda nenhuma preocupação *explícita*
para com a *formação profissional*, ainda que o documento mencione debilidades e carências
experimentais no Serviço Social (CBCISS, 1986, p. 39). Recorde-se, porém, que são deste período os cursos de aperfeiçoamento docente referidos na nota 91.

124. Quanto ao Caso: "reconhece-se a validade de sua utilização, em profundidade [*sic*],
[...] de modo a integrar-se no processo de desenvolvimento" (CBCISS, 1986, p. 33). Quanto
ao Grupo, admite-se que "contribui de modo efetivo para o processo de mudança social,
quando busca a adequação da ambivalência humana" (esta é definida a-historicamente —

No derradeiro capítulo do documento — "Serviço Social e Realidade Brasileira" —, a determinação em pauta, que, aliás, flui por toda a argumentação de Araxá e constitui de fato a chave heurística do texto como um todo, surge cristalina: "O Serviço Social [...] tem em mira uma contribuição positiva ao desenvolvimento, entendido este como um processo de planejamento integrado de mudança nos aspectos econômicos, tecnológicos, socioculturais e político-administrativos" (CBCISS, 1986, p. 41). A precisão não poderia ser maior: as *mudanças* devem ser induzidas *via planejamento integrado*, a priorização é econômica e tecnológica, e suas dimensões *sociais* e *políticas* são claramente associadas à *cultura* e à *administração*. Tudo o mais, no desdobramento da determinação, é adjetivo.[125]

A *direção* das mudanças é pressuposta e vem condicionada ao desenvolvimento — ou seja: é deste que dimana o sentido daquelas. No entanto, como o seu eixo é o "bem-estar social", a "integração", tal direção é efetivamente escamoteada em seus objetivos particulares. Como escamoteado é o *sujeito* deflagrador do processo de mudanças — que instâncias e mecanismos o decidem e planejam são indicações absolutamente ausentes. A dupla tergiversação está ligada à *desqualificação do político*: este vem diretamente associado ao administrativo, com o inteiro obscurecimento da natureza de *dominação* do poder (que, naturalmente, aparece como "poder de decisão"

CBCISS, 1986, p. 35). Quanto ao Desenvolvimento de Comunidade — entendido como "processo" interprofissional e "processo" do Serviço Social —, o que se retoma são as proposições da Organização das Nações Unidas (ONU) acerca das suas "contribuições aos programas de desenvolvimento nacional" (CBCISS, 1986, p. 37).

125. "Nesta conotação de desenvolvimento, entende o Serviço Social que o homem deve ser, nele, simultaneamente, agente e objeto, em busca de sua promoção humana, num sentido abrangedor, de modo que os benefícios não se limitem a frações de populações, mas atinjam a todos, propiciando o pleno desenvolvimento de cada um" (CBCISS, 1986, p. 41). À parte a nossa consideração de que estamos defrontados aqui com um piedoso voto retórico-liberal (aliás, também comum ao discurso político da autocracia burguesa em todos os seus momentos), cabe indagar por que interpretamos a passagem como adjetiva. A resposta está inscrita no desdobramento da argumentação exposta no documento: o que aí encontra tratamento cuidadoso são as operações técnicas e os paradigmas operativos em que elas devem se enquadrar (CBCISS, 1986, p. 42-44) para oferecer a aludida "contribuição positiva ao desenvolvimento". Quanto a este, funciona como um fetiche.

passível de subordinação técnica).[126] Tal associação — própria, como se sabe, das tradições formalmente despolitizadas e realmente despolitizadoras do pensamento conservador e evidentes no seu veio estrutural-funcionalista — permite tanto a evicção de componentes de iniciativa autônoma dos que se inserem nos processos de mudança *fora* dos centros de decisão quanto o equacionamento daqueles processos mediante intervenções de aparência estritamente técnica. De um lado, a iniciativa dos que se situam fora dos centros de decisão (estes com sua natureza *política* escamoteada, insista-se) está rigidamente enquadrada numa modalidade de dinâmica: a de se "integrarem" nas mudanças, delas "participando".[127] Está claro que aqueles (indivíduos, grupos e instituições) que resistirem à "integração" e/ou à "participação" constituem objeto de intervenção para os técnicos do desenvolvimento.[128] De outro e, consequentemente, os processos de mudança aparecem como variáveis da intervenção técnica — cabe aos seus agentes não só geri-los, mas também dinamizá-los pela via do estímulo à *inovação*.[129]

---

126. A ilusão tecnocrática marca os seus tentos: remetendo-se à "ideologia do desenvolvimento integral", os assistentes sociais reunidos em Araxá não hesitam em imaginar que um dos modos da sua macroatuação compreenderia "um amplo processo de conscientização dos centros de poder de decisão da sociedade" (CBCISS, 1986, p. 42).

127. A "participação" é entendida exatamente com este conteúdo: tecnicamente, o Serviço Social deve operar para um "estabelecimento realístico das condições e etapas do processo da participação popular, *para que os programas se efetivem*, revigorando as decisões e ações humanas, com vistas ao desenvolvimento" (CBCISS, 1986, p. 43-44; grifos nossos). É neste sentido que deve ser tomada a ideia de "conscientização", acólita necessária desse "participacionismo": já dada a direção das mudanças, caberia ao Serviço Social operar para a "inserção consciente das populações no planejamento através do conhecimento de suas potencialidades e dos meios de transformá-las em instrumentos dessa integração" (CBCISS, 1986, p. 42).

128. "[...] De acordo com seus princípios fundamentais" [*sic*], o Serviço Social "deve formular diretrizes, criar uma estratégia de ação" para atuar "frente a determinadas situações de bloqueio à mudança". Também deve valorizar os "recursos humanos, visando a superar resistências aos programas e projetos a serem implementados". Igualmente, cabe-lhe a "introdução de sistemas de transformação para aquelas instituições que se constituem em freios e/ou bloqueios à mudança" (CBCISS, 1986, p. 42-43).

129. Quanto a isso, o que se arrola no parágrafo 119 do documento (CBCISS, 1986, p. 43-44) é ilustrativo. É interessante observar que também recai na microatuação técnica do Serviço Social a "motivação do empresariado para a utilização dos investimentos que lhes são oferecidos pelas instituições públicas e privadas, visando maior rentabilidade a suas iniciativas e

Compreende-se, pois, que a tônica mudancista apareça fortemente situada, enquanto projeto de reformas sociopolíticas, no binômio cultura-administração. Posto o acento no desenvolvimento econômico e tecnológico, priorizados numa ótica da dinâmica social verdadeiramente fatorialista, a perspectiva de fundo que norteia a análise e orienta a intervenção dos técnicos aponta para o ataque às linhas de resistência às mudanças e aos *gaps* institucional-organizacionais (de onde, inclusive, a menção à "transformação de estruturas"). O esquema é conhecido: dado o *take off* econômico, muito do processo de desenvolvimento depende da adequação dos grupos sociais às suas exigências; daí a necessidade de induzir às posturas culturais que assumam o mecanismo e as derivações das mudanças (há que superar o *cultural lag*) e de administrar as suas aspirações, expectativas e ações (há que estimular o planejamento *social*).

Quanto à "realidade brasileira", referenciada no título deste capítulo final do documento, ela aí comparece à moda do garçom da Santa Ceia — ninguém a localiza, exceto na anotação segundo a qual "a necessidade do conhecimento da realidade brasileira é o pressuposto fundamental para que o Serviço Social nela possa inserir-se adequadamente, neste seu esforço atual de reformulação teórico-prática" (CBCISS, 1986, p. 41). A esta afirmação *nada* se segue que possa ser identificado como um passo "em termos de diagnóstico da realidade nacional" (idem, ibidem). Podem ser avançadas várias hipóteses para explicar este fato surpreendente e tanto mais quanto, no interior do próprio Serviço Social, imediatamente antes e depois do golpe de abril (portanto, no momento mesmo em que os assistentes sociais reúnem-se em Araxá), a "realidade brasileira" se colocava como pedra de toque em qualquer discussão.[130] Recorde-se, ainda, que no mesmo período a produção de conhecimentos

---

esforços" (ibidem, p. 44). Como se vê, por trás da ilusão tecnocrática há algo pouco inocente — recorde-se a política de investimentos com incentivos fiscais (e de toda ordem) concedidos ao grande capital no ciclo autocrático burguês.

130. Num movimento, aliás, que perpassava o conjunto das ciências sociais e estava fortemente vincado pela influência das correntes democráticas, progressistas e de esquerda.

sobre o país registra um verdadeiro pico na sua divulgação (cf. capítulo 1, seção 1.6). A nós nos parece que o mais plausível é debitar esta inusitada lacuna a *razões políticas*: o silêncio diplomático — forma objetiva de coonestação do *status quo* — aparece como uma estratégia adequada ao corpo técnico que pretende "um amplo processo de conscientização dos centros de poder de decisão da sociedade" (CBCISS, 1986, p. 42; cf. as notas 89 e 116).

Independentemente da identificação das causalidades desta lacuna, importa remarcar que, assegurando ao discurso profissional uma impostação asséptica, é ela que garante a possibilidade de vincular os valores retórico-liberais e humanistas abstratos à perspectivação tecnocrática denunciada por Faleiros (cf. nota 89), além, naturalmente, de propiciar — por esta mesma razão — uma efetiva aliança entre os segmentos decididamente modernizadores da categoria e aqueles mais amarrados à preservação de certos núcleos teórico-ideológicos resistentes às mudanças. Este objetivo elemento conciliador, forma sintomática da resolução das tensões entre atraso e modernização pela subsunção já mencionada, aparece com nitidez nos traços *teóricos* do documento.

Embora expressamente preocupado com uma anunciada "teorização do Serviço Social", o *Documento de Araxá* não a enfrenta explicitamente. De fato, é impossível localizar em sua arquitetura uma concepção teórica objetivada sobre a profissão; antes, o documento reduz a teorização a "uma abordagem técnica operacional em função do modelo básico do desenvolvimento" (CBCISS, 1986, p. 21), modelo que, como já indicamos, é posto faticamente como não problemático, embasado na modernização. Esta redução vem determinada por duas ordens de razões. Em primeiro lugar, porque não se registra um consenso entre atraso e modernização na caracterização *teórica* da profissão — há, aí, divergências elementares que obrigam a abandonar qualquer rigor na circunscrição da posição do Serviço Social "no quadro dos conhecimentos humanos" (CBCISS, 1986, p. 23). Em segundo lugar, e decorrentemente, o acordo só se pode fazer na medida em que se põe no centro da reflexão o perfil interventivo da profissão — de onde a consensualidade em tomá-la "como uma técnica social" (idem, ibidem). A subsunção modernizadora se efetiva, pois, deixando na sombra as determinações teóricas macroscópicas, onde os confrontos não permitiriam acordos sem problemas de fundo, e tratando de esgotar a concepção teórica na operacionalidade técnica. Entretanto, nem por este artifício se escamoteia a teoria: se ela vem revestida pela tecnicalidade, não está evidentemente cancelada; bem ao contrário: existe uma clara dominância teórica a enformar o *Documento de Araxá* — é o referencial estrutural-funcionalista.

Pelo que indicamos ao tematizar a categoria de desenvolvimento, infere-se que os eixos da correlação integração/participação aparecem como os parâmetros mais nítidos de uma concepção da dinâmica social através da qual o que se filtra é a natureza autorreguladora da ordem social, com seus mecanismos de gratificação e incorporação sistêmicos, tais como surgem classicamente no Parsons maduro (especialmente na construção que ele conclui em 1951). As "disfunções" colocam-se como objeto de intervenção justamente porque o equilíbrio dinâmico do sistema guarda potencial para corrigi-las (e mesmo preveni-las). As dissincronias no ritmo de mudanças nos vários subsistemas, ainda que não totalmente previsíveis e controláveis, mostram-se equacionáveis como campos de processos que são passíveis de programação corretiva. O paradigma, sem qualquer dúvida, é extraído das teorias da ação social, pensada enquanto intervenção reguladora sincronizada à dinâmica nuclear do conjunto do sistema e guiada por uma intencionalidade cujos valores o incorporam (ao sistema) como tal.

Mas só se trata mesmo de uma *dominância* teórica. Uma vez que não se rompe profunda e consequentemente com o tradicionalismo, seus traços rebatem e repicam na justificação da ação interventiva, na delimitação dos meios e objetos de intervenção e na própria representação da funcionalidade da profissão.[131] A dominância teórica,

---

131. Cf. especialmente a nota 124 bem como, no documento, a distinção referida entre "postulados" e "princípios operacionais".

DITADURA E SERVIÇO SOCIAL 229

nesta mesclagem heteróclita, se realiza subrepticiamente, dando o *sentido técnico-operacional* da intervenção profissional. Vale dizer: a ausência de uma explicitação teórico-metodológica rigorosa não equivale à ausência de uma dada orientação teórica e metodológica; assim, na afirmação da perspectiva modernizadora, a composição de vetores teórico-metodológicos e ideoculturais diversos se garante em indicativos prático-operacionais que não deixam de conter feixes de colisões. Somente a sua *inteira redução a* uma estrita pauta técnico-burocrática de intervenção poderia obviar os dilemas dessa composição — e, simultaneamente, conferir uma congruência máxima dessa intervenção à dinâmica da autocracia burguesa. Este passo caberá ao *Documento de Teresópolis*.

2.3.2 Teresópolis: a cristalização da perspectiva modernizadora

Se o *Documento de Araxá* se apresenta como um texto orgânico, expressando sistematicamente o que emergiu de consensual entre os seus formuladores, o *Documento de Teresópolis* tem características diversas. É, com efeito, a justaposição dos relatórios dos dois grupos de estudo em que se dividiram os 33 profissionais que participaram do encontro. Mas a diferença entre os dois documentos não termina neste aspecto formal, como veremos.

Os trabalhos do colóquio de janeiro de 1970 foram muito distintos dos do anterior. Já à partida, os participantes[132] tiveram a sua reflexão alimentada por uma documentação prévia, referente à

---

132. Para o evento, o CBCISS convidou 103 profissionais, de acordo com os seguintes critérios: "interesse pelo estudo da Teoria do Serviço Social, realização ou vivência profissional, especialização, regionalidade, representatividade de instituições nacionais, públicas e privadas, diversidade quanto à procedência institucional, tempo de formatura e procedência regional" (CBCISS, 1986, p. 54). Dentre os 33 que compareceram ao seminário, contam-se 13 que estiveram em Araxá.

temática do encontro,[133] centralizada na "necessidade de um estudo sobre a *Metodologia do Serviço Social* face à realidade brasileira" (CBCISS, 1986, p. 53) e estabelecida, conforme os organizadores, à base da avaliação dos sete encontros regionais que se realizaram em 1968 para discutir o *Documento de Araxá*. Os organizadores elaboraram um minucioso roteiro de trabalho,[134] mas este foi inteiramente refundido pelos participantes, que acabaram por optar por um andamento que inviabilizou a redação de um texto final organicamente articulado, à maneira do documento dimanado do encontro de Araxá.[135] A diferencialidade formal entre os dois textos, pois, está muito vinculada à diferente dinâmica dos dois seminários.

Entretanto, há muito mais, entre ambos os documentos, que distinção formal. No texto de Teresópolis, o que se tem é o coroamento do *transformismo* a que já aludimos: nele, o "moderno" triunfa completamente sobre o "tradicional", cristalizando-se operativa e instrumentalmente e deixando na mais secundária zona de penumbra a tensão de fundo que subjazia no texto produzido em Araxá. No *Documento de Teresópolis*, o dado relevante é que a perspectiva modernizadora se afirma não apenas como concepção profissional geral, mas sobretudo como *pauta interventiva*. Há mais que continuidade entre os dois documentos: no de Teresópolis, "o moderno" se revela como a consequente *instrumentação* da programática (desenvolvimentista) que o texto de 1967 avançava.

Mais adiante, haveremos de nos deter sobre esta cristalização do "moderno". Cabe, porém e antes, observar que ela se lastreia basicamente em formulações presentes num aporte — o de Dantas (cf. infra) — que foi levado à consideração dos participantes quando do debate plenário e comum dos dois grupos em que se dividiram,

---

133. A listagem da documentação preparatória ao seminário encontra-se em CBCISS (1986, p. 97-99). Os textos efetivamente debatidos — de Suely Gomes da Costa, José Lucena Dantas e Tecla Machado Soeiro — serão referenciados adiante.

134. Cuja íntegra se encontra em CBCISS (1986, p. 53-54).

135. As modificações do roteiro original e a dinâmica efetivamente seguida estão registradas em CBCISS (1986, p. 54-56).

debate em torno dos "Fundamentos da Metodologia do Serviço Social". Três textos constituíram o objeto desta reflexão conjunta, e a sua referência é imperativa.

Um deles, "Introdução às questões de metodologia. Teoria do diagnóstico e da intervenção em Serviço Social", de Costa (1978), é uma espécie de nota dissonante tanto em relação aos outros dois quanto em confronto com as elaborações de Araxá e com as que emergiriam em Teresópolis. De uma parte, a autora — com visível diplomacia — toma distância de boa parcela dos próprios fundamentos da formulação de 1967 (Costa, 1978, p. 13-14, 37-38, 46, 48); de outra, seus supostos contemplam elementos críticos potencialmente problematizadores do que viria a ser subscrito pelos seus companheiros de seminário.[136] Na verdade, o texto de Costa se estrutura sobre uma perspectiva que oferece um claro contraponto ao que fora hegemônico em Araxá e se consolidaria em Teresópolis: ela se recusa a pensar o Serviço Social sem remetê-lo à problemática de fundo das ciências sociais e ao questionamento da sua constituição histórica (Costa, 1978, p. 14, 19 ss.) e, muito especialmente, assume críticas que, extraídas da rica análise que Mills condensou em *A imaginação sociológica*, punham em xeque o caldo conservador em que se moviam as próprias propostas modernizantes. O seu procedimento analítico, sempre apontando para as debilidades do acúmulo teórico no campo do Serviço Social (Costa, 1978, p. 38-39, 41-43) e para os seus condicionantes ideológicos (Costa, 1978, p. 24), termina por colocar em causa a viabilidade da formulação atual de "teorias de intervenção" profissionais (Costa, 1978, p. 47). Parece-lhe fundamental, como passo prévio, a clarificação teórica de categorias e conceitos (Costa, 1978, p. 46-47) para que se possa avançar seriamente no rumo da "reconstrução do Serviço Social".[137]

---

136. Não importando, diga-se de passagem, o fato de Costa ser uma das signatárias de um dos relatórios (o do Grupo A) constitutivos do *Documento de Teresópolis*.

137. E, quanto a este ponto, a autora se expressa sem ambiguidades: para ela, tal reconstrução *não* se operará "partindo do esquema traçado pelo Documento de Araxá" (Costa, 1978, p. 46).

Outro texto debatido, "Bases para a reformulação da metodologia do Serviço Social", de Soeiro (1978), possui traços diversos: é um simples, embora pretensioso, *paper* escolástico, onde uma série de platitudes se conjuga com formulações equívocas ou mesmo errôneas[138] onde farpas polêmicas desembocam em *definições*[139] do gênero "o objeto do Serviço Social [é] o processo de orientação social, ou seja, o processo desenvolvido pelo Homem [*sic*] a fim de obter soluções normais [*sic*] para dificuldades sociais", pontuando-se, em seguida, que este processo se desenrola no interior do "processo social básico" (identificado como "a interação social") e, mais, que "é um processo natural" (Soeiro, 1978, p. 132, 134). Na tematização específica da questão metodológica, Soeiro (1978, p. 152, 150) nada acrescenta às formulações até então desenvolvidas, exceto adições laterais e perfunctórias.

Nenhum desses contributos estava sincronizado àquele momento de maturação do processo de renovação do Serviço Social no Brasil: o de Costa porque tendia, mesmo que de forma discreta, a problematizar a linha evolutiva sinalizada desde Araxá; o de Soeiro porque não atendia às demandas já postas pelo desenvolvimento que vinha de 1967 — o primeiro porque apontava para *além* do horizonte modernizador, o segundo porque se situava *aquém* dele. De fato, a conjuntura sociopolítica e ideocultural, externa e interna à categoria profissional, era propícia à modalidade de reflexão encetada por José Lucena Dantas, autor do denso ensaio "A teoria metodológica do Serviço Social. Uma abordagem sistemática" (Dantas, 1978). Atendo-se rigorosamente ao tema central que era objeto do seminário,

---

138. As platitudes estão diretamente referidas ao levantamento das divergências e/ou diferenças encontradas na literatura respingada pela autora (Soeiro, 1978, p. 130-131, 135-138, 139-147); exemplo de formulação equívoca é o "postulado da integralidade do Serviço Social" (Soeiro, 1978, p. 129); como índice das pontuações errôneas, observe-se que a autora figura o assistente social como "profissional liberal" e extrai a ilação, *dada por esta condição*, de que ele "deve estar capacitado não só a aplicar os conhecimentos consagrados pela teoria, mas também a inovar" (Soeiro, 1978, p. 135).

139. Cuja "lógica" é toda extraída do neotomismo mais vulgar (não por acaso, a autora se lembra de R. Jolivet).

DITADURA E SERVIÇO SOCIAL 233

Dantas ofereceu ao debate uma concepção extremamente articulada da "metodologia do Serviço Social", efetivamente a mais compatível com a perspectiva modernizadora — perspectiva da qual, aliás, foi o mais consequente e profundo teorizador. É pertinente dedicar à sua contribuição um espaço maior, precisamente porque ela se mostra como um perfeito produto da modernização do Serviço Social, influindo ponderavelmente na sua cristalização.[140]

Partindo da "prática profissional do Serviço Social" como um "modo organizado e sistematizado de prestação de serviços", Dantas considera que "a questão da 'metodologia de ação' [...] constitui [...]

---

140. A elaboração de Dantas — difusa em ensaios, artigos, apostilas, conferências e cursos que ministrou em diferentes pontos do país — atesta, indubitavelmente, que ele foi o assistente social que mais apurou as concepções nucleares da modernização do Serviço Social no Brasil.

Amparado num amplo conhecimento da bibliografia profissional (no país e no exterior), inserido intelectual e ideologicamente no veio do estrutural-funcionalismo e fortemente influenciado pelas teses desenvolvimentistas e do bem-estar social promanadas de agências internacionais, Dantas tanto operou a crítica do tradicionalismo profissional, do ponto de vista modernizador (cf., por exemplo, as reflexões contidas em Dantas, 1973) quanto melhor afinou, sob a mesma ótica, a discussão da política de assistência nos parâmetros desenvolvimentistas, construindo o paradigma do "sistema social urbano" ancorado nos processos de "integração" e "marginalização" (Dantas, 1979).

A vocação intelectual de Dantas não interferiu em suas atividades executivas — lembre-se que, entre 1970 e 1974, no auge do militar-fascismo, ele ocupou altas funções em órgão da Secretaria de Serviços Sociais do governo do Distrito Federal (ademais de desempenhos docentes e cargos em instituições internacionais, como o Conselho Interamericano de Bem-Estar Social), prosseguindo em seu labor teorizante (Dantas, 1972).

É supérflua a observação de que se trata de um ideólogo extremamente hábil na tergiversação da polêmica com a tradição marxista. Na apostila de um de seus cursos, ao referir-se à "teoria da práxis" (que recolhe na formulação de Vázquez), ele a considera significativa desde que "depurada das suas distorções de origem ideológica marxista" (na lição "O paradigma de profissionalização científica do Serviço Social e o problema de sua definição", in Dantas, 1973). O que restaria dessa "teoria da práxis", após tal "depuração", é algo evidentemente palatável a qualquer elucubração. Tergiversação que aparece, às vezes, de forma mais modesta: debatendo o seu documento oferecido à discussão em Teresópolis, um participante do seminário indagou pela não referência ao "método dialético", e recebeu de Dantas a seguinte resposta: "Realmente. ainda não explicitei, para mim mesmo, as contribuições que o método dialético poderia trazer à elaboração profissional" (*Debates Sociais*, supl. n. 4, 5. ed., p. 122, 1978) — está aí uma clara indicação do que se pode (e não se pode) encontrar na "abordagem sistemática" da sua "teoria metodológica".

a parte central e atual da Teoria Geral do Serviço Social" e afirma "que a definição de um modelo de prática do Serviço Social adequado à problemática social brasileira depende, grandemente, da solução do seu problema metodológico" (Dantas, 1978, p. 63). E sua pretensão consiste, exatamente, em oferecer uma "introdução à metodologia do Serviço Social" voltada "para que a prática profissional do Serviço Social se desenvolva e adquira um nível mínimo de cientificidade" (idem, ibidem). Expressamente, Dantas — sustentando que "a teoria metodológica da prática profissional do Serviço Social tem [...] dois níveis de formulação: o da *teoria científica* e o da *teoria sistemática*" (Dantas, 1978, p. 66) — quer "identificar e analisar alguns dos aspectos e problemas básicos de uma teoria metodológica sistemática do Serviço Social profissional" (idem, ibidem).

Para tanto, ele aborda inicialmente a determinação do "método profissional", que defende ser "um método científico aplicado" (Dantas, 1978, p. 74)[141] — assertiva congruente com a tese segundo a qual "as *profissões* se incluem no quadro mais amplo das ciências, podendo ser concebidas como uma *forma particular de organização de um determinado grupo de ciências básicas e aplicadas em função da modificação de determinados aspectos da realidade*" (idem, ibidem; grifos originais). Esta "aproximação entre método profissional e método científico" (idem, ibidem) permite inferir que se, neste, existe um "padrão básico da investigação empírico-indutiva que define a estrutura essencial do método científico [...] como um método universal a todas as ciências positivas" (idem, ibidem), na atividade profissional "há um método universal [...] que adquire especificação ao nível de cada profissão em particular, de acordo com a natureza do seu objeto e da forma peculiar da sua prática" (idem, ibidem). No âmbito do Serviço Social, Dantas nota que a atenção para com o seu "método geral ou básico" só emergiria quando do enfoque

---

141. A argumentação de Dantas é rica e matizada, com suporte em visível conhecimento bibliográfico que justapõe e aglutina, tranquilamente, referências as mais díspares (v. g., Vázquez e Bolchenski). Para nossos fins, atentaremos apenas nas suas conclusões.

da prática "como uma categoria genérica" (Dantas, 1978, p. 89); analisando detidamente este tratamento, ele garante que "o método profissional do Serviço Social [...] se constitui de duas categorias básicas de operações [...]: a) *diagnóstico*, e b) *intervenção planejada*" (Dantas, 1978, p. 90). Este "método profissional geral" admite especificações na análise dos "métodos tradicionais da prática do Serviço Social", à base dos critérios de *escalas, níveis e variáveis da intervenção profissional* (Dantas, 1978, p. 94).

A longa dissertação de Dantas — da qual só tomamos os pontos nodais, deixando de mão os recursos argumentativos e probatórios de que se socorre — se desenvolve com uma constante revisão de ampla bibliografia, mediante o que o autor filtra elipticamente a crítica modernizadora das formulações tradicionais. Entretanto, avaliadas as suas conclusões, é inevitável a fortíssima impressão de que Dantas ergue andaimes extremamente complicados para uma arquitetura muito modesta — como a que se configura na tese de que o "método profissional" compõe-se de "diagnóstico" e "intervenção planejada", nova edição de recorrente tematização dos assistentes sociais. Este gasto de tanto chumbo para caça tão magra é reiterativo no texto de Dantas: é flagrante no seu tratamento dos "princípios do método geral do Serviço Social" (seção em que acaba por caucionar o que a tradição estabelecera e consagrara [Dantas, 1978, p. 109-110]), em toda a sua disquisição sobre as técnicas e os métodos (Dantas, 1978, p. 110-115) e, especialmente, na passagem que dedica aos "princípios metodológicos" do Caso, do Grupo e da Organização de Comunidade (Dantas, 1978, p. 107-109). Às vezes, o próprio Dantas deixa escapar que seu lavor é visivelmente uma reescritura.[142]

A filiação do pensamento de Dantas à tradição neopositivista é de fácil registro, verificável no corte que realiza entre "perspectiva

---

142. "O segundo elemento básico na estrutura do método profissional do Serviço Social, conceituado como a operação de *intervenção planejada*, corresponde àqueles elementos que, na teoria corrente, caracterizam as atividades profissionais de modificação controlada das situações reais, considerados, quase sempre, como elementos autônomos" (Dantas, 1978, p. 92).

científico-pragmática" e "perspectiva sistemática" (Dantas, 1978, p. 66) e muito particularmente na sua concepção metodológica. Para ele, o método não passa de um jogo de *ordenações* formais, envolvendo "a matéria a ser ordenada e [...] os critérios utilizados para imprimir ordenação a essa matéria" (Dantas, 1978, p. 68). Igualmente vinculada à racionalidade empobrecida do neopositivismo é a formal assepsia axiológica da cientificidade reclamada por Dantas: as problemáticas ideológicas são escamoteadas, com o seu deslocamento para o terreno burocratizado da instrumentação técnico-profissional.[143] Concorrendo com estes traços dominantes e modelares da sua reflexão, nela comparece um ecletismo que não se ruboriza em associar categorias do funcionalismo (Lewin e Lippitt) com extratos provenientes do raciovitalismo (Ortega).[144] Se, sob estes aspectos, o pensamento de Dantas é representativo das formulações mais sofisticadas da perspectiva modernizadora, não há dúvidas de que não foram eles os responsáveis maiores pela sua significância no bojo da modernização do Serviço Social no Brasil. Antes, é o próprio arcabouço das suas concepções que lhes valeu um trânsito eficiente e duradouro nesta vertente da renovação profissional. Com tal arcabouço, Dantas forneceu as mais adequadas respostas a duas demandas que à época amadureciam no processo renovador: a requisição de uma fundamentação "científica" para o Serviço Social e a exigência de alternativas para redimensionar metodologicamente as práticas profissionais.

Na seção anterior, cuidando do *Documento de Araxá*, observamos que nele inexiste uma explícita concepção teórica acerca da profissão. E justamente esta lacuna que a contribuição de Dantas colmata: a imediata e direta relação que estabelece entre "método científico" e "método profissional" (reduzidos, ambos, a operações de ordenação

---

143. Quanto a este ponto, aparece como exemplar, no debate travado em Teresópolis, o que Dantas diz a um atrevido que lhe pôs questões referentes ao assistente social como "agente de mudança" (*Debates Sociais*, supl. n. 4, 5. ed., cit., p. 124).

144. Esta mesclagem é reconhecida pelo próprio Dantas (*Debates Sociais*, supl. n. 4, 5. ed., cit., p. 119).

DITADURA E SERVIÇO SOCIAL   237

formal) vem subsidiar a alocação de uma credibilidade "científi-co-sistemática" ao Serviço Social. Expressando esta alocação através de um discurso severo e amarrado, recorrendo a fontes consagradas e apelando a enunciados rigorosos do ponto de vista lógico-formal, Dantas oferece a uma profissão que carecia de um novo universo simbólico uma legitimação "teórico-metodológica" pretensamente ancorada numa "cientificidade sistemática". Atribuindo objetiva-mente ao Serviço Social o estatuto decorrente da "aplicação das ciências", Dantas solucionava (ou melhor: parecia fazê-lo) de um só golpe tanto a fundamentação epistemológica da profissão quanto a sua conexão com as ciências sociais.[145]

Quanto à demanda relativa ao redimensionamento metodológi-co das práticas profissionais —, que, como também assinalamos na seção anterior, aparece no *Documento de Araxá* como indicativos prá-tico-operacionais colidentes —, Dantas lhe aportará, com mais com-plexidade, uma resposta persuasiva. Localizando o objeto da inter-venção profissional nas *situações sociais-problema* (Dantas, 1978, p. 64) — que não identifica necessariamente como sociopatias[146] —, Dantas pensa que elas podem ser atacadas mediante atividades que circuns-crevem *áreas de prática* distintas (idem, ibidem),[147] cuja *escala* é dada pela natureza da *relação profissional* no âmbito do *sistema-cliente*[148] — a intervenção micro ou macro definindo-se, respectivamente, pela

---

145. Sob este aspecto, é ilustrativo atentar também para os tipos de "conhecimentos aplicados", segundo ele, na prática do Serviço Social (Dantas, 1978, p. 92-93).

146. Em debate, Dantas observa que "o preenchimento de necessidades surgidas com o processo de desenvolvimento constitui a 'situação social problema do desenvolvimento'" (*Debates Sociais*, supl. n. 4, 5. ed., cit., p. 120). Toda a reflexão de Dantas arranca do referencial desenvolvimentista; para ele, a vinculação do Serviço Social com o processo de desenvolvi-mento é uma função *imperativa* "para a prática do Serviço Social em contextos subdesenvol-vidos ou em vias de desenvolvimento" (ibidem).

147. Dantas concebe tais práticas em termos de "prática clínica", "administração dos serviços sociais" e "planejamento dos serviços sociais" (Dantas, 1978, p. 64). É ilustrativo observar como, também neste passo, Dantas refunde e reelabora elementos contidos no *Documento de Araxá* (cf., neste caso, as *funções* que ali se consignam ao Serviço Social).

148. Esta categoria, tomada de Lippitt, é constitutiva da reflexão de Dantas e o vincula nitidamente ao viés estrutural-funcionalista.

existência ou não de relação *direta* entre o profissional e seus "sistemas-cliente" (Dantas, 1978, p. 95). Cruzando-se as determinações das "áreas de prática" e das "escalas" com as "variáveis de intervenção",[149] entendidas enquanto "uma dada ordem de fenômenos sociais" com que a prática profissional lida "de maneira recorrente e sistemática" (Dantas, 1978, p. 98),[150] aparece meridiana a resposta de Dantas, que, em resumidas contas, consiste na recuperação dos métodos profissionais tradicionais (Caso, Grupo e Comunidade), *redefinidos segundo aquelas variáveis de intervenção*. O procedimento é engenhoso: Dantas, nesta redefinição, conserva a legitimação das práticas tradicionais, mas as amplia largamente, inserindo no seu marco (e/ou possibilitando a inserção de) *práticas suscetíveis de serem comandadas pelas exigências do processo da "modernização conservadora"*. São exemplares, nesta operação, as suas disquisições sobre o Caso como "caso psicossocial" e como "caso socioeconômico" e sobre as diversas dimensões do espaço de intervenção sociotécnica no Grupo (Dantas, 1978, p. 98-102), assim como as suas inclusões de "outros" métodos — societário, institucional, trabalho com populações — no âmbito quer da *community organization*, quer do *community development* (Dantas, 1978, p. 102-106).[151] O *transformismo* que mencionamos ao cuidar do *Documento de Araxá* encontra neste procedimento uma reformulação profunda: aqui, ele se afirma *intencional* e *estrategicamente* para lastrear com pretensão de rigor concepções profissionais que, sem romper com a tradição, precisam ser reequacionadas e explicitadas logicamente para atender a quadros sociais novos.[152]

---

149. Recorde-se que estes são os critérios que, segundo Dantas (1978, p. 94), permitem *especificar* o método profissional.

150. Nesta passagem, Dantas sugere mesmo que, a partir da noção de "variável de intervenção, redefinir os "métodos profissionais específicos do Serviço Social" implica subdividi-los, "passando a formar um total de sete a dez métodos, em vez dos três ou quatro atualmente admitidos" (Dantas, 1978, p. 98).

151. Não é supérfluo notar que, em toda a operação, Dantas procura resgatar a sua fundamentação na bibliografia mais tradicional (Hamilton, Wilson, Konopka et al.).

152. Vale a pena indicar como Dantas maneja o transformismo. Aprofundando a já referida dialética da subsunção do "tradicional" ao "moderno", depois de distinguir o "caso psi-

Esta a importância central das elaborações de Dantas aqui referidas: ao conduzir ao limite o transformismo até então subjacente à perspectiva modernizadora, ele conferiu a esta uma organicidade (teórica: de fundo estrutural-funcionalista, sem prejuízo do seu ecletismo; ideológica: com o viés da "modernização conservadora" embasando inteiramente a angulação desenvolvimentista, na qual o papel profissional está enquadrado pela dominância tecnoburocrática) antes ausente. A cristalização da perspectiva modernizadora, tal como se verifica no *Documento de Teresópolis*, seria impensável sem a sua contribuição (cf. nota 140). Com efeito, é ao aporte pessoal de Dantas que se deve creditar o substrato teórico-metodológico e ideocultural que embasa dominantemente os resultados do encontro de Teresópolis.

Devemos, agora, referir-nos ao próprio documento.[153] Este, como já assinalamos, compõe-se dos relatórios dos dois grupos de profissionais participantes, que se concentraram na reflexão sobre os temas "Concepção científica da prática do Serviço Social" e "Aplicação da metodologia do Serviço Social".[154]

---

cossocial" do "caso socioeconômico", ele pontualiza: "O insistente questionamento que tem sido feito em relação ao Serviço Social de Caso, em nosso país, se prende precisamente ao fato de que, nos diversos campos de prática, o trabalho com indivíduos e famílias tem se deparado com necessidades e variáveis de tipo socioeconômicas e, para intervir nessa ordem de fenômenos, o profissional tem se utilizado de uma metodologia que se estruturou e definiu em função do trabalho com casos de natureza psicossocial. A realidade dos países subdesenvolvidos está, assim, a exigir que se redescubra a dimensão objetiva, socioeconômica, das condições de vida dos indivíduos e seu grupo familiar, para se formular um método que possibilite a prática do Serviço Social de Caso socioeconômico, em bases científicas" (Dantas, 1978, p. 99-100).

153. Segundo o texto publicado em CBCISS (1986). Cabe notar que desta publicação expurgou-se, além dos textos preparatórios ao seminário e seus respectivos debates (registrados no referido suplemento n. 4 de *Debates Sociais*), um interessante documento (divulgado nesta última fonte) em que um grupo de profissionais paulistas propunha uma "Pesquisa sobre o Serviço Social no Brasil" que, ao que apuramos, não foi implementada. A sugestão ia no sentido de "realizar um levantamento da situação atual do Serviço Social no Brasil, tanto nos seus aspectos teóricos como práticos, seja na área rural, seja na área urbano-industrial, tendo em vista possibilitar um avanço e um enriquecimento da teorização e um aprofundamento metodológico" (loc. cit., p. 175). Passadas quase duas décadas, a proposta, nos seus aspectos substantivos, permanece válida.

154. Depois de reelaborado (cf. notas 134 e 135), o temário do encontro teve a seguinte pauta (CBCISS, 1986, p. 55):

No estudo do primeiro tema, o Grupo A — inspirado em Lebret — construiu um quadro geral de sete níveis, a partir de "necessidades básicas" e "necessidades sociais", para classificar, em seguida, os fenômenos mais observados na prática do Serviço Social, identificar as suas variáveis significativas e localizar as funções profissionais a elas pertinentes.[155] O procedimento global dessa operação pode ser visualizado com um exemplo: no "nível biológico", toma-se um "fenômeno significativo observado na prática do Serviço Social" — o "alto índice de natalidade"; logo se apontam as "variáveis significativas": "falta de educação sexual, valores religiosos, padrões culturais, falta de planejamento familiar, abandono do menor"; enfim, indicam-se as "funções possíveis do Serviço Social": "participação em programas de educação sexual, substituição de valores e padrões culturais, participação em programas de planejamento familiar, orientação familiar e criação de recursos"; tais funções são concebidas em micro e macroatuação e divididas em funções-meios e funções-fins (estas também divididas em educativas e curativas — CBCISS, 1986, p. 63). O grupo, na elaboração desse esquema, insiste na consideração "da globalidade e do inter-relacionamento das necessidades humanas" e em que "certos condicionantes básicos para a prática do Serviço Social não

---

1. Fundamentos da metodologia do Serviço Social

2. Concepção científica da prática do Serviço Social

2.1 Conhecimentos científicos que embasam a prática do Serviço Social

2.2 Apreciação dos critérios e das tendências que vêm orientando a formulação da metodologia do Serviço Social

3. Aplicação da metodologia do Serviço Social

3.1 Teorias que fundamentam o diagnóstico e técnicas para sua elaboração

3.2 Teorias que fundamentam a intervenção e técnicas para sua elaboração

Cumpre notar que:

a) nenhum dos dois grupos tematizou especificamente o ponto 1, considerando que o debate em plenário dos documentos de Costa, Soeiro e Dantas fez as vezes daquela tematização;

b) o Grupo A só tratou, no ponto 2, do item 2.1; quanto ao ponto 3, seguiu roteiro próprio;

c) o Grupo 13 esgotou o ponto 2 e tratou diferentemente o ponto 3.

155. Tais quadros (A1-A7) encontram-se em CBCISS (1986), em *Anexo* ao relatório do grupo.

DITADURA E SERVIÇO SOCIAL

decorrem de cada um dos níveis encarados isoladamente, mas das características centrais da sociedade brasileira, país subdesenvolvido e em crise motivada por uma fase de transição e mudanças" (CBCISS, 1986, p. 60). E finaliza reiterando a necessidade de "uma visão global", postos o enquadramento dos fenômenos levantados no "princípio da causação circular acumulativa" (Myrdal) e a moldura do subdesenvolvimento (CBCISS, 1986, p. 64-65).[156]

Quanto ao mesmo tema, o Grupo B, com inspiração distinta, mas também assentada numa angulação desenvolvimentista,[157] construiu um quadro sinótico de "fenômenos e variáveis segundo o critério das necessidades e problemas", com ambas as dimensões referidas a "níveis de vida" e "sistemas de relações".[158] O procedimento classificatório só adjetivamente se distingue do Grupo A. Toma-se, por exemplo, o "nível de vida saúde" e determinam-se os "problemas": "baixos níveis sanitários, carência e má utilização de recursos, dificuldade de acesso aos recursos existentes". No que toca à atuação do Serviço Social, o grupo vai mais longe que o A: supõe três níveis de atuação (prestação direta de serviços, administração de serviços sociais e planejamento deles)[159] e, em seguida, lista o conjunto de disciplinas sociais que podem subsidiar a intervenção em cada um deles (CBCISS, 1986, p. 77-79). Avançando nesta preocupação, o grupo procura identificar os conhecimentos "para", "em" e "sobre" o Serviço Social, instrumentalizáveis na prática profissional, e novamente apresenta uma listagem de disciplinas (CBCISS, 1986, p. 80). Enfim, diante das "situações sociais-problema", o grupo

---

156. Retomando os indicadores do subdesenvolvimento levantados por Lebret, o grupo menciona também os apresentados por Sauvy, um dos quais refere-se a "regime autoritário, ausência de instituições democráticas" (CBCISS, 1986, p. 65). Em *todo* o *Documento de Teresópolis*, esta é a *única* alusão constatável ao quadro político brasileiro em que se move o assistente social.

157. Este grupo não se remeteu a Lebret, mas ao Instituto para o Desenvolvimento Social da Organização das Nações Unidas (UNRISD).

158. Quadro B1, que se encontra em CBCISS (1986, anexo ao relatório do grupo).

159. Aqui se surpreende o esquema de Dantas (integrante deste grupo), retomado da elaboração de Araxá.

sugere a adoção de "procedimentos lógicos", tanto em "fases predominantemente de conhecimento" como "de ação" (CBCISS, 1986, p. 84-87).[160]

Nos dois relatórios, malgrado as suas diferenças,[161] há um denominador comum: a "concepção científica da prática do Serviço Social" é assumida como uma intervenção: (1) sobre elementos intelectualmente categorizados da empiria social; (2) ordenada a partir de variáveis de constatação imediata, e (3) direcionada para generalizar a integração na modernização (entendida como já era posta em Araxá: como sinônimo de superação do subdesenvolvimento). A "cientificidade" da prática profissional aparece como derivada quer da análise formal (classificatória) dos intervenientes diretamente verificáveis em cada "fenômeno significativo" e da sua correlação (esta também constatável empiricamente), quer de procedimentos articulados na ação do assistente social. A referência à "globalidade", como horizonte da ação profissional, remete de fato à interação entre as "variáveis" — num jogo em que tudo "interage" com tudo. Em realidade, o caráter "científico" da prática é identificado a uma *racionalidade manipuladora*, que pode ser desmontada em operações singulares e regulares passíveis de controle burocrático-administrativo. Em ambos os relatórios, a "concepção científica da prática do Serviço Social" é efetivamente reduzida ao estabelecimento de *conexões superficiais* entre dados empíricos da vida social[162] e à

---

160. Também aqui é flagrante o influxo das ideias de Dantas.

161. Por exemplo: no relatório do Grupo A, ao contrário do Grupo B, respingam-se, aqui e ali, alusões pouco compatíveis com o referencial estrutural-funcional (cf., por exemplo, no Quadro A6, as referências à "consciência de classe" e à "convivência de classe").

162. Tome-se um exemplo do Grupo A (retirado do Quadro A7): no nível "segurança", identifica-se como um "fenômeno significativo observado na prática do Serviço Social" o que se refere a "riscos sociais", que compreendem: "doenças, velhice, acidentes do trabalho, morte, encargos sociais"; as "variáveis significativas" listadas são: "marginalização sociolegal, desconhecimento do sistema previdenciário, falta de mentalidade previdencial, limitação e deficiência do sistema da Previdência".

Ou um exemplo do Grupo B (retirado do Quadro B1): as "necessidades" no "nível de vida" da "alimentação" são relacionadas aos seguintes "problemas": "carência alimentar, alta incidência do gasto alimentar no orçamento familiar, padrões alimentares inadequados".

DITADURA E SERVIÇO SOCIAL

intervenção *metódica* sobre eles, consideradas aquelas conexões.[163] Nos dois textos, a resultante dessa "concepção científica" é uma *pauta interventiva* cujo andamento pode ser objeto de acompanhamento, vigilância e avaliação por parte de hierarquias institucional--organizacionais de corte tecnoburocrático.

Apreciando o segundo tema — "Aplicação da metodologia do Serviço Social" —, o Grupo A formula uma "sequência do procedimento metodológico de intervenção do Serviço Social", que "configura a própria metodologia genérica do Serviço Social encontrada em qualquer escala e forma de atuação" (CBCISS, 1986, p. 69), sequência que se compõe de *investigação-diagnóstico e intervenção*.[164] Debruçando-se sobre o mesmo tema, o Grupo B mostrou-se menos econômico. Começou definindo a "metodologia aplicável no nível do planejamento"[165] e só depois cuidou da aplicável aos níveis de "administração em Serviço Social" e "prestação de serviços diretos" — retomando, pois, o esquema contido nos "níveis de atuação" anteriormente debatidos. Operando também com o binômio diagnóstico/intervenção, o grupo elaborou vários quadros cruzando este binômio com as categorias do planejamento utilizáveis no Serviço Social (CBCISS, 1986, p. 88-89), construiu uma sintomática relação entre os "processos lógicos" da prática profissional (na prestação de serviços diretos) e "processos administrativos" (CBCISS, 1986, p. 91) e concluiu

---

163. O Grupo A, no exemplo citado na nota anterior, lista detalhadamente as possíveis funções do Serviço Social naquele caso (Quadro A7): "Pesquisa de necessidades dos beneficiários; programas de extensão previdenciária para integração da mão de obra marginalizada; assistência financeira, medicamentosa e alimentar, através de ajuda supletiva; programas de prevenção sanitária; fomentos e subsídios para o desenvolvimento de equipamentos sociais na comunidade, de assistência médica, de reabilitação profissional, reeducação do excepcional etc.".

164. Os passos de cada uma dessas operações (onde, nota-se, é clara a incidência das colocações de Dantas) são compatíveis com a racionalidade manipuladora já referida e estão registrados em CBCISS (1986, p. 68-69).

165. Para o grupo, o planejamento é "um processo integrado e interdisciplinar, no qual se inclui a disciplina do Serviço Social" e é "considerado como o procedimento que orienta a tomada de decisões políticas racionais, *com vistas ao desenvolvimento*" (CBCISS, 1986, p. 87; grifos nossos).

com a prescrição das seguintes operações que configuram a "aplicação metodológica": no *diagnóstico* — "identificar e descrever; classificar; explicar e compreender; prever tendências"; na *intervenção* — "preparação da ação; execução; avaliação" (CBCISS, 1986, p. 93).

Igualmente neste plano, as diferenças entre as colocações dos dois grupos são acessórias — de fato, o destaque visível é para o maior aprofundamento realizado pelo Grupo B. Ambos dão perfeita consequência, no tratamento da "aplicação da metodologia do Serviço Social", ao encaminhamento contido na "concepção científica da prática" da profissão; realmente, se esta surge como uma racionalidade manipuladora, aquela não pode senão tomar a forma de uma sequência de passos que ordena a manipulação mesma. A relação de continuidade é propriamente orgânica: da "concepção científica da prática", tomada como manipulação intelectivamente ordenada, decorre a "aplicação da metodologia" como *modus faciendi* da ação.

A maturação do processo de renovação do Serviço Social, no marco da perspectiva modernizadora, alcança nestas formulações o seu ponto mais alto. Há um nítido avanço em face dos resultados que o *Documento de Araxá* consagrou: se, neste, a ênfase na "teorização" conseguira atrelar as concepções profissionais ao projeto da "modernização conservadora", a reflexão desenvolvida em Teresópolis configura, no privilégio à questão da "metodologia", a exclusão de vieses tendentes a problematizar a inserção do Serviço Social nas fronteiras dos complexos institucional-organizacionais que promoviam o processo da "modernização conservadora". Os valores ideoculturais que embasam a visão de Araxá não são ultrapassados, a noção de desenvolvimento permanece; mas a herança "tradicional" é irremissivelmente dissolvida no *cariz operativo* que se concretiza em Teresópolis: o que está no centro das formulações, aqui, não são teorias, valores, fins e legitimidade (antes, esses componentes são dados como tácitos), mas sim a determinação de *formas instrumentais* capazes de garantir uma *eficácia* da ação profissional apta a ser reconhecida como tal pelos complexos institucional-organizacionais. Em Araxá, coroa-se uma indicação do *sentido sociotécnico* do Serviço

Social; em Teresópolis, cristaliza-se a *operacionalidade* deste sentido: obtém-se a evicção de qualquer tematização conducente a colocá-lo em questão, consolida-se o seu trato como conjunto sistematizado de procedimentos prático-imediatos suscetíveis de administração tecnoburocrática.

O avanço que se processa nas reflexões de Teresópolis é inequívoco, se se considera que, na perspectiva afirmada em Araxá, urgia conferir à profissão indicadores, pautas e referenciais que normativizassem o seu desempenho de modo a enquadrá-lo nas lógicas operativas dos aparatos institucional-organizacionais a que ela se alocava. Mesmo que se levem em conta os cuidados dos profissionais reunidos em Teresópolis para não apresentar como conclusivas as suas pontuações (CBCISS, 1986, p. 64, 76), em nenhum outro documento brasileiro conhecido do Serviço Social se alcançou um nível similar de discriminação, classificação e categorização de "situações sociais-problema" e de procedimentos técnicos para enfrentá-las. Nesse sentido, o esforço então empreendido — oferecendo as ferramentas que a própria caracterização do Serviço Social como "técnica social", expressa em Araxá, estava a exigir — foi inquestionavelmente produtivo.

O que nele se cristalizou, sem sombra de dúvida, foi a determinação precisa do papel do profissional como o de um real *funcionário do desenvolvimento*, em detrimento da retórica que o situava como "agente" deste processo.[166]

Tais avanço e esforço complementam e culminam o desenvolvimento da perspectiva afirmada em Araxá — logo, não cancelam

---

166. No marco das concepções explicitadas em Teresópolis, já não nos parece adequada a reiterada noção do profissional como "agente de mudanças". As formulações de 1970 reduzem de tal forma a sua funcionalidade social no nível estritamente técnico-instrumental (incorporando, também neste sentido, as lógicas próprias da modernização pertinente ao grande capital) que minimizam a incidência efetiva do assistente social para além de funções operativas. Não é por acaso que, no relatório do Grupo B, quando se trata do processo do planejamento — que o grupo entende como composto de "quatro etapas sucessivas": de natureza política, técnica, administrativa e técnico-administrativa —, só se analisa "o papel do Serviço Social na etapa técnica de elaboração dos planos" (CBCISS, 1986, p. 87-88).

as suas preocupações "teorizantes", verificavelmente mais abrangentes. No entanto, a translação do interesse, agora centrado na dominante operativa, não apenas deixa na penumbra as questões teóricas e ideoculturais que foram pontuadas em 1967: ao torná-las excêntricas em face do privilégio instrumental, terminam por lhes conferir matização diversa. Assim, o debate "teórico-científico", subjacente no tratamento anterior (ainda que repontando tergiversada e/ou equivocadamente, como vimos), ganha uma nova dimensão à medida que é conduzido para o marco do "método profissional". Assim também é reequacionado o tom do humanismo liberal-abstrato, que se esfuma na escala em que a ênfase se move dos "fins" para os "meios" (de onde a ausência, em Teresópolis, de laivos moralizadores). Muito especialmente, o problema (teórico e ideológico) da relação subdesenvolvimento/desenvolvimento em termos da particularidade brasileira adquire um contorno diferenciado: se, em Araxá, fazia-se um apelo à "realidade brasileira" (meramente formal, como observamos), aqui o que se tem — ademais da acaciana remissão ao seu panorama geral subdesenvolvido — é a simples referência sintomatológica nos indicadores utilizados, despojada de qualquer saliência para o seu complexo sistema de causalidades,[167] fato explicável se se recorre a uma importante notação de um dos ideólogos de Teresópolis: "O Serviço Social foi e continuará a ser, durante muito tempo, *corretivo*" (grifo nosso).[168]

As formulações constitutivas do *Documento de Teresópolis*, apreciadas globalmente, possuem um tríplice significado no processo de

---

167. No relatório do Grupo A, com muita aplicação, podem se localizar indicações que vão para além do nível sintomal — mas elas são mesmo residuais. Por outro lado, cumpre observar um viés radicalmente "urbano" no trabalho dos dois grupos: o *mundo rural* só aparece na sintomatologia dos problemas sociais e tudo se passa como se inexistisse — *ainda que em nível sintomal* — uma específica e determinante problemática agrária a constituir e a condicionar boa parcela dos "fenômenos significativos observados na prática do Serviço Social"; na quase exaustiva listagem das disciplinas "pertinentes à prática do Serviço Social", do grupo B, sequer se menciona a Sociologia Rural (CBCISS, 1986, p. 77-80).

168. A observação é de Dantas, no debate sobre o seu documento; ele denomina "corretiva" a intervenção "em que os técnicos são chamados a sanar problemas" (*Debates Sociais*, supl. n. 4, 5. ed., cit., p. 119).

renovação do Serviço Social no Brasil: apontam para a requalificação do assistente social, definem nitidamente o perfil sociotécnico da profissão e a inscrevem conclusivamente no circuito da "modernização conservadora", e, com toda essa carga, repõem em nível mais complexo os vetores que deram a tônica na elaboração de Araxá.

O detalhamento da pauta operativa da intervenção profissional, tal como vem sistematizada (em maior ou menor escala) no *Documento de Teresópolis*, supõe uma formação bem diversa daquela que foi a predominante até meados dos anos 1960. O desempenho das funções que se atribuem, no documento, ao Serviço Social implica um técnico capaz de se mover com uma familiaridade mínima entre disciplinas acadêmicas como o Planejamento, a Administração, a Estatística, a Política Social, a Economia, os mais diversos ramos da Sociologia etc. As exigências aí contidas não poderiam ser atendidas pela formação tradicional, nem pelos assistentes sociais nela forjados; o padrão de requisições instrumentais suposto em Teresópolis determinava uma requalificação profissional, com uma ponderável modificação nos seus quadros intelectuais de referência e a inscrição do Serviço Social no mundo acadêmico, já em curso quando da realização do seminário de 1970, haveria de algum modo de responder à demanda da criação de condições para a formação reclamada.

Mais substantivamente, as reflexões de Teresópolis cristalizam a tendência, já expressa no documento de 1967, à redefinição do papel sociotécnico do assistente social. Ao situá-lo como um "funcionário do desenvolvimento", Teresópolis propõe tanto uma redução quanto uma verticalização do seu saber e do seu fazer. A redução está ligada à própria condição "funcionária" do profissional: as tradicionais indagações valorativas são deslocadas pelo privilégio da eficácia manipulativa, e o assistente social é investido de um estatuto básica e extensamente executivo (tal como aparece nas modernas teorias da gestão), mas longe de atribuições terminais e sem subalternidade. A verticalização compreende precisamente a apropriação ideal de um elenco mais operativo de técnicas de intervenção, com a consequente valorização da ação prático-imediata.

Com estes traços, mais as próprias concepções elementares que vinham de Araxá — muito especialmente as teóricas (o fundo estrutural-funcionalista) e ideológicas (o reformismo conservador do viés desenvolvimentista) —, aqui completamente maduras, o *Documento de Teresópolis* equivale à plena adequação do Serviço Social à ambiência própria da "modernização conservadora" conduzida pelo Estado ditatorial em benefício do grande capital e às características socioeconômicas e político-institucionais do desenvolvimento capitalista ocorrente em seus limites. Se vários dos seus efetivos ganhos técnico-operativos poderiam transcender esta vinculação, não há dúvidas de que suas formulações gerais haveriam de apresentar-se como hipotecadas a ela.

2.3.3 Sumaré e Alto da Boa Vista: o deslocamento da perspectiva modernizadora

As formulações registradas nos documentos de Araxá e Teresópolis, marcos canônicos da perspectiva modernizadora do Serviço Social em nosso país,[169] simultaneamente configuraram a sincronização da (auto)representação profissional ao projeto e à realidade globais da "modernização conservadora" que o Estado ditatorial levava a cabo e contribuíram, no plano específico do universo profissional, para o seu processo renovador, intervindo no sentido de girar a face intelectual e operativa do assistente social, balizando novas exigências e condições para a sua reprodução enquanto categoria e para o seu exercício enquanto técnico assalariado.

---

169. Já indicamos (cf. nota 110) que a elaboração modernizadora está longe de limitar-se a esta documentação. Bem ao contrário, a listagem dos seus registros (livros, ensaios, artigos, teses de pós-graduação) implicaria larguíssimo arrolamento. À base da investigação que realizamos, porém, sentimo-nos autorizados a afirmar que toda a produção a ela vinculada não fez mais que aprofundar, estender ou detalhar os núcleos temáticos e/ou operativos contemplados, de uma forma ou outra, nas fontes seminais que se encontram nos documentos de Araxá e Teresópolis.

DITADURA E SERVIÇO SOCIAL   249

Já nos meados da década de 1970, todavia, fazem-se sentir os vetores — sócio-históricos e profissionais — que responderão pelo visível deslocamento da perspectiva modernizadora do proscênio que, no processo brasileiro da renovação do Serviço Social, ela ocupava até então quase solitariamente. Estas modificações, a princípio subterrâneas, pouco a pouco mais evidentes, já foram analisadas e não cabe retornar a elas (cf. capítulo 1, seção 1.3, e também a seção 2.2.4). Mas é pertinente assinalar, mais uma vez com a máxima ênfase, que *não* se pode assegurar que, a partir daí, ocorreu a evicção da perspectiva modernizadora dos quadros efetivos do Serviço Social no Brasil: o que de fato se registra é o seu *deslocamento* da arena central do debate e da polêmica. Passam a concorrer com ela, neste plano, e a disputar seus espaços e hegemonia outras vertentes renovadoras; o que se verifica é que, gradualmente, ela perde ressonância nos foros de discussão emergentes e nas mesmas instâncias/agências profissionais que antes eram o seu *locus* de promoção e divulgação. Mais avançam os anos 1970, mais constatável é, no diagrama evolutivo da perspectiva modernizadora, a curva descendente da sua incidência no debate profissional.[170] Contudo, parece-nos um grave erro deduzir desta inconteste verificação a sua extensibilidade aos referenciais que efetivamente parametram as práticas dos assistentes sociais (cf. nota 88); à falta de um levantamento confiável destas práticas na sua realidade, neste passo toda cautela é recomendável e vale reiterar o âmbito de validez da constatação referida (ou seja: remetemo-nos somente ao debate profissional mais representativo enquanto ferindo as (auto) representações do Serviço Social).

Neste âmbito, são índices expressivos daquele deslocamento os seminários, igualmente organizados pelo CBCISS, que, depois de Araxá e Teresópolis, vieram na sua esteira — os colóquios realizados no Rio de Janeiro, no Centro de Estudos do Sumaré (da Arquidio-

---

170. Provam-no inequivocamente, por exemplo, os três primeiros Congressos Brasileiros de Assistentes Sociais.

cese carioca) e no Alto da Boa Vista (no Colégio Coração de Jesus), respectivamente em 1978 e 1984.[171]

Nenhum desses seminários e seus resultados obtiveram a repercussão que cercou os seus dois precedentes.[172] Este fato, à primeira vista surpreendente se se consideram o protagonismo anterior dos empreendimentos do CBCISS e, especialmente, o panorama de efervescência nacional que à época já rebatia na categoria dos assistentes sociais (e, ao tempo do Alto da Boa Vista, rebatia com enorme intensidade), pode ser explicado por vários motivos, das alterações no interior do corpo profissional, refletindo-se no surgimento de novos organismos de expressão e representação (cf. seção 2.2.1), ao contexto social brasileiro macroscópico (cf. capítulo 1, seção 1.3). No esclarecimento desta questão, que aponta diretamente para a perda de imantação da perspectiva modernizadora no terreno dos debates profissionais, devem ser contemplados dois elementos estreitamente conexos.

O primeiro diz respeito ao que se pode aludir como a expectativa das vanguardas profissionais emergentes na década de 1970 em face de iniciativas que vinham no seguimento de Araxá e Teresópolis. Há fortes indícios de que a identificação do CBCISS e seus seminários com a referencialidade global da perspectiva modernizadora (o desenvolvimentismo e a tecnicalidade) tendia a tornar céticas aquelas vanguardas em relação a promoções inscritas num veio que justamente estavam colocando em causa. A suspeita de que se teria uma reedição de concepções cuja problematização estava à tona (tanto mais justificada

---

171. O seminário do Sumaré realizou-se entre 20 e 24 de novembro de 1978, reunindo, entre coordenadores, consultores, apoiantes e partícipes, um total de 25 pessoas, das quais nove tinham estado em Araxá e sete em Teresópolis. O seminário do Alto da Boa Vista, reunido em novembro de 1984, envolveu — sem contar os conferencistas convidados e os profissionais que contribuíram previamente na elaboração de *papers* coletivos — 24 pessoas (23 profissionais e um estudante), das quais um estivera em Araxá, dois em Teresópolis e três no Sumaré. Salvo erro, a representatividade nacional dos participantes foi sensivelmente menor que a dos eventos anteriores. Os documentos de ambos os seminários estão compendiados em CBCISS (1986, 1988).

172. Basta observar que, sintomaticamente, o *Documento do Alto da Boa Vista* só teve divulgação nacional expressiva cerca de 4 anos depois da realização do encontro que lhe deu origem.

quanto, até aí, eram imperceptíveis modificações palpáveis na inserção do CBCISS na categoria) muito provavelmente curto-circuitou a interação entre a entidade organizadora dos eventos e o público profissional. O segundo elemento refere-se às dimensões e direções propriamente ideopolíticas a que se viam remetidos quer aquela entidade, quer suas iniciativas anteriores. Parecia esboçado um divórcio entre ambas e as vanguardas profissionais emergentes, que experimentavam uma nítida politização na fase em que a resistência democrática à ditadura empolgava setores sociais cada vez mais amplos.

Apreciada com distanciamento, a expectativa profissional não se revelou inteiramente fundada: a polarização ideal da perspectiva modernizadora decrescera a ponto de não se expressar ponderavelmente em qualquer dos dois seminários. A documentação do Sumaré e do Alto da Boa Vista está para o deslocamento da perspectiva modernizadora assim como o estão, para o seu momento ascendente, os documentos de Araxá e Teresópolis. No tocante à dimensão ideopolítica, a expectativa também não se comprovou cabalmente: nos dois seminários, notadamente no do Alto da Boa Vista, é perceptível um movimento de abertura a referências distintas do caldo conservador. Assim, e considerando o lapso temporal já decorrido entre os eventos e a divulgação dos seus resultados, os dois elementos que arrolamos não esclarecem suficientemente a reduzida ressonância que os envolveu.

Entendemos que a chave para este esclarecimento deve ser procurada noutro campo: no nível específico do *questionamento teórico*, tal como ele se colocou nos dois seminários. Tanto no colóquio do Sumaré como no do Alto da Boa Vista, ainda que verificado o interesse dos organizadores em abrir o debate numa perspectiva menos unívoca e monocolor, bem como em utilizar uma dinâmica que não redundasse em textos cerrados,[173] a condução da formulação dos problemas teóricos e culturais se operou de forma tal que suas im-

---

173. De nenhum desses seminários saíram textos conclusos ou documentos de natureza declarativa.

postações se apresentaram como *defasadas* em confronto com a modalidade de reflexão que se encorpava nas expressões mais visíveis do debate profissional. Este, como anotamos (cf. seção 2.2.4), começava a dispor de foros plurais, a contemplar novas e mais amplas temáticas e se beneficiava já de um acúmulo acadêmico não desprezível; principalmente, no seu interior já se fazia sentir uma força polêmica em face do tradicionalismo que, escorada então por propostas latino-americanas contestadoras (cf. seção 2.2.3), gestava discussões de fundo em relação ao Serviço Social mesmo — e, claramente, punha-se na ordem do dia a tematização teórico-metodológica da profissão vinculada ao debate nas ciências sociais e aos dados mais novos da conjuntura brasileira. Ainda que se considere o panorama diverso do final do decênio de 1970 (quando se realiza o encontro do Sumaré) e o dos primeiros anos da década de 1980 (quando ocorre o do Alto da Boa Vista) — vale dizer: tomando em conta o *caráter datado* dos eventos em tela —, as elaborações e preocupações que tiveram curso nos dois colóquios possuíam traços tais que as tornavam muito pouco aptas para galvanizar a atenção das vanguardas profis-

---

No encontro do Sumaré, cuja preparação vem registrada em CBCISS (1986, p. 107-111), foram apresentados e discutidos "documentos de base" sobre "A cientificidade do Serviço Social", "Reflexões em torno da construção do Serviço Social a partir de uma abordagem de compreensão, ou seja, interpretação fenomenológica do estudo científico do Serviço Social", "Reflexões sobre o processo histórico-científico da construção do objeto do Serviço Social" e "Serviço Social e cultura: uma alternativa para a discussão das relações assistente social/ clientela". Um conferencista convidado, a profa. Creusa Capalbo, fez duas intervenções: "Algumas considerações sobre a fenomenologia que podem interessar ao Serviço Social" e "Considerações sobre o pensamento dialético em nossos dias".

O seminário do Alto da Boa Vista desenvolveu-se a partir de sete conferências, pronunciadas por convidados: Martins de Souza cuidou da "problemática autoritária" no Brasil, L. Konder falou de aspectos da história do marxismo no país, Silva Oliveira tratou do Positivismo, Telma Donzelli tematizou a Fenomenologia, Antônio Paim dissertou sobre o estatismo e a "questão social" no Brasil, Vélez Rodríguez relacionou o "Estado autoritário" e as Ciências Sociais e C. Ziviani abordou a "tecnologia social". Assistentes sociais apresentaram trabalhos sobre "Pensamento científico e Serviço Social", "Serviço Social e cientificidade" e um balanço dos encontros regionais que debateram Araxá e Teresópolis; grupos de assistentes sociais contribuíram tematizando o "Serviço Social cibernético", a "consciência crítica no Serviço Social" e um deles, discutindo a "proposta de produção de conhecimento" do próprio seminário, levantou problemas pertinentes ao evento mesmo.

sionais emergentes. Esses traços podem ser resumidos se se alude ao seu denominador comum: a extrema *pobreza teórica* que exibiam, em comparação com a discussão simultaneamente operada nos foros acadêmicos, culturais e políticos da profissão e fora dela.

Com seus vieses, omissões e referências teóricas particularmente determinadas, as formulações de Araxá e Teresópolis eram *contemporâneas* de preocupações e vivências expressivas que compunham a atualidade dos debates teóricos, culturais e políticos do contexto brasileiro. Criticáveis em maior ou menor grau, o que importa é que eram objetivamente *modernas* no seu contexto sócio-histórico — da angulação própria da perspectiva modernizadora, propiciavam um amplo espaço de diálogo e confronto com vertentes significativas do enfrentamento ideocultural que estavam postas na polemização possível das ciências sociais e do Serviço Social ao seu tempo. Precisamente estas características falecem no Sumaré e no Alto da Boa Vista, atribuindo às suas contribuições um tônus de anacronismo que as torna pouco sensibilizadoras para a polêmica mais rica e calorosa. Não cabe, nesta altura, a análise detida de várias de suas tematizações — uma vez que assinalam a presença de vetores teórico-metodológicos distintos daqueles que enfibraram a perspectiva modernizadora, serão tangenciadas mais adiante (cf. seções 2.4 e 2.5). Mas são necessárias algumas indicações, mesmo que sumárias, para não deixar infundada a nossa apreciação sobre a defasagem e a pobreza teórica dos aportes de 1978 e 1984.

O seminário do Sumaré deveria enfrentar três temas básicos: a relação do Serviço Social com a Cientificidade, a Fenomenologia e a Dialética (CBCISS, 1986, p. 11). O primeiro é alvo de dois "documentos de base" — "A cientificidade do Serviço Social" e "Reflexões sobre o processo histórico-científico de construção do objeto do Serviço Social" —, preparados por dois grupos de profissionais, um do Rio de Janeiro e outro de São Paulo (CBCISS, 1986, p. 116-127, 133-163).

O primeiro documento, redigido pelo grupo carioca, cuida inicialmente da problemática da cientificidade, para depois referi-la ao Serviço Social. O passo prévio, que redunda na elaboração de um "modelo topológico de pesquisa", tem por base uma concepção de ciência rigorosamente formalista.[174] A translação ao Serviço Social remete às teses de Goldstein, esperavelmente funcionalistas. A conclusão é congruente: insistindo em que não haverá "prática científica" no Serviço Social "se os aspectos epistemológicos e teóricos forem negligenciados em proveito apenas de manipulações técnicas de caráter pragmático e terapêutico", os autores creem viável pensar "o caráter científico do Serviço Social" como "busca de um *consenso intersubjetivo* sobre um campo delimitado de análise sobre o qual se estruturam conhecimentos e conceitos próprios ou originados das ciências do homem de um modo geral, para uma posterior aplicação" (CBCISS, 1986, p. 126; grifos nossos). Não há dúvida de que estamos diante da "epistemologia moderna" (CBCISS, 1986, p. 118), que escamoteia da investigação toda e qualquer impostação ontológica. Se, sob este aspecto, a "contemporaneidade" desta abordagem é inequívoca, a referência à especificidade profissional faz tábua rasa precisamente da problemática que estava sendo levantada na crítica ao tradicionalismo e à perspectiva modernizadora: o que permanece na sombra é a discussão da natureza e das funções do Serviço Social; ou, mais exatamente: *esta discussão é desqualificada pela incorporação objetiva das respostas oferecidas na propositura de Goldstein.*[175] Ora, sem prejuízo de qualquer abordagem rigorosamente teórico-metodológica da temática da cientificidade, o que estava na pauta das discussões — do Serviço Social e das Ciências Sociais

---

174. Entende o grupo que "a cientificidade representa uma ideia reguladora" (CBCISS, 1986, p. 118), e mais: a ciência "só consegue fazer com que captemos aspectos inéditos da realidade na medida em que começa por substituir o campo perceptivo por *um domínio de objetos que ela constrói por seus próprios meios*" (CBCISS, 1986, p. 119). Num texto posterior de um dos membros deste grupo (Vieira, 1982), tem-se uma retomada de várias passagens do material produzido em 1978, ficando óbvio o que ele deve às concepções de Jean Ladrière.

175. Escrevemos "incorporação objetiva" porque o grupo, formalmente, não assume a posição de Goldstein (CBCISS, 1986, p. 129-132).

As proposituras de Goldstein, ancoradas teoricamente num ecletismo que se lastreia em concepções funcionalistas, não contêm qualquer problematização substantiva da natureza do Serviço Social tradicional (Goldstein, 1973).

— naquele momento era a sua particularização concreta em termos de clarificação histórico-social. A *esta* demanda o texto em questão não oferece alternativas. Porém, e mais importante, a remissão a Goldstein tirava da cena o que era a própria razão medular do debate emergente: o questionamento da tradição profissional de raiz funcionalista. Nesse sentido, além de obstruir os condutos de um enfrentamento ideal fecundo, as formulações desse "documento de base" situavam-se num plano que, em face dos avanços polêmicos já incorporados pelas vanguardas profissionais (então encharcadas dos influxos da literatura profissional contestadora latino-americana), era verdadeiramente *pré-crítico*.[176]

O documento do grupo paulista, em troca, está obviamente orientado para recolher as preocupações contemporâneas. Constatando "que o Serviço Social não alcançou ainda um estágio de ciência" (CBCISS, 1986, p. 140), os redatores pensam que se deve discutir a construção do seu objeto mediante um "enfoque dialético" que incorpore uma dupla perspectiva: a da "ciência" e a "dos modos de produção, das formações sociais e das conjunturas políticas" (CBCISS, 1986, p. 145-146) — de onde a atenção a questões que sequer são mencionadas no documento do grupo carioca: as relações ciência/classes sociais, os valores ideológicos e as diferentes filiações filosóficas etc. Sem perfilar do formalismo elementar que transparece no texto dos profissionais do Rio de Janeiro,[177] o documento opera com categorias que reenviam ao "pensamento dialético" — entretanto, fá-lo eclética e vulgarmente: a historicidade é compreendida sob a lente de Dilthey, a dialética recebe um tratamento francamente ininteligível[178] e a própria "concepção

---

176. Em pleno ano da graça de 1978, o "levantamento bibliográfico" oferecido no documento não se peja de arrolar uma obra de... Amaral Fontoura!

177. Compare-se, por exemplo, a noção de cientificidade contida no documento do grupo carioca com a formulação dos profissionais paulistas (CBCISS, 1986, p. 141).

178. Depois de apanhar as "quatro formas da lei da dialética" (inspirados no Garaudy mais afeito ao marxismo-leninismo), os redatores pontualizam: "Neste trabalho, a compreensão da categoria 'dialética' vincula-se à dialética hegeliana e coincide, em boa parte, com as quatro formas da sua lei básica, formuladas pela filosofia marxista, ressaltando-se dois pontos,

dialética" acaba por se reduzir à construção do objeto "a partir da concepção da realidade enquanto movimento no processo histórico" (CBCISS, 1986, p. 145). Considerações desta ordem, mesmo menos defasadas em relação ao acúmulo já realizado e ao debate emergente se comparadas às do documento carioca, não eram mais que lugares-comuns na bibliografia profissional que as novas vanguardas manuseavam.

Em idêntico diapasão se formulam as conferências da Professora Creusa Capalbo. A primeira delas, versando sobre a fenomenologia (CBCISS, 1986, p. 173-182), não faz honra aos seus indiscutíveis conhecimentos sobre o tema. Seguramente, seu objetivo didático-divulgador e a certeza de estar lidando com um público pouco afeito à reflexão filosófica (cf. infra, nota 180) levaram-na a pronunciar uma alocução simplória. Esse procedimento (que frequentemente o especialista adota em situações desse gênero, quando a intenção básica é publicitar um determinado pensamento), porém, adquire um viés gravemente deformador quando a professora tece as suas "Considerações sobre o pensamento dialético em nossos dias" (CBCISS, 1986, p. 209-216): aí, em formulações insustentáveis, o que se oferece é uma caricatura do método dialético na tradição marxista.[179]

---

em decorrência de uma posição *não idealista como em Hegel, e não materialista como em Marx* (grifos nossos):

— quanto à segunda forma da lei dialética ["da mudança universal e do desenvolvimento incessante"], embora admitindo plenamente o dinamismo da realidade universal, ressalva-se a permanência de algo, seja um substrato, seja um componente de dada realidade que perdura, o que permite identificá-la mesmo depois de transformada;

— quanto à terceira forma ["da mudança qualitativa"], embora admitindo que algumas mudanças qualitativas possam resultar do acúmulo de mudanças quantitativas, outras, e com maior peso, decorrem de fatores cuja ação, por sua natureza, é suficiente para operar mudanças qualitativas, pois de outro modo seria admitir-se que a qualidade (natureza das coisas, dos seres, das relações entre eles) resulta de maior ou menor número de fatores quantitativos" (CBCISS, 1986, p. 158-159).

179. Entre outras pérolas que se podem recolher no texto publicado pelo CBCISS, lê-se que "Marx mostra que o sistema capitalista [*sic*] se divide em duas classes" e que, "para fazer crescer o capital, o capitalista recorre [*sic*] à 'mais-valia'" (CBCISS, 1986, p. 213).

Quando se examina o material publicado do encontro do Alto da Boa Vista (CBCISS, 1988) é que se pode avaliar como o simplismo das intervenções dos conferencistas convidados tornou-se mesmo um fato central.[180] Ficam claras a defasagem e a pobreza teórica a que aludimos — excetuados, talvez os aportes de Donzelli, Vélez Rodríguez e Ziviani (CBCISS, 1988, p. 44-49, 53-58 e 59-69), as outras contribuições são constrangedoras:[181] estão absolutamente *aquém* do nível alcançado pela bibliografia de uso generalizado nos cursos de pós-graduação e, sobretudo, *aquém da própria problematização operada no bojo do Serviço Social e das suas instâncias profissionais.*[182] Quanto à parte que tocou aos assistentes sociais, nela não se faz por menos: ademais de revisões históricas onde só excepcionalmente têm abrigo algumas indagações contemporâneas,[183] a tônica "moderna" é dada pela sugestão do "Serviço Social como sistema cibernético", onde se supõe que a utilização alternativa de recursos tecnológicos enquanto

---

180. Que fique claro: *a denúncia desse simplismo não equivale a colocar em questão a competência dos convidados.* Aqui, há a considerar:

a) de uma parte, a intenção didática ou de divulgação, que leva o conferencista a oferecer um quadro muito esquemático do tema que lhe é atribuído;

b) de outra, a expectativa que o convidado tem do seu público — diretamente associada à "imagem social" de que este desfruta.

181. Se é triste ver Konder (CBCISS, 1988, p. 19-25) dizendo chãs banalidades sobre o marxismo no Brasil, se é simplesmente cômica a intervenção de velho contra-almirante que garante ter sido a *Rerum Novarum* provocada por carta de um positivista (CBCISS, 1988, p. 32), é no mínimo preocupante ler, em Martins de Souza, que "o autoritarismo no Brasil instala-se precisamente [*sic*] com o regime republicano" (CBCISS, 1988, p. 15) e nada casual o dr. Antônio Paim invectivando contra a gestão estatal da segurança social e observando que a Igreja católica, "ao optar pelos pobres introduziu uma distinção significativa no entendimento clássico: a pobreza passou a ser considerada imoral, quando equivalia a verdadeiro pré-requisito da santidade. Tal ambiguidade cria o clima favorável à instrumentalização política" (CBCISS, 1988, p. 51-52).

182. Recorde-se que, em 1984, quando ocorre o encontro do Alto da Boa Vista, já se tinham realizado o III e o IV Congressos Brasileiros de Assistentes Sociais, a ABESS já estava consolidada como foro de debate teórico-metodológico e profissional e, especialmente, o acervo nacional da bibliografia produzida por assistentes sociais sobre temas idênticos ou similares já estava largamente difundido. E não se está evocando aqui o desenvolvimento teórico e ideológico das ciências sociais acadêmicas entre os últimos anos da década de 1970 e os que imediatamente antecedem ao encontro.

183. Cf. os dois últimos textos contidos em CBCISS (1988).

meios no processo interventivo implica necessariamente redefinições de princípios profissionais (CBCISS, 1988, p. 135-142).

Se nossas pontuações são procedentes, no espaço original — os seminários promovidos pelo CBCISS — em que se afirmou e consolidou a perspectiva modernizadora, o seu deslocamento não derivou num debate profissional capaz de empolgar os setores de ponta do Serviço Social no Brasil. Sem prejuízo de uma eventual e futura revalorização daquele espaço, o exame dos resultantes do Sumaré e do Alto da Boa Vista patenteia que o processo de renovação profissional já transitava por outros condutos e envolvia outros protagonistas (cf. seção 2.2.4). Mas foi ainda no seu marco que se explicitou a segunda direção do processo renovador, sobre a qual nos deteremos em seguida.

2.4 A reatualização do conservadorismo

Efetivamente, é ainda no marco dos seminários do Sumaré e do Alto da Boa Vista que ressoam as formulações da vertente renovadora a que denominamos *reatualização do conservadorismo* — expressas primeiramente na tese de livre-docência de Anna Augusta de Almeida (1978), texto básico nesta perspectiva, e sua elaboração mais representativa, na qual aparecem como uma "nova proposta" as ideias constitutivas da programática teórico-profissional que reponta naqueles encontros e rebate, a partir de então, em textos dirigidos ao público profissional, teses e cursos direcionados para a graduação, a pós-graduação e a reciclagem de assistentes sociais.[184]

---

184. Na documentação referente ao encontro do Sumaré, cf. os textos "A cientificidade do Serviço Social" e "Reflexões sobre a construção do Serviço Social a partir de uma abordagem de compreensão, ou seja, interpretação fenomenológica do estudo científico do Serviço Social", de grupos de profissionais do Rio de Janeiro, bem como suas réplicas às questões levantadas no plenário do evento (CBCISS, 1986, p. 115-127, 129-132, 183-193, 195-203). Especialistas de outras áreas intervieram nos encontros do Sumaré e do Alto da Boa Vista, ofere-

Nesta perspectiva do processo de renovação do Serviço Social no Brasil se manifesta, no interior da complexa dialética de ruptura e continuidade com o passado profissional, a ponderabilidade maior da herança profissional, sem prejuízo dos elementos renovadores que apresenta. Releva notar, ainda e preliminarmente, que a correta apreciação desta perspectiva demanda observações, mesmo sumárias, acerca das dificuldades que se punham para a explicitação do pensamento mais conservador, de que ela é uma ponta privilegiada, quando da sua emersão no panorama do Serviço Social no país.

O lastro conservador não foi erradicado do Serviço Social pela perspectiva modernizadora; como vimos na seção precedente, ela explorou particularmente o seu vetor reformista e subordinou as suas expressões às condições das novas exigências que a "modernização conservadora" colocou ao exercício profissional. Só este fato, tomado com as suas implicações na redefinição do perfil profissional do assistente social, tornava difícil uma recuperação mecânica e imediata do conservantismo tradicional da profissão. Ademais, o conjunto de processos sócio-históricos e teórico-ideológicos que cercaram a consolidação e a curva descendente da perspectiva modernizadora conspirava para problematizar qualquer retorno sem mais aos vieses que anteriormente conferiram à profissão os traços postos em xeque desde meados dos anos 1960. Em suma, no marco político e cultural do país e do acúmulo do Serviço Social na entrada do segundo lustro da década de 1970, posturas francamente conservadoras encontravam uma ambiência pouco favorável para se objetivarem como tais na (auto)representação profissional. Especificamente no que concerne ao Serviço Social, qualquer empresa restauradora haveria de colidir com duas variáveis de monta: a

---

cendo aportes específicos a esta vertente, cf. as conferências das professoras Creusa Capalbo e Telma A. Donzelli (CBCISS, 1986, p. 173-182; CBCISS, 1988, p. 44-49); a profa. Capalbo, aliás, tem sido um interlocutor privilegiado do público profissional (Capalbo, 1979, 1984).

Entre outros estudiosos que se inserem nesta perspectiva, merecem menção: Fernandes (1978), Karsh e Martins (s/d.), Paschoal (1980), Carvalho (1987), Albuquerque (1984), Pavão (1988), Dutra (1989).

laicização profissional, que jogava contra o retorno aos velhos confessionalismos, e a crescente ponderação de tendências católicas que, enquanto tais, alinhavam-se numa posição receptiva em face de projetos societários anticapitalistas e de parâmetros analíticos extraídos da tradição marxista, complicando a legitimação de operações regressivas com o apelo ao antigo integrismo.[185]

Entretanto, nada disso eludia quer a existência de núcleos no Serviço Social interessados — pelas mais diversas razões: ideológicas, políticas, teóricas, profissionais — num empreendimento restaurador, quer a existência de possibilidades objetivas para oferecer suporte às suas iniciativas. De uma parte, tais núcleos operavam efetivamente, configurando bolsões de resistência às modificações encarnadas no processo renovador pela perspectiva modernizadora, especialmente aquelas que submetiam o *ethos* tradicional da profissão à lógica institucional posta pelo ordenamento societário conformado pela ditadura. De outra, davam-se possibilidades objetivas, tanto pelo insuperado lastro conservador quanto por dilemas prático-operacionais novos e não resolvidos pela perspectiva modernizadora como, notadamente, por um clima sociocultural em que dimensões individuais e psicológicas ganhavam um relevo maior no jogo das relações sociais (cf. seção 2.2.4), clima que, se devidamente explorado, permitiria revigorar as tradicionais práticas *face to face*. Lateralmente — mas cabe não subestimar este aspecto, muito ao contrário —, aqueles núcleos profissionais também haveriam de dar conta das vertentes que, no interior do Serviço Social, contrapunham-se ao tradicionalismo e criticavam a perspectiva modernizadora recorrendo aos influxos do pensamento crítico-dialético.

A empresa restauradora possível, portanto, deveria travar um duplo combate: deter e reverter a erosão do *ethos* profissional tradicional e todas as suas implicações sociotécnicas e, ao mesmo tempo, configurar-se como uma alternativa capaz de neutralizar as

---

185. Referimo-nos especialmente aos segmentos católicos imantados pela Teologia da Libertação; sobre a elaboração desta, sugerimos a remissão a Bordin (1987).

novas influências que provinham dos quadros de referência próprios da inspiração marxista. Fazê-lo, porém, supunha inovar na operação mesma da restauração — supunha *reatualizar* o conservadorismo, embutindo-o numa "nova proposta", "aberta" e "em construção".

2.4.1 A nova roupagem do conservadorismo

Um exame atento da bibliografia pertinente à perspectiva de que agora nos ocupamos revela, sem dúvida, um elenco de traços que conferem às suas concepções conservadoras do Serviço Social uma nova roupagem. Trata-se de um rol de elementos que, à primeira vista, peculiarizam-na em face do passado profissional — e não só.

Uma primeira, e evidentemente decisiva, característica relevante desta perspectiva é a exigência e a valorização enérgicas da *elaboração teórica*. De fato, todos os seus documentos significativos insistem na necessidade de um esforço sistemático no sentido de produzir (e/ou organizar) conhecimentos para fundar as práticas profissionais. A ênfase recai na interdição do empirismo e do praticalismo, ressaltando-se como primordial o investimento na cognição. Para esta perspectiva, é paradigmática a seguinte afirmação: "[...] Se os aspectos epistemológicos e teóricos forem negligenciados em proveito apenas de manipulações técnicas de caráter pragmático e terapêutico, a discussão sobre a cientificidade do Serviço Social talvez se encontre encerrada antes mesmo de iniciada" (CBCISS, 1986, p. 126)[186] — e observe-se que estas exigência e ênfase são estendidas ao nível da formação, com a preocupação de uma adequada reprodução da categoria profissional.[187] Esta explícita valorização das

---

186. A citação é extraída do "documento de base" "A cientificidade do Serviço Social", apresentado no seminário do Sumaré por cinco profissionais do Rio de Janeiro que, tematizando a obra do já citado Goldstein, esclarecem: "Colocamo-nos numa postura fenomenológica [...]" (CBCISS, 1986, p. 132).

187. Cf. especialmente as "Considerações finais" do ensaio de Carvalho (1987).

dimensões teóricas, estranha ao quadro do tradicionalismo profissional, desenvolve-se com uma reiterada crítica aos substratos que o Serviço Social historicamente recolheu das ciências sociais; estamos defrontados, aqui, com um dos pontos fortes desta perspectiva: a *recusa* dos padrões teórico-metodológicos da tradição positivista.

A crítica à herança positivista, em grande estilo, é uma tônica na literatura profissional da perspectiva de reatualização do conservadorismo, quer ao positivismo clássico, quer às suas versões mais recentes. "[...] Ao tratar os fatos como coisas, rejeitamos o que é da ordem das significações, das intencionalidades, das finalidades, dos valores, enfim, tudo aquilo que constitui a *face interna* da ação", asseguram alguns profissionais (CBCISS, 1986, p. 117). Representante autorizado dessa perspectiva fala da sua "insatisfação [que] se acentuava na medida em que o Serviço Social, cada vez mais ligado a um positivismo lógico, nos ocultava a possibilidade de compreender o vivido humano e se fechava ao questionamento [...]" (Almeida, 1978, p. 114). Essa crítica — que um interlocutor privilegiado dessa perspectiva alarga, corretamente, até cobrir o funcionalismo[188] — é operada sob influxos que se reclamam vinculados à fenomenologia, reivindicação às vezes formulada por seus adeptos em termos de declarações de princípio muito próximas ao dogmatismo: "Se, por um lado, temos consciência de que o método fenomenológico não abarca toda a realidade do Serviço Social, por outro lado estamos também convencidos de que do ponto de vista metodológico, da ação com o cliente, e na supervisão de alunos, *a única verdade está na possibilidade do serviço social segundo a fenomenologia*" (Carvalho, 1987, p. 84; grifos nossos).[189]

---

188. Cf. o tópico 1 do ensaio "Fenomenologia e Serviço Social", de Capalbo (1984, p. 23-25). É interessante notar que, já no encontro do Sumaré, o grupo que apresentou o "documento de base" referido na nota 186 foi interpelado acerca da relação entre "postura fenomenológica" e os "objetivos sistêmicos implícitos" em Goldstein — a sua resposta é ilustrativa (CBCISS, 1986, p. 132).

189. Escrevemos *às vezes* porque este dogmatismo franco não é frequente; antes, típica é a postura de Almeida (1978, p. 12): "O fato de acreditarmos que a fenomenologia nos pode ajudar a formular proposições mais amplas sobre a problemática humana não significa que

Basicamente, tal crítica incide sobre dois componentes nucleares do legado positivista, incorporados à tradição do Serviço Social: a interpretação causalista (e fatorial) da socialidade e a assepsia ideológica do conhecimento. Se o influente interlocutor, já citado, desta corrente afirma que "a tendência atual do Serviço Social é a de considerar o homem em seu todo, holisticamente, ou em sua totalidade do mundo da vida" (Capalbo, 1984, p. 25), os profissionais mesmos avançam, nesta direção, determinações muito precisas: busca-se uma abordagem "inspirada em um pensamento não causal" (Carvalho, 1987, p. 12), que permita "transcender o dualismo do sujeito e do objeto" (Almeida, 1978, p. 12); o que se pretende é "ver o homem de forma global em suas inter-relações" (CBCISS, 1986, p. 188) — e, para tanto, o referencial originário das ciências sociais, que embasou as formulações tradicionais do Serviço Social, é inadequado.[190] Como declaram os pensadores ligados a essa perspectiva, trata-se de deslocar a *explicação*, própria dos paradigmas positivistas e neopositivistas, pela *compreensão:* ao "pensamento causal" quer-se substituir "um pensamento não causal, o fenomenológico, cujo quadro de referência não é a explicação, mas a compreensão" (Carvalho, 1987, p. 12).

No mesmo movimento, os representantes desta perspectiva recusam-se a passar a ideia de que seu labor teórico é asséptico: afirmam clara e nitidamente os seus valores e objetivos profissionais. Os primeiros são, sintomaticamente, cristãos: "Nossas preocupações fundamentais estão apoiadas em critérios a partir da compreensão homem e mundo, orientada numa hermenêutica da realidade pela teoria personalista do conhecimento, por uma fenomenologia existencial e por uma ética cristã motivante" (Almeida, 1978, p. 11).[191]

---

este seja o único caminho. Mas aceitamos ir nesta direção [...]". Mais adiante, discutiremos em que medida, e de que modo, esta reivindicação de filiação à fenomenologia se revela legítima; por agora, basta-nos anotar que ela é reclamada pelos autores mais significativos da perspectiva de reatualização do conservadorismo.

190. De onde a coerência de Almeida (1978, p. 116): "[...] Recusamo-nos a construir um modelo de intervenção para o Serviço Social *emprestado das ciências sociais"* (grifos nossos).

191. Uma afirmação tão cristalina como esta, todavia, não significa que sua subscritora tenha plena consciência do seu enraizamento *ideológico*, e, menos ainda, das dimensões ideo-

Nos segundos, os nossos autores simultaneamente repudiam práticas ajustadoras e priorizam o que conotam como transformação social:[192] Almeida (1978, p. 114) assevera que "posicionar o Serviço Social como instrumento de adaptação social é acentuar a ruptura do ser do homem enquanto sujeito existente"[193] e o grupo de profissionais que interveio no seminário do Sumaré observa que "o Serviço Social "[...] procura se interrogar [sobre o social] visando a um conhecimento e a um processo de transformação social" (CBCISS, 1986, p. 183).[194]

Estes traços, que diferenciam a perspectiva que estamos tematizando do conservadorismo precedente da profissão e que de algum modo serão retrabalhados em nossas observações subsequentes, não esgotam a peculiaridade da vertente em exame. Como já sugerimos, ela também se distingue nitidamente da perspectiva modernizadora e das correntes profissionais que procuram aproximar-se do pensamento crítico-dialético.

Em relação à perspectiva modernizadora, é palmar a demarcação da linha que reatualiza o conservadorismo no que toca ao posicionamento em face dos substratos positivistas e neopositivistas que constituem o lastro das ciências sociais. A demarcação, todavia, não se reduz a esse nível: sem prejuízo de pontos de contato com aquela perspectiva (a que faremos alusão mais adiante), é o *âmbito* do

---

lógicas presentes no *corpus* do Serviço Social; esta mesma autora, aliás, escreve: "A ideologização do Serviço Social o destrói em suas possibilidades [...]" (Almeida, 1978, p. 118).

Acerca da compatibilidade entre o pensamento fenomenológico e o cristianismo, cf. as rápidas observações de Arvon (1972, p. 182-184, 237-246).

192. Também retornaremos, adiante, à concepção de transformação assumida por esta perspectiva.

193. E, enfaticamente, Carvalho (1987, p. 86) discursa: "Há a necessidade concreta de transformação radical no Serviço Social, em sua metodologia e nas estruturas sociais injustas e desumanas. [...] há que se modificar a imagem de um serviço social alienado e conivente com a injustiça e com os descaminhos do autoritarismo".

194. Por sua vez, Pavão (1988, p. 40) afirma: "[...] Entendemos o Serviço Social numa concepção humanista, que se preocupa em elevar o nível de consciência do homem, para torná-la crítica e reflexiva face à realidade em que está inserido. Torna-se então capaz de transformar o mundo a partir de sua própria superação".

exercício profissional propugnado por esta vertente que assinala o seu giro diante dos parâmetros próprios da modernização. Nas formulações dos profissionais de que ora nos ocupamos, o Serviço Social é posto como uma intervenção que se inscreve rigorosamente nas fronteiras da ajuda psicossocial. Quanto a isso, Almeida (1978, p. 116) é claríssima: "A Nova Proposta é uma metodologia genérica pensada a partir da descoberta, no processo de ajuda psicossocial, de um sentido novo. Uma abertura para a ajuda psicossocial, na consciência, entre concepção da realidade ou de uma das suas partes, e os projetos humanos e sociais na sua situação humana, histórica e concreta"; e concretizam os profissionais que intervieram no seminário do Sumaré: "O Serviço Social [...] se propõe a um desenvolvimento da consciência reflexiva de pessoas a partir do movimento dialético entre o conhecimento do sujeito como 'ser no mundo' e o conhecimento do sujeito como 'ser sobre o mundo'. Isto se realiza numa dimensão temporal e histórica. [...] Este processo se dinamiza através do diálogo, entendido, aqui, como uma forma de ajuda psicossocial" (CBCISS, 1986, p. 185-186). Seria pertinente indagar até que ponto, nesta ótica, o processo profissional do Serviço Social pode ser efetivamente visualizado e qualificado como *intervenção*.[195] Mas o que conta é que a demarcação é meridiana: enquanto um dos elementos constitutivos dos avanços promovidos pela

---

195. Se esta indagação não se coloca para o grupo de profissionais que interveio no seminário do Sumaré — que pensa a ajuda psicossocial, ou o processo do Serviço Social, como *teoria da intervenção social* (CBCISS, 1986, p. 199) —, ela é procedente quando se leem outros textos. Autor filiado a esta perspectiva, tratando particularmente da entrevista, escreve: "A ação, portanto, dentro de um serviço social de perspectiva fenomenológica, não é intervenção. A intervenção situa-se num esquema factual, num mecanismo operatório de ordenação e generalização, dirigindo-se para objetivos e fins visando uma construção teórica, uma busca de causa. Supõe o encadeamento a fases ou etapas, o planejamento da entrevista e a sua orientação para uma mudança de atitude do cliente. A intervenção é coerente com a linguagem da ciência que separa sujeito de objeto, relaciona causa e efeito, prevê atitudes e padrões, explica 'fenômenos' e relaciona variáveis. A ação na entrevista de inspiração fenomenológica é eminentemente de compreensão, ou seja, a busca da razão do comportamento não o confundindo com os motivos que o determinam, mas coincidindo com aquela 'decisão de ser' do indivíduo que 'implica' o seu comportamento" (Carvalho, 1987, p. 43).

perspectiva modernizadora consistiu precisamente em não se conformar com a limitação do âmbito profissional aos marcos da ajuda psicossocial, antes assumindo-o e o ultrapassando, ampliando-o para envolver outros níveis e instâncias das relações sociais, o que se propõe aqui reside exatamente na reentronização do espaço profissional consagrado pela tradição e objeto da crítica (não importa se diplomática ou não) modernizadora.

Quanto ao pensamento crítico-dialético, a perspectiva em tela mantém a postura discreta e que mais lhe convém no seu projeto (implícito) de revelar-se uma alternativa que o exclui. De uma parte, às vezes recorre adjetivamente a autores a ele conectados[196] e no seu discurso os desavisados até podem imaginar que localizam categorias comuns à tradição fundada por Marx;[197] de outra, parece mesmo ignorá-lo e não estabelece com ele qualquer polêmica franca e frontal — embora se socorra de fontes que não preservam uma atitude propriamente cândida.[198] A linha de ruptura, contudo, é inquestionável: para além de incompatibilidades teóricas, metodológicas e

---

196. É o caso, por exemplo, da invocação de Rivière por Almeida (1978, p. 39-40). No discurso desta mesma autora ressoa, naturalmente diluída, a formulação goldmanniana sobre os processos de "estruturação, desestruturação e reestruturação" (Almeida, 1978, p. 115).

197. No discurso próprio a esta perspectiva são recorrentes, por exemplo, termos como *dialética, práxis, totalidade, historicidade* etc. Entretanto, eventuais confusões com a tradição marxista devem ser postas na conta dos leitores inadvertidos — os autores esclarecem de tal modo o conteúdo semântico que atribuem a estes termos que não resta qualquer margem objetiva para equívocos (cf., por exemplo, CBCISS, 1986, p. 197-198, 200-201; Pavão, 1988, p. 46-47).

198. Nenhum dos autores que estamos citando se confronta diretamente com a tradição marxista — mas a polêmica oblíqua está presente, nítida, nos insumos de que se socorrem. Já sugerimos como, no seminário do Sumaré, a profa. Capalbo trata do "pensamento dialético em nossos dias". Não foi um tratamento episódico, somos forçados a concluir: em apostila referente a curso ministrado no CBCISS (publicada em 1979 como "documento síntese de apoio" ao curso "Correntes filosóficas contemporâneas e suas implicações no trabalho do Serviço Social", e reeditada posteriormente), a profa. Capalbo discorre sobre a "dialética das contradições em Gramsci"; vale a pena percorrer essas páginas para se avaliar até que ponto é possível descaracterizar uma proposta teórico-política; basta apenas indicar que uma das "considerações críticas" que se sugere dirigir a Gramsci, ou à tradição marxista, consiste em "não considerar o capitalismo como sistema dinâmico e que se transforma continuamente" (Capalbo, 1979, p. 5)!

ideológicas, funda-se elementarmente na *dissolução das determinações de classe nos processos societários*, que confere à concepção profissional da perspectiva de reatualização do conservadorismo o cariz nuclear do *transclassismo*, para nos valermos da feliz caracterização de Iamamoto (1982, p. 216).[199]

Não é nos traços que bosquejamos rapidamente, porém, que se encontra o essencial das novas roupagens do conservadorismo — o essencial remete às suas reivindicações teórico-metodológicas.

2.4.2 O recurso à fenomenologia

O dado mais saliente do que se propõe inovador nos textos representativos da tendência renovadora de que agora tratamos é, sem dúvida, a reivindicação de um suporte metodológico até então inusual no desenvolvimento do Serviço Social em nosso país: o *recurso à fenomenologia* aparece neles como o insumo para a reelaboração teórica e prática da profissão. Mais precisamente, a demanda do aporte do pensamento fenomenológico surge como a faceta mais proeminente das colocações significativas dos autores que se inscrevem na perspectiva de reatualização do conservadorismo. É efetivamente a remissão ao influxo da fenomenologia que emerge como uma das principais balizas diferenciadoras da contribuição desta perspectiva no processo de renovação profissional desenvolvido nas duas últimas décadas.

A reivindicação do suporte metodológico da fenomenologia é mesmo um traço pertinente desta perspectiva: antes do seu surgimento, o pensamento fenomenológico era verdadeiramente desconhecido na elaboração profissional brasileira. Aliás, entre nós, a incidência desse pensamento sobre as ciências sociais não possui

---

199. Dissolução flagrante, aliás, nas retóricas temáticas do "diálogo", do "encontro" e da "pessoa" — a que retornaremos adiante.

grande lastro,[200] fato que, por si só, sinaliza — além da recepção relativamente tardia da postura fenomenológica na cultura do nosso país[201] — a relevância da reivindicação. É inconteste, pois, que os autores com que lidamos aqui, ademais de não contarem com um grande acúmulo prévio na cultura brasileira, que favoreça os seus empenhos por socorrer-se da inspiração fenomenológica, trabalham pioneiramente.

Por outro lado, há a considerar na sua empresa o caráter particular da fenomenologia — complexo de proposições e realizações da maior significação no panorama intelectual do Ocidente neste século, tão diferenciado, matizado e polêmico (inclusive internamente, como sói ocorrer com os veios teórico-metodológicos fecundos e fecundantes) que um de seus mais autorizados analistas prefere, a tratá-la como "escola" ou "tendência" filosófica, tomá-la como *movimento* (Spiegelberg, 1969). Evidentemente, não é cabível, neste local,

---

200. Na verdade, até a década de 1960 esta incidência é pouco significativa: salvo erro nosso, o único cientista social que hauriu nas fontes fenomenológicas uma inspiração ponderável foi Ramos (1958; para uma primeira problematização deste importante ensaio de Ramos, cf. Gorender, 1958) — mesmo que rebatimentos fenomenológicos (via influência de Gasset) possam ser detectados em obras de Machado Neto. No que tange à influência da *perspectiva compreensiva* sobre as ciências sociais no Brasil, ela é muito mais recuperada diretamente de Weber que de fontes afetas especificamente à fenomenologia (cf. especialmente Dias, 1974, e Chacon, 1977).

201. Tudo indica que, também no terreno da filosofia, uma tematização nitidamente fenomenológica só possa ser localizada entre nós a partir da década de 1960 — ainda que se rastreiem ecos seus em textos anteriores a esta quadra (pensamos em alguns escritos de Álvaro Vieira Pinto e do Pe. Henrique Lima Vaz). É a partir de então que a diversificada influência de temáticas fenomenológicas se torna sensível nos ambientes acadêmicos do Rio de Janeiro (E. Carneiro Leão), de São Paulo (Joel Martins; aqui, antes, era perceptível a incidência do pensamento de Merleau-Ponty) e do Rio Grande do Sul (onde, seguramente, o trabalho do competente G. Bornheim facilitou o itinerário de E. Stein). Ao fim da década de 1970, um veio fenomenológico característico, e bem diferenciado, já está configurado com nitidez na reflexão filosófica que se desenvolve no Brasil, nucleando investigadores (como hoje o fazem, por exemplo, o *Centro de Estudos Fenomenológicos de São Paulo* e o *Centro de Fenomenologia e Hermenêutica*, este ligado ao Instituto de Filosofia e Ciências Sociais da Universidade Federal do Rio de Janeiro) e apresentando um nível de elaboração que responde a exigências intelectuais sofisticadas e rigorosas (de que é exemplo recente o trabalho de Moura, 1989).

uma discussão centrada sobre a fenomenologia;[202] entretanto — *e em função da própria modalidade de reivindicação que dela fazem os seus adeptos no Serviço Social no Brasil* (cf. infra) —, é pertinente colocar em destaque o óbvio: nada mais distante de uma aceitação pacífica e menos indene de problematização que a postura fenomenológica. Está longe de ser tranquila a exegese do ciclópico (e ainda em muitas partes inédito) legado de Husserl, assim como da sua evolução intelectual mesma, conforme o comprovam os debates de seus discípulos e a crítica mais compreensiva (VV. AA., 1968; Abbagnano, 1970; Arvon, 1972; Bubner, 1984). Desdobramentos imanentes da fenomenologia resultaram em construções marcadamente distintas,[203] e não foram raros os confrontos entre seus representantes mais insignes.[204] Componentes axiais do que se pode referir como a estrutura metodológica e categorial do pensamento fenomenológico da *epoché* à *essência* constituíram o objeto de críticas que não são passíveis de um simples descartamento.[205] Adversários mais contundentes não deixaram de problematizar substantivamente, mesmo correndo o

---

202. A literatura acumulada em relação à fenomenologia escapa, hoje, até mesmo ao especialista melhor informado. Para uma primeira e básica aproximação ao pensamento fenomenológico, considerado em seus matizes principais, vale recorrer a algumas fontes originais e intérpretes credibilizados: Husserl (1947, 1955, 1970, 1970a, 1985), Hartmann (1954), Heidegger (1969, 1972, 1989), Jaspers (1958, 1959), Scheler (1973), Merleau-Ponty (1971, 1975, 1975a), Sartre (1966), Bachelard (1957), Stein (1966, 1973), Ricoeur (1967), Spiegelberg (1969), VV. AA. (1968), Arvon (1972), Abbagnano (1970), Mora (1988), Lyotard (s/d.) e Moura (1989). No que toca à extensão da postura fenomenológica às ciências sociais, cf. especialmente Schutz (1964, 1970, 1971, 1974, 1979), Schutz e Luckmann (1973), Paci (1972), Natanson [org.], (1972) e Wolff, in Bottomore e Nisbet [orgs.], (1980). Para abordagens críticas nos dois planos — o da elaboração filosófica e o da extensão às ciências sociais —, cf. entre outros, Tran-Duc-Thao (1951), Desanti (1963), Baratta (1964), Garaudy (1965), Lukács (1967, 1968, 1976), Goldmann (1973), Vajda (1972), Marcuse (1972), Smart (1978), Giddens (1978), Bubner (1984) e Habermas (1988).

203. Pense-se, por exemplo, na sua incorporação pelos existencialismos: a postura fenomenológica aparece como o fundamento quer do capitulacionismo resignado do ser-para-a-morte heideggeriano, quer do irredentismo voluntarista do ser-para-a-liberdade sartreano.

204. V. g., as colisões, aludidas por Tertulian (1985), entre Heidegger e Hartman.

205. A questão da "suspensão metodológica de juízo sobre o mundo exterior" recebeu, para nos limitarmos à bibliografia brasileira, belo tratamento de Pereira (1987). Quanto à categoria de "essência", a crítica exemplar permanece o texto marcusiano de 1936, "O conceito de essência" (Marcuse, 1972, p. 43-87).

risco da esquematização, a funcionalidade ideocultural da postura fenomenológica no quadro dos confrontos sociopolíticos contemporâneos.[206] No que concerne à extensão da postura fenomenológica às ciências sociais, igualmente a polêmica é acesa: o empenho de Schutz é ferido por reservas elementares entre outras — veja-se a sucinta crítica de Giddens (1978, p. 28-34) — e um estudioso que analisou as várias abordagens sociológicas inspiradas na fenomenologia acabou por concluir que, "embora a crítica fenomenológica dos aspectos da sociologia convencional tenha sido importante, a tendência a considerá-la como uma forma alternativa de sociologia foi contraproducente, levando à preocupação com relatos, descrições e cenários sociais, em detrimento de qualquer exame da realidade social, estrutura social ou das consequências da ação" (Smart, 1978, p. 141).[207]

Ora, justamente por esta dupla razão — de uma parte, o pioneirismo no recurso à fenomenologia; de outra, a complexidade e a problematicidade próprias da postura fenomenológica — seria legítimo esperar daqueles autores que, na profissão e entre nós, reclamam a inspiração fenomenológica uma cuidadosa clarificação do referencial a que pretendem estar vinculados. Mais: a expectativa fundada (na medida, aliás, em que eles mesmos reconhecem a necessidade de uma formação adequada para implementar a sua proposta — cf. Carvalho, 1987, p. 84-85) consistiria em encontrar neles uma discussão e uma exposição da postura fenomenológica que, ainda que voltada para a sua divulgação, contribuísse para a incorporação rigorosa, no âmbito do Serviço Social, do influxo teórico-metodológico que tanto valorizam.

---

206. Um desses críticos, por exemplo, depois de assinalar que a "redução fenomenológica" se baseia em um "modo de consciência ideológica", conclui, referindo-se à perspectiva fenomenológica, que, "mais uma vez, o idealismo revelou-se compatível com a defesa e a sublimação da ordem constituída" (Baratta, 1964, p. 228, 241).

207. É supérfluo notar que tais reservas e críticas proveem de interlocutores que se põem como adversários ou antagonistas da postura fenomenológica e esta origem não as desqualifica: afinal, é com os antagonistas que cumpre encetar o debate. Faço o apontamento acaciano porque não é infrequente, em certos meios profissionais, a recusa ao confronto de ideias com base na diferença de pressupostos.

Expectativa tanto mais justificada, diga-se de passagem, quanto mais são favoráveis as condições objetivas para a investigação em Serviço Social em relação ao cenário anterior ao final dos anos 1960 (cf. seção 2.2).

O exame da literatura produzida pelos autores mais significativos que reivindicam a inspiração fenomenológica, porém, defrauda esta expectativa. E revela, principalmente, que o recurso à fenomenologia é operado por eles de modo muito característico — e inquietante: um modo que reproduz uma histórica tara do Serviço Social. Três observações acerca da modalidade desse recurso parecem-nos suficientes para indicar a sua problematicidade.

Em primeiro lugar, chama a atenção a curiosa relação que se estabelece entre os autores representativos da perspectiva de reatualização do conservadorismo e as fontes seminais do pensamento fenomenológico — mais precisamente, o que é notável é a *ausência* de relação entre aqueles autores e as fontes originais. Percorrendo-se os documentos que, no seminário do Sumaré, reenviam-se de alguma forma à postura fenomenológica (CBCISS, 1986, p. 115-117, 183-193), reconhece-se que, malgrado uma ou duas referências bibliográficas "clássicas", as remissões são de fontes secundárias. Se tomamos como objeto o trabalho de Pavão (1988), esta relação que chamamos de curiosa é mais evidente: o capítulo que abre o ensaio, "Ideias principais da Fenomenologia que interessam ao Serviço Social", onde, entre outros temas fundamentais, trata-se do próprio conceito de fenomenologia, de intencionalidade, de essência, de *epoché*, de redução eidética etc. — em suma: do método fenomenológico —, esse capítulo é praticamente todo construído à base de fontes secundárias (Pavão, 1988, p. 15-37). Não é diferente o que se encontra em Almeida (1978, p. 113-132).[208]

---

208. Numa parte essencial do seu ensaio (trata-se exatamente do capítulo intitulado "A nova proposta"), as remissões de Almeida a Husserl, a Jaspers e a Merleau-Ponty não são mais que alusivas — e a impressão de que se está diante de referências de segunda mão se reforça quando se verifica que o reenvio a Husserl (a propósito da noção do "irrefletido" — Almeida, 1978, p. 114) não corresponde a qualquer indicação precisa.

Apenas Carvalho (1987) se aproxima de uma fonte original — Merleau-Ponty —, da qual recolhe o que lhe parece pertinente para os seus objetivos, num procedimento seletivo conforme às tradições históricas do Serviço Social.[209]

Há de convir-se que é discutível, no mínimo, uma elaboração fenomenológica que não assuma frontalmente a interlocução direta com Husserl, Heidegger, Scheler, Hartmann ou Schutz.[210] É impossível furtar-se, pois, à impressão, derivada quer das referências diretas quer da estrutura das argumentações, de que se está diante de construções cuja filiação à metodologia anunciada é frouxa e lassa, determinada menos pela reflexão intensiva sobre os/a partir dos "clássicos" do que pela influência enviesada de fontes de segunda mão, de comentaristas e de divulgadores. Com esta anotação, estamos longe de qualquer ranço do pedantismo acadêmico que vive a exigir credenciais de eruditismo; tão somente indicamos o que nos parece ser a base mais plausível para os dois outros traços — que comentaremos a seguir — que configuram a modalidade pela qual profissionais renovadores se aproximam da fenomenologia e cujas implicações teórico-metodológicas não podem ser menoscabadas.

---

209. É o procedimento definido pela máxima de Molière: *Je prends mon bien où je le trouve.* Vale destacar a operação da autora em tela. Pontuando justamente que "da aplicação do método fenomenológico [...] resultaram várias filosofias", ela explica que, "ao tentar [...] estabelecer alguns princípios básicos da entrevista em serviço social aplicando o método fenomenológico, optamos pelo filósofo francês Maurice Merleau-Ponty como referencial no que concerne às categorias de análise (espaço-tempo-liberdade) com as quais estruturamos o nosso discurso" (Carvalho, 1987, p. 17). E, imediatamente, agrega: "Expor, de maneira sistemática, a filosofia de Merleau-Ponty se nos afigurou uma tarefa difícil, senão impossível, para quem como nós não possui formação aprofundada em filosofia. O que faremos aqui é expor, de maneira mais clara possível, algumas das posições de Merleau-Ponty sobre os temas fundamentais que servirão de base às nossas reflexões" (idem). É provável que à modéstia da autora se deva a observação relativa à falta de "formação aprofundada em filosofia" — que, afinal, não é de requerer-se ao assistente social, mas que é legítimo exigir-se daqueles profissionais que se empenham na *formulação de propostas teórico-metodológicas.*

210. Quanto a este último, dadas as características da sua obra, seria de esperar que fosse um dos fenomenólogos mais trabalhados por esta perspectiva renovadora. Dos autores aqui citados, apenas Pavão (1988, p. 23) o refere rapidamente.

DITADURA E SERVIÇO SOCIAL

Em segundo lugar, no apelo à inspiração fenomenológica desta perspectiva renovadora brasileira é assombrosa a absoluta falta de mínimas referências às problematizações de que as posturas, propostas, categorias e procedimentos fenomenológicos foram e são objeto. O método fenomenológico aparece como algo sem contestação, como matriz teórico-metodológica situada para além de críticas e reservas. No discurso dos renovadores brasileiros que a reivindicam, a fenomenologia sequer se entremostra alvo de polêmicas acerbas. À parte alusões inteiramente adjetivas,[211] nesse discurso não há o menor espaço para sugerir que o processo de constituição do pensamento fenomenológico foi multívoco, rico, colidente, envolvendo avanços a partir de diferenciações internas e inflexões polêmicas, como, para citar um único exemplo, aquelas que conduziram o último Husserl à noção de *Lebenswelt*. Posta na sombra esta constituição fecundada por desenvolvimentos conflitivos e interagentes, não é de estranhar que se ignore ainda mais enfaticamente o diálogo entre a fenomenologia e seus críticos e antagonistas. De onde, nas mãos de seus representantes no Serviço Social entre nós, desaparecerem não só as interlocuções intestinas, mas também as exteriores da fenomenologia; o que se perde, de uma parte, é a *dinâmica interna* da constituição do movimento fenomenológico e, de outra, é a sua *interação* com matrizes teórico-metodológicas diversas. A resultante é, nestas condições, um método fenomenológico que parece conformado, na ausência de confrontos, pela adição de múltiplos aportes de pensadores indiferenciados e refratário aos grandes debates da contemporaneidade[212] — o que, obviamente, é pura ficção (ou deformação).

---

211. Já vimos a passagem em que um autor reconhece a pluralidade das "aplicações" do método fenomenológico (cf. nota 209); noutro, anota-se que "a fenomenologia não é um sistema fechado e acabado" (Pavão, 1988, p. 24).

212. Esta é a imagem que se constrói a partir da leitura de Pavão (1988, p. 15-37), dos "documentos de base" apresentados ao seminário do Sumaré, já citados, e das elaborações de Carvalho (1987). É evidente que um tal viés não deriva apenas do jejum em face das fontes originais — tem um de seus determinantes no absoluto descaso pela contextualização *ideocultural* e *sócio-histórica* da constituição do movimento fenomenológico.

Em terceiro lugar, ressalta na incorporação das posturas e procedimentos fenomenológicos efetivada pelos autores da perspectiva de reatualização do conservadorismo um ponderável empobrecimento teórico e crítico de categorias engendradas na vertente aberta por Husserl — trata-se, efetivamente, de um *processo de simplificação* que não pode passar inadvertido.[213] O que nas fontes originais é complexo, multívoco, às vezes ambíguo, evanescente, obscuro, matizado, aparece nos textos de Serviço Social com uma clareza suspeita. Poderíamos nos deter, aqui, em vários casos sumamente ilustrativos e sintomáticos — bastem-nos, porém, uns poucos. A centralidade da *intuição* no pensamento fenomenológico é por todos reconhecida, e sabe-se dos esforços de Husserl para distinguir e fundar a passagem da intuição individual à essencial, capaz (na sua ótica) de captar uma essência pura — esforços que configuram uma complicada elaboração intelectual, objeto de inúmeras investigações (dentre as quais se destaca o ensaio de Lévinas, 1970); em nossos autores, esta elaboração aparece resumida num "olhar penetrante para o fenômeno".[214] A discussão, para os fenomenólogos, do problema da socialidade — que Natanson (in Schutz, 1974, p. 7) considera "um problema filosófico fundamental" — implica a clarificação da *intersubjetividade*. Schutz, que mais exaustivamente se ocupou desta questão, jamais escondeu as dificuldades para dilucidá-la, inclusive na exegese de Husserl (cf. a sua intervenção do Colóquio de Royaumont de 1957, editada in VV. AA., 1968) e dedicou páginas e páginas para esclarecê-la minimamente;[215] em nossos autores, estas dificuldades desaparecem, a intersubjetividade desenhando-se "por meio do encontro e dos intercâmbios".[216] Enfim, vale trazer à

---

213. Consequência necessária dos dois traços antes apontados.

214. "Tal descrição [da experiência nas suas estruturas universais] é feita olhando-se penetrantemente para os fenômenos, ou seja, pela *intuição*, graças à qual atingiremos, com plena evidência, como são em si mesmos" (Pavão, 1988, p. 17-18). Com a entronização da *intuição*, sabe-se desde o "caso Schelling", o caminho ao irracionalismo está aberto.

215. Cf., entre outros textos deste autor, Schutz (1974, p. 130-193; 1979, p. 159-190).

216. "O sentido do mundo será, pois, entendido não a partir de um 'eu' único, mas da pluralidade das consciências, pois se o Eu e o Outro adotam [*sic*] uma consciência semelhante, resulta então um 'relacionamento nós', o qual permite compreender o significado subjetivo que

colação o problema da *explicação* e da *compreensão*, pedra de toque na elaboração fenomenológica; conhece-se da sua emergência no bojo do historicismo alemão (Dilthey), da sua ponderação em Husserl, da sua relevância na constituição da ciência social weberiana e do seu ulterior e complicado tratamento em Heidegger e Gadamer; em nossos autores, esta riqueza problemática é diluída numa concepção vulgarizada, as duas categorias colocadas simplesmente como antitéticas e nucleadas polarizadamente em causalidade e teleologia (cf. as leituras de Pavão, 1988, p. 21-28; Carvalho, 1987, p. 14-16, 37-57).

Se estas sumárias indicações são corretas, o recurso que os renovadores do Serviço Social no Brasil, na perspectiva da reatualização do conservadorismo, fazem da fenomenologia, sem embargo do pioneirismo deste apelo, aparece como uma operação cujas resultantes *profissionais* devem ser necessariamente modestas — e, escusa observá-lo, tais resultantes creditam-se menos ao referencial invocado que à modalidade da sua invocação. Por agora, o que cumpre assinalar, na sequência da nossa argumentação, é que este recurso à fenomenologia se faz tão peculiarmente — mediante os procedimentos que acabamos de aludir — que ela corre seriamente o risco de ser substituída, no marco do Serviço Social, por um simulacro seu. Com efeito, é de indagar-se em que escala, dadas as simplificações, os reducionismos etc., a recuperação da fenomenologia por esta vertente renovadora profissional brasileira conserva legítima e rigorosamente o caráter que, em suas diferentes formulações, a fenomenologia possui no cenário do pensamento contemporâneo. Cabe realmente a dúvida, examinados os autores brasileiros mais representativos da perspectiva que ora atrai a nossa atenção, acerca da filiação teórico-metodológica que eles enfaticamente reivindicam. Em nossa avaliação, menos que uma íntima, orgânica e medular articulação com os parâmetros do referencial inaugurado por Husserl,

---

cada um deles atribui àquilo que está ocorrendo agora. Assim, por meio do encontro e dos intercâmbios, o mundo acede à subjetividade, como o mesmo mundo do qual todas as consciências participam. O mundo torna-se então [...] um fenômeno intersubjetivo" (Pavão, 1988, p. 23).

o recurso à fenomenologia, por aqueles autores, denota antes uma aproximação impressionista e aleatória a alguns núcleos temáticos do pensamento fenomenológico, resgatados frequentemente segundo uma ótica elementar e eclética.

Neste sentido, a atrás referida tara histórica do Serviço Social está presente no recurso à fenomenologia. Efetivamente, na modalidade em que se realiza a invocação à fenomenologia, não há aqui nenhum corte com a tradição da nossa profissão: o recurso a matrizes teórico-metodológicas as apanha de segunda ou terceira mãos, dilui as suas especificidades e as combina, seletivamente, a componentes heteróclitos. O procedimento em face da fenomenologia — e que não diz respeito apenas a esta matriz ou à perspectiva que estamos considerando — é *o procedimento canônico na tradição histórica do Serviço Social*: dado um quadro de referência determinado (que aqui se toma sem qualquer contextualização sócio-histórica e ideocultural e em relação ao qual é admitida explicitamente a carência de um conhecimento aprofundado — cf. nota 209), dele se extraem as categorias que interessam a uma operação particular; não entram em linha de conta as mediações, extremamente complexas, entre a articulação sistemática de categorias na elaboração de uma compreensão filosófica da realidade (ou de aspectos seus) construída pelo sujeito sócio-humano e a sua instrumentação parametrada por exigências sociotécnicas e institucionais bem limitadas.

2.4.3 Os novos caminhos — reais e tendenciais — do regresso

A disquisição precedente, entre outras de suas limitações, possui um flanco aberto: não cobraria indevidamente uma elaboração teórico-metodológica intensiva, posto que o alvo dos autores criticados seja outro — isto é: não estaria ela mal direcionada, porquanto o interesse dos autores se localiza na renovação do Serviço Social e não na mentação filosófica?

DITADURA E SERVIÇO SOCIAL

277

O fato de já termos indicado a legitimidade da expectativa de uma tematização mais ampla e cuidadosa do referencial reivindicado pelos renovadores inseridos na perspectiva de reatualização do conservadorismo não é suficiente para replicar à indagação acima. Será mais adequado, pois, questionar, num brevíssimo excurso, a significação da sua empresa no próprio *marco profissional*. Ver-se-á, na congruência com o eixo conservador, que os resultados a que se chega, reclamando-se a nova inspiração metodológica, apresentam um cariz muito pouco inédito.

Na verdade, por caminhos diferenciados, o que dois autores muito representativos da inspiração fenomenológica operam — um *realmente*, outro *tendencialmente* — é um regresso ao que há de tradicional e consagrado na herança conservadora da profissão: a recuperação de seus "valores universais" e a centralização nas dinâmicas individuais.[217]

2.4.3.1 A recuperação explícita dos valores tradicionais

A crítica ao tradicionalismo profissional, efetivada internacionalmente no campo do Serviço Social a partir de meados da década de 1960, teve um de seus alvos prioritários no universo de valores

---

217. Dentre a elaboração profissional reivindicando-se inserida numa perspectiva fenomenológica (cf. nota 184), elegemos os trabalhos de Pavão (1988) e Carvalho (1987), e não só pela explícita pretensão de incorporar o referencial mencionado. Antes, parece-nos que sua representatividade é indiscutível: originalmente produzidos no âmbito acadêmico (ambos constituíram dissertações de mestrado), já circulam nacionalmente entre profissionais, docentes e estudantes. O texto de Pavão, lançado em 1981 e apresentado pelo prof. Joel Martins, é, em termos de literatura de Serviço Social, um êxito: chegou, em 1988, à quarta edição. Quanto à importância que se atribui ao ensaio de Carvalho, vale a pena transcrever as palavras da profa. Creusa Capalbo, ao prefaciar a sua edição em livro: "Daqui em diante, a História do Serviço Social no Brasil — e quem sabe, no mundo atual — estará marcada por esta publicação que revolucionará o 'ver' e o 'agir' do Serviço Social, graças a este novo 'julgar' que aqui se apresenta" (in Carvalho, 1987, p. 8). Recorde-se que o *ver*, o *julgar* e o *agir* compunham o "método" da Ação Católica, da qual, nos anos trinta, surgem no Brasil os núcleos pioneiros do Serviço Social.

chancelado historicamente desde o advento da profissão (cf. seção 2.2.3). Neste universo, os chamados "princípios básicos do Serviço Social" — que, na sua concepção "clássica", foram suficientemente tratados por Junqueira[218] — estiveram no centro de uma acurada desmontagem crítico-ideológica; entre eles, o *princípio de autodeterminação* (do cliente, usuário, utente, beneficiário — a caracterização varia conforme os autores e a própria evolução profissional) foi dos mais visados.[219]

O princípio em tela é componente de uma determinada mundividência; fundado no neotomismo, ele remete diretamente ao rebatimento da filosofia de Tomás de Aquino na constituição do bloco católico do Serviço Social e não pode ser insulado do conjunto de outros valores ("princípios") com os quais mantém uma necessária relação de autoimplicação: o valor absoluto da pessoa, a sua dignidade e a sua liberdade.[220] A crítica a que tal princípio foi submetido, menos que à sua configuração singular, dirigiu-se à constelação filosófica em que ele se inseria e, igualmente, à sua funcionalidade ideológica. O trabalho de desmontagem crítico-ideológica dessa constelação vulnerabilizava o caráter abstrato com que ela revestia os fins que apregoava valorizados, a sua inépcia para contribuir na realização histórico-concreta das suas finalidades expressas e o seu efetivo papel no ocultamento das circunstâncias histórico-sociais que se punham como óbices para a colimação daqueles fins. Para não nos alongarmos: a crítica não desqualificava a essencialidade histórico-concreta das metas (antes a assumia), mas a inconsequência e a infidelidade das representações acerca delas e seu processo real. Para

---

218. De acordo com esta autora, recuperando o essencial da elaboração acumulada até o momento em que escrevia, tais princípios, referentes ao beneficiário (cliente) do Serviço Social, eram: o respeito à dignidade da pessoa humana, a individualização, a promoção ativa do beneficiário e a autodeterminação (Junqueira, 1958).

219. É longa a bibliografia crítica destinada a desvelar as bases dos "princípios universais" e sua constelação ideológica; entre os latino-americanos, cite-se, à guisa de indicação sumária: Faleiros (1972), Kisnerman (1973), Lima (1975), Ander-Egg et al. (1975) e também Souza (1978).

220. Uma rapidíssima discussão desta autoimplicação comparece em Aguiar (1982, p. 39-44), que aponta bibliografia pertinente.

DITADURA E SERVIÇO SOCIAL

tanto, a crítica esforçou-se por revelar as condições sócio-históricas que constituíram o substrato daquela constelação, sua funcionalidade em face dos confrontos e antagonismos sociais e sua ponderação na construção de um *ethos* profissional (o do Serviço Social) que, de fato, fazia das metas uma retórica a velar práticas que não conduziam aos fins anunciados. Assim é que, em resumidas contas, aquela constelação foi despida da sua universalidade ilusória e remetida às suas fontes conservadoras e de classe, com o princípio de autodeterminação aparecendo meridianamente como "relacionado a uma necessidade do pensamento burguês em fazer permanecer o existente e ao uso da razão para adequar fins aos meios e justificá-los pela 'condição eterna do homem'" (Karsch, 1982, p. 144).[221]

Na entrada dos anos 1980, os componentes básicos do acúmulo crítico ao tradicionalismo profissional não só estavam acessíveis aos assistentes sociais brasileiros como, principalmente, encontravam ampla ressonância entre suas vanguardas e em seus foros privilegiados — e, mais ainda, animavam em larga medida a perspectiva renovadora da intenção de ruptura, que dispunha já de significativa audiência (cf. seção 2.5). É nesta conjuntura de generalização do questionamento ao tradicionalismo (e, consequentemente, de seus "valores" e "princípios") e da emersão de alternativas críticas a ele que se publica o ensaio sobre o "princípio de autodeterminação no Serviço Social", inspirado na "visão fenomenológica", da profa. Ana Maria Braz Pavão (Pavão, 1988).

A autora — que quer "compreender como aparece, na prática profissional do assistente social, o princípio de autodeterminação", considerado de "natureza filosófica" (Pavão, 1988, p. 11) — arranca de uma visão existencial e fenomenológica do Serviço Social, assevera que o princípio que lhe interessa vincula-se na prática a uma perspectiva de conscientização (de onde o recurso a Paulo Freire), tangencia a elaboração anterior do tema contrapondo a ela a "pers-

---

221. Esta anotação se encontra em resenha crítica publicada após o lançamento do livro de Pavão.

pectiva fenomenológica" e conclui oferecendo um sucinto tratamento da pesquisa que realizou junto a profissionais para "analisar intensivamente o fenômeno autodeterminação, como ele surge para os assistentes sociais em diferentes instituições, cujas opiniões permitiram apreender, tanto quanto possível, a totalidade do fenômeno tal qual se apresenta para o assistente social" (Pavão, 1988, p. 80).[222] Não é este o lugar para nos ocupar dos traços peculiares do trabalho de Pavão;[223] importam-nos, apenas, dois de seus procedimentos: o modo de tomar o "princípio" que é o objeto de análise e a distinção entre a sua perspectivação tradicional e a que é proposta pela autora. Veremos que os dois passos, decisivos, são congruentes e integrados.

O "princípio de autodeterminação" é tomado pela autora como pacífico e indiscutível, "como *fenômeno observável* na prática profissional do assistente social" (Pavão, 1988, p. 37; grifos nossos); trata-se de uma expressão valorativa que "traduz a possibilidade do homem usar a liberdade, como parte integrante da estrutura do ser, e que se concretiza numa determinada realidade sociocultural e histórica" (Pavão, 1988, p. 35);[224] liberdade que, naturalmente, é "direito [...] inerente ao homem" (Pavão, 1988, p. 37). Não existe nenhum intento para compreender a constituição do "princípio", a sua inserção no *ethos* profissional, o seu processo no interior do Serviço Social — antes, é um *dado* e a tarefa analítica consiste em pesquisar a sua essência a partir da sua condição fenomenal. Poder-se-á argumentar que esta "colocação entre parênteses" da história (e, com ela, das

---

222. É supérflua, aqui, uma apreciação detalhada do trabalho, dadas as indicações precedentes e à existência da resenha de Karsch, já citada.

223. Um deles ilustrativo: a apreensão, "tanto quanto possível", da "totalidade do fenômeno" da autodeterminação "tal como ela surge para os Assistentes Sociais" à base da "análise intensiva" de *treze* (13) entrevistas (Pavão, 1988, p. 80)! Quanto a isso, a autora está muito segura: apresentando seu trabalho, afirma que "as experiências relatadas nas 13 entrevistas permitiram, tanto quanto possível, apreender a totalidade do fenômeno e a maneira como ele aparece na vivência do profissional" (Pavão, 1988, p. 13).

224. Esta "determinada realidade sociocultural e histórica", infelizmente, não aparece *determinada* na análise da autora, que, por outro lado, insiste sempre no que chama de "compreensão inseparável do Homem e Mundo" (com maiúsculas).

práticas derivadas) do "princípio" estaria conforme a uma concepção fenomenológica; no entanto, o que é preciso questionar é, sobretudo, *o que se perde* com este proceder: perde-se exatamente o conjunto de determinações que possibilita um desvendamento histórico-concreto da significação do "princípio" nas representações e práticas profissionais. Esta perda, de fato, é que permite, neste gênero de reflexão, a emasculação das intenções críticas, com a conclusão do "percurso compreensivo" apenas convalidando o que se tinha no início do "caminhar": a efetividade, tal qual era dada antes da análise, do "princípio de autodeterminação". Curta e grossamente: antes e depois do "caminhar fenomenológico" de Pavão, o "princípio" continua garantido como tal, e este "caminhar" o consolida.

Ao procurar esclarecer a originalidade da sua "visão fenomenológica" acerca do "princípio", a autora faz uma rápida viagem em torno da anterior tematização profissional sobre ele incidente. Ignorando olimpicamente toda a literatura crítica em face do tradicionalismo, ela se socorre de textos que o representam superiormente (Bartlet, Perlman e Coyle) e anota que, numa "perspectiva tradicional", a questão da autodeterminação, sob uma ótica humanista, "se traduz no respeito à dignidade humana e à capacidade de autodeterminação do homem, dando origem a normas relacionadas à atitude profissional frente ao homem, aos grupos e à Sociedade" (Pavão, 1988, p. 73). A única reserva que é feita a esta colocação vem em seguida: "No entanto, estas normas são muitas vezes percebidas na prática de forma pragmática, sem um respaldo filosófico definido. Surgem como postulados da profissão, mas de maneira inconsistente, sem reflexão, ou seja, como mandamentos da profissão" (idem, ibidem). O que a autora propõe, em consequência, é um "posicionamento filosófico" (Pavão, 1988, p. 75), justamente o contido na sua visão existencial e de fenomenologia — para ultrapassar tais inconsistência e irreflexão; evidentemente, na medida em que a base filosófica se pretende distinta, também o é a sustentação do "princípio", agora embasado no "diálogo"; elementarmente, a "nova atitude profissional" defendida pela autora acaba por entender a autodeterminação "como um valor essencial do ser humano, fundada numa concepção de liberdade que se apresenta ao homem, de forma tanto determinada como indeterminada, mas que só o próprio homem tem condições de lhe dar sentido" (Pavão, 1988, p. 77). Não há nenhuma ruptura decisiva com as bases ideoculturais que suportavam tradicionalmente o "princípio", formulado agora apenas com uma ênfase personalizada que faz convergir no humanismo cristão abstrato o "diálogo" e o "amor".[225] E fica como uma incógnita a *differentia specifica* entre a formulação tradicional e a "nova atitude".[226]

Os dois passos são efetivamente de grande congruência: ao "colocar entre parênteses" a história (e as abordagem concretamente crítica ao "princípio" no evolver profissional. Ao final da operação, a resultante deste empreendimento fenomenológico é a mais tranquila e explícita recuperação da autodeterminação constituída na tradição conservadora: o "princípio" é (re)legitimado e, com ele, a constelação de postulados e demais "princípios universais" do Serviço Social é revalorizada acriticamente.

Como a empresa coincide, no processo de renovação do Serviço Social no Brasil, com a emersão de tendências críticas que punham na ordem do dia a contestação daquele "princípio" (e da constelação ideológica de que ele é parte), é quase impossível resistir à ideia de que ela se insere num intencional movimento reativo em defesa da tradição conservadora da profissão.

---

225. Até porque a "visão existencial no trabalho social" (Pavão, 1988, p. 35) da autora é subsumida a compromissos tais que ela vê na "perspectiva do diálogo", apoiando-se em Freire, "o reconhecimento do valor do outro como pessoa humana" que, "na busca permanente do diálogo como forma de existência sua, com os homens, com Deus e com a família, projeta-se [...] no plano ético" (Pavão, 1988, p. 64-65). O diálogo, aliás, "como uma forma de encontro, leva pela palavra ao grau máximo de comunicação, que é o amor" (Pavão, 1988, p. 65). Esse *amor* desistoricizado, aciclamatado, próprio da retórica anêmica do humanismo abstrato, calça largamente o já referido *transclassismo*; para a sua crítica, na defesa do humanismo socialista e militante, cf. especialmente Schaff (1967, p. 190-192).

226. Aliás, é curioso que, na resenha citada, Karsch, que manteve simpáticas relações com a fenomenologia e, como tal, foi referenciada por Pavão, censure a esta exatamente o não ter feito um "caminhar fenomenológico" (Karsch, 1982: 150).

2.4.3.2 A centralização na dinâmica individual

À diferença da empreitada expressamente restauradora de Pavão, a proposta de Carvalho (1987) comporta elementos interessantes e fecundos, porém inscritos num enquadramento cujo potencial de instrumentação conservadora parece-nos extremamente ponderável. Vale dizer: o ensaio de Carvalho contém componentes diferenciados, mas tendencialmente presta-se a estratégias regressivas.

A razão objetiva do que há de instigante na elaboração de Carvalho — para além de uma retórica entusiástica que, com laivos dogmáticos, de fato deve ser considerada como secundária — reside precisamente no veio fenomenológico a que ela declara vincular-se: sua fonte básica é Merleau-Ponty, cuja peculiar posição no interior de um "existencialismo de combate" como o francês e seu conhecimento e simpatia em face da tradição marxista e dos movimentos socialistas (ademais da sua conexão com a resistência antifascista) contribuíram, junto com a sua "sensibilidade particularmente aguda [...] para problemas novos", para direcionar — ao contrário de boa parcela dos pensadores existencialistas — seu esforço "no sentido de apreender a realidade social atual" (Lukács, 1967, p. 199).[227] A orientação de Carvalho, procurando uma relação direta com um "clássico" — mais exatamente, com *este* "clássico" — responde em grande parte pelos componentes valiosos do seu trabalho. A forma concreta como efetivou esta relação, por outro lado, pesa fortemente nas suas debilidades; sem detalhar a crítica dessa aproximação (cf. nota 209), cabe reiterar (cf. seção anterior) que a imediaticidade

---

227. Apesar de muito comprometida pelo viés da luta ideológica da época em que foi redigida (1947), esta obra de Lukács, no que toca a Merleau-Ponty, oferece algumas problematizações de fundo sobre o autor francês que ainda hoje merecem atenção.

Vale observar que o descaso, já citado, pela contextualização sócio-histórica e ideocultural do seu pensador predileto leva Carvalho praticamente a ignorar a relação de Merleau-Ponty com fontes seminais da tradição crítico-dialética. Por outro lado, muito provavelmente em função da sua referência ao pensamento de Merleau-Ponty, a argumentação de Carvalho não apresenta os matizes religiosos (católicos) que se encontram noutros textos do Serviço Social inspirado na fenomenologia.

e a seletividade com que ela se operou conduzem a autora a estabelecer nexos muito unívocos, diretos e mesmo mecânicos não só entre o processo profissional de que trata (a entrevista) e o pensamento de Merleau-Ponty, mas entre este e *todo* o quadro profissional do assistente social em passos que só se justificam através de um verdadeiro fórceps intelectual.

O ensaio de Carvalho está referido à entrevista (ainda que episodicamente a autora se espraie para além desta temática). O seu objetivo expresso é a ultrapassagem da entrevista tal qual a plasmou a "perspectiva clássica" do Serviço Social, voltada "para a busca das causas do comportamento, dicotomizando sujeito de objeto" (Carvalho, 1987, p. 27); o fundamento desta perspectiva, para a autora, já o vimos atrás, é o "pensamento causal", e ela quer superá-lo mediante a "metodologia fenomenológica". As observações críticas que Carvalho dirige à entrevista tal como a entende o Serviço Social "clássico", são frequentemente fundadas e pertinentes;[228] sua recusa do psicologismo vulgar (geralmente comportamentalista) que a alimenta é igualmente acertada (Carvalho, 1987, p. 60-61), bem como o seu repúdio ao distanciamento e à "objetividade" profissionais (Carvalho, 1987, p. 72-73).

Todas estas reservas — que, afirme-se vigorosamente, *podem ser feitas à tradição a partir de outra inspiração teórico-metodológica que não a fenomenológica* —, ferindo especialmente (mas não só) o lastro do Serviço Social de Caso, arrancam de uma recusa do "pensamento causal" cujo desdobramento franqueia as fronteiras do irracionalismo. Identificando sumariamente este pensamento — que, na vertente de crítica epistemológica a que se filia, caracteriza como *explicativo* — com o "contexto científico" (Carvalho, 1987, p. 9),[229] a autora quer substituí-lo pela *compreensão* que, julga ela, supera a fratura

---

228. Ela observa, justamente, que a resultante prática global da "perspectiva clássica" acabou por fazer "do assistente social um ativista burocrático a serviço de um esquema montado de providências e encaixes" (Carvalho, 1987, p. 79).

229. Identificação que leva a autora, reproduzindo uma passagem de Donzelli, a chancelar a distinção entre "método científico" e "método fenomenológico" (Carvalho, 1987, p. 16).

DITADURA E SERVIÇO SOCIAL

entre sujeito objeto e permite deixar para trás as concepções mecânicas de tempo e espaço.[230] Estas superação e ultrapassagem, no marco da entrevista, implicam "um perceber plenamente *intuição* e *sensibilidade*" (Carvalho, 1987, p. 59; grifos nossos). Estão aí as ferramentas da "compreensão": ao "pensamento causal" explicativo, da tradição positivista, o que se substitui *não é* uma racionalidade negadora e inclusiva, não é a razão dialética, mas as chaves (hoje chavões) da velhíssima corrente inaugurada pelo Schelling pós-1806 — e até parece inútil recordar a réplica de Hegel na abertura da *Fenomenologia* (Hegel, 1939). À base da intuição e da sensibilidade não fica cancelada somente a tradição positivista: a interdição se estende à perspectiva crítico-dialética (Lukács, 1967 e 1968). A infirmação do causalismo e do fatorialismo positivistas e da sua racionalidade limitada abrem a via ao incontrolável e casual arbítrio do subjetivismo. Os desenvolvimentos de Carvalho não fogem à regra típica da literatura interessada no "mergulho do ser".[231]

É na linha do "mergulho do ser", aliás, que a nossa autora trata — com especial destaque — da questão da *linguagem*, fulcral na entrevista e tomada quase sempre de modo puramente instrumental na tradição do Serviço Social. A correta ênfase atribuída por Carvalho (1987, p. 37-54) — e que, esclareça-se, *pode ser também conferida a partir de outro referencial teórico-metodológico que não a fenomenologia*

---

230. São interessantes as disquisições que Carvalho desenvolve sobre a dimensão da temporalidade (conexas às da espacialidade); ao objetivismo da tradição positivista, ela — aparentemente desconhecendo as soluções da mais consequente tradição crítico-dialética — só pode opor concepções de fundo subjetivista (Carvalho, 1987, p. 29-30). Neste ponto, Carvalho apenas reproduz as impostações existencialistas, já criticadas, entre outros, por Lukács (1967).

231. É ilustrativa esta passagem da autora sobre a "síntese de transição": "A síntese de transição não é ativa e sim passiva, mas esta passividade não é imobilidade, porém é aquele movimento necessário à postulação do ser no mundo na transitividade entre o cliente e sua história, na presença no mundo na modulação da existência; é a efetuação dos atos de existência em seu 'se fazer ser' e em sua espessura histórica. É um penetrar do 'ser' do cliente numa estrutura-horizonte, e sendo, ao mesmo tempo, visto por ele em seu movimento para o mundo. Trata-se de um 'ver' habitando o mundo" (Carvalho, 1987, p. 69). A "profundidade" desse tipo de discurso foi suficientemente analisada por Lukács (1967); uma crítica dirigida a outro alvo também tematiza-a argutamente (Adorno, 1982).

— à recusa de uma apreensão instrumental da linguagem e sua justa insistência em não considerá-la apenas na sua dimensão verbal-articulada são largamente comprometidas por um procedimento reiterativo na perspectiva do moderno irracionalismo: a empiria da linguagem (a sua faticidade na "situação" do seu enunciante) é entronizada como revelação de uma "verdade" constituinte — de onde a impossibilidade, *a limine*, de uma *crítica* dos conteúdos (significações) que ela veicula e concretiza.[232]

O viés existencialista incorporado por Carvalho modifica sensivelmente as categorias ético-valorativas que parametram a profissão. Quanto a isso, são distintas, se as comparamos com o ensaio de Pavão, as referências à autodeterminação, à dignidade humana e à liberdade que se registram no seu discurso. A redefinição dessas categorias, equacionada com o recurso à "situação", tão cara a Merleau-Ponty (Carvalho, 1987, p. 42-55), conserva porém a mesma tensão não resolvida na obra do pensador francês — o "estranho tecido de erros e de verdade" (Lukács, 1967, p. 172) que o filósofo armou no tratamento das mediações entre a subjetividade e a história reaparece nas colocações de Carvalho (naturalmente com as dimensões particulares que lhe dão os interesses restritos da autora). Não vale a pena repetir aqui o balanço diferenciado e rigoroso que os pensadores crítico-dialéticos já realizaram acerca da significação e das limitações do pensamento existencialista neste plano, aliás fundamental;[233] vale apenas registrar que os desenvolvimentos de Carvalho sobre aquelas relações — que tocam diretamente nas citadas valorações, em especial o problema da liberdade — enfermam da especial inépcia existencialista em dar conta das concretas relações entre indivíduo e história, acabando (apesar dos protestos em contrário, quando se quer escapar ao solipsismo e, na mesma escala, ao

---

232. Esta crítica, de fato, parece impertinente se se adota este ponto de vista realmente empiricista. E tanto que se pensa tematizar "profundamente" o "gesto linguístico" sem qualquer problematização especificamente semiológica — e este é o procedimento de Carvalho.

233. Entre outros, cf. Lukács (1967, 1968, 1976), Schaff (1967), Garaudy (1965), Kosik (1969), Della Volpe (1974), Sève (1974, 1978) e Mészáros (1979, 1981).

niilismo) por se concentrar privilegiada e ilegitimamente em restritivas problemáticas da individualidade.

O campo sobre o qual opera a reflexão de Carvalho, o da entrevista em Serviço Social — mais precisamente: o da entrevista que implica a relação *face to face* entre "cliente" (esta é a denominação empregada pela autora) e profissional —, é nomeadamente fértil para esta concentração. E se a proposta metodológica de Carvalho supera em larga medida o psicologismo próprio da entrevista dita "clássica", mostra-se, todavia, muito adequada para cristalizar o patamar no qual o psicologismo era apenas uma expressão metodológica e técnica possível: o patamar da centralização do exercício profissional circunscrito à dinâmica individual do "cliente".

Está claro que não se trata de invalidar ou desconsiderar quer a relação individualizada profissional/"cliente", quer de infirmar, no limite, a legitimidade do Serviço Social de Caso; do que se trata é de articulá-las no marco de uma compreensão dos processos socioprofissionais de modo tal que a abordagem individualizada não inscreva o Serviço Social no puro circuito da intervenção (Carvalho, certamente, falaria em ação) psicossocial, como terapia ("ajuda") e/ou como apoio promocional (com o aceno à "transformação"). Ora, o essencial do processo de renovação do Serviço Social, em qualquer das suas vertentes não restauradoras, jogou basicamente neste sentido: o de inscrever a profissão para além da intervenção psicossocial, inserindo-a expressamente nas dinâmicas societárias mais abrangentes — no plano das políticas sociais, no plano dos movimentos sociais etc.[234] As modalidades destas inscrição e inserção obviamente são pensadas de forma distinta naquele processo; salvo, porém, exceções que devem ser tomadas como tais, elas compreendiam a abordagem individualizada como legítima, desde que contextualizada numa projeção macrossocietária.

---

234. Não por acaso, políticas e movimentos sequer mencionados por Carvalho.

O exame do exemplário de entrevistas fenomenológicas fornecido por Carvalho atesta a sua limitação da concepção profissional no circuito psicossocial e na circunscrição individual: é o "cliente" que está tensionado porque sua esposa tem problemas de saúde, é o "cliente" que deve tomar decisões pessoais e familiares em condições de quase agonia, é a "cliente" que vivencia uma crise na sequência do abandono pelo marido etc. E atesta-o não pelas "situações" que põe em tela:[235] atesta-o pelo fato de não se encontrar nos processos assinalados pelas entrevistas reproduzidas nenhum elemento que permita mostrar minimamente como o "cliente", concretamente, "toma posição e dá partida para assumir e dirigir sua vida considerando a família e a política, a ideologia e a economia, os acontecimentos históricos da sua vida e os acontecimentos históricos de um país, de uma nação e de um povo" (Carvalho, 1987, p. 71). Delas, é até possível dizer que se avança para a "ação" entendida como "o gesto em movimento na tomada dos sentidos da existência do cliente" ou "o acompanhamento exato do ritmo existencial do cliente" (Carvalho, 1987, p. 76). Mas não se pode extrair nenhuma indicação acerca do "movimento do cliente" na multidimensionalidade das determinações sociais que configuram, na particularidade do seu "espaço existencial" privado, as suas relações de classe, de exploração, de dominação, de inserção nos sistemas institucionais etc. Tais determinações — contra cuja consideração abstrata, cortada da ação do sujeito, parece corretamente dirigido o esforço de Carvalho, são aqui meras alusões retóricas, que não se articulam mediatizadamente nas "situações" abordadas.[236]

---

235. Tal exemplário, esclarece a autora, provém especialmente de sua experiência profissional na área da saúde (Carvalho, 1987, p. 24).

236. Todas as vezes em que a autora alude às determinações sociais macroscópicas, o seu discurso se desdobra em níveis cuja articulação (?) é a mais evidente justaposição. O "poder político" e o "poder econômico" ocupam exatas seis (e deslocadas) linhas de todo o seu ensaio (Carvalho, 1987, p. 83). A referência às determinações de classe, extremamente raras e pontuais neste discurso, aparece sob a nebulosa, deformada e eticista lente dos "oprimidos e injustiçados" (Carvalho, 1987, p. 86).

Em síntese, Carvalho consegue apontar uma alternativa para o psicologismo da entrevista "clássica"; a solução que encaminha, contudo, não abre perspectivas que permitam superar concretamente (para além das petições de princípio)[237] o marco de uma relação profissional centrada sobre dinâmicas individuais, ainda que reclamando para estas — novamente no plano das petições principistas — uma "historicidade". Na quadra em que significativos vetores do corpo profissional se esforçam precisamente para superar esta centralização, o caminho defendido por Carvalho tem todas as condições para se converter num anteparo àquele esforço e para se transformar numa via de regressão ao enquadramento do assistente social como um agente profissional circunscrito ao trabalho com o indivíduo.

2.4.4 A formulação seminal da reatualização do conservadorismo

As duas contribuições que acabamos de comentar colocam na ordem do dia — diferentemente, como ressaltamos — a recuperação do tradicionalismo profissional no marco da renovação. Pela natureza dos seus objetivos restritos, no entanto, aqueles dois ensaios não oferecem uma visão mais ampla das características globais pertinentes à perspectiva da reatualização do conservadorismo; antes, os trabalhos de Pavão e Carvalho, real e tendencialmente, avançam em vias determinadas que estão dadas nesta perspectiva, mas nem um nem outro a desenham na sua extensão e alcance plenos. É em especial neste desenho que se encontra o núcleo da reatualização do conservadorismo: uma empresa cujo objetivo profundo é chancelar,

---

237. É preciso ressaltar que a autora, no plano das petições, não reduz o Serviço Social à abordagem individual; ela mesma indica que se pode tomar como "cliente", "seja a pessoa, seja o grupo, seja a comunidade ou, em proporções maiores, as populações" (Carvalho, 1987, p. 83-84). Mas isto não passa de alusão — o que até pode ser compreendido, dado o objeto deste seu ensaio.

(re)legitimando-as, as formas particulares de que a profissão se investiu até a década de 1960, bem como as constelações ideológicas que a parametravam, redimensionando-as de modo tal que elas se reapresentem, sem modificações substantivas, como alternativas mais adequadas e contemporâneas quer à "natureza" da profissão, quer às demandas do "homem". E é este o desenho construído na obra em que Almeida (1978) formula a sua "nova proposta".[238]

Elaborado no âmbito universitário — foi a tese de livre-docência da autora, apresentada em janeiro de 1977 —, este trabalho está longe de ser um ensaio de ocasião;[239] é uma espécie de marco numa larga carreira profissional e docente de um assistente social cuja seriedade é consensualmente reconhecida. Só este traço confere ao ensaio uma importância ímpar; ao contrário de uma construção episódica, ele cristaliza uma experiência de Serviço Social que cobre décadas[240] e uma inquietude intelectual que ultrapassa as exigências do simples formalismo acadêmico (que, compreensivelmente, responde por muito da produção do Serviço Social no Brasil a partir do segundo lustro da década de 1970). Mas o que peculiariza esse trabalho é, sobretudo, o empenho em pensar globalmente o Serviço Social, sem a limitação posta pela ênfase em um ou outro aspecto da sua realidade. Almeida desenvolve a sua argumentação — sempre com os cuidados rituais de apresentá-la "como uma modesta contribuição à teorização do Serviço Social" (Almeida, 1978, p. 21) — num procedimento abrangente, que articula uma cosmovisão determinada, uma definida concepção de profissão, uma opção teórico-metodológica e uma nítida visão do processo sócio-histórico numa meridiana *estratégia* de inserção no debate profissional. É esta

---

238. Algumas das categorias e noções da "nova proposta" comparecem num dos textos que, apresentado ao seminário do Sumaré (CBCISS, 1986, p. 183-193), reivindicava a inspiração fenomenológica; o fato é explicável: Almeida é um dos subscritores daquela contribuição.

239. Aliás, a própria autora o diz expressamente: "Esta proposta é resultado de todo o nosso saber acumulado, revigorado por anos de trabalho e de estudo crítico" (Almeida, 1978, p. 116).

240. Experiência centrada no Rio de Janeiro, entre os anos 1930 e 1970 — espaço e tempo que balizam a trajetória profissional da autora.

DITADURA E SERVIÇO SOCIAL

articulação, entre outras características, que coloca o trabalho de Almeida numa posição muito singular, e destacada, na elaboração vinculada à perspectiva da reatualização do conservadorismo — entendemos, mesmo, que cabe à autora a formulação seminal desta vertente no processo de renovação do Serviço Social no Brasil.

Vale a pena realçar a estratégia de inserção no debate profissional, que referimos linhas acima. Ela se prende à noção que a autora tem da atualidade em que se contextualiza a polêmica no Serviço Social: considera que o processo de reconceptualização significa, entre nós, a preocupação "com a ausência de uma teoria da intervenção pensada a partir da realidade brasileira" (Almeida, 1978, p. 20). Ao situar este processo no quadro latino-americano, a nossa autora, aludindo apenas ao "grupo Ecro",[241] observa que seu encaminhamento vai no sentido de pôr em xeque "os efeitos da intervenção do Serviço Social da América Latina" como "objetivos de uma política assistencial sob o controle de uma tecnologia importada" e que aí se contém "uma crítica rigorosa à ótica *científica* e positivista do Serviço Social", com a "problemática [...] colocada em nível ideológico e cultural" (Almeida, 1978, p. 20; grifo nosso). Almeida opera aqui uma *deformação* da postura crítica pertinente ao complexo movimento da reconceptualização: os autores nomeados por ela (Ander-Egg, Kisnerman, Frum, di Carlo, Hill, Barreix, Boris Lima e Faleiros — cf. Almeida, 1978, p. 54) *não* realizaram "uma crítica rigorosa à ótica científica e positivista do Serviço Social"; o que fizeram, de modo diverso e nem sempre com inteira consequência,[242] foi *a crítica do positivismo em nome de uma ótica que, esta sim, se reclamava científica;* entre eles, não há uma interdição da "ciência", mas

---

241. É sem dúvida curiosa esta redução do movimento latino-americano de reconceptualização ao "grupo Ecro", no qual Almeida (1978, p. 54) inclui, *a nosso ver erradamente,* os nomes, entre outros, de Kisnerman, Boris Lima e Vicente Faleiros (entendemos que, rigorosamente falando, em termos de Serviço Social, aquele grupo compreendia, de autores conhecidos, Juan Barreix, Luis María Frum, Ethel Cassineri e Luiz Fernandez). Em outros trabalhos, Almeida (1970, 1975) trata da reconceptualização.

242. Aqui, a diversidade é enorme: pense-se, por exemplo, na estrutura das contribuições de Faleiros e Hill.

do padrão positivista de cientificidade e teorização. Ao mesmo tempo, Almeida efetiva uma *redução* daquela postura crítica: ao colocar como notação marginal (na escala em que não a desenvolve minimamente) o patamar "ideológico e cultural" da problemática da reconceptualização, ela deixa na sombra o tônus denunciador do tradicionalismo que foi a pedra de toque do movimento. Esse tônus — e, para comprová-lo, basta percorrer a produção dos reconceptualizadores citados por ela mesma — não se limitou ao desvelamento da "política assistencial" e da "tecnologia importada", golpeando (e não é este o lugar para ajuizar do fundamento desses golpes) antes a configuração profissional historicamente constituída.[243] Mediante estas deformação e redução, Almeida pode inserir a *sua* elaboração no debate marcado pela reconceptualização *sem explicitar* as suas contradições e linhas de confronto com ela; mais precisamente, este procedimento lhe permite mesmo afirmar que encontrou, nos estudos do grupo da *reconceptualización*, uma "contribuição valiosa" (Almeida, 1978, p. 54). Numa palavra: a singular maneira que tem Almeida de apreender o debate profissional escamoteia os conteúdos conflitantes e, principalmente, a *orientação colidente* que a sua elaboração introduz nele.

A natureza colidente desta orientação, em face da crítica ao tradicionalismo profissional operada pelas vertentes mais ativas do movimento da reconceptualização e pelas perspectivas mais avançadas do processo renovador no Brasil, é verificável em praticamente todos os níveis constitutivos da elaboração de Almeida, desde que estes sejam submetidos a um exame menos perfunctório. O nível onde talvez se registre com maior evidência esta colisão é, naturalmente, aquele que se refere ao processo sócio-histórico — tomado quer na emersão da profissionalidade do Serviço Social, quer na expressão política do cenário em que se move a profissão.

---

243. Recorde-se que alguns desses autores, para remarcar a sua intenção de inteira ruptura com esta configuração, chegaram mesmo a substituir a denominação Serviço Social pela de *Trabalho Social*. Veja-se, quanto ao "grupo Ecro", a concisa informação contida em Carvalho (1986, p. 13-14).

A concepção que Almeida possui da constituição profissional é *rigorosamente tradicional* — nada incorpora das problemáticas relativas às lutas de classes, às formas de manipulação ideológica, aos modos de controle das classes subalternas, à divisão social e técnica do trabalho, ao Estado etc., problemáticas que, com maior ou menor consistência, vieram à tona na "contribuição valiosa" a que alude. Ao contrário, desdobrando velha corrente da (auto)representação profissional, ela funda o estatuto profissional do assistente social numa *metodologia*, produto de "modelos construídos pelos assistentes sociais" (Almeida, 1978, p. 46). Eis a formulação sintética da sua concepção: "[...] Estamos admitindo o uso de modelos testados e aceitos [de diagnóstico social], ou melhor estamos partindo da existência de paradigmas que, trabalhados por um grupo, produziram uma síntese transformada, posteriormente, na metodologia de uma disciplina — o Serviço Social — que explica o aparecimento de uma profissão — Serviço Social — por envolver um número sempre crescente de praticantes — assistentes sociais" (Almeida, 1978, p. 47). O caráter tautológico do raciocínio é óbvio: paradigmas construídos por assistentes sociais fundam, via ampliação do universo dos "praticantes", a profissão. Mas o essencial não é a circularidade do argumento — é a partenogenia que ele defende: os assistentes sociais, mediante a produção de uma "metodologia" e uma "disciplina", engendram o Serviço Social. A constituição profissional apresenta-se como um processo em que protagonistas determinados se investem de um estatuto profissional pelo fato mesmo do seu protagonismo — sem que se aluda à contextualização sócio-histórica e ideocultural desse protagonismo[244] —: o evolver profissional é dinamizado pela sucessão dos parâmetros ("paradigmas") que balizam, numa "metodologia", a sua prática.

---

244. Veja-se ainda esta passagem: a *ajuda* é entendida "como um sentimento humano que existe em estado latente na interioridade do ser, e se manifesta por um apelo dialetizado de querer ajudar e querer ser ajudado. *No momento em que a ajuda se manifesta como um apelo, ela se materializa numa profissão*" (Almeida, 1978, p. 118; grifos nossos).

Se não há nenhumas alusões significativas ao processo sócio-histórico na determinação da gênese profissional, elas pontuam lateralmente o mover, segundo a autora, do Serviço Social no Brasil. Quando pretende entender "os modelos de prática operacionalizados a partir de nossa realidade" (Almeida, 1978, p. 55), a autora estabelece uma periodização — a que retornaremos adiante — a que conecta observações relativas à dimensão política do cenário em que a profissão se insere. O rigor com que usa "categorias" para esclarecer aqueles cenário e dimensão pode ser ilustrado pelo fato de ela considerar como *populistas* tanto o governo de Dutra como os de Vargas (1951-1954) e de Kubitschek.[245] Importa mais, contudo, identificar o sentido que Almeida atribui às dimensões políticas do processo brasileiro; e, também aqui, a nossa autora se expressa sem ambiguidades, revelando o profundo conservadorismo de que é porta-voz. Ao situar o período histórico de 1930 a 1945, Almeida (1978, p. 67) localiza três vetores operantes no plano político: o da *direita* (ela sinaliza com o Estado Novo e o integralismo),[246] o da

---

245. Cf. Almeida (1978, p. 80-81). A nossa autora distingue um populismo "fortemente apoiado pelo proletariado urbano" (Vargas, 1951-1954) e um populismo "apoiado pelo setor empresarial" (Kubitschek).

As opiniões que Almeida expende acerca das conjunturas políticas são de uma pobreza espantosa e, em especial, contêm equívocos imperdoáveis; veja-se, por exemplo, o que escreve sobre o segundo período de Vargas à cabeça do executivo (Almeida, 1978, p. 81): "Governo perde controle dos três partidos majoritários: PTB — partido de ideologia centro-esquerda, PSD — apoiado pela aristocracia rural, e a UDN — apoiado pela burguesia conservadora. A debilidade do poder central provoca grande descontentamento e exige a renúncia do presidente". Como se o "governo" devesse ou tivesse que "controlar" os partidos, como se o PTB houvera ficado "fora de controle" e como se a "renúncia" (aliás, a exigência dos reacionários insubordinados da República do Galeão) derivasse da "debilidade do poder central"! É demais para seis linhas impressas.

246. Almeida (1978, p. 67) aponta *datas* para os processos políticos que lista. Ao mencionar a ditadura e o integralismo, remete expressamente aos anos de 1937 e 1938; se não há dúvidas quanto ao primeiro, o mesmo não ocorre com o segundo (que, no máximo, só pode referenciar o fracassado *putsch* liderado pelo infeliz Severo Fournier): deixar em zona de penumbra a *Ação Integralista Brasileira* (AIB, criada por Plínio Salgado em 1932) é procedimento adequado para também deixar na sombra as relações que com ela manteve a Ação Católica Brasileira (cf. nota 249).

esquerda (a Aliança Nacional Libertadora) e o da *democratização*. Para conotar este último, Almeida indica a "revolução constitucionalista" de 1932 e o golpe de Estado de outubro de 1945; estas indicações são suficientes para mostrar a concepção de democracia que a autora esposa explicitamente — são, para ela, vetores de "democratização" o movimento reacionário da oligarquia paulista para reverter o processo de sua evicção do poder central[247] e o aborto da redemocratização que ganhava forças desde finais de 1943.[248]

Se estas notações não forem bastantes para remarcar que Almeida se coloca como interlocutor no debate a partir de uma angulação nitidamente conservadora, vale referir dois outros passos em que salta à vista a sua postura abertamente reativa à crítica do tradicionalismo profissional — exatamente no que este possuía de mais comprometido com representações e intervenções tendentes a barrar formas democráticas e participativas de vida política e social. A primeira é uma passagem central, concernente às relações entre a emersão do Serviço Social no Brasil e o movimento de "Ação Social" dinamizado pela Ação Católica; a visão que Almeida (1978, p. 18-19) oferece destas relações é de tal modo apologética que delas desaparecem os mais que comprovados vincos reacionários — aludidos autocriticamente pelo próprio Alceu Amoroso Lima, figura exponencial na organização do pensamento católico conservador da época —, típicos da hipoteca do incipiente Serviço Social ao projeto

---

247. "Sob o aspecto ideológico, a revolução de 1932 foi a última expressão do universo pré-revolucionário. A mobilização popular [...] representou um último e estridente eco do passado" (Fausto, in Mota [org.], 1976, p. 254). A consigna dos "revolucionários" de 1932, "a reconstitucionalização, antes que o país estivesse preparado, correspondia a amputar a revolução de 1930 da maior parte daquilo que poderia ter alcançado" (Sodré, 1965, p. 252-253).

248. "A deposição de Vargas por um golpe militar de cúpula representava a perturbação deliberada do processo de redemocratização do país, por parte das forças que temiam o avanço desse processo e decidiram-se a travá-lo de qualquer maneira. [...] Tratava-se de estabelecer, no Brasil, em substituição ao regime em liquidação, um dispositivo pretoriano que, ainda sob o formalismo democrático, com eleições e representação, resguardasse as forças retrógradas e lhes permitisse o controle da situação. [...] Assim chegou ao epílogo, formalmente, o Estado Novo [...]: os pretorianos [o] criaram [...] os pretorianos o destruíram" (Sodré, 1965, p. 288-289).

católico integrista ao tempo dominante e da sua funcionalidade ao pensamento das elites brasileiras mais refratárias à democracia.[249] Na verdade, a visão proposta por Almeida é tão objetivamente mistificadora, no seu afã de legitimar a profissão e o catolicismo integrista dos anos 1930, que ela não hesita em escrever que "o Serviço Social no Brasil, mesmo antes de institucionalizado como disciplina profissional", sendo "inovador e modernizador do trabalho na área social, *por vocação, reage contra a tradição assistencial paternalista*" (Almeida, 1978, p. 18; grifos nossos). Ou seja: desde a sua "fase inicial", o Serviço Social (católico), no Brasil, escapa à crítica que Almeida atribui ao "grupo Ecro" — ele não teria vínculos com o assistencialismo paternalista. No seguimento da sua argumentação, aliás, o que a nossa autora faz é, de fato, imunizar a tradição do Serviço Social contra qualquer *crítica* menos epidérmica: para ela, o Serviço Social, no Brasil, ao longo de quatro décadas (1936-1976), "orientado exclusivamente pelo bem comum, vem equalizando o valor pessoa humana aos demais, em programas de âmbito nacional, regional e municipal ao assumir experiências de intervenção" (Almeida, 1978, p. 18). A segunda passagem, esta apenas ilustrativa e acidental, mas que revela a disposição combatente de Almeida de nada conceder à crítica ao tradicionalismo, aparece quando ela trata das práticas do "modelo franco-belga", remetendo expressamente às *surintendantes d'usines*: através de citação, nossa autora reitera que "os primeiros métodos de Serviço Social já foram elaborados com base no respeito ao ser humano e no saber do esforço pessoal" e, em seguida, agrega que este "modelo" distingue-se pela relação que mantém com sua clientela, "relação marcada pela ideologia — *au*

---

249. O caráter mais para reacionário que conservador da "Ação Social" implementada pela Ação Católica foi, no caso do Serviço Social, adequadamente analisado por Carvalho, que cita inclusive a autocrítica do Dr. Alceu (Carvalho, in Iamamoto e Carvalho, 1983, p. 158-167); nessas páginas, Carvalho mostra também algumas conexões do movimento com o integralismo.

Cabe notar que a pesada hipoteca reacionária que por longo tempo marcou o pensamento da Ação Católica é fato hoje inconteste, tratado largamente por autores de posições muito diversas; entre outras análises, cf. especialmente Della Cava (1975), Miceli (1979, p. 51 ss.) e Beozzo (in Fausto [org.], 1986).

service des autres — que devia ser a portadora da mensagem da comunidade cristã de ação social à classe pobre" (Almeida, 1978, p. 66-67). Bendito papel daquelas *surintendantes*, municiadas com tão bons métodos profissionais e melhor mensagem ideológica... Pena é que a verdade histórico-profissional tenha sido bem diversa, como rigorosa análise crítica já o demonstrou (Verdès-Leroux, 1986, p. 21-30).

Com estas indicações preliminares, o que pretendemos é tão somente circunscrever o terreno em que se move a contribuição de Almeida — *trata-se de uma elaboração que deriva expressamente do solo do pensamento conservador, absolutamente conforme as mais consagradas tradições do Serviço Social de extração católica*. Esta determinação, evidentemente, não possui nenhuma ponderação no sentido de desqualificar a proposta teórico-profissional da autora, mas é de referência compulsória numa análise que queira situá-la com um mínimo de precisão. E isto porque é a partir desse solo original que se pode dimensionar a particularidade da contribuição de Almeida: a consecução do *duplo combate* travado pela perspectiva da reatualização do conservadorismo — a polêmica contra as tendências da modernização, de um lado, e a luta contra as incidências da tradição marxista no campo profissional, de outro —, levado a cabo mediante o recurso a formas que se pretendem novas de fundamentação teórico-metodológica e profissional.

Uma dessas formas, já o vimos, é o apelo à fenomenologia. No caso de Almeida, este apelo tem uma característica particular: ele se vincula a uma decidida escolha — que a autora não teme que se considere exagerada (Almeida, 1978, p. 11) — pelo personalismo cristão (mais exatamente: católico); estritamente falando, a remissão de Almeida à fenomenologia é filtrada pelo seu entusiástico resgate do legado de Mounier.[250] De fato, o que peculiariza a posição renovadora de Almeida no marco da perspectiva em que se inscreve a

---

250. Especificamente, o legado da concepção personalista expressa em Mounier (1950). Sobre este pensador católico e suas ideias, além do quase hagiográfico estudo de Moix (1968), são de consultar-se Garaudy (1965) e Lacroix (1971).

sua proposta teórico-profissional é justamente a sua dupla e simultânea invocação da fenomenologia e do personalismo católico.

A articulação entre uma postura fenomenológica e uma concepção personalista é, em princípio, legítima, supondo-se o rigor com que se deve explorar a primeira e reconhecendo-se os riscos de ecletismo que rondam a segunda.[251] Nenhuma das colocações de Almeida, ao longo de seu livro, fornece elementos probatórios de uma consequente assunção da postura fenomenológica; o que fundadamente se extrai dos seus passos analíticos e das suas afirmações lidimamente metodológicas é tão somente a intenção "da compreensão de como trabalhar em Serviço Social pensando a história humana em sua significação mais profunda", o que implicaria "não separar dimensões de interioridade e dimensões de exterioridade da pessoa", voltando-se para "a dimensão social presente na dimensão pessoal" (Almeida, 1978, p. 12). O diapasão que segue a referencialidade de Almeida à fenomenologia é aquele que apontamos páginas atrás (cf. seção 2.4.2): uma diluição da fenomenologia no impressionismo, que, infirmando a cientificidade positivista, não lhe aporta uma alternativa sólida e elaborada; muito dificilmente uma análise percuciente localizaria na reflexão de Almeida uma efetiva incidência fenomenológica, para além de certo jargão repetitivo (cf. esp. Almeida, 1978, p. 113-116). Claro está que só este dado afetaria basilarmente os fundamentos da aludida articulação, se esta fosse objeto de uma construção rigorosa. Entretanto, parece-nos que, na reflexão de Almeida, tal articulação não é posta, ou pressuposta, como indispensável: o apelo à fenomenologia não funda o seu personalismo, nem este a reclama imperativamente; entre ambos, há apenas uma relação de coexistência. Quanto à visão personalista esposada pela autora (que parece recolher as suas inspirações mais essenciais nos trabalhos de Mounier referidos a ela e ao existencialismo (Mounier, 1950, 1963), com pouca valorização de outros textos,

---

251. Para o peso desses riscos e o efetivo ecletismo que penetra o pensamento de Mounier, cf. Garaudy (1965, p. 156-168).

capazes de conferir um dimensionamento mais amplo e fundamentado à sua opção),[252] não restam dúvidas de que é ela que sustenta a centralidade da sua proposta teórico-profissional, configurando mesmo o núcleo polarizador das suas sugestões e os supostos elementares sobre os quais se ergue a "metodologia de intervenção" que advoga (Almeida, 1978, p. 119-121).

Se esta análise está corretamente encaminhada, em Almeida nos confrontamos, menos que com uma articulação, com uma simultânea reivindicação (de princípio) fenomenológica e uma opção personalista que não mantêm entre si nenhuma relação *necessária*. Independentemente do significado subjetivo que a autora atribui a estas reivindicação e opção — que, como salientamos, não são *a limine* incompatíveis —, elas desempenham, no entanto, um papel fulcral e estratégico na inserção da proposta teórico-profissional de Almeida no enfrentamento com as outras vertentes renovadoras do Serviço Social no Brasil. Com efeito, para além do aspecto inédito com que recobrem o cerne da programática que veiculam (travestindo, assim, a sua medula conservadora ou, se se quiser, atualizando-a com nova roupagem), ambas asseguram à autora um potencial de alternativas em face dos outros protagonistas do processo de renovação profissional, imprescindível para a consecução do duplo combate a que aludimos anteriormente.

A reivindicação fenomenológica, de uma parte, oferece um contraponto de monta aos substratos teórico-metodológicos em que assentam as formulações da perspectiva modernizadora. É com base nesta reivindicação — acrescida à já conhecida retórica do "desenvolvimento integral" — que Almeida pode questionar alguns desdobramentos próprios à modernização.[253] Trata-se, porém, de um

---

252. Pensamos no *Tratado do caráter* e, muito especialmente, em *Revolução personalista e comunitária*.

253. Estes questionamentos, aliás cuidadosos, aplicam-se aos resultados dos seminários de Araxá e Teresópolis (Almeida, 1978, p. 104-108). Mesmo mencionando a "grande decepção" (idem, ibidem, p. 105) com que se recebeu Araxá, Almeida atribui-lhe "uma importância ímpar", ressaltando, porém, que "carecia da inovação conceptual básica desejada" (ibidem).

questionamento discreto e elíptico, centrado especialmente numa preocupação com o "sujeito" (pessoa), que não deve perder o seu privilégio na rede de relações institucionais em que se insere a implementação prática do exercício profissional;[254] e é mesmo um questionamento muito parcial, pois, como se verá adiante, Almeida recupera — numa ótica personalizante — o fundo desenvolvimentista que é o lastro da perspectiva modernizadora. Por outra parte, a opção personalista, mais que o apelo à fenomenologia, coloca-se como um dique às tendências que se querem inspirar no leito marxista: na medida em que destaca a "singularidade", a "pessoa" (Almeida, 1978, p. 116-120), questões que as vertentes vulgarizadas, mecanicistas e deformadoras da tradição crítico-dialética não contemplam com um mínimo de cuidados — antes descartam, infiéis que são ao legado marxiano, como secundárias e epifenomênicas —, esta opção procura se apresentar como a solução para o trato de problemáticas que ferem diretamente os indivíduos tomados como tais.[255] Cumpre notar, todavia, que o resgate do personalismo não se põe como um anteparo somente às influências oriundas do leito marxista e que se mostram como tais; ele também é utilizado enquanto forma de travar a erosão do ranço integrista católico, vulne-

---

Quanto à sua apreciação dos resultados de Teresópolis, Almeida observa a diferencialidade entre os dois relatórios (dos grupos A e B) e crê que eles não se integram. Neste passo, há duas notações suas que merecem atenção. A primeira refere-se ao relatório do Grupo A: ela considera que aí se "apresentou como novidade a abordagem da reflexão sobre a concepção científica da prática do Serviço Social, numa perspectiva estrutural funcional, *a partir de posições fenomenológicas*" (idem, ibidem, p. 107; grifos nossos). Se nos parece indiscutível a angulação estrutural-funcionalista (cf. seção 2.3.2), a ideia de "posições fenomenológicas" naquele documento se nos afigura insustentável. A segunda relaciona-se à menção, pela autora, do "grupo de profissionais do Rio de Janeiro" (idem, ibidem, p. 105). Esta alusão, que reponta em outras alturas do texto, não dispõe da clarificação que seria desejável: pode remeter a segmentos profissionais cuja prática foi tomada em conta pela autora (cf. nota 240) ou ao conjunto da categoria no município, em nome do qual Almeida falaria.

254. A seguinte passagem — redigida, em verdade, pensando-se o "Modelo Ação Social" (cf. infra) — dá o tom da postura que indicamos aqui: "A preocupação na nova proposta não é com a eficácia do programa, mas com o sujeito, não determinado por antecipação, mas transformado numa relação dialetizante" (Almeida, 1978, p. 120).

255. E não é preciso observar que a gravitação desta proposição é tanto maior quanto mais simplista tem sido a recuperação da tradição marxista no âmbito do Serviço Social.

rabilizado de *dentro* do bloco católico pelas correntes mais avançadas, aparentadas com a Teologia da Libertação. Neste sentido, a revivescência das ideias de Mounier, mais de um quarto de século depois da sua morte, igualmente não é uma casualidade: contra as novas vertentes católicas que pretendem incorporar categorias analíticas extraídas do arsenal crítico-dialético (sem, com isso, perder as suas características cristãs e católicas) para compreender e transformar o mundo terrenal, já não é mais de recorrer abertamente apenas às fontes desgastadas do mais puro neotomismo.[256]

As aproximações críticas que até aqui esboçamos ao trabalho de Almeida parecem-nos absolutamente significativas para compreender a sua funcionalidade no contexto do processo de renovação do Serviço Social no Brasil e para dar conta do caráter seminal que lhe atribuímos no seio da perspectiva da reatualização do conservadorismo, uma vez que na sua formalização se enfeixa muito mais que a "nova proposta" — desdobra-se, como tentamos indicar, uma inteira interpretação do processo da profissão em nosso país. Vejamos agora, no que contém de fundamental, o travejamento da sua proposição.

Almeida dá a partida à sua reflexão tematizando a noção de *intervenção social*, para com ela pensar a natureza do Serviço Social e a sua estrutura teórica e metodológica. Quer, no entanto, calçar a sua elaboração tanto em confronto com práticas profissionais quanto com os referenciais macroscópicos que as orientaram em um espaço e tempo determinados (a sua pesquisa leva em conta o trabalho de profissionais de Serviço Social em organismos do sistema assistencial do Rio de Janeiro, entre as segundas metades das décadas de 1930 e 1970).

---

256. Entendamo-nos: o ideário de Mounier (e de *Esprit* e de toda uma significativa plêiade de pensadores, entre os quais Lacroix e Marcel) desempenhou, entre as duas guerras e, em especial, no imediato segundo pós-guerra, um papel amplamente renovador no pensamento católico (notadamente naquele marcado pela francofilia). O que está em jogo, aqui, não é a programática de Mounier, mas o seu resgate num contexto ideocultural que já assinala um deslocamento flagrante das problemáticas originalmente por ela postas (e encaminhadas) por vertentes católicas que não se dispõem a conciliar hoje com posturas conservadoras.

O seu primeiro passo analítico incide sobre as "teorias, modelos e paradigmas" (Almeida, 1978, cap. I) encontráveis "na literatura da metodologia científica básica", antes de concentrar-se na sua discussão em face do próprio Serviço Social. Ela começa por afirmar uma compreensão de intervenção social em contraposição nítida quer aos que a visualizam como um "processo social de adaptação do indivíduo às estruturas sociais vigentes", quer aos que a tomam como um "modelo que pretende ser um instrumento de análise científica e de transformação social" (Almeida, 1978, p. 24). Eis como a autora se manifesta: "A expressão [intervenção social] define procedimentos metódicos de um processo de ajuda psicossocial, desenvolvido num diálogo, a partir do qual ocorrem transformações inerentes às experiências de pessoa, grupo e comunidade" (idem, ibidem). E para dirimir quaisquer dúvidas acerca do que entende por *transformação social*, que "um grande número de autores" concebe em termos "da mudança em nível socioeconômico", Almeida esclarece que lhe parecem "de maior importância aquelas definições que enfocam a dimensão da mudança no crescimento e no desenvolvimento da pessoa. *Nesta perspectiva, a transformação social se traduz em modificações qualitativas de seus elementos, expressas no movimento 'do ser ao ser-mais'"* (idem, ibidem; grifos nossos). O discurso é inequívoco: sob a aparência de distanciar-se igualmente das concepções adaptadoras/ajustadoras e daquelas de inspiração marxista (a referência à "perspectiva dialética", na mesma página, não peca por sutil), o que se repõe na ordem do dia é o privilégio — conhecido de todos os que leram a cartilha do humanismo abstrato — do "ser" inefável, instância superior, "qualitativa", mais alta e nobre que as vulgares modificações "quantitativas" da "mudança em nível socioeconômico". Como não poderia deixar de ser, o passo seguinte é o resgate da "comunidade", naturalmente uma "realidade" sem antagonismos e cooperadora,[257] com a remissão à retórica do desenvolvimento

---

257. "Com efeito, para nós, a teoria da intervenção social parte do pressuposto de que a comunidade é a própria organização das unidades naturais [*sic*] (unidade de base como a família, empresa, município etc.), informada por uma realidade personalizante que, como

"social".[258] Como resultante do gênero de intervenção social assumido pela autora, "o assistente social provocará o desenvolvimento de uma consciência teórica de modo a assegurar participação e/ou criação de *novos mecanismos de cooperação mútua. O corolário básico é impedir a marginalização pela crescente participação social*" (Almeida, 1978, p. 25; grifos nossos). A "visão fenomenológica" e a "teoria personalista", como se constata, não oferecem neste plano mais que aquilo que já se alcançara nos bons e primeiros tempos da incidência desenvolvimentista sobre o Serviço Social — exceto a hipoteca da participação social em relação ao "desenvolvimento da consciência teórica", situado meridianamente como sua garantia; entretanto, introduzem um elemento ponderável: "No que se refere à intervenção social, afirmamos ser a problemática social *objetivada pela clientela* o que interessa ao assistente social" (Almeida, 1978, p. 29; grifos nossos) — assertiva no mínimo audaciosa, que pode ser interpretada como o cancelamento, enquanto alvo da intervenção, de toda "problemática social" que não for passível de "objetivação" pela "clientela". É compreensível que exista, subjacente a estas determinações, uma subterrânea tensão entre o processo do "mais-ser" e a efetividade dos modos concretos pelos quais o processo social se realiza; a tensão não vem à tona na argumentação de Almeida, que acaba por creditar a inoperância deste gênero de prescrições na evolução brasileira "porque em nossa realidade não aconteceu a oportunidade" (Almeida, 1978, p. 27).

A partir destas concepções fundamentais, a autora avança numa revisão da bibliografia das ciências sociais para recolher indicações

---

força, cria e articula seus valores. Neste sentido, esta organização é gerada e desenvolvida como experiência, na medida em que as dinâmicas interpessoais passam a permitir a cada uma das pessoas se definir e se afirmar melhor através da comunicação entre as experiências e a troca de elementos de cultura" (Almeida, 1978, 24-25). No trabalho de Almeida, *comunidade* não tem carga semântica unívoca: às vezes remete à conceituação tradicional da sociologia do anticapitalismo romântico, às vezes ao sentido que Mounier lhe atribui.

258. Está claro que, nesta linha do "ser ao mais-ser", distingue-se obviamente "desenvolvimento" (econômico-social) de "desenvolvimento social" (aquele que supõe "planejamento global", que não desarticula "o social do econômico" ou subordina "o social ao econômico"), cf. Almeida (1978, p. 26 ss., onde inclusive se pensa o II PND). Veja-se, infra, a nota 278.

acerca dos "modelos" e "paradigmas",[259] tentando apetrechar-se para "identificar, nas obras dos autores de Serviço Social, as contribuições que podem ser caracterizadas como construção teórica — modelo de diagnóstico social" (Almeida, 1978, p. 46).[260] No estudo do acúmulo profissional, de Richmond a autores contemporâneos, Almeida (1978, p. 46-47, 49 ss.) elenca fundamentalmente seis modelos de diagnose. Depois de listar seus traços distintivos, ela considera já dispor do arcabouço para enfrentar a "leitura das práticas do Serviço Social no Brasil", no tempo e no espaço precedentemente assinalados, e é esta "leitura" que constitui o segundo capítulo do seu trabalho.

Valendo-se de um arsenal de técnicas variado (Almeida, 1978, p. 61-63), a autora recorta três "modelos" que, correspondentes a períodos históricos distintos (1932-1945, 1946-1960, 1961-1975), expressam "a organização da memória do Serviço Social em três sínteses" (Almeida, 1978, p. 60): o "Modelo Ação Social", o "Modelo Funcional" e o "Modelo Síntese" (Almeida, 1978, p. 61). No exame destas "sínteses", Almeida preocupou-se em indicar, em cada uma, "bases filosóficas, teorias de apoio, pressupostos teóricos, metodologia, instrumentos" (Almeida, 1978, p. 63). O longo tratamento que dispensa aos "modelos" que identificou (e que constitui, formalmente, o segmento mais substancial do seu trabalho) apresenta inúmeras passagens relevantes, às vezes com notações argutas

---

259. Em menos de *quinze* páginas, Almeida (1978, p. 33-46) glosa Minshull, Kaplan, Hommann e Hoebel, Soares Leite, Lévi-Strauss (através de Baeta Neves), Rivière, Braudel, Kuhn e Bourdon — convenhamos que é muita gente para pouco espaço.

260. A equalização que aqui parece estabelecer-se entre construção teórica/modelo de diagnóstico social é pertinente, na argumentação de Almeida, na escala em que ela situa o diagnóstico social como uma das variáveis básicas para o planejamento da intervenção (Almeida, 1978, p. 30). Entretanto, em todo o seu discurso, o dimensionamento do que seja *teoria do Serviço Social* não se apresenta sem grandes problemas; veja-se a seguinte passagem: "A teoria do Serviço Social não é só um conhecimento e nem mesmo seria suficiente caracterizá-la como uma metodologia de ação. Na verdade, ela se refere a *um método de análise e discussão crítica* de aspectos dinâmicos com múltiplas implicações numa realidade existencial problematizada que gera estruturas" (idem, ibidem, p. 31; grifos nossos).

DITADURA E SERVIÇO SOCIAL   305

e finas, contendo mesmo pontuações cujas implicações mais fundas Almeida não explora.[261] E não as explora por duas características que enformam e viciam aquele tratamento: a primeira é a cândida superficialidade da sua análise da "realidade externa" (vale dizer: sociopolítica);[262] a segunda é a tônica apologética que percorre o seu discurso[263] — características que, combinadas, respondem por de-

---

261. Veja-se, por exemplo, este trecho, referido ao impacto que, a partir da segunda metade dos anos 1940, as teorias oriundas dos Estados Unidos e do Canadá tiveram no Brasil: "[...] Cumpre dizer que essas teorias, configuradas em nível pragmático, nos foram apresentadas sob uma forma sistematizada para a prática, utilizando como exemplo a realidade da América do Norte (EUA, Canadá). Nossa curta experiência com o modelo franco-belga, o aumento de responsabilidades do grupo pioneiro pouco numeroso, o número crescente de programas reclamando tecnologia e, principalmente, a dificuldade de acesso aos textos permitiram que essas teorias fossem aplicadas sem uma análise crítica. Assim, passamos a sobrepor o novo modelo sobre o de Ação Social [próprio do período 1932-1945], sem consciência das contradições que estávamos elaborando" (Almeida, 1978, p. 77).

262. É interessante notar que, de fato, essa "realidade externa" só é tematizada — com as limitações já vistas — até 1961. Depois desta data, realmente, um silêncio diplomático — e a análise vai até 1975!

Observe-se que a referida superficialidade prejudica inclusive passagens instigantes sobre as "realidades internas" — como aquelas pertinentes ao perfil do sistema assistencial brasileiro (Almeida, 1978, p. 81-86).

263. A ausência de avaliação *crítica* do passado profissional é a nota dominante do tratamento que Almeida realiza na sua "leitura" das práticas dos assistentes sociais. E, evidentemente, não vale aqui o argumento de que à perspectiva "compreensivo-fenomenológica" não são pertinentes posturas judicativas, posto que elas compareçam no discurso da autora quando se trata de caucionar a tradição (à qual ela se vincula); vejam-se uns poucos exemplos: sobre a relação dos primeiros assistentes sociais com os constrangimentos institucionais: "[...] A consciência de nossas responsabilidades no campo profissional deu a nós, brasileiros, desde a fase de implantação dos programas, condições de autonomia de trabalho. Assim como permitiu, na construção de nossos modelos de prática, que as exigências do projeto criador *sempre* conseguissem superar as pressões externas" (Almeida, 1978, p. 60; grifo nosso); sobre a prática do Serviço Social no Rio de Janeiro, parametrada pelo modelo franco-belga: "sua práxis, *ao gerar mais justiça e mais compreensão*, criou problemas, provocou conhecimento e procedimentos novos" (idem, ibidem, p. 67; grifos nossos); sobre o trabalho institucional, quando os assistentes sociais podiam aplicar o seu "método profissional": "[...] Nos programas onde predominou a aplicação do método do Serviço Social, ele próprio se constituiu em um *contrário* ao sistema de alienação e/ou estagnação em que viviam os grupos e as comunidades mais pobres. *Para eles, o Serviço Social passou a ser a concretização das suas exigências profundas e universais de autodireção e autorrealização, isto é, de justiça social, de liberdade e criatividade*" (idem, ibidem, p. 10-11; grifos nossos). Para nenhum desses três juízos temos mais que a palavra de quem os emite, uma vez que não se revelam minimamente fundamentados.

formações e equívocos que já tangenciamos. Isto não significa que a análise empreendida por Almeida não forneça pistas interessantes para pesquisa ulterior ou que não formule reservas procedentes aos "modelos" que aborda;[264] mas significa que seu tratamento não contribui para oferecer elementos capazes de infletir a linha histórica de desenvolvimento do Serviço Social no Brasil, ou seja, opera de fato para caucionar a tradição; e a sua "nova proposta" apresentada na sequência da análise dos "modelos", compondo o terceiro e último capítulo do seu trabalho,[265] é precisamente um esforço denodado para resguardar os mais caros núcleos da tradição profissional, ameaçados por uma erosão que a nossa autora, decididamente, quer deter e reverter.

É na formulação da "nova proposta" (que Almeida grafa com maiúsculas) que comparecem, solidárias, a reivindicação fenomenológica e a visão personalista próprias de Almeida. Delimitando a sua "problemática", ela afirma a sua crítica ao padrão positivista de ciência; afirma-a, todavia, num tamanho grau de generalidade e abrangência que é quase inevitável a interdição da própria racionalidade analítica e sistematizadora, num movimento bastante tradicional para aqueles que conhecem a rota que leva do relativismo ao irracionalismo.[266] De onde a pontuação: "[...] O conhecimento sistematizado das ciências *pode* se revelar um *instrumento auxiliar de compreensão* dos processos de estruturação, desestruturação e reestruturação próprios a uma pessoa ou próprios a uma

---

264. É inteiramente legítima, por exemplo, a sua observação sobre a "justaposição" de dois "paradigmas", na década de 1970 (Almeida, 1978, p. 94-95).

265. É curioso observar que a "nova proposta" é a parte menos desenvolvida do ensaio de Almeida, envolvendo (inclusive com a "síntese gráfica" que a acompanha) menos de trinta páginas — exatamente vinte e nove, o correspondente a 18,23% do material impresso em livro. Este caráter formalmente diminuto que a proposta da autora tem no conjunto do seu trabalho, porém, não deve impressionar porque, nas partes anteriores do texto, estão consignadas determinações que a subsidiam.

266. "[...] A ciência só nos pode responder a um aspecto de nossas questões, quando nos dirigimos a ela em sua especificidade. Não nos respondeu e, ao contrário, nos limitou, quando buscamos a compreensão da unicidade homem-mundo" (Almeida, 1978, p. 114).

sociedade, *desde que considerados como parte do próprio sujeito envolvido no mundo"* (Almeida, 1978, p. 115; grifos nossos) — estranha pontuação: de um lado, ficam na penumbra os demais "instrumentos" para a "compreensão" (tratar-se-ia da "intuição"?); de outro, é muito lassa a ideia final acerca da pertença ao "sujeito" — implica a sua consideração ativa nos "processos" (ora, não há conhecimento digno deste nome que não a considere e, pois, a reserva é inócua), ou implica que aquele "instrumento auxiliar" só se realiza quando o "sujeito" que experimenta os "processos" destes tenha consciência? Os dilemas são colocados pelo personalismo da autora: ela se interessa, se "volta", para o "singular", efetivamente identificado com o *indivíduo* — "Pretendemos pensar um singular" (Almeida, 1978, p. 115); ela o vincula, sem dúvidas, à *comunidade*, mas esta é igualmente outra "singularidade" (Almeida, 1978, p. 115-116); o recurso matiza o atomismo expresso na formulação "Uma existência é história individual" (Almeida, 1978, p. 115), mas não elide a ausência de mediações entre singularidade e universalidade, suprimido que está o campo da *particularidade*;[267] a introdução das categorias *pessoa* e *diálogo* (cf. infra) não altera a polaridade antitética estabelecida de princípio: "Se reconhecemos a necessidade de um instrumental que possa auxiliar uma descrição coerente do ser-consciente-no-mundo, por outro lado nos damos conta do risco de perdermos, com esse instrumental auxiliar, a dimensão da existência, dimensão que chamaremos personalizante" (Almeida, 1978, p. 115). A alternativa a esses dilemas, a autora pensa estar embutida na "nova proposta", "metodologia genérica [que] deve ser considerada como um exercício de busca dos passos metódicos do movimento que o pensamento realiza para suprimir a dualidade sujeito-objeto numa unidade dinâmica (SEP), sem renunciar à

---

267. Neste passo da reflexão de Almeida, espelham-se nitidamente as insolúveis antinomias do pensamento adialético, que não pode se dar conta da *particularidade* como concreto campo mediador da relação singularidade-universalidade; sobre esta complexa problemática, cf. Lukács (1970).

exigência de controle crítico de seu modo de proceder e de seus resultados" (Almeida, 1978, p. 116).[268]

O "marco referencial teórico" da "nova proposta" é uma tríade conceitual: *diálogo, pessoa* e *transformação social* (idem, ibidem), cuja articulação e implementação constituem propriamente a metodologia profissional, posto o Serviço Social no escaninho da ajuda psicossocial (cf. seção 2.4.1 e nota 244). A tematização do diálogo por Almeida (1978, p. 116-119), estreitamente conexa ao que ela entende por "verdade",[269] consagra toda uma série de lugares-comuns[270] para ofertar, substantivamente, por trás de uma linguagem "profunda" (recorde-se o já mencionado "mergulho no ser"), duas ideias: 1ª) pelo diálogo, profissional e cliente se autoimplicam numa experiência de investigação de uma verdade; 2ª) pelo diálogo (mediante o conhecimento que ele propicia), constrói-se o *projeto social* (cf. infra), à base da concepção segundo a qual se coloca o diálogo "como processo *gerador* de transformação social" (Almeida, 1978, p. 118; grifo nosso).

A conceituação de *pessoa* (Almeida, 1978, p. 119-121) é absolutamente tradicional e remete tanto à "fenomenologia existencial" acoplada ao "personalismo" quanto às formulações específicas do neotomismo.[271] O significativo, todavia, são as decorrências profis-

---

268. A sigla SEP denota "situação existencial problema", que é "o objeto de estudo do Serviço Social" (Almeida, 1978, p. 48). O traço regressivo da concepção de Almeida em face da perspectiva modernizadora torna-se visível aqui, se se coteja a SEP com a "situação social problema" de que fala Dantas.

269. Antes, ficamos sabendo que, no "posicionamento de conhecimento-existente", a "busca de sua Verdade [com maiúscula] supõe opção e risco, logo, não omite subjetividade e não pode se contentar com diretrizes" (Almeida, 1978, p. 114); agora, ao tratar do diálogo, este é situado como "um processo onde assistente social e cliente realizam uma experiência com todo o seu ser no contexto da história humana. Nesta concepção, *a verdade só pode ser encontrada naquilo que dá um sentido novo à realidade de suas vidas*" (idem, ibidem, p. 116-117; grifos nossos). Estamos aqui no território da subjetivização da razão, que Horkheimer (1973) já analisara em 1946, ainda que visando o seu "outro lado", a manipulação.

270. Do tipo "ciência alguma é capaz de oferecer um sentido global à vida do homem" ou "a metodologia do diálogo exige que se parta de um conhecimento. Conhecimento que permita o equacionamento do problema eleito para o estudo" (Almeida, 1978: 117-118).

271. Não é por outra razão, aliás, que a autora vê-se compelida a cotejar o seu conceito com aquele que teve vigência nos supostos do Serviço Social por ela analisado nas décadas

DITADURA E SERVIÇO SOCIAL 309

sionais da inserção da categoria na "nova proposta": nela (proposta), "o cliente é reconhecido pela sua *condição humana* [grifos nossos] e não enquanto oprimido, alienado, desajustado. Pessoa para a proposta é o homem total que é sujeito, logo racional e livre. A ajuda psicossocial é oferecida à pessoa como tal" (Almeida, 1978, p. 119). Não restam dúvidas: o *transclassismo* é consagrado como um "novo enfoque" (idem, ibidem) e remete diretamente à valorização da "singularidade" (do "eu" e do "outro") etc. Verifica-se o quão extremamente difícil é deslocar o transclassismo da retórica do humanismo abstrato e da centralização nas dinâmicas individuais (cf. seção anterior).

Porém, o traço mais definidor da "nova proposta" é o conceito de *transformação social*, sobre o qual já nos detivemos (cf. supra). Já vimos em que consiste essa transformação social; mas, neste ponto, Almeida vincula-a à noção de *projeto* (e de *capacitação*, Almeida, 1978, p. 121), caracterizado como "interação humana de singularidades [em nota, a autora esclarece que *singularidades* refere-se ao cliente (indivíduo e/ou grupo) e ao assistente social] que se enriquecem, porque se transformam na relação dialetizante de exigência (provocação da intenção) e sequência (resposta à provocação)" (idem, ibidem); o projeto, noutra formulação, aparece mesmo como o "ato de transformar" (Almeida, 1978, p. 123).[272]

Com esses ingredientes, Almeida articula a "nova proposta", desenvolvendo com detalhe os "momentos" e os "movimentos" que configuram o seu processamento.[273] Reduzida ao limite de um esquema que agarra a sua essencialidade, esta seria a dinâmica pres-

---

de 1930 a 1940 (Almeida, 1978, p. 119-120). A solução que apresenta para remarcar, no seio do mesmo enfoque ontológico. a diferencialidade da sua concepção é, realmente, "existencial": reside no deslocamento, no sentido da subjetivização, da *verdade*.

272. Neste trabalho, a autora não aprofunda a categoria *projeto*; mais desdobramentos sobre ela encontram-se na contribuição do grupo (de que Almeida faz parte) que interveio no seminário do Sumaré (CBCISS, 1986, p. 198). A categoria, tal como se apresenta, aí, está bem longe, por certo, do tratamento que recebe, por exemplo, num Sartre.

273. Este desenvolvimento — bem como a sua "síntese gráfica" — constitui um notável esforço de formalização (Almeida, 1978, p. 121-144). Dispensamo-nos de sumariá-lo aqui, uma

crita por Almeida:[274] a partir da colocação de uma SEP qualquer como "fenômeno social", o diálogo permite a sua *objetivação* e *organização*; o movimento prossegue com uma *análise crítica*, de que decorre uma *síntese*; esta, dimensionada ao futuro, conforma a base para a *construção de um projeto*; finalmente, há um *retorno reflexivo*, pelo qual se questionam os resultados obtidos.[275] Despida do seu aparato formal sofisticado,[276] a "nova proposta" resume-se a uma interação ativamente compartilhada por dois atores, profissional e cliente,[277] que se debruçam sobre uma situação qualquer (percepcionada como problemática pelo segundo) para, tomando como pontos arquimédicos os sujeitos[278] em presença e mobilizando conhecimentos de vária ordem (técnicos, do profissional; irrefletidos ou não, do

---

vez que a remissão à letra da autora parece-nos mais adequada para verificar da procedência ou não das nossas observações.

274. Trata-se mesmo de *prescrição*, posto que a implementação institucional da "nova proposta" não pareça tranquila. E a implementação é uma questão *central* para a "nova proposta" — e não só para ela, evidentemente. Mas é ilustrativo observar que, no seminário do Sumaré, o grupo de profissionais que interveio com o "documento de base" advogando uma postura fenomenológica (e do qual Almeida faz parte), indagado sobre a viabilidade prática da sua propositura, replicou: "Quanto à pergunta — 'como operacionalizar o Serviço Social na perspectiva fenomenológica' —, o grupo responde que *vai tentar a postura*. Aceita o desafio. Aceita a desconfiança de muitos. Assume a postura fenomenológica por crer que absurdo não é o que não tem significação, mas o que não tem sentido" (CBCISS, 1986, p. 203; grifos nossos). É importante relembrar que, à data do encontro, a "nova proposta" de Almeida já se encontrava formulada.

275. Afirma a autora que, na sua proposta, "a metodologia pode ser dimensionada em diversos níveis a partir da constituição da SEP. Cada SEP gera uma estrutura própria [...]. Assim, não há um único modelo ou um modelo rigoroso em que todas as SEP são trabalhadas [...]" (Almeida, 1978, p. 131).

276. Que aparece especialmente na sua "síntese gráfica" (Almeida, 1978, p. 135-144).

277. Segundo a autora, da proposta emerge até uma "nova linguagem", que caracteriza a "clientela não como um individual ou como um grupo de indivíduos ou mesmo um grupo delimitado por uma área geográfica, mas como pessoas em suas singularidades, problematizando suas experiências da vida humana na busca de uma participação ativa — a constituição de uma comunidade" (Almeida, 1978, p. 131). A noção de *comunidade*, a que antes se aludiu (cf. nota 257), remete aqui às concepções de Mounier.

278. Almeida (1978, p. 131) esclarece que a ajuda a ser viabilizada deve situar-se "em nível do existencial-pessoal e não do econômico-social, *considerado seu efeito*" (grifos nossos). E é interessante notar que, na "síntese gráfica" (idem, ibidem, p. 135-144), os termos estão sempre polarizados pelo "eu-sujeito-cliente" e "pelo eu-sujeito-assistente social".

cliente), ampliar e inovar a visão da situação e, no andamento desta experiência solidária, identificar e escolher uma forma (diversa da assumida até então) de posicionar-se em face dela.

Claro está que, nesta linha processual, desenha-se uma conexão profissional diferente da "clássica" no Serviço Social. Importa, porém, mais que esta distinção, reportar que as determinações fulcrais que conferem o sentido da "nova proposta" — determinações referentes à sua orientação teórica, conceitual e ideológica, que bosquejamos nestas páginas — inscrevem a ajuda (psicossocial) profissional que ela pretende informar e enformar num circuito em que a ênfase personalista acaba metamorfoseando-se numa angulação dos indivíduos tomados como tais. A centralização nos sujeitos (apesar da reiterada proclamação de sua inserção no "mundo") abre a via não apenas à subjetivização, mas à *psicologização* — e tudo converge para este sentido; examinando-se as "exigências metodológicas" que Almeida arrola ao fim de cada "movimento" do processo, constata-se que sempre são *decisivas* as significações postas por uma instância irrecorrível, o "eu-sujeito-cliente". A relação homem-mundo, que a "nova proposta" não quer desdenhar, é concebida redutoramente como posta pela intencionalidade do homem (pessoa) em face do mundo; este passa a consistir na *representação* que dele faz aquele — e não há relação "dialógica" que, sobre este princípio e enquanto tal, o desvende como objetividade ontológica diante da consciência individual. A priorização desta termina por romper os laços que seu enriquecimento possa ter no desvelamento do *objeto* — o movimento intersubjetivo passa a ser o constitutivo e o substitutivo das "transformações". A práxis do processo de ajuda psicossocial tende a esgotar-se num nível puramente simbólico, com o diálogo subsumindo-a formal e realmente.[279]

Estas considerações dirigem-se todas para salientar que, com uma estratégia interventiva distinta, *a "nova proposta" não desborda o*

---

279. Vale a pena recorrer à passagem dedicada à relação práxis/diálogo na discussão do "documento de base" que o grupo de que Almeida fez parte apresentou no seminário do Sumaré (CBCISS, 1986, p. 197-198).

terreno do tradicionalismo profissional. À parte os supostos de conservadorismo que dimensionam as concepções-chave que a sustentam (a concepção da constituição profissional, a visão do desenvolvimento do Serviço Social no Brasil etc.); à parte o seu universo de valores (já vimos a função ladeadora do apelo ao personalismo no tempo da Teologia da Libertação); à parte as suas reivindicações teórico-metodológicas (o seu problemático recurso à fenomenologia) — à parte esses componentes axiais na sua formulação, a "nova proposta" recupera o que há de mais consagrado no tradicionalismo profissional: a herança psicossocial, a tendência à centralização nas dinâmicas individuais[280] e o viés psicologizante. Recupera, especialmente, a intervenção *em nível de microatuação*, concedendo-lhe uma legitimação que encontra na retórica da *pessoa* e da *existência* um fundamento que, embora radicado no velho humanismo abstrato, adquire agora uma justificação mais "profunda".[281] Esta revalorização da dinâmica interventiva em escala microscópica, dignificada com a saliência do "existencial-pessoal", não somente reforça o tradicionalismo pela corroboração da validade do seu âmbito privilegiado de intervenção: tende a minimizar e a problematizar a validez do alargamento deste âmbito, que necessariamente incorpora as temáticas socioeconômicas (cf. nota 278). Entretanto, tem outra função, de extrema importância contemporânea: contribui para subsidiar uma nova "celebração profissional", tão necessária a profissionais que veem seu estatuto posto em questão (quer por pressões sociais institucionais, em nosso caso decorrentes da "modernização conservadora", quer por modificações socioculturais operadas no interior da própria categoria profissional). Se a "nova proposta" não é operacionalizada por eles, ao menos funciona como chancela para a prática microscó-

---

280. Almeida, naturalmente, não limita a sua "nova proposta" à relação individualizada e/ou individualizante — mas é no mínimo discutível a sua viabilidade em face de grupos *numericamente* ponderáveis.

281. Cabe questionar seriamente (cf. nota anterior) em que medida a "nova proposta" ajusta-se à intervenção profissional em nível de macroatuação. Salvo erro, ela aí só pode escorar-se na demanda, já conhecida, do "desenvolvimento integral", "harmônico" etc.

pica e subalterna e para a interdição das tendências renovadoras que a criticam.

Na medida em que a "nova proposta" é formulada a partir — mas não só — de uma avaliação de práticas que envolvem explicitamente a questão das políticas sociais, implicando a discussão de programas institucionais de assistência (Almeida, 1978: cap. II), bem como assumindo programáticas desenvolvimentistas, ela porta latentemente uma tensão entre sua vocação para intervir em nível de microatuação e a exigência de operar em escala mais ampla. Almeida não explicita essa tensão e, por consequência, não a soluciona. Como sugerimos (cf. nota 281), seu universo ideológico comportaria uma saída: a intervenção do Serviço Social para introduzir, em programas massivos, uma dimensão "integralizadora", "humanizadora" — "personalizante" —, o que implicaria, neles, um patamar de microatuação complementar. Contudo, só experiências parametradas pela "nova proposta" e devidamente dissecadas poderiam dar o alcance da tensão assinalada.

Para além de qualquer outra apreciação, o trabalho de Almeida possui uma significação precisa no evolver recente do Serviço Social no Brasil: publicado em 1978, na conjuntura de crise da perspectiva modernizadora e de emersão mais densa da perspectiva de intenção de ruptura, ele constitui a fonte catalisadora e agregadora do segmento profissional que, recusando aquelas duas dimensões renovadoras, procura conformar uma *identidade profissional* que restaura a essencialidade da tradição ameaçada. Almeida não oferece a este segmento somente a "nova proposta": põe à sua disposição uma inteira (auto)representação do Serviço Social, que refigura a sua evolução e natureza profissional, a sua pretensão a uma teorização própria e a sua funcionalidade social, e tudo isso em continuidade com o travejamento histórico-ideológico consagrado pela tradição e pelo catolicismo. Neste sentido, a sua formulação é mesmo seminal: em qualquer elaboração ulterior que simultaneamente rechace quer um Serviço Social afinado *diretamente* com a ordem burguesa, quer um Serviço Social que se abra à perspectivação *revolucionária* desta ordem — vale dizer, em qualquer elaboração onde o anticapitalismo romântico seja o pressuposto elementar —, a marca da sua influência, franca ou tácita, estará impressa (aliás, para comprová-lo, basta examinar as contribuições já referidas de Pavão e Carvalho, para ficarmos apenas nestas duas).

Não é preciso dizer que o processo da ordem burguesa, também no Brasil, repõe, a cada passo, novas condições para o anticapitalismo romântico — de onde, renovadamente, o espaço social, cultural e interventivo para revivescências do tradicionalismo profissional. Este, todavia, tenderá sempre, *na prática profissional institucional*, a uma existência progressivamente *residual*. Salvo erro nosso, esta tendência já é visível no país desde a década passada. E se o peso da perspectiva de reatualização do conservadorismo é extremamente ponderável no plano da (auto)representação da profissão, no domínio do exercício prático-profissional suas possibilidades são restritas. Assim, no terreno da formulação, a "nova proposta" conservará por largo tempo um cariz emblemático: recolocou, procurando legitimá-lo, o tradicionalismo no debate contemporâneo; no terreno da prática institucional, porém, seu fôlego profissional-operativo será curto. A culpa, se existe, não é de seus formuladores: é da dinâmica mesma das relações sociais tomadas na sua teimosa objetividade.

2.5 A intenção de ruptura

A perspectiva renovadora que, à falta de melhor designação, chamamos de *intenção de ruptura*[282] experimentou um desenvolvi-

---

282. Ao longo dos últimos vinte anos, foram várias as propostas que sugeriam abandonar a designação *Serviço Social* por uma expressão que, substituindo-a, assinalasse a ruptura com o tradicionalismo. Dentre elas, a que teve maior curso foi a lançada por Barreix e seus companheiros, defendendo a denominação *Trabalho Social* — mas a justificação apresentada (cf. o editorial de *Hoy en el Trabajo Social*. Buenos Aires: Ecro, 21, jul. 1971) não é convincente e

DITADURA E SERVIÇO SOCIAL

mento diverso daquele que registramos nas vertentes examinadas páginas atrás. Emergindo no quadro da estrutura universitária brasileira na primeira metade dos anos 1970 — sua formulação inicial, e aliás a mais abrangente, tem por cenário a Escola de Serviço Social da Universidade Católica de Minas Gerais —, esta perspectiva aí permanecerá como inteiramente marginal até o fim daquela década;[283] só na virada do decênio é que ganha repercussão para além dos muros da academia e começa a rebater com visibilidade nos foros e organismos da categoria profissional,[284] tornando-se, em meados da década de 1980, um interlocutor tão destacado no debate dos assistentes sociais, que, inclusive, pode oferecer ao observador desavisado a impressão (falsa) de desempenhar na representação profissional um papel hegemônico.

---

mesmo autores que com ela simpatizam reconhecem que sua aceitação não evidencia uma questão de princípio (Faleiros, 1981, p. 12). Igualmente insatisfatórias nos parecem as proposições que se referem ao *Serviço Social crítico* e ao *Serviço Social dialético*; também nos afastamos da equivocada proposta do *Serviço Social alternativo* (Iamamoto e Netto, 1989. [Este ensaio está hoje disponível em: IAMAMOTO, M. V. *Renovação e conservadorismo no Serviço Social*. São Paulo: Cortez, 1992. *Nota da 2ª edição*.]); quanto à expressão *Serviço Social radical*, quer-nos parecer que ela tem sentido apenas no contexto sociocultural norte-americano. De fato, entendemos que a ruptura com o tradicionalismo é um problema de concepção *socioprofissional*, com a questão terminológica aparecendo como inteiramente secundária.

283. Salvo erro, aquela proposta original não obteve ressonância e eco, à época, em outras agências significativas da formação no Brasil (à exceção, talvez, das escolas de Serviço Social das universidades de Juiz de Fora e Goiânia — sobre esta última, cf. a análise de Miguel, 1980), ainda que tenha sido bastante divulgada ao longo da década pela América Latina — ela já ganha difusão, por exemplo, no "Seminário Latinoamericano para Profesionales en Trabajo Social", realizado em Ambato (Equador), entre 17 e 25 de julho de 1971. Este destino curioso, ou seja, manter-se marginal no país e ser objeto do debate latino-americano, explica-se tanto pelas condições políticas brasileiras do tempo (vivia-se o militar-fascismo) quanto pela sintonia da proposta com as vanguardas contestadoras da profissão na América Latina; aliás, *das tendências renovadoras brasileiras, é a perspectiva da intenção de ruptura a que mais proximidade teve com o espírito crítico da reconceptualização* — proximidade intencional e perseguida pelos seus formuladores, como o reconhece um documento da escola mineira (Escola de Serviço Social da Universidade Católica de Minas Gerais, 1974, p. 3-5).

284. Esta ponderação nova — que se inicia ainda no interior da academia com a "redescoberta" dos veios críticos e da proposta da escola de Belo Horizonte — é simétrica ao (tardio) interesse que então despertam aqui as produções mais avançadas da reconceptualização latino-americana.

As razões desta trajetória singular — da existência residual por quase uma década na universidade a um protagonismo que às vezes parece decisivo — residem especialmente nas dimensões ideopolíticas (explícitas ou não) próprias desta perspectiva (cf. infra, seção 2.5.2). Nas suas expressões diferenciadas, ela confronta-se com a autocracia burguesa: colidia com a ordem autocrática no plano teórico-cultural (os referenciais de que se socorria negavam as legitimações da autocracia), no plano profissional (os objetivos que se propunha chocavam-se com o perfil do assistente social requisitado pela "modernização conservadora") e no plano político (suas concepções de participação social e cidadania, bem como suas projeções societárias, batiam contra a institucionalidade da ditadura). O fato central é que a perspectiva da intenção de ruptura, em qualquer das suas formulações, possuiu sempre um ineliminável *caráter de oposição* em face da autocracia burguesa, e este tanto a distinguiu — enquanto vertente do processo de renovação do Serviço Social no Brasil — das outras correntes profissionais quanto respondeu pela referida trajetória.

De uma parte, aquele caráter deixou nítida a sua contraposição com a perspectiva modernizadora que, como vimos (cf. seção 2.3), mostrou-se objetivamente funcional ao peculiar reformismo do projeto da "modernização conservadora"; e não só: os referenciais teórico-metodológicos de que se valia conduziam a uma crítica dos substratos que sustentavam a articulação formal-abstrata da perspectiva modernizadora. De outra, tanto a direção política que portava como o mesmo arcabouço teórico-metodológico, tornaram óbvia a sua incompatibilidade com a perspectiva de reatualização do conservadorismo, pela aderência desta (cf. seção 2.4) a concepções teóricas, valores e práticas que profissional e politicamente ela recusava e queria superar.[285]

---

285. É legítimo observar que as projeções próprias da perspectiva da intenção de ruptura continham a possibilidade (e a necessidade) de uma crítica em duas direções: às perspectivas modernizadora e de reatualização do conservadorismo. Neste sentido, concretizar esta crítica é prosseguir no leito da intenção de ruptura.

DITADURA E SERVIÇO SOCIAL

E a tal caráter de oposição deve-se creditar a trajetória assinalada: é somente quando a crise da autocracia burguesa se evidencia, com a reinserção da classe operária na cena política brasileira desatando uma nova dinâmica na resistência democrática, que a perspectiva da intenção de ruptura pode transcender a fronteira das discussões em pequenos círculos acadêmicos e polarizar atenções de segmentos profissionais ponderáveis. Seu insulamento deveu-se basicamente às constrições políticas postas pelo ciclo autocrático; a ultrapassagem destas constrições permitiu-lhe desbordar os limites a que se viu confinada. Cabe anotar, *en passant*, que o seu futuro está muito hipotecado ao alargamento e ao aprofundamento da democracia na sociedade e no Estado brasileiros — pelos seus enlaces teórico-culturais e pelos seus compromissos cívico-políticos, a perspectiva da intenção de ruptura depende, mais que as outras tendências operantes no Serviço Social, de um clima de liberdades democráticas para avançar no seu processamento.

2.5.1 Intenção de ruptura e universidade

Estas observações preliminares, contudo, não dão a devida conta de um traço que é notável na emergência e nos primeiros desenvolvimentos da perspectiva considerada: a sua vinculação à universidade (traço, aliás, encontrável em manifestações renovadoras latino-americanas).

A importância da efetiva inserção dos cursos de Serviço Social no circuito acadêmico — mais exatamente: a inscrição da formação (graduação e pós-graduação) do assistente social no âmbito universitário — foi avaliada por nós como um dos vetores significativos que intervieram de forma decisiva no processo de renovação da profissão no Brasil (cf. seção 2.1); nossa argumentação pretende ter patenteado que esta inserção influiu poderosamente nos rumos das perspectivas renovadoras brasileiras. Entretanto, um exame mais cuidadoso das várias vertentes indica, sem deixar margem a dúvidas, que nenhuma delas vinculou-se tão umbilicalmente à universidade como a da intenção de ruptura. Não por acaso, aliás, boa parte das críticas de que foi objeto apontam precisamente para o fato de ela ser produto de *professores* (a qualificação é empregada aqui pejorativamente, denunciando o cariz do teoricismo).[286]

Esta vinculação, analisada com cautela, revela uma relação que está longe de ser casual ou episódica — antes, mostra-se como *necessária* no quadro mais amplo em que se dava a renovação profissional. Vale a pena determo-nos um pouco sobre ela.

À diferença do que estava em jogo no caso das perspectivas modernizadora e de reatualização do conservadorismo, que encontravam (é verdade que de modo diverso) suportes para o seu desenvolvimento no curso anterior do acúmulo profissional, a perspectiva da intenção de ruptura deveria construir-se sobre bases quase que inteiramente novas; *esta era uma decorrência do seu projeto de romper substantivamente com o tradicionalismo e suas implicações teórico-metodológicas e prático-profissionais.*

É evidente que o projeto de ruptura não arrancava do nada. Nos vetores de crise que, discretamente e desde a virada dos anos 1950, operavam na erosão do tradicionalismo continham-se elementos que objetivamente constituíam a sua herança. Mas o impacto causado pelo golpe de abril e o curto-circuito que ele promoveu entre os vetores críticos e os seus suportes sociopolíticos, ao mesmo tempo em que precipitaram a urgência da ruptura para os segmentos profissionais mais avançados, problematizaram amplamente a recuperação daquele legado. O que dele se apanha, no período entre 1964 e 1968, é antes uma lembrança; realmente, neste lapso, em função das constrições ditatoriais, o que começa a ocorrer, no caso

---

286. Ainda é corrente, entre segmentos conservadores e núcleos da categoria profissional, a tentativa de desqualificar as propostas oriundas desta perspectiva com a "argumentação" de que são frutos de atividades "estranhas" às "práticas de campo" do Serviço Social. Aqui, mais que em qualquer outra situação, retoma-se o velho refrão segundo o qual, na "prática", a "teoria" é outra.

do Serviço Social, é o esbatimento da memória histórica. E é sobre este esbatimento que opera o corte de 1968: a instauração do *vazio* funciona mesmo como a "operação borracha" refigurada no romance de Érico Veríssimo. A ponte entre passado e presente, menos que uma orgânica ligação entre práticas e representações, vai concretizar-se em protagonistas que viveram as experiências da década de 1960 na condição de estudantes e profissionais.

O clima próprio ao período militar-fascista do ciclo autocrático burguês obstaculiza liminarmente o projeto da ruptura no terreno da prática profissional estrita. A reforma do Estado e a realocação profissional dos assistentes sociais não propiciam qualquer margem para práticas eversivas; igualmente, os espaços profissionais que se abrem no setor privado estão submetidos a controles ponderáveis. Numa palavra: quer na área estatal, quer na área privada, o terreno para inovações prático-profissionais na perspectiva da ruptura era demasiado estreito e seu custo extremamente alto.

Correndo paralela, a refuncionalização da universidade oferecia aos protagonistas acima referidos não só um campo profissional novo (já vimos que só então a carreira docente se põe efetivamente para os assistentes sociais), mas relativamente menos inseguro para o projeto de ruptura. Entendamo-nos: a universidade enquadrada e amordaçada (também já o vimos) nunca foi um território livre; no entanto, pelas próprias peculiaridades do espaço acadêmico, este se apresentava como menos adverso que os outros para apostas de rompimento; era, comparado aos demais, uma espécie de ponto fulcral na linha da menor resistência. Permitiria, se as condições fossem minimamente favoráveis, na conjugação de pesquisa e extensão, o atendimento de necessidades de elaboração e experimentação — e estas eram absolutamente *imprescindíveis* ao projeto de ruptura.

De uma parte, ao projeto da ruptura impunha-se um formidável trabalho teórico-metodológico. Tratava-se tanto da crítica aos substratos do tradicionalismo quanto da apropriação de um arcabouço diferente, e isto, recorde-se, numa profissão desprovida de acúmulo no domínio da elaboração e da investigação; nem mesmo uma eventual recuperação dos vetores críticos do passado recente aportaria aqui contributo de vulto. E a tarefa era hercúlea na medida em que deveria remar na contracorrente das direções ideais dominantes na vida brasileira. De outra, e também à diferença das demais vertentes renovadoras, cabia encontrar formas e modos de experimentação para as propostas interventivas decorrentes do novo embasamento teórico-metodológico. Ora, num país em que centros autônomos de pesquisa na área social então engatinhavam, o espaço universitário era o que mais se prestava para este projeto, independentemente da consideração de que, em situações típicas de desenvolvimento, é mesmo na relação acadêmica de ensino, pesquisa e extensão que se localiza o *topus* privilegiado da sistematização da inovação e seus desdobramentos.

Por estas razões, o projeto de ruptura evidenciou-se e explicitou-se primeira e especialmente como produto universitário sob o ciclo autocrático burguês. No espaço universitário tornou-se possível a interação *intelectual* entre assistentes sociais que podiam se dedicar à pesquisa sem as demandas imediatas da prática profissional submetida às exigências e controles institucional-organizacionais e especialistas e investigadores de outras áreas; ali se tornaram possíveis *experiências-piloto* (através da extensão, com campos de estágio supervisionados diretamente por profissionais orientados pelos novos referenciais) destinadas a verificar e a apurar os procedimentos interventivos propostos sob nova ótica. Neste espaço foi possível, vê-se, quebrar o *isolamento intelectual* do assistente social e viabilizar experiências de prática *autogeridas*.[287]

---

287. Não por acaso, justamente coube a tendências vinculadas à perspectiva da intenção de ruptura, de um lado, fomentar uma interlocução *nova* (porque envolvente, corresponsabilizada e fecunda, tendente à paridade entre os interlocutores), entre assistentes sociais, historiadores, filósofos, sociólogos, antropólogos, economistas, jornalistas etc., e, doutro, procurar uma relação *prático-operativa* inovadora com os envolvidos (a "população") nas suas experiências (buscando uma interação intencionalmente sem subordinações ou tutelas com os seus utentes). Veja-se, por exemplo, o papel desempenhado por pesquisadores não assistentes sociais na experiência da Escola de Serviço Social da Universidade Católica de Minas Gerais

DITADURA E SERVIÇO SOCIAL

A relação genética do projeto de ruptura com a instituição acadêmica aparece, sob esta luz, como muito diversa de uma vinculação contingente. É claro que, postas as dificuldades de sua operacionalização noutros espaços pela conjuntura sociopolítica,[288] a intenção de ruptura teve seu leque de escolhas extremamente reduzido. No entanto, mesmo considerando-se hipoteticamente um quadro societário diferente, suas exigências imanentes haveriam de conferir à instituição acadêmica um papel central no seu processo — suas requisições de novos suportes teórico-metodológicos, a demanda de uma interação de novo tipo com as teorias e disciplinas sociais, a necessidade de sistematizar e elaborar as práticas implementadas etc., tudo isso implicaria um protagonismo essencial da agência acadêmica.

De qualquer modo, o que não se pode descartar é que, além dos condicionalismos objetivos, profissionais cuja projeção inseria-se na intenção de ruptura *optaram* pelo trabalho acadêmico. Nessa opção, seguramente, jogaram motivações as mais diversas — desde um certo ceticismo quanto à eficácia da ação junto a uma categoria pouco afeita a preocupações intelectuais, com uma base teórica e cultural sabidamente precária, até a convicção (justificada) de que a *formação* de novos quadros teria efeitos multiplicadores e mais profundos, sem contar, inclusive, com as próprias oportunidades de trabalho que eram oferecidas pela expansão quantitativa dos corpos docentes, com a criação de novos cursos. Mais que uma forma de sobrevivência, porém, o investimento na vida acadêmica significou objetivamente uma escolha de assistentes sociais empenhados na

---

e a centralidade de outros profissionais na melhor produção acadêmica do Mestrado em Serviço Social da Pontifícia Universidade Católica do Rio de Janeiro. Quanto ao segundo aspecto, vale ressaltar também a experiência prático-profissional conduzida pela escola mineira em Itabira.

288. Sabe-se que pequenos grupos de profissionais, desvinculados da academia, esforçaram-se, ao longo do período ditatorial, por desenvolver práticas alternativas ao tradicionalismo e às exigências sociopolíticas da autocracia. Esses esforços e seus resultados ainda aguardam pesquisa acurada, mas é certo que sua gravitação nas representações do Serviço Social foi débil.

renovação profissional que rompesse substantivamente com o tradicionalismo e seus corolários.

Uma apreciação mais detida desta escolha sugere que ela, pressionada pela atmosfera característica da autocracia burguesa, não raro derivou no que tipificamos como ilusão de resistência (cf. capítulo 1, seção 1.5); em numerosos casos, degradou-se mesmo na assunção do parasitismo e do burocratismo acadêmicos. De fato, quando ela não possuiu um *traço estratégico* (intelectual, profissional e político), configurou um arrefecimento das intenções renovadoras, que se deixaram guardar para tempos menos inóspitos. Quando os constrangimentos mais sensíveis da ordem autocrática foram ultrapassados, boa parte dos profissionais que se abrigaram nesta opção — geralmente vulnerabilizados pelo mecanismo psicossocial da "purgação" a que já nos referimos — engajaram-se em esforços que resgatavam as impulsões renovadoras.

Aqueles, todavia, que se encaminharam estrategicamente para a opção mencionada travaram na universidade um combate dos mais árduos. Se as especificidades do espaço acadêmico em princípio permitiam o acúmulo e o direcionamento de forças para o arranque da intenção de ruptura, as circunstâncias próprias da sua refuncionalização pela autocracia punham enormes obstáculos ao projeto da ruptura. As experiências que tiveram lugar nesta perspectiva, aliás, acabaram se defrontando com sérios problemas — não foram casuais os embates que opuseram os protagonistas desta linha renovadora (nalguns casos, com derrotas temporárias) e os que, na academia ou fora dela, representavam posições compatíveis com a ditadura ou expressavam interesses de segmentos profissionais atrasados e tradicionalistas.[289] Vale dizer: a opção estratégica

---

289. Também está por escrever-se a crônica dos embates aqui apenas aludidos e nos quais o protagonismo discente foi ponderável. Já fizemos referência à exclusão, no caso da Pontifícia Universidade Católica do Rio de Janeiro, de professores progressistas de outras áreas que influíram sobre a renovação do Serviço Social. A experiência da Escola de Serviço Social da Universidade Católica de Minas Gerais igualmente foi abortada em 1975, com o que pareceu ser uma derrota do segmento que apostava na ruptura. Só estes dois exemplos provam que,

pelo espaço acadêmico só se revelou palpavelmente produtiva quando se tornou possível — para além da vontade subjetiva dos atores — contar também com conjunturas determinadas e particulares que, aproveitadas com inteligência e coragem, operavam no contrassentido das orientações predominantes na universidade e na sociedade. E é forçoso dizer que tais conjunturas não foram numerosas.

Nesta moldura, não há razão para surpresa quando se contabilizam as conquistas iniciais isoladas da perspectiva da intenção de ruptura; inversamente, há que se surpreender como, em circunstâncias tão hostis, foi possível a emergência de novas formulações. Porque, se se entende sem mais que para muitos dos seus representantes este período consistiu numa etapa de formação (frequentemente, autoformação) direcionada para enfrentar as tarefas estratégicas que haveriam de colocar-se para o seu desempenho futuro, é preciso convir que as explicitações desta perspectiva colidiam de frente tanto com o peso do tradicionalismo quanto — e este é o dado decisivo — com a globalidade da ordem autocrática. Em tais circunstâncias, o caminho da ruptura não tinha pertinência apenas profissional: era, na mesma proporção, o que Florestan Fernandes, retomando antigo mote, chamava de exercício da desobediência civil (cf. a seção seguinte).

Questão de outra natureza é a que se refere, vencidos os principais constrangimentos do ciclo autocrático burguês, ao desenvolvimento desta perspectiva fora do âmbito universitário. Neste, as indicações mais procedentes dão conta de que tem sido inconteste o avanço da perspectiva da intenção de ruptura: nas agências de formação de ponta, públicas e privadas (nestas, a remissão é àquelas onde a educação não foi inteiramente aviltada ao nível de mercadoria que se compra e vende como qualquer bem de consumo imediato), a primeira metade dos anos 1980 assinalou progressos inegáveis

---

mesmo no espaço acadêmico mais favorável, a intenção de ruptura abriu seu caminho em meio às piores condições.

da perspectiva em tela.[290] Fora do marco universitário, o quadro também parece favorável — nos congressos da categoria, desde 1979, e nos seus organismos corporativos, representantes e defensores desta perspectiva vêm a cada dia ganhando mais audiência e repercussão; entretanto, a incidência prático-operacional destes progressos é limitada, se comparada à de outras vertentes.

Na verdade, o que se verifica é uma dupla dificuldade na relação das vanguardas afetas à intenção de ruptura com o grosso da categoria profissional. De um lado, há um *descompasso* entre o universo simbólico a que a produção teórico-metodológica e profissional das vanguardas remete e aquele que parece pertinente à massa da categoria — e para este descompasso tanto contribui a formulação nem sempre límpida das vanguardas (condicionada por exigências de comunicação teórica mais rigorosa e/ou pelos vieses da academia) quanto o próprio empobrecimento cultural recente do assistente social (determinado basicamente pela degradação do nível da formação na universidade refuncionalizada pela ditadura). É óbvio que cabe aos protagonistas da renovação a tarefa principal na superação deste gargalo. A outra dificuldade relaciona-se à pobreza de *indicativos prático-profissionais* de operacionalização imediata que esta perspectiva tem oferecido aos profissionais — mais precisamente, à *inadequação* entre muitos dos seus indicativos e as condições objetivas do exercício profissional pela massa da categoria.[291] Esta

---

290. Avanços em boa medida relacionados à reforma curricular então implementada. O novo currículo mínimo (aprovado pelo Conselho Federal de Educação através do Parecer n. 412/1982, de agosto de 1982) assinala, mesmo no compromisso que expressa entre tendências diversas do meio profissional (recorde-se que ele fora referendado, três anos antes, pela XXI Convenção Nacional de Ensino de Serviço Social, promovida pela ABESS em Natal), ganhos significativos para a perspectiva da intenção de ruptura. No processo de implantação do novo currículo, estudos patrocinados pela ABESS (cf. Carvalho et al., 1984) fundaram-se na linha da ruptura e em algumas agências de formação o quadro da preparação profissional foi redesenhado nesta perspectiva (cf. Yasbeck et al., 1984).

291. Mencionamos anteriormente que, sobretudo em função desta inadequação, esta perspectiva vem conservando e aprofundando seus traços opositivos ao tradicionalismo, mas sem conseguir avançar efetivamente no rompimento com ele no terreno da prática profissional — de onde a nossa sugestão de que a ruptura, neste domínio, permanece ainda como *intenção*.

segunda dificuldade reenvia menos a uma eventual inépcia do potencial interventivo do projeto da ruptura que à sua insuficiente experimentação, de uma parte e, doutra, à própria contextualização das práticas profissionais. Quanto ao primeiro aspecto, ele faz referência a limitações teóricas e de pesquisa que, gradualmente, vêm sendo superadas — ainda que se esteja muito longe do acúmulo mínimo necessário.[292] No que diz respeito ao segundo, relaciona-se ao marco institucional do desempenho profissional e à incidência que sobre ele têm os seus usuários — envolvendo uma gama de variáveis que, no limite, toca o próprio exercício da cidadania; neste caso, não há dúvidas de que o papel das vanguardas profissionais, enquanto tais, dispõe de uma gravitação menor que no anterior.

O fato é que a ressonância extra-acadêmica da perspectiva da intenção de ruptura vem se adensando ao longo dos anos 1980 (cf. infra) — e, como assinalamos, a evolução sociopolítica do país tem jogado aí um peso significativo. A continuidade deste adensamento, no entanto, tende a depender decisiva e progressivamente mais da capacidade que a perspectiva revelar, no futuro imediato, para transcender, naquilo que lhe concerne como vertente profissional, esta dupla dificuldade com que atualmente se defronta.

2.5.2 As bases sociopolíticas da perspectiva da intenção de ruptura

Assim como as outras correntes cuja emersão e confronto animam a renovação do Serviço Social no Brasil, a perspectiva da

---

292. Aqui, o vulgarismo mecanicista com que se incorporam a esta perspectiva concepções marxistas desempenhou um papel central (cf. a propósito, as críticas elípticas contidas em Santos, 1985, p. 119 e Iamamoto, in Iamamoto e Carvalho, 1983, p. 94-97). Entre os esforços para a aludida superação, cabe registrar, por exemplo, a sugestão de Faleiros para "a transformação da correlação de forças institucionais pela formação de uma aliança, de um compromisso de luta entre técnicos e profissionais e as categorias e grupos das classes dominadas visadas pelos organismos [em que atuam os profissionais]" (Faleiros, 1985, p. 44).

intenção de ruptura não é um puro resultado da vontade subjetiva dos seus protagonistas: ela expressa, no processo de laicização e diferenciação da profissão, tendências e forças que percorrem a estrutura da sociedade brasileira no período de que nos ocupamos.[293] Expressa-as, como as outras correntes e naturalmente, do modo mediatizado e complexo que é próprio das configurações ideoculturais e profissionais: através de condutos e formas específicos que viabilizam a relação viva entre classes e forças sociais, projetos societários, instâncias de produção e divulgação do saber, organismos de intervenção social etc. Mas esta dialética se operou num quadro, o da autocracia burguesa, que impedia o desenvolvimento sem travas da sua dinâmica profunda: já sabemos que uma das funções da autocracia consistiu mesmo em frear vetores desta dinâmica, dinamizar outros etc., na moldura do seu sentido e objetivo histórico-sociais (cf. capítulo 1).

Relevante é notar, no caso particular do Serviço Social — à diferença de outras configurações ideoculturais que sustentam práticas profissionais —, o traço ardiloso com que o processo histórico brasileiro revestiu a oportunidade da emersão, no terreno das representações e práticas profissionais, de expressões e interesses de classes que se moviam visando a uma democratização essencial da vida social. De fato, os vetores erosivos que, no Serviço Social, operavam contra o tradicionalismo desde o fim da década de 1950 sinalizavam que a profissão começava a ser permeada por rebatimentos das lutas sociais que apontavam para a problematização do conservadorismo que, inscrito já na sua implantação como prática institucionalizada no país (a partir de meados dos anos 1930), parecia constituir o seu caráter congênito e imutável. Contextualizado no curso da democratização da sociedade e do Estado brasileiros, que na entrada dos anos sessenta registrou uma precipitação no seu ritmo, o Serviço

---

293. Esta determinação óbvia precisa ser realçada — uma das "críticas" mais correntes a esta perspectiva, naturalmente operada desde um ponto de vista conservador, é que ela constitui um vanguardismo desarraigado da realidade (política e profissional) brasileira.

Social — de forma visível, pela primeira vez — vulnerabilizava-se a vontades sociais (de classe) que indicavam a criação, no marco profissional, de núcleos capazes de intervir no sentido de vinculá-lo a projeções societárias pertinentes às classes exploradas e subalternas. Precisamente quando este processo ingressava (já vimos, no capítulo 1, os avanços realizados em 1961-1964) num patamar que seria decisivo para o seu ulterior desenvolvimento é que o golpe de abril o interrompe bruscamente. De algum modo, esta cilada histórica peculiariza o Serviço Social entre muitas profissões no Brasil: quando se lhe abre a possibilidade de receber influxos ideoculturais e sociopolíticos aptos a reverter o seu direcionamento conservador, ocorre a oclusão dos condutos e canais que viabilizavam a sua interação com o movimento das classes sociais que, exatamente elas, suportavam aquela possibilidade.

O regime oriundo de abril pôde promover este curto-circuito e, de certa maneira, conservá-lo até a segunda metade dos anos 1970. Mas não pôde suprimir o movimento estrutural da sociedade brasileira (que acabaria por ultrapassá-lo) e, menos ainda, erradicar suas incidências nas instâncias ideoculturais. O que realizou, ao tentar enquadrar rigidamente estas últimas, foi o relativo e provisório isolamento dos seus feixes e núcleos temáticos específicos em relação aos seus vivos vetores na efetividade da vida social (como procuramos demonstrar em páginas do capítulo precedente); ao fazê-lo, sem dúvidas trabalhou para conferir àquelas incidências características que, noutras circunstâncias, teriam ponderação diversa.

Ora, as bases sociopolíticas da perspectiva da intenção de ruptura estavam contidas e postas na democratização e no movimento das classes exploradas e subalternas derrotadas em abril. Sociopolítica e historicamente, esta perspectiva é impensável sem o processo que se precipita entre 1961 e 1964 e é abortado em abril — no plano também profissional, é ali que ela encontra os seus suportes sociais. O corte de abril secciona-a desse húmus, mas não impede o seu desenvolvimento na ambiência cultural e ideológica que se caldeia com o exercício oposicionista de segmentos das camadas médias urbanas (com o já referido destaque para o movimento estudantil — cf. capítulo 1). No quadro do ciclo autocrático burguês, é nestes anos que se articulam as tendências sociopolíticas que mais imediatamente suportaram a perspectiva da intenção de ruptura: a mobilização antiditatorial (com fortes impulsões de radicalidade anticapitalista) dinamizada pelos setores das camadas médias urbanas jogadas na oposição coloca os referenciais — culturais e políticos — que, na sequência da derrota anterior da classe operária e do conjunto dos trabalhadores, vão nutrir a perspectiva profissional de que nos ocupamos. Ou seja: esta perspectiva expressa geneticamente, no plano do Serviço Social, as tendências mais democráticas da sociedade brasileira próprias da década de 1960[294] — mediatamente, o processo de afirmação protagônica da classe operária e seus aliados; imediatamente, as lutas pela recuperação deste processo já sob a ditadura. São estas bases da perspectiva da intenção de ruptura que, em larguíssima medida, condicionam a sua emergência e o seu desenvolvimento durante o ciclo autocrático: das tendências profissionais renovadoras, ela será a que encontrará os maiores óbices para tomar forma.

É só na crise da autocracia, quando se desobstruírem os canais que permitem a concretização das mediações que vinculam esta perspectiva às camadas trabalhadoras e subalternas, que ela poderá expressar sem referências esópicas as suas conexões sociopolíticas. Mais ainda: a possibilidade de uma interação mais livre e viva com seus suportes tenderá a revigorá-la em dois sentidos. Em primeiro lugar, as grandes modificações sofridas pela sociedade brasileira durante o ciclo autocrático, definindo melhor as fronteiras e os perfis das classes sociais e adensando a ponderação das camadas trabalhadoras, ampliaram largamente as bases sociopolíticas objetivas

---

294. Como em outras passagens deste trabalho, não ignoramos aqui as influências externas à sociedade brasileira, especialmente visíveis na perspectiva em tela quer nas relações culturais mantidas por alguns de seus protagonistas com o exterior, quer no impacto causado nos setores intelectuais pelos processos latino-americanos de então. Mas, exatamente como nas passagens anteriores, consideramos que os vetores determinantes residiam no movimento real da sociedade brasileira.

da perspectiva da intenção de ruptura. Os espaços ocupados, na ultrapassagem da autocracia e nos momentos imediatamente seguintes, pelas camadas trabalhadoras (e pela classe operária em especial) revitalizaram duplamente esta perspectiva: de um lado, começaram a lhe oferecer um suporte com uma aberta e legitimada intervenção social, articulado sobre sistemas organizativos sensivelmente mais avançados que no passado; de outro, pela aproximação socioeconômica da categoria profissional às condições de trabalho das classes subalternas, o movimento organizativo próprio dessas camadas entrou a permear a categoria mesma (cf. seção 2.2.4). Em segundo lugar, a configuração interna das representações desta perspectiva sofreu uma nítida inflexão: através da sua relação com as camadas trabalhadoras sem os constrangimentos da ordem autocrática, as *efetivas condições de trabalho e existência* dessas camadas impuseram uma recepção e uma elaboração intelectuais que antes não se registravam. O estudo particular de tais condições começou a substituir um certo viés teoricista que especificava as representações da intenção de ruptura (viés determinado, evidentemente, pelo curto-circuito da sua interação com suas bases sociopolíticas). Este acercamento às concretas condições de existência das classes e camadas exploradas e subalternas, ultrapassadas as constrições mais fortes do ciclo autocrático e dada a possibilidade de trabalhá-las crítico-analiticamente, implicou rotações nos próprios referenciais da perspectiva em questão, a que aludiremos adiante (cf. seção 2.5.32). O que importa remarcar, por agora, é o redimensionamento da sua configuração: transita-se para um tipo de produção intelectual que enfrenta a realidade em que se movem as classes e camadas sociais a que a intenção de ruptura se vincula.[295]

É por esta particular relação com um definido bloco sociopolítico de forças que se filtra o *caráter político* da perspectiva da intenção

---

295. Fenômeno que, como vimos, é simétrico nas ciências sociais — pense-se na "redescoberta" da classe operária a partir da segunda metade dos anos 1970, de que nos dão conta, entre outros, os trabalhos de Frederico (1978, 1979) e Rainho (1980).

de ruptura — caráter que ela foi obrigada a dissimular nos piores anos do ciclo autocrático e que pôde explicitar na transição democrática. Como é próprio das tendências democráticas e progressistas, a expressão deste caráter político é uma exigência imanente desta perspectiva — ao contrário das correntes conservadoras (modernizantes ou não), cuja tradição consiste em *escamotear* as suas vinculações sociopolíticas, travestindo-as em postulações assépticas ou em determinações técnicas.[296] Aliás, é supérfluo assinalar que estas correntes (cujas conexões políticas, no caso da história recente do Serviço Social no Brasil, pensamos ter indicado suficientemente em seções anteriores deste capítulo), franca ou discretamente, fazem o possível para desqualificar a perspectiva da intenção de ruptura apontando o seu caráter político e ideológico.[297]

Esse caráter, contudo, filtrando-se nas peculiares condições postas pela vigência da autocracia, não se afirmou como traço constitutivo da perspectiva que aqui discutimos sem problemas de fundo. Curto-circuitada a sua relação com as suas bases sociopolíticas no movimento da sociedade brasileira, coartado o protagonismo aberto da classe operária e outras camadas trabalhadoras, a perspectiva da intenção de ruptura desenvolveu a sua politização, sempre em confronto com a ditadura, especialmente no marco da oposição pequeno-burguesa radicalizada. Com fracos liames com o movimento operário — quando os tinha, eram concertados frequente e naturalmente pelos canais cinzentos da semilegalidade —, praticamente centrada no movimento intelectual e estudantil da segunda metade dos anos 1960, geralmente ignorando e/ou desprezando o patrimônio de lutas e organizações anteriormente construído pela classe

---

296. Sabe-se que é traço pertinente das correntes burguesas *despolitizar* o seu trato da "questão social". Já sugerimos, por outra parte, o *sentido político* que se contém na tecnicalidade da perspectiva modernizadora e o papel do transclassismo na reatualização do conservadorismo.

297. Recorde-se Dantas deblaterando contra as "distorções de origem ideológica marxista" (cf. nota 140) e Almeida (1978, p. 118) afirmando que "a ideologização do Serviço Social o destrói em suas possibilidades". Sobre a crítica conservadora ao "ideologismo" das formulações renovadoras, cf. Netto (1981b).

DITADURA E SERVIÇO SOCIAL

operária e pelas forças democráticas, esta politização, experimentada num quadro de dilaceramento das esquerdas, acabou por adquirir contornos de *partidarização* que, nas circunstâncias da época, facilmente descaíam em posturas de evidente estreiteza.[298]

Vale chamar a atenção para esta tendência à partidarização por duas razões. Porque, de algum modo, ela fazia incidir sobre a intenção de ruptura um antigo viés da tradição profissional, o do *testemunho* (cristão), agora reposto sob a lente do *militantismo*. Reproduzia-se, com novo conteúdo, um procedimento eticista-voluntarista, que renovava no Serviço Social a ideia de *vocação*, só que recolocada a serviço de impulsões antiburguesas (de onde a opção político-profissional comportando um cariz visivelmente *messiânico*). E porque, adicionalmente, superados os constrangimentos da ordem autocrática, a mesma tendência (favorecida pelo mecanismo psicossocial já aludido da "purgação") se manifestará com vigor preocupante.[299] Nenhum desses elementos deixará de vincar profissionalmente a perspectiva da intenção de ruptura.

2.5.3 O processo da perspectiva da intenção de ruptura

A análise do processo de constituição (emergência e desenvolvimento) da perspectiva da intenção de ruptura defronta-se

---

298. O peso de organizações notadamente oriundas de desgarramentos de setores afetos à Igreja católica parece ter desempenhado aí um papel extremamente significativo e que está a merecer exame detalhado. Elementos gerais para este exame estão contidos, por exemplo, em Beozzo (1984), Souza (1984) e Lima e Arantes (1984; este estudo é muito prejudicado pelo seu tom catequético), mas ainda se carece de análises voltadas para a situação particular do Serviço Social (cf. infra, nota 319).

299. Nos anos 1980, ela se expressa na exigência do "compromisso" *da profissão* com a "classe trabalhadora", as "forças populares" etc. (veja-se esta formulação típica: "Temos de aclarar, sem hesitações e titubeios, que o Serviço Social é um aliado das forças populares" (Malheiros, 1984, p. 123) — formulação onde o desejo é tranquilamente tomado como realidade e, pior ainda, tende a amarrar a *profissão*, ilegitimamente, a *um* compromisso, não importa se o mais progressista). A entusiástica recepção com que certos segmentos profissionais, bem recentemente, brindaram o chamado "Serviço Social Alternativo" é outro sinal desta expressão.

com uma situação paradoxal: de uma parte, na bibliografia profissional encontram-se estudos que examinam alguns de seus produtos, elementos do contexto em que ela surgiu e/ou pensadores que sobre ela influíram;[300] de outra, inexiste uma abordagem que procure apanhar a inteireza desse processo, bem como não há acesso fácil a documentos e fatos importantes para esclarecê-lo plenamente.[301] Por isso mesmo, a tentativa de oferecer dele uma visão panorâmica, esboçada em grandes linhas, está obrigada a contentar-se com aproximações a serem melhor precisadas com ulteriores investigações.

Na busca de um mapeamento apto a dar mínima conta deste processo, devem priorizar-se as operações capazes de propiciar o reconhecimento dos seus diversos momentos constitutivos, os substratos que os vinculam e diferenciam e, em seguida, o exame de alguns dos seus produtos mais típicos e influentes, patamar necessário para antecipar um rapidíssimo bosquejo de um balanço provisório da perspectiva mesma.

2.5.3.1 Momentos constitutivos da perspectiva da intenção de ruptura

Esquematicamente, parece-nos legítimo rastrear no processo de constituição da perspectiva da intenção de ruptura *três momentos* diferenciáveis: o da sua emersão, o da sua consolidação acadêmica e o do seu espraiamento sobre a categoria profissional.[302]

---

300. Das fontes aqui pertinentes, entre as várias citadas em notas anteriores, mencione-se aleatoriamente: Netto (1976), Lopes (1979), Lima (1984), Santos (1985), Fazzi (1985), Macedo (1986), Carvalho (1986) e Faleiros (1987).

301. Por exemplo: hoje é de difícil acesso a rica documentação produzida ao longo da experiência da Escola de Serviço Social da Universidade Católica de Minas Gerais.

302. Este último momento, caracterizável a partir do segundo terço da década de 1980, escapa rigorosamente aos limites deste estudo. Entretanto, aludiremos perfunctoriamente a ele, até porque indica o patamar mais alto do processamento da perspectiva de que estamos nos ocupando.

DITADURA E SERVIÇO SOCIAL   333

A emergência visivelmente objetivada desta perspectiva renovadora está contida no trabalho levado a cabo, mais notadamente
entre 1972 e 1975,[303] pelo grupo de jovens profissionais que ganhou
hegemonia na Escola de Serviço Social da Universidade Católica de
Minas Gerais, onde se formulou o depois célebre "Método Belo
Horizonte". É na atividade deste grupo que a intenção de ruptura
se explicita originalmente em nosso país,[304] assumindo uma formulação abrangente que até hoje se revela uma arquitetura ímpar.

Não é acidental a emersão do projeto de ruptura em Belo Horizonte. Entre os finais dos anos 1950 e meados da década seguinte,
a capital mineira não fora apenas o sítio de elites reacionárias e
aguerridas, que tanto contribuíram para a articulação do golpe de
abril, como o mostrou sobejamente a pesquisa de Starling (1986). Ali
também deitavam raízes importantes movimentos sindicais e populares, inclusive rebatendo a história de lutas dos trabalhadores do
quadrilátero ferrífero — movimentos que ecoaram ainda mais com
o desenvolvimento industrial das franjas da capital, que se renova
no decênio de 1960. Muito especialmente, ali existia uma forte tradição estudantil não só democrática, mas com impulsões revolucionárias e socialistas — e da qual surgiram importantes quadros que,
na contestação à ordem imposta pelo golpe, construíram um itinerário de heroísmo, mesmo que balizado por posturas políticas que
o tempo revelou equivocadas.[305] A repressão ditatorial tardaria alguns

---

303. Todas as indicações disponíveis sugerem que o giro da escola mineira, no sentido
do projeto de ruptura, ocorre a partir de 1969; a documentação mais significativa, porém, é
produzida nos primeiros anos da década de 1970.

304. Não há dúvidas de que sobre este grupo — muito atento ao desenvolvimento do
Serviço Social no exterior — rebateram influências profissionais estrangeiras: sabe-se, por
exemplo, que componentes seus debateram o "Método Básico" formulado pela Escola de
Serviço Social da Universidade Católica do Chile, que conheceram por ocasião do Congresso
de Caracas (1969). Todavia, não há por que atribuir a tais influências uma gravitação superior
à de sugestões instigantes.

305. É em Belo Horizonte que inicialmente incidem as ideias avançadas do Pe. Henrique
de Lima Vaz sobre militantes e quadros da *Juventude Universitária Católica* (JUC) e, dentre
estes, muitos transitariam para a *Ação Popular* (AP). Na capital mineira também tinham ponderável enraizamento grupos como a *Política Operária* (POLOP).

anos a instaurar ali a sua "paz social", e antes de fazê-lo teve que haver-se com as explosões operárias de Contagem.[306]

Todos estes elementos se conjugam, no caldo cultural próprio da segunda metade dos anos sessenta, para tornar Belo Horizonte um *topus* adequado à expressão inicial do projeto profissional da ruptura. No entanto, eles só se revelam significativos quando se particularizam numa conjuntura acadêmica determinada — quando o grupo de jovens profissionais (quase todos formados nos imediatos pré e pós-64 e imantados, ao que tudo indica, pela direção intelectual de Leila Lima Santos e Ana Maria Quiroga) aglutinados na escola mineira define uma linha de renovação do Serviço Social a partir dessa referencialidade sociopolítica e ideocultural e operacionaliza mecanismos institucionais para viabilizá-la. Tais mecanismos, relativamente lábeis, podem ser explorados numa unidade de ensino de uma universidade privada que, por esta condição mesma — e, ainda por cima, sem ter experimentado até este instante constrições de monta[307] —, oferece a núcleos docentes que se posicionam estrategicamente sensíveis espaços de manobra.

É na exploração intensiva desses espaços que os jovens profissionais reunidos em Belo Horizonte explicitam a primeira formulação brasileira da intenção da ruptura: eles elaboram uma crítica teórico-prática ao tradicionalismo profissional e propõem — e este é um traço singular da emergência da intenção de ruptura, que só seria recuperado no seu terceiro momento — em seu lugar uma alternativa global: uma alternativa que procura romper com o tradicionalismo no plano teórico-metodológico, no plano da concepção e da intervenção profissionais e no plano da formação.[308]

---

306. Sobre as greves de Contagem (no cinturão industrial de Belo Horizonte), que eclodiram espontaneamente em abril e outubro de 1968, há informações e referências bibliográficas suficientes em Moreira Alves (1987, p. 119-126) e Frederico (1987, p. 149 ss.).

307. Há que investigar até que ponto o precário equilíbrio de forças conservadoras na hierarquia católica da capital mineira jogou favoravelmente em todo este processo.

308. Para apreender este caráter *global* da alternativa de ruptura proposta pelos profissionais da escola mineira, basta examinar as peças vitais da reflexão do grupo, especialmen-

O processo de constituição dessa alternativa, tanto no âmbito da elaboração teórica quanto no da experimentação (via extensão/ estágios), foi interrompido em 1975, quando uma crise leva à demissão dos seus principais formuladores e gestores, instaurando-se circunstâncias institucionais que impedem a sua continuidade.[309] Com a crise, evidenciou-se a débil inscrição imediata da proposta da ruptura no marco profissional — sua divulgação e recepção no país, durante este período, foi discretíssima, apesar dos esforços de publicitação do grupo belo-horizontino —: a experiência dava-se por encerrada. À primeira vista, parecia que a emergência da intenção de ruptura era algo episódico, marginal ao desenvolvimento do Serviço Social no Brasil e destinado a ser uma nota de rodapé num avultado compêndio da história da profissão nestas plagas.[310]

Que não era bem assim começa a demonstrá-lo o que reponta, com saliência crescente, na produção intelectual — trabalhos de

---

te três documentos que, elaborados na escola entre 1971 e 1974, são hoje de difícil consulta: *A prática como fonte de teoria, Uma proposta de reestruturação da formação profissional* e *Análise histórica da orientação metodológica da Escola de Serviço Social da Universidade Católica de Minas Gerais* (este último texto, base daquele que vem coligido em Santos (1985), é uma retomada do primeiro material substantivo produzido pela escola, em setembro de 1972, sem um título específico, trazendo na folha de rosto apenas as indicações *Teoria. Prática. Serviço Social*). Materiais produzidos pela equipe de Belo Horizonte encontram-se também coligidos em VV. AA. (1976a).

Cabe assinalar que noutras manifestações renovadoras e contestatórias da reconceptualização latino-americana, também centradas em *instituições universitárias*, verifica-se igualmente uma elaboração tendente à construção de alternativas globais ao tradicionalismo.

309. Não existe documentação suficiente para a elucidação desta crise (a "carta aberta" com que a coordenação e professores da escola esclarecem a sua demissão não permite visualizar o seu processo); conhece-se somente sua resultante: figuras de proa da escola deixam a instituição (e mesmo o país: é o caso de Leila Lima Santos) e nela mesma se enterra a memória da experiência. A recente interpretação de Barbosa (1989) sobre o processo belo-horizontino, ademais de seu viés conservador, não lança luz suficiente sobre ele.

310. Não afirmamos nem que a formulação belo-horizontina foi a única, nem que a ela não se seguiram intentos na perspectiva da intenção de ruptura (por exemplo, a experiência realizada por assistentes sociais vinculados à Universidade Federal do Maranhão, na comunidade do Boqueirão, no final da década de 1970). À falta de um levantamento mínimo das várias iniciativas na linha da ruptura, estamos nos atendo somente àquela explicitação que foi efetivamente representativa e decisiva.

conclusão de cursos de pós-graduação e ensaísmo em geral — dos assistentes sociais no finalzinho dos anos 1970 e no primeiro terço da década da 1980. Nesta quadra, o que se registra é uma recuperação da intenção da ruptura que emergira e se configurara em Belo Horizonte.[311] Uma recuperação, todavia, que colocava o projeto de rompimento sobre novas bases — estas, de fato, estritamente acadêmicas, com tudo o que isso significava no marco da universidade enquadrada pela autocracia burguesa, que agora evidenciava a sua crise. De um lado, esta recuperação vinha a operar-se numa instituição que fora insulada dos movimentos estruturais da sociedade e na qual a força das políticas educacional e cultural da ditadura exilara o rescaldo erosivo dos avanços ideoculturais do período 1964-1968, que apenas se notavam pela memória dos seus protagonistas remanescentes. De outro, ela se efetivava em condições institucionais que favoreciam um novo salto da reflexão: os profissionais que a ela se dedicavam — em geral docentes que se alocavam aos cursos de pós-graduação na prossecução de programas de qualificação das suas universidades de origem, em circunstâncias que permitiam uma atenção maior à pesquisa — inscreviam-se em cursos abertos aos influxos de outras disciplinas, posta a própria afirmação da pós-graduação no circuito acadêmico. Verifica-se que eram condições muito contraditórias — e tanto mais quanto a crise do regime autocrático burguês encontrava o rebatimento que lhe correspondia no espaço universitário.

Mais avança esta crise, em alguns centros universitários — São Paulo, Rio de Janeiro, Campina Grande[312] — vai se gestando uma

---

311. É evidente, por isso mesmo, a característica *multiplicadora* deste momento: envolvendo especialmente profissionais ligados à docência, ele passa a rebater para muito além dos estritos espaços da formação pós-graduada. É assim que os avanços deste momento, ao contrário dos do anterior, se espraiam até regiões bem distanciadas dos centros inovadores (cf. a nota seguinte). Note-se que a recuperação aqui mencionada é menos da formulação de Belo Horizonte (ainda que esta comece a ser "descoberta") do que do espírito crítico que a animava.

312. Ao contrário do momento de emersão da perspectiva da intenção de ruptura — claramente localizado em Belo Horizonte e com suas formulações essencialmente reduzidas

DITADURA E SERVIÇO SOCIAL

nova massa crítica cujo desdobramento repõe na ordem do dia a crítica substantiva ao tradicionalismo profissional. Ela se beneficia de uma interlocução nova com as disciplinas e teorias sociais e reflete com nitidez as modalidades pelas quais a autocracia feriu a profissão: joga com a ampliação da categoria, com a sua laicização, com a consolidação do mercado nacional de trabalho e com a expansão das agências de formação. Por outra parte, também interage com as outras tendências operantes no Serviço Social: vai-se constituindo num debate com a perspectiva modernizadora e, menos claramente, com a reatualização do conservadorismo. A pouco e pouco, esta produção acadêmica se adensa e, no limite, vai polarizar os debates profissionais.

Neste momento da evolução da perspectiva da intenção de ruptura são discerníveis dois patamares. O primeiro — que, grosseiramente, vai até a abertura dos anos 1980 — se constrói especialmente como uma análise crítica das principais propostas de renovação profissional; em geral, trata-se de estudos que resgatam o projeto da ruptura em formulações latino-americanas e/ou submetem à discussão propostas modernizadoras.[313] Vista no seu conjunto, esta produção — na qual é notável a influência das ideias da profa. Miriam Limoeiro Cardoso[314] — opera uma *análise textual* de propostas profissionais, com nítidos objetivos de clarificação epistemológica e desnudamento ideológico;[315] o seu saldo positivo

---

às da escola mineira —, o que então se passa *pluraliza* os núcleos de aglutinação dos pesquisadores e tem um efeito multiplicador óbvio, na medida em que os protagonistas provinham de diferentes regiões do país e a elas frequentemente retornavam.

313. São exemplos típicos desta produção, entre outros, os trabalhos de Lopes (1979), Silva (1983), Lima (1984) e Macedo (1986); só parcialmente tipifica este patamar o importante ensaio de Carvalho (1986); de outra natureza é o belo estudo de Ammann (1982).

314. Neste patamar, as propostas crítico-analíticas desta professora (Cardoso, 1977 e 1977a), bem como o seu estímulo pessoal a vários assistentes sociais, exerceram um papel fecundante que merece atenção especial. É possível afirmar-se, sem correr o risco do exagero, que muito do perfil da melhor produção intelectual deste instante evolutivo da perspectiva da intenção da ruptura traz impresso o selo da influência de M. L. Cardoso.

315. O procedimento canônico (da "análise de conteúdo", tal como formulado por M. L. Cardoso) é bem resumido por Carvalho (1986, p. 18-19).

principal, para além de outros ganhos, foi recolocar no centro do debate profissional o projeto da ruptura: através destas elaborações, retornam (ou ingressam) no universo ideal dos assistentes sociais (com uma nova força) temáticas que afetam o tradicionalismo e resgatam a projeção do rompimento. O segundo patamar beneficia-se desses ganhos e ergue-se sobre este acúmulo, mas já conta com uma oxigenação diferente: cobrindo o primeiro terço da década de 1980, capitaliza a precipitação da crise da ditadura e a sua ultrapassagem, com toda a movimentação social que a acompanha e todos os seus rebatimentos na universidade e na categoria profissional. O cariz diferencial deste patamar (que, insista-se, articula-se sobre os ganhos do anterior) está em que, sem abandonar a abordagem crítico-analítica afirmada antes, avança para elaborações crítico-históricas mais abrangentes, apoiadas nomeadamente no recurso a concepções teórico-metodológicas colhidas em suas fontes originais. O salto sobre o patamar anterior é palpável: já não se pensa criticamente um elenco de propostas do Serviço Social — procura-se pensar criticamente a própria instituição Serviço Social à luz de suportes teóricos e heurísticos que são apropriados no curso de um exame que faz os assistentes sociais defrontarem-se com as fontes "clássicas" da teoria social.[316] O saldo elementar deste avanço está em que configurou, por assim dizer, a maioridade intelectual e teórica da perspectiva da intenção de ruptura: a partir dele, esta vertente situa-se numa interlocução paritária com as ciências sociais e com outras áreas da produção do saber, sem abrir mão da referencialidade profissional do Serviço Social.[317]

---

316. O ensaio de Carvalho (1986) compartilha das características deste patamar (na sua primeira parte) e exemplifica as do patamar anterior (na sua segunda parte). A elaboração mais típica deste segundo patamar é a de Iamamoto (1982), só parcialmente reproduzida no ensaio da autora que se publicou em Iamamoto e Carvalho (1983).

317. Talvez seja ilustrativo observar esta interlocução no caso das duas assistentes sociais com que tipificamos o trânsito a este segundo patamar: a elaboração de Iamamoto foi desenvolvida no mestrado de Sociologia Rural da Escola Superior de Agricultura "Luiz de Queiroz", da Universidade de São Paulo; Carvalho, atualmente, exerce a docência no âmbito da Sociologia, na Universidade Federal do Ceará.

DITADURA E SERVIÇO SOCIAL   339

Este momento, como se constata, é bem distinto daquele em que a intenção de ruptura emerge. Nele se imprimiram as marcas colidentes e contraditórias do evolver ditatorial e da resistência democrática na segunda metade dos anos 1970: tanto as mais deletérias (os efeitos da oclusão dos condutos entre esta perspectiva e suas bases sociopolíticas, as políticas culturais neutralizadoras etc.), quanto aquelas que possuíam um mais nítido potencial eversivo. As primeiras se fizeram sensíveis no deslocamento do que fora nuclear no momento de emersão do projeto da ruptura: à elaboração de uma alternativa global ao tradicionalismo substituiu-se a sua crítica epistemológica e ideológica e, enfim, histórica; as segundas se revelam no nível teórico-crítico alcançado pelas elaborações dos assistentes sociais vinculados à renovação no sentido do rompimento. Este momento — em que o projeto da ruptura se consolida academicamente —, com o acúmulo particular que propiciou e configurador, em face do passado, de uma massa crítica nova, permitiu à perspectiva da intenção de ruptura uma reserva de forças com as quais ela ingressou no seu terceiro momento, que ainda vivemos: o momento em que ela se espraia para o conjunto da categoria profissional.

Este momento, já inscrito na contemporaneidade profissional e que não vamos tematizar aqui (cf. nota 302), atesta a plena cidadania da perspectiva da intenção de ruptura no cenário do Serviço Social no Brasil. Abrindo-se por volta dos anos 1982-1983, favorecido pela conjuntura da transição democrática, ele assinala a inserção e o protagonismo das posições vinculadas à perspectiva de que nos ocupamos em todas as instâncias da vida profissional — um protagonismo (e já insistimos o suficiente sobre este aspecto) que pode induzir o observador desavisado a supô-lo hegemônico. O fato é que a incidência do projeto da ruptura, a partir do segundo terço da década de 1980, penetra e enforma os debates da categoria profissional, dá o tom da sua produção intelectual, rebate na formação de quadros operada nas agências acadêmicas de ponta e atinge as organizações representativas dos assistentes sociais.[318] Numa palavra: a partir de meados dos anos 1980, patenteia-se que a perspectiva da intenção de ruptura não é apenas um vetor legítimo do processo de renovação do Serviço Social no Brasil — evidencia-se o seu potencial criativo, instigante e, sobretudo, *produtivo*.

2.5.3.2 Continuidade e mudança no processo da intenção de ruptura

Uma análise rigorosa das formulações constitutivas da perspectiva da intenção de ruptura — do projeto global construído em Belo Horizonte, passando pelos textos acadêmicos do trânsito dos anos 1970 e 1980, aos estudos teórico-críticos e às abordagens prático-profissionais contemporâneos — revela linhas de continuidade muito claras no projeto da ruptura. Esta continuidade, porém, é um *movimento*: se nela se põem e repõem eixos teórico-metodológicos, núcleos temáticos e indicativos profissionais, este acúmulo se opera por incorporações que introduzem inflexões que, ao enriquecer, matizar e diferenciar a perspectiva em tela, desenham visíveis mudanças no seu processo.

---

318. Nos encontros e congressos da categoria, a partir de 1979, a crescente dominância nos debates vem cabendo a representantes desta tendência (cf., p. ex.: ANAS, 1987). Parcela extremamente significativa dos textos veiculados por *Serviço Social e Sociedade* (periódico editado desde 1979, em São Paulo, pela Cortez, e desde os seus primeiros números uma das mais importantes revistas profissionais do continente), bem como dos títulos próprios da bibliografia profissional (a maior parte deles também editada pela Cortez), está profundamente vincada por influxos e temáticas da intenção de ruptura. Na implantação do novo currículo mínimo, escolas de diferentes regiões do país integraram na formação básica referências e direções originalmente postas no projeto da ruptura. Visivelmente após 1982, a ABESS vem jogando pesado neste projeto, posicionando-se firmemente por uma formação embasada na crítica de fundo ao tradicionalismo e suas derivações (e seu organismo acadêmico, o *Centro de Documentação e Pesquisa em Políticas Sociais e Serviço Social*/CEDEPSS, criado em setembro de 1987, vai na mesma direção). Compartilhando da intenção de ruptura, nasceu a ANAS (Abramides, 1989) e permeabilizados a ela, na década de 1980, têm se mostrado inúmeros CRAS e o próprio CFAS.

O movimento aludido pode ser agarrado de forma expressiva no eixo teórico-metodológico que, a par de singularizar esta perspectiva no campo da renovação do Serviço Social no Brasil, acompanha todo o seu desenvolvimento. *Trata-se da referência à tradição marxista*, que, com a produção dos representantes desta perspectiva, pela primeira vez inscreve-se no universo simbólico dos assistentes sociais brasileiros de maneira significativa. Explícita ou discretamente, o projeto da ruptura remete à tradição marxista; fá-lo, entretanto, diversamente ao longo do seu processo e as alterações que aí se registram configuram exatamente a relação de continuidade e mudança que desejamos salientar.

No momento da sua emersão, o projeto da ruptura aproxima-se da tradição marxista especialmente pelo viés posto pela militância política — no que, recorde-se, conjuga-se o protagonismo oposicionista das camadas médias urbanas e a mobilização estudantil do período 1964-1968. Todas as indicações disponíveis convergem no sentido de sugerir que a interação entre os profissionais originalmente envolvidos no projeto da ruptura e a tradição marxista opera-se pela via política (frequentemente, político-partidária: mormente via os grupamentos de esquerda influenciados pela Igreja, situados fora do leito histórico do PCB).[319] Dadas as circunstâncias da época, esta aproximação padece de vícios óbvios: instrumentalização para legitimar estratégias e táticas, pouca possibilidade de reflexão teórica sistemática etc. Quando se repõe no marco profissional, ela é filtrada pela recorrência a autores que de alguma forma chancelam as deformações próprias dessa instrumentalização. Neste primeiro momento, pois, não é de estranhar que a perspectiva da intenção da ruptura recolha da tradição marxista o visceral empirismo que se

---

319. Estas indicações, provenientes das nossas experiências diretas e observação sistemática, estão sendo comprovadas pela pesquisa em curso da profa. Lídia M. M. R. Silva, que prepara a sua tese de doutoramento na Pontifícia Universidade Católica de São Paulo tematizando a relação entre representantes desta perspectiva e a tradição marxista [a referida tese, sob o título *Aproximação do Serviço Social à tradição marxista: caminhos e descaminhos*, foi defendida em 1992 e será publicada proximamente. Nota da 2ª edição].

escora em extratos do maoísmo e lhe dê uma iluminação teórica via redução do arsenal marxiano ao epistemologismo de raiz estruturalista — de onde a reiteração de discussões sobre "idealismo" e "materialismo", "ciência" e "ideologia", "teoria" e "prática", "prática teórica" etc.[320]

No momento seguinte, a dominância clara pertence ao "marxismo acadêmico": insulada e neutralizada a universidade, a referência à tradição marxista, ainda com fortes traços de redução epistemologista, funda um padrão de análise textual da documentação profissional com as dimensões próprias da política e da história refratadas por uma lente paradigmática[321] — no entanto, obedecendo a exigências intelectuais rigorosas. No segundo patamar deste momento, prolongam-se as incidências do "marxismo acadêmico", mas o quadro da transição democrática repõe política e história como objetos práticos inelimináveis e possíveis da reflexão — e a elaboração passa a socorrer-se da análise das fontes originais, com o recurso a "clássicos" que, à diferença do marxismo estruturalizado, contemplam a historicidade.[322] O terceiro momento, desdobrando-se com o acúmulo dos anteriores e nas condições postas pelo adensamento das tendências democráticas, à base especialmente do que se gestou no segundo patamar do momento precedente, direciona a recuperação de diferenciados substratos da tradição marxista (ou próximos a ela) para analisar a atualidade

---

320. Cf. a documentação citada na nota 308. De fato, os suportes do marxismo incorporados pela perspectiva da intenção da ruptura, neste momento, são uns poucos textos de Mao (especialmente os ensaios, de 1937, *Sobre a prática* e *Sobre a contradição*) e as ideias de Althusser (1979, 1980), além de materiais típicos do "marxismo soviético". Cabe notar que a compatibilidade tradicional-dogmática entre Mao e Althusser (e Stálin) tem, entre seus vários índices, um que é paradigmático: a liquidação da categoria (hegeliana e dialética) da *negação da negação* (cf. Bernal, in Hobsbawn [org.], 1987a, p. 416; Coutinho, 1972, p. 204). O althusserianismo se afirma, ainda, pelo recurso a teses de sua discípula, M. Harnecker.

É interessante assinalar como a chamada "esquerda não ortodoxa" valia-se do que a tradição marxista oferecia de mais "ortodoxo" e "tradicional" para suas construções intelectuais.

321. Como se pode verificar na produção do primeiro patamar do momento de consolidação acadêmica da perspectiva da intenção de ruptura.

322. Tipificam este momento os trabalhos de Iamamoto (1982) e Carvalho (1986).

profissional — da problemática da formação a campos de intervenção e espaços e políticas de prática.[323] Este processamento, não é difícil imaginá-lo, foi atravessado por contrafações que não podem passar sem alusão — em boa medida decorrentes da própria natureza da aproximação incipiente à tradição marxista.[324] A mais evidente delas é o *lastro eclético* que percorre as formulações significativas desta vertente renovadora: marca presença no empirismo da elaboração belo-horizontina,[325] é flagrável no primeiro patamar do momento de consolidação acadêmica[326] e, consolidada a perspectiva, permanece dando o tom em formulações nas quais a ele se acresce o novo irracionalismo criticado por Rouanet.[327] Em suma, a reivindicação da filiação teórico-metodológica que perpassa *todo* o processo da intenção de ruptura, unificando-o sobre um mesmo terreno de concepções teóricas, metodológicas e ideológicas, na maturação do próprio processo revela inflexões que concretizam mudanças na sua continuidade.

Esta relação de continuidade e mudança, na perspectiva em tela, está também, de alguma maneira, relacionada à trajetória dos seus

---

323. São próprios deste momento, entre outros exemplos, a documentação referente à revisão curricular da Faculdade de Serviço Social da Pontifícia Universidade Católica de São Paulo (Yasbeck et al., 1984), o documento básico sobre o projeto de formação do assistente social no Brasil (Carvalho et al., 1984) e os ensaios de Mota (1985), Sposati et al. (1985) e Sposati (1987).

324. A que não foi alheio o desconhecimento dos avanços que o tratamento da tradição marxista recebera, desde 1958, no marco do seu "leito histórico", o PCB. Em medida ainda a investigar, não é erro afirmar-se que a aversão (e mesmo a ignorância) de muitos dos protagonistas desta vertente renovadora às posturas "tradicionais" dos comunistas impediu-os de assimilar contribuições marxistas que não as mais estreitas e dogmáticas.

325. Como o mostram as análises, que não visam especificamente a este ponto, contidas em Santos (1985). Cf. infra.

326. Numa produção típica deste período — o ensaio de Silva (1983) —, Althusser e Bachelard encontram-se numa relação solidária.

327. É sintomática, aqui, a contribuição de Malheiros (1982) ao ciclo de debates "Reconceituação e concepção dialética da realidade", promovido em São Paulo pelo CRAS (9ª Região), em julho de 1982.

Uma primeira aproximação geral ao traço eclético da incorporação da tradição marxista pelo Serviço Social, já consolidada a perspectiva da intenção de ruptura, aparece na interessante pesquisa de Quiroga (1989).

protagonistas — trajetória que adquire um peso especial quando se recorda que esta perspectiva sempre esteve em rota de colisão frontal com a autocracia burguesa. Foi, sobretudo, pela resistência desses protagonistas (docentes, profissionais, estudantes) que os cortes na memória profissional recente operados pela ditadura não fizeram estragos mais profundos. Sem condições institucionais para a implementação do projeto da ruptura nos anos 1970 — não é casual o caráter ímpar do trabalho da equipe de Belo Horizonte —, foram eles que estabeleceram, no final da década, as bases para a retomada da crítica ao tradicionalismo; das formas as mais variadas, deram a esta retomada a ressonância que lhe coube no período da transição democrática; e tiveram um papel significativo quando se põem as circunstâncias para que a linha da ruptura transcenda os muros da academia e penetre a categoria profissional.[328] Seu esforço, evidentemente, não foi capaz de superar a eficácia das políticas educacional e cultural da autocracia (de que eles foram, também, vítimas). Se funcionaram como um traço de união entre tempos e blocos culturais distintos, não puderam evitar que pelo menos um corte se aprofundasse: entre as novas gerações que chegam às escolas em finais dos anos 1970 e a herança de que eram portadores. Nestas gerações, aqueles segmentos que se inclinam no sentido da contestação, fazem-no sob o peso do novo irracionalismo já aludido; conquistados para a perspectiva da intenção da ruptura, jogam-se nela com as hipotecas do AI-5, de onde a reiteração, nestes segmentos, já profissionalizados ou não, de vieses e temáticas que foram ultrapassados na consolidação da perspectiva da intenção de ruptura.[329]

---

328. Basicamente, trata-se de profissionais formados no calor dos anos 1960 e que, enquanto docentes, em sua maioria ingressam na universidade na década seguinte; sobrevivendo nesse espaço — sem prejuízo de outras atividades profissionais —, o período da transição democrática, extremada a crise da ditadura, encontrou-os em plena maturidade intelectual.

329. É assombroso verificar, na discussão do movimento estudantil nas escolas de Serviço Social e no debate entre profissionais mais jovens (docentes inclusive), como temáticas e problemas que estiveram na *origem* da perspectiva da intenção de ruptura ressurgem ao longo dos anos 1980 como *novos*.

A maturação intelectual, profissional e política desses protagonistas é, de algum modo, a consolidação do processo da perspectiva que estamos examinando. Vale indicar, muito breve e ilustrativamente, como nela se dá aquela relação de continuidade e mudança, tomando dois profissionais que, diversamente embora, foram e são fundamentais na constituição do projeto da ruptura no Brasil. Tomá-los-emos como referências cruciais, ainda que não seja do nosso interesse analisar particularmente a sua obra — trata-se de Leila Lima Santos e Vicente de Paula Faleiros.[330] Antes de mais, cumpre notar que não estamos confrontados com trajetórias *típicas*, e sim *representativas*: não são típicas, na escala em que se efetivaram por vivências fora do país; mas são representativas, pela sua intercorrência exemplar no momento em que a perspectiva da intenção de ruptura, consolidada, desborda os circuitos acadêmicos e rebate no conjunto da categoria profissional.

Santos, já se indicou, exerceu um papel central no experimento de Belo Horizonte, quer se considere a sua influência intelectual, quer o seu desempenho institucional (ela dirigiu a escola mineira entre 1972 e 1975). Na sequência imediata da crise da experiência, vinculou-se ao CELATS, ao qual esteve ligada — exercendo funções diretivas e acadêmicas — até meados da década de 1980.[331] É no quadro da sua intervenção em nível continental, propiciada pelo trabalho no CELATS, que Santos avança a reflexão crítica (e autocrítica) da proposta belo-horizontina, enriquecendo-a em dois planos: na importância atribuída à análise da dimensão prático-operativa do Serviço Social em relação à hipertrofia da sua dimensão como

---

330. Não examinaremos a obra de Faleiros por dois motivos: a ela já foi dedicado um importante estudo (Carvalho, 1986) e a influência *direta* do autor sobre a perspectiva da intenção de ruptura deu-se especialmente quando esta transita para o seu terceiro momento, para o qual Faleiros vem oferecendo aporte de vulto.

O trabalho de Santos está contido na formulação de Belo Horizonte, que será tangenciada adiante; após 1975, sua influência sobre os rumos desta perspectiva no Brasil será indireta (cf. nota 309); cabe notar que, na bibliografia que citamos, acompanhando modificação na firma da autora, seus textos aparecem em Santos (1976, 1985) e em Lima (1979, 1984).

331. Sem exageros, pode-se afirmar que ao desempenho do CELATS, neste período (e que está sumariado em Lima, 1984), Santos, por sua liderança intelectual e institucional, imprimiu características que não teriam vigência sem o seu protagonismo pessoal.

campo do saber e na compreensão do papel da categoria profissional como espaço para a redefinição do Serviço Social. Nos dois planos, o conhecimento da realidade diferenciada e complexa da profissão, em detalhe, em todos os países ao sul do Rio Grande e mais a preocupação sistemática em abrir o Serviço Social à interação com outras práticas profissionais e disciplinas sociais (com forte ênfase investigativa) fizeram com que a reflexão (e a ação) de Santos, mantendo a projeção da ruptura, ganhasse matizes novos — de um lado, a ênfase na pesquisa aparece revalorizada e isenta de vieses empiristas, com impostação teórica e acadêmica;[332] de outro, a atenção para com a categoria profissional — suas tensões, suas contradições, as determinantes político-institucionais do seu fazer — conduziu a um esforço inédito para o conhecimento das suas formas organizativas e para a ultrapassagem de laivos messiânicos e idealistas na concepção das tarefas a lhe serem imputadas.[333] A resultante deste processo de maturação é o direcionamento da reflexão (e da ação) para as práticas institucionais e o redimensionamento das possibilidades profissional-interventivas no marco das políticas sociais, inclusive as de assistência — numa colocação pioneira no desenvolvimento da projeção da ruptura.[334] Na abertura dos anos 1980, estas ideias — ademais de uma interação ativa do CELATS com organismos brasileiros de Serviço Social[335] — influenciariam claramente os rumos da renovação da profissão no Brasil na perspectiva da intenção de ruptura.

---

332. Sob este aspecto, o ensaio — escrito em coautoria com Roberto Rodriguez — que divulgou originalmente em 1977, "Metodologismo: explosão de uma época", depois coligido em Santos (1985, p. 107-150), é peça fundamental para acompanhar a sua evolução intelectual e profissional, além de constituir um belo exame das tensões embutidas no "Método Belo Horizonte".

333. Como se comprova facilmente no texto citado na nota anterior e no breve ensaio "Notas sobre a investigação-ação" (Santos, 1985: 161-166), ademais dos projetos desenvolvidos pelo CELATS, sob sua gestão, acerca das organizações da categoria profissional em nível continental.

334. Veja-se especialmente o texto — redigido em colaboração com Jorge Parodi — "Marchas e contramarchas do Serviço Social: reexaminando a reconceituação" (Santos, 1985, p. 167-177).

335. A política de pesquisa e de estímulo às organizações da categoria, implementada pelo CELATS especialmente a partir de 1977-1978, está diretamente conectada às concepções amadurecidas por Santos.

Diverso, mas não menos crucial, foi o influxo exercido por Faleiros sobre esta vertente. Exilado desde 1970, este profissional incide fortemente sobre as vanguardas progressistas a partir da publicação, em Buenos Aires, do seu primeiro trabalho significativo — que, circulando muito discretamente no Brasil, em função das condições sociopolíticas da época, constituiu obra basilar como insumo para a emergência e o desenvolvimento da intenção de ruptura.[336] Efetivamente, expressando o impacto da experiência do Chile da Unidade Popular, esse pequeno livro enfeixa algumas ideias nucleares de Faleiros que mais caracterizam o vetor avançado do Serviço Social latino-americano do tempo (Lopes, 1979; Carvalho, 1986), porém num piso que haveria de ser superado pela evolução do autor nos anos seguintes.[337] Nestes anos, o universo intelectual e ideológico de Faleiros se amplia enormemente — sem prejuízo do projeto da ruptura, o autor ultrapassa uma assimilação da herança marxista muito condicionada por um viés militantista,[338] flexibiliza-a com novos referenciais (incorporados ou não a partir da própria tradição marxista)[339] e, neste curso, enfrenta temáticas que simultaneamente se direcionam para concretizar a intenção de ruptura como exercício profissional estrito (de onde a erradicação de qualquer "heroicismo" na concepção do desempenho profissional) e para uma abordagem de processos socioeconômicos que dizem respeito à intervenção do Serviço Social. Assim é que Faleiros procura fundar o projeto da ruptura no domínio do fazer profissional a partir de uma

---

336. Trata-se do livro *Trabajo Social: ideología y método* (Buenos Aires: Ecro, 1972), hoje — ampliado e revisado — acessível em Faleiros (1981). Em verdade, ainda no Brasil, Faleiros já publicara um texto (*Metodologia do diagnóstico social.* Brasília: Coordenada, 1971) em cuja base estão substratos típicos da perspectiva modernizadora; este trabalho, porém, pertence ao que — parafraseando Mariátegui — diríamos ser "a idade da pedra" do autor.

337. Evolução que tem muito a ver com as experiências de Faleiros na pátria do seu segundo exílio, na sequência da derrota chilena, o Canadá.

338. No texto original de 1972, o marxismo de que Faleiros se socorre vem muito marcado pelas concepções de Mao Tse-tung.

339. Esta incorporação — e pensamos especialmente em certos apelos a Foucault —, põe, na produção mais recente de Faleiros, os riscos do ecletismo; esta produção, contudo, demanda um estudo acurado que escapa aos limites da nossa análise.

análise das conexões entre dinâmica social e dinâmica institucional e das correlações de força (Faleiros, 1985, p. 29-44, 45-56), oferecendo fecundas indicações prático-operativas; e, ao mesmo tempo, enfoca, de um ponto de vista analítico, problemáticas socioeconômicas que engendram espaços sócio-ocupacionais para a intervenção profissional, buscando — além de determinações teóricas — encontrar referências críticas para a prática cotidiana dos assistentes sociais.[340] É este Faleiros maduro, com suas preocupações dirigidas especialmente para a operacionalização profissional, que marca uma presença ativa na consolidação da perspectiva da intenção de ruptura e no seu avanço no interior da categoria dos assistentes sociais.[341]

Como advertimos, estas duas trajetórias — diferentes e em larga medida condicionadas por experiências vividas no exterior — não são típicas dos protagonistas da projeção da ruptura, mas são representativas, porque nelas (e à parte o fato de se tratar de dois protagonistas sem os quais não se poderá apanhar a emergência, a consolidação e o desenvolvimento da perspectiva que agora nos interessa)[342] se contém como que o diagrama evolutivo do projeto da ruptura: a dialética continuidade/mudança aparece nelas claramente configurada, com a impulsão inicial da crítica de fundo ao tradicionalismo permeando uma progressiva aproximação às realidades, condicionalismos, possibilidades e limites da intervenção do Serviço Social e da categoria profissional — aproximação tanto mais

---

340. Neste sentido, não pode haver nenhuma dúvida do caráter pioneiro, entre nós, do estudo que o autor publica acerca das funções da previdência e da assistência sociais (Faleiros, 1980).

341. Desde que pôde retornar ao Brasil, a influência de Faleiros tanto se dá em nível teórico-intelectual quanto institucional; referindo-nos apenas ao primeiro, não minimizamos seu papel renovador na Universidade Federal da Paraíba e na Universidade de Brasília, bem como sua atuação no interior de organismos da categoria profissional.

342. Já indicamos que a obra de Faleiros recebeu tratamento particular (Carvalho, 1986); mas a sua produção mais recente — e parece-nos que aí ocupa lugar central o *paper* com que interveio em debate promovido pela ABESS/PUC-SP em 1988 (VV. AA., 1989) —, inteiramente sintonizada com o terceiro momento da perspectiva da intenção de ruptura, ainda requer exame rigoroso. Quanto aos trabalhos de Santos, desconhecemos análise especialmente dedicada a eles.

DITADURA E SERVIÇO SOCIAL 349

profícua quanto mais sustentada por uma remissão teórico-metodo-lógica à tradição marxista mediatizada por preocupações crítico-a-nalíticas, sem a perda do seu conteúdo eversivo no que toca aos quadros sociopolíticos. Em Santos e em Faleiros, de modo concen-trado e privilegiado — uma vez que se trata de formuladores talen-tosos —, registram-se com nitidez as metamorfoses pelas quais o projeto da ruptura, desenvolvendo-se como tal, ajusta-se progressi-vamente ao debate e à intervenção profissionais tomados com a evicção de qualquer laivo vanguardista.

Parece evidente que a consolidação do projeto da ruptura — que é, ela mesma, a síntese desse jogo de continuidade e mudança — é consequente a um conjunto de processos que escapa de longe aos componentes que acabamos de referir. Fatores e vetores da mais distinta natureza nela convergiram;[343] entretanto, ao sinalizá-la ra-pidamente, sinaliza-se indiretamente a própria consolidação do processo de renovação do Serviço Social no Brasil — este, enquanto o projeto da ruptura esteve silenciado ou contido, não pôde expres-sar toda a sua contraditória riqueza.

2.5.4 Dois tempos fundamentais na construção da intenção de ruptura

É possível encaminhar a análise da massa crítica que constitui o acervo de formulações da perspectiva da intenção de ruptura dos mais variados modos — até mesmo porque carecemos de estudos que a tratem histórica e sistematicamente.[344] Dados os interesses e

---

343. Caberia tematizar aqui, entre outros componentes: as implicações da mudança do público nas escolas de Serviço Social, os processos ocorrentes na estrutura universitária, o novo peso do pensamento progressista e revolucionário no processo da transição democráti-ca, a gravitação política das classes e camadas exploradas e subalternas, o acúmulo das ciências sociais, o próprio amadurecimento da esquerda brasileira (ou de setores seus) em face de novas problemáticas etc.

344. E isso apesar dos esforços registrados especialmente no segundo momento do pro-cesso de constituição desta perspectiva.

as limitações deste livro, a nossa abordagem limitar-se-á a enfocar somente duas das contribuições que comparecem com extrema saliência naquele acervo: a elaboração da equipe que construiu o "Método Belo Horizonte" e a reflexão produzida por Marilda Villela Iamamoto.

Nem é preciso sublinhar quanto material significativo é marginalizado com esta delimitação — mas é preciso indicar as razões dela. Quaisquer que sejam os progressos da investigação acerca do desenvolvimento do Serviço Social no Brasil a partir da década de 1960, a elaboração do grupo de Belo Horizonte permanecerá como um marco — e, cremos nós, sua importância histórica tenderá a crescer. Com equívocos maiores ou menores, aquele trabalho configurou a primeira elaboração cuidadosa, no país, sob a autocracia burguesa, de uma proposta profissional alternativa ao tradicionalismo preocupada em atender a critérios teóricos, metodológicos e interventivos capazes de aportar ao Serviço Social uma fundamentação orgânica e sistemática, articulada a partir de uma angulação que pretendia expressar os interesses históricos das classes e camadas exploradas e subalternas. É *absolutamente impossível* abstrair a elaboração belo-horizontina da *fundação* do projeto da ruptura no Brasil.

Outra é a relevância da reflexão de Iamamoto:[345] seu trabalho sinaliza a maioridade intelectual da perspectiva da intenção de ruptura — ponto de inflexão no coroamento da consolidação acadêmica do projeto de ruptura e mediação para o seu desdobramento para além das fronteiras universitárias.[346] Trata-se de uma elaboração que, exercendo ponderável influência no meio profissional,[347]

---

345. Que — é interessante anotá-lo — participou em alguma medida da experiência da escola de Belo Horizonte: ali ela iniciou a sua carreira docente, depois transitoriamente interrompida pela repressão militar-fascista.

346. Não nos interessaremos aqui pela intervenção (aliás, ativa) de Iamamoto no terceiro momento do processo desta perspectiva.

347. Recorde-se que a parte da reflexão da autora publicada em livro (Iamamoto e Carvalho, 1983) foi objeto de seis edições no Brasil [em 1993, as edições ascendiam a nove. Nota da 2ª edição], ademais da versão castelhana (IAMAMOTO, M. V.; CARVALHO, R. *Relaciones sociales y Trabajo Social*: esbozo de una interpretación histórico-metodológica. Lima: CELATS, 1984).

DITADURA E SERVIÇO SOCIAL

configura a primeira incorporação bem-sucedida, no debate brasileiro, da fonte "clássica" da tradição marxiana para a compreensão profissional do Serviço Social. É *absolutamente* impossível abstrair a reflexão de Iamamoto da *consolidação* teórico-crítica do projeto da ruptura no Brasil.

É evidente — e pensamos que as páginas precedentes o indicam com clareza — que a multilateralidade e a riqueza da perspectiva da intenção de ruptura ultrapassam largamente os dois aportes que estamos em vias de considerar. Mais ainda: o relevo destes só é concretamente perceptível no conjunto das contribuições operadas pelos vários protagonistas desta vertente. No entanto, parece-nos mais que legítimo situar os dois contributos de que trataremos a seguir[348] como dois tempos fundamentais no processo pleno da perspectiva da intenção de ruptura.

2.5.4.1 Belo Horizonte: uma alternativa global ao tradicionalismo

Já sugerimos a arquitetura ímpar da formulação renovadora dimanada do trabalho da equipe de Belo Horizonte: a construção de uma *alternativa global* ao tradicionalismo. Este é o traço mais visível da explicitação do projeto da ruptura que se plasmou na atividade da Escola de Serviço Social da Universidade Católica de Minas Gerais na primeira metade dos anos 1970 — o "método" que ali se elaborou foi além da crítica ideológica, da denúncia epistemológica e metodológica e da recusa das práticas próprias do tradicionalismo; envolvendo todos estes passos, ele coroou a sua ultrapassagem no

---

348. No tratamento da contribuição belo-horizontina, valer-nos-emos da documentação citada na nota 308 e *daremos por supostas as considerações críticas contidas em Santos* (1985). No que diz respeito ao trabalho de Iamamoto, nossa remissão será ao texto integral do seu ensaio (Iamamoto, 1982; a parte publicada — Iamamoto e Carvalho, 1983 — reúne somente dois, é verdade que os fundamentais, dos quatro capítulos originais, inexplicavelmente até hoje restritos a um público reduzido [os outros capítulos estão agora disponíveis na obra indicada na nota 282. Nota da 2ª edição]).

desenho de um inteiro *projeto profissional*, abrangente, oferecendo uma pauta paradigmática dedicada a dar conta inclusive do conjunto de suportes acadêmicos para a formação dos quadros técnicos e para a intervenção do Serviço Social.

Este traço peculiarizante da proposta belo-horizontina, é compreensível, resulta da original combinação de outros carizes que a particularizam no processo de renovação do Serviço Social,[349] alguns dos quais (que julgamos decisivos) serão indicados nas páginas seguintes; entretanto, desde já, vale sublinhar enfaticamente esse caráter globalizador da proposta que inaugura com consistência e preocupação de rigor o projeto de rompimento com o tradicionalismo entre nós, uma vez que ele só seria plenamente recuperado uma década depois, quando a perspectiva da intenção de ruptura, já consolidada academicamente, ingressa no seu terceiro momento constitutivo.[350]

Reconstituindo-se logicamente o trabalho da equipe de Belo Horizonte,[351] verifica-se que o seu passo inicial consistiu em elaborar uma súmula crítica do tradicionalismo, que foi desdobrada numa panorâmica da evolução da própria escola — que, como se sabe,

---

349. Dentre os quais cabe salientar aquele que se refere ao contínuo controle autocrítico do experimento (formulação e experiência), realizado, aliás, através de mecanismos coletivos (cf. p. ex., as seções IV e V do documento *Análise histórica...*, bem como Santos, 1985, p. 99-105).

Entretanto, há dois outros aspectos que nos parecem merecer observação especial. O primeiro diz respeito à *natureza institucional* com que a experimentação das elaborações teórico-metodológicas e interventivas foi conduzida no campo da prática de extensão: os projetos de intervenção implicaram o envolvimento de organismos do poder público (prefeituras, LBA etc.). O segundo relaciona-se à estratégia de *interiorização* dos projetos de intervenção: a escola buscou operacionalizá-los tanto na capital (Belo Horizonte) quanto em cidades nem sempre inseridas na sua periferia (Contagem, Itabira, João Monlevade, Itajubá e Formiga).

350. É a partir do segundo terço dos anos 1980 que, na perspectiva da intenção de ruptura, registram-se aproximações a um projeto profissional com características globalizadoras; como exemplo privilegiado, embora longe de ser o único, cite-se novamente Yasbeck et al. (1984).

351. Em toda a argumentação que se segue, é preciso ter em mente que estamos reconstruindo logicamente um processo de elaboração e experimentação que, na sua efetividade, esteve distanciado de um andamento linear e tranquilo.

DITADURA E SERVIÇO SOCIAL

surgiu em 1946.[352] Nesta súmula, a equipe formula ao que denomina de "Serviço Social Tradicional" (e que considera "inadequado à realidade latino-americana", visualizada como resultante de "características gerais — consequência do processo de desenvolvimento do sistema capitalista" —, mas que "assumem feições particulares a nível de cada país" [*Análise histórica...*, p. 4]) três ordens de reservas:

a) **ideopolíticas**: critica-se a sua aparente "neutralidade" que, de fato, "se traduz no desempenho de funções voltadas para a defesa de determinados interesses", exercendo, realmente, "um papel conservador" (*Análise histórica...*, p. 6);

b) **teórico-metodológicas**: nele, "os elementos teóricos não são revelados enquanto um corpo que orienta a ação, embora estejam subjacentes à atuação profissional"; "a realidade é concebida de modo abstrato e departamentalizado e os fenômenos sociais são explicados de modo fragmentário, a partir de uma visão microscópica e mutilada do mundo"; em última análise, o que o tradicionalismo oferece é "uma visão dicotômica entre a realidade social e os grupos sociais, entre a sociedade e os homens, entre o sujeito e o objeto";[353]

c) **operativo-funcionais**: na perspectiva do tradicionalismo, "os elementos constitutivos da ação metódica não são explicados claramente"; "o objeto é definido unilateralmente, ora referindo-se à realidade objetiva, ora à realidade subjetiva"; "não existe a preocupação

---

352. Este desdobramento, que leva em conta a história da escola entre 1946 e 1970, está documentado em Escola de Serviço Social da Universidade Católica de Minas Gerais (1971, item III). É de valia notar como as intenções críticas são concretizadas: não se pensa apenas o tradicionalismo em geral, mas as formas particulares que adquiriu na agência de formação mesma.

353. E, na mesma passagem, observa-se que no tradicionalismo "não se questiona a estrutura global e as causas dos desajustes [sociais] visíveis são localizadas apenas em nível de estruturas disfuncionais parciais [cujo] 'tratamento' não implica em transformações radicais. A raiz dos problemas está no próprio homem e o mal-estar social é considerado como a soma dos mal-estares individuais dos componentes da sociedade; e, consequentemente, o bem-estar geral surgiria como resultado da produção de bem-estares individuais [...]" (*Análise histórica...*, p. 6).

de se delimitar as áreas prioritárias de atuação", escolhidas tão somente segundo o "critério de localização dos indivíduos, grupos ou comunidades"; enfim, o que compete ao Serviço Social tradicional é "eliminar as disfunções, os problemas de desadaptação, as condutas desviadas" (*Análise histórica...*, p. 6-7).

A crítica ao tradicionalismo profissional contida nesta súmula, vê-se, está distanciada de qualquer reducionismo; recobre, ao contrário, toda a concepção tradicional, numa síntese que, em grandes linhas, aparece como consistente em termos contemporâneos — substantivamente, pode-se afirmar que os avanços posteriores da perspectiva da intenção de ruptura não foram além dela (o que indica não a fragilidade dos avanços, mas a densidade daquele núcleo crítico original). E é para replicar ao conjunto do tradicionalismo que a equipe da escola mineira articula uma nova proposta profissional.

Os formuladores de Belo Horizonte expressam a base ideopolítica da sua projeção, rechaçando qualquer postura asséptica ou transclassista, ao definirem seus *objeto e objetivos*. Em princípio calçando a definição do objeto na requisição de uma análise da sociedade brasileira,[354] consideram que o objeto da atuação profissional é "a ação social da classe oprimida" (*Análise histórica...*, p. 19). A ele sincronizam os objetivos profissionais:[355] o *objetivo-meta* — "a trans-

---

354. E isto porque se recusam a pensar num objeto profissional circunscrito abstrata e/ou aleatoriamente, dado para todo o sempre. Ao contrário, entendem que "o objeto do Serviço Social se define em função: da historicidade de toda prática social; das características da situação brasileira enquanto uma realidade dependente; das relações existentes entre as diversas classes sociais; e da relação entre o objeto e os objetivos profissionais" (*Análise histórica...*, p. 18).

São de salientar dois elementos centrais na análise da sociedade brasileira pretendida pelos belo-horizontinos: a) a referência à teoria (extraída da tradição marxista) das classes sociais e suas lutas; b) a influência das teses da "teoria da dependência" (em especial na versão de Cardoso e Faletto, 1970). Se o primeiro elemento nem sempre é ressaltado nos documentos da escola (e é fácil compreendê-lo, dada a conjuntura política da época), o segundo é nitidamente realçado: "Acreditamos que a teoria da dependência constitui-se em um dos subsídios básicos a serem considerados para a análise e a interpretação da realidade brasileira" (Santos, 1985, p. 38).

355. Que, na ótica belo-horizontina, além de se relacionarem ao objeto profissional, "devem ser definidos a partir de uma referência à situação conjuntural com a intencionalidade de transformá-la" (*Análise histórica...*, p. 19).

DITADURA E SERVIÇO SOCIAL   355

formação da sociedade e do homem" — e os *objetivos-meios* — "a
conscientização, a capacitação e a organização" (idem, ibidem).[356]

A ruptura com os procedimentos típicos do tradicionalismo (e,
igualmente, a diferença com as perspectivas modernizadora e de
reatualização do conservadorismo) salta à vista. A tentativa de
historicizar objeto e objetivos profissionais, o repúdio sem ambiguidades à assepsia ideológica e ao transclassismo são notáveis.
Entretanto, nada disso passa sem problemas — e anotemos os de
maior gravitação.

Na noção de "classe oprimida" compreendem-se dois simplismos
— um teórico, outro crítico-analítico. Ela, noção basicamente *política*
(que, no entanto, parece recobrir determinações econômicas: os explorados estão subsumidos nos oprimidos), sugere a remissão a uma
estrutura social paradigmaticamente dicotômica, o que compromete à partida não apenas o seu potencial de orientação para a intervenção, mas sobretudo a sua capacidade de decifrar o real.[357] A
exigência de princípio, aliás corretíssima, de uma análise da realidade brasileira, se realizada efetivamente, revelaria a insuficiência
teórica da noção; mas como ela não foi operada com profundidade
crítica, a inépcia da noção para dar mínima conta da complexidade
social brasileira não foi explicitada. Tão somente *depois* da intervenção prático-profissional que conduziram no processo do experimento é que os formuladores de Belo Horizonte constataram que havia
algo de problemático neste seu instrumento de conhecimento,[358] algo

---

356. Não há dúvida de que, como no caso de propostas contestadoras latino-americanas,
aqui também se registra a influência de Paulo Freire; entretanto, examinados os conteúdos que
se atribuem aos "objetivos-meios" (*Análise histórica...*, p. 19-22), verifica-se que os formuladores
de Belo Horizonte — ao contrário do que se constata em outras produções da reconceptualização latino-americana, como a de Clark (1974) — não se limitam a uma simples incorporação
de ideias freireanas, avançando para uma visão e uma ação sociocêntricas mais radicais.

357. É interessante assinalar que este simplismo, estranho à obra marxiana, inscreveu-se
duradouramente na perspectiva da intenção de ruptura. Contemporaneamente, na produção
vinculada a ela, contam-se às dezenas as suas reiterações, e isto apesar da autocrítica belo-
-horizontina (cf. infra).

358. Na revisão autocrítica da primeira experimentação da sua proposta, a equipe reconheceu que "a definição do objeto profissional como prática social das classes trabalhadoras

perfeitamente evitável com uma clarificação teórica prévia que fosse mais apurada.

A problematicidade estende-se ao "objetivo-meta". Aqui, há mais que o equívoco megalômano de atribuir, *in totum* e sem mais, "a transformação da sociedade e do homem" a *uma profissão*, situando como objetivo profissional o que só legitimamente pode ser posto como perspectiva histórica a enquadrar um projeto profissional.[359] Verifica-se a ausência de qualquer qualificação referente ao *sentido* daquela "transformação" (o que é muito mais que a "generalidade" reconhecida posteriormente pela equipe de Belo Horizonte [cf. *Análise histórica...*, p. 33]). Existe a carência de um mínimo de explicitação acerca do padrão societário que se deseja substituir à ordem estabelecida, carece-se de uma nítida projeção *socialista*, e se se pode explicar parcialmente esta carência pelas condições políticas vigentes à época (vivia-se o militar-fascismo e tudo o que ele implicava), há que convir-se que esta explicação é insuficiente: só a elisão obrigatória não a esclarece. Em nosso entender, neste passo se expressam mais que os cuidados necessários para não abrir flancos tolos à repressão; expressa-se a falta de clareza (conectada a razões teóricas, mas também a causas político-ideológicas de fundo) em face de uma inequívoca opção socialista. E é preciso sublinhar que uma tal opção, em si mesma, não tem como corolário *compulsório* a inserção de qualquer militantismo messiânico ou heróico no marco profissional; em troca, posturas militantistas messiânicas podem muito bem derivar *organicamente* da atribuição, a uma cate-

---

[sic] *exigiria um estudo mais aprofundado sobre o mesmo*, uma vez que tal classe não se configura como um todo homogêneo" (Santos, 1985, p. 101; grifos originais).

É interessante observar a nomenclatura: no texto coligido em Santos (1985), *classes trabalhadoras* parece equivaler a *classe oprimida*, que se mantém ao longo do documento *Análise histórica...*, onde se lê, também autocriticamente (p. 32): "O conceito usado, a ação social da classe oprimida, ainda que mais específico que as definições anteriores, não resulta operativo para definir o objeto específico de estudo e intervenção do Serviço Social".

359. Que fique claro que os formuladores de Belo Horizonte se aperceberam, *a posteriori*, do equívoco e o anotaram com sua lisura habitual (cf. *Análise histórica...*, p. 33). O texto coligido em Santos só faz remissão avaliativa aos "objetivos-meios" (Santos, 1985, p. 102-103).

DITADURA E SERVIÇO SOCIAL

goria profissional, do "objetivo-meta" de "transformar a sociedade" (e o homem).[360]

Com estas sumárias notações críticas sobre elementos prenhes de implicações no desenho do projeto profissional construído pela elaboração belo-horizontina, podemos bosquejar a estrutura teóri-co-metodológica que se imbrica congruentemente com a base ideo-política sobre que se articula e que denota com mais visibilidade o viés determinado da tradição marxista a que ela (estrutura) está conectada.[361]

O travejamento desta estrutura teórico-metodológica é montado a partir de uma reflexão francamente epistemológica. Os formula-dores mineiros arrancam de uma concepção do conhecimento dire-tamente inspirada na teoria leniniana do *reflexo*, na forma particular em que esta se objetivou no influente texto publicado em 1909,[362] e a desenvolvem na angulação mais estreita que pode ser derivada dessa fonte tão questionada na própria tradição marxista — contra

---

360. De alguma forma, os formuladores de Belo Horizonte estavam precavidos contra a deformação militantista e preocupados com uma intervenção profissional estrita. Num de seus documentos, por exemplo, afirma-se explicitamente que "o profissional não deverá ser um 'agente de transformação' (levando modificações externas), mas alguém que motive e desencadeie um processo" (*A prática...*, item IV, p. 3).

Cabe notar que, passado o tempo em que certos silêncios e algumas formulações vazadas em linguagem esópica eram compulsórias para a perspectiva da intenção de ruptura, cons-tata-se em produções a ela vinculadas nebulosidade similar acerca da "transformação social" — expressão que, não qualificada, esvai-se como um clichê.

361. Sem prejuízo da remissão a outros documentos, nestas passagens vamos nos ater especialmente ao texto coligido em Santos (1985), dada a sua formulação mais clara.

362. As determinações que fazem, a este respeito, são filhas legítimas das teses expressas em *Materialismo e empirocriticismo*. Observe-se: "o conhecimento do sujeito sobre o objeto é um reflexo, ou seja, o cérebro reproduz a realidade na consciência do homem" (Santos, 1985, p. 14); "as propriedades do mundo objetivo existem independentemente do sujeito, mas só se evidenciam de acordo com as condições que, num dado momento histórico, são possíveis de conhecer" (idem, ibidem); "a verdade objetiva consistirá, portanto, na reflexão adequada da realidade objetiva na consciência do homem" (idem, ibidem, p. 24); "as generalizações teóricas, em forma de conceitos, princípios e leis comprovados pela experiência e pela prática, consti-tuirão a verdade objetiva" (idem, ibidem, p. 25). Com esta filiação, por mais que se insista na "inter-relação entre sujeito e objeto no processo do conhecimento" (idem, ibidem, p. 14) — insistência constante na reflexão do grupo mineiro —, torna-se muito difícil agarrar as especi-ficidades do conhecimento sobre o ser social e escapar a impostações (neo)positivistas.

todo "idealismo", calçando-se no mais consagrado "marxismo-leninismo" e na raiz dogmática —: o processo do conhecimento é posto na sucessão dos seus "momentos" "sensível" e "abstrato", até alcançar o piso do conhecimento "científico", de base "racional".[363] Na sequência, a discussão é imediatamente dirigida para a relação teoria-prática; esta, apesar de enfática declaração de princípio antiempirista (Santos, 1985, p. 25), é toda ela compreendida a partir da crucial determinação segundo a qual a prática é "produtora de conhecimentos" (idem, ibidem).[364] O "relacionamento entre a teoria e a prática", posta esta determinação primária, é trabalhado pelos formuladores de Belo Horizonte na impostação típica dos manuais: "interdependência", "simultaneidade", "circularidade", "transformação mútua", "contraditoriedade" etc. (Santos, 1985, p. 26-29); em seguida, este "relacionamento" é vinculado às "leis da dialética", igualmente pensadas à moda de abecê (Santos, 1985, p. 29-35). O simplismo e o vulgarismo desses "fundamentos" são tão evidentes e flagrantes — e conexos ao cariz dogmático da inspiração marxista que os nutre — que não vale a pena perder tempo com eles; mas é

Acerca da problemática de *Materialismo e empirocriticismo*, dentre vasta bibliografia polêmica, cf. as diferentes posições de Lukács (1967), Vranicki (1973, I, p. 426-44), Fleischer, in VV. AA. (1978, IV, p. 278-310) e Geymonat et al. (1984, p. 98-114).

363. Os formuladores mineiros, aqui, estão encharcados da tradição manualesca de Besse/Caveing e, não casualmente, das teses maoístas. Quanto a isso, compare-se, por exemplo, as suas disquisições sobre "conhecimento sensível", "conhecimento abstrato" e "conhecimento racional" (Santos, 1985, p. 17-23) com o que Mao, que não é citado nesta fonte, escreveu sobre os mesmos "conhecimentos" (Mao, 1971, p. 319-328).

364. No outro documento da escola mineira (*A prática...*), onde se trabalha a categoria da *prática teórica*, encontra-se um desdobramento desta noção de prática como "produtora de conhecimentos". Por outro lado, recorde-se a lição do Grande Timoneiro: "Todo conhecimento autêntico nasce da *experiência direta*" (Mao, 1971, p. 322 — grifos nossos), não é por acaso que Cavendish e Gray (1970, p. 74) consideram Mao como "o mais empírico dos marxistas". E, lateralmente, não se pode esquecer a grande simpatia que Althusser — a quem se deve importante contribuição ao conceito de *prática teórica* — devota às posições filosóficas de Mao, como o lembrou Coutinho (1972, p. 188, nota).

É bastante curioso observar que nas formulações belo-horizontinas sobre a prática, enformadas basicamente por teses maoístas e influências althusserianas, rebatem ainda pontuações de Vázquez (1968) — o mesmo Vázquez que contribuiu para desmontar os grandes equívocos althusserianos (Vázquez, 1980); não é preciso muito esforço, pois, para avaliar do caráter compósito e heteróclito daquelas formulações.

DITADURA E SERVIÇO SOCIAL   359

preciso pelo menos sugerir que é no seu diapasão que a reflexão epistemológica converte-se no epistemologismo mais formalista[365] num andamento intelectivo que, diluindo as dimensões ontológicas originais da fonte marxiana, indica a hipoteca (neo)positivista que pesa sobre esse epistemologismo.[366]

Precisamente estas concepções, pertinentes ao viés da tradição marxista de que se apropriam, conduzem as formulações belo-horizontinas a portar implicações inter-relacionadas que vincam o conjunto das suas proposições. Três destas implicações merecem pontuação. A primeira refere-se às relações entre teoria e ciência — não há dúvida de que os formuladores mineiros equalizam os dois termos: "A teoria é [...] um conhecimento científico do mundo" (Santos, 1985, p. 25). A segunda consiste na redução da atividade teórica a procedimentos sistematizadores: "O conteúdo da teoria é constituído pela generalização e abstração dos dados e fatos obtidos pelo processo prático. *Tal sistematização* [...] orienta [...] as investigações e experiências práticas posteriores" (Santos, 1985, p. 26; grifos nossos).[367] A terceira, enfim, toca diretamente às concepções sobre o próprio estatuto do Serviço Social: é a tendencial identificação operada pelos formuladores mineiros entre *método científico* e *método profissional*; o passo abriga as maiores consequências e deve ser realçado, mesmo que se tenha que recorrer a uma longa transcrição:

> Com o objetivo de elaborar-se um método científico, o método profissional fundamentou-se nas relações, princípios e leis inerentes ao

---

365. Anos depois, a percepção desta contrafação foi um dos aspectos criticamente levantados por Santos e Rodriguez na análise do "Método BH"; os dois investigadores observaram que, "na própria estrutura do modelo de intervenção", "prevalece o questionamento *sobre como* se trabalha e não *sobre o que* se trabalha" (Santos, 1985, p. 134; grifos originais).

366. Veja-se, por exemplo, como os formuladores de Belo Horizonte pensam as *categorias*: estas "são aqui entendidas como *conceitos* que englobam um conjunto de fenômenos da realidade e *explicam* os nexos internos e relações existentes entre eles" (Santos, 1985, p. 29; o grifo em "explicam" é nosso). Um tal entendimento não tem muito a ver com a concepção categorial ontológica marxiana (Marx, 1982; Lukács, 1979).

367. Um debate preliminar sobre a conexão entre sistematização e teorização encontra-se no *paper* de Netto, in VV. AA. (1989).

conhecimento e à própria realidade. Tais elementos constituem o conteúdo objetivo do método e permitem concluir que o método profissional está diretamente ligado à teoria científica e à realidade histórica, sendo inconcebível sem elas. Desta forma, a teoria adquire sua significação metodológica e se converte em método, na medida em que seus princípios, leis e teses são utilizados consciente e adequadamente como instrumentos de conhecimento e transformação prática da realidade. O método, por sua vez, não pode ser entendido, organizado e explicitado independentemente da teoria e da realidade histórica que o fundamenta. Esta interligação entre método, teoria e realidade permite verificar que *o método profissional é um meio de conhecimento e interpretação desta realidade e, ao mesmo tempo, um instrumento da sua transformação* (Santos, 1985, p. 47, grifos originais).

Os pontos fortes da argumentação — a vinculação necessária entre teoria e método, a conexão entre conhecimento e intervenção — se situam no quadro de uma relação que nos parece profundamente equivocada: aquela estabelecida entre o *método profissional* e os procedimentos considerados *científicos*. A interpretação segura desta passagem é que o método profissional é o método científico, "apenas" com o adendo de ser um "instrumento" de transformação da realidade — e se ela é mesmo correta, então o que restaria de especificidade ao "método científico" seria a sua não instrumentação prática (transformadora), que esta caberia ao "método profissional". Nesta linha, o estatuto profissional do Serviço Social seria função do seu "método profissional" (= científico); e é exatamente para esta conclusão que apontam os belo-horizontinos, que afirmam, na imediata sequência da passagem transcrita: "Tanto o conhecimento e interpretação da realidade como sua transformação se darão através da prática profissional que, *como prática científica*, será realizada em constantes aproximações com a realidade e realimentação teórica" (Santos, 1985, p. 47; grifos nossos). No limite, a prática profissional ("como prática científica") do Serviço Social se coloca como o *locus* da emersão de uma cientificidade inclusiva (teórica e prática) e sobre esta repousaria o estatuto profissional — numa reiteração, constata-se, dos *desiderata* profissionais de encontrar uma fundação e uma legitimação para o Serviço Social enquanto saber ("científico").

É a partir desta linha analítica, cremos nós, que se pode iluminar melhor o fenômeno que Santos e Rodriguez diagnosticaram como "metodologismo", típico de muitas propostas renovadoras e óbvio no trabalho dos formuladores da escola mineira (Santos, 1985, p. 107-150). No caso particular desse experimento, a esses supostos epistemológicos creditam-se em larguíssima proporção sua força e suas debilidades, principalmente pela preocupação de rigor e congruência com que parametraram o conjunto da sua proposta. De um lado, sua força revela-se nos efetivos ganhos alcançados enquanto ordenação de operações interventivas (cf. infra), discriminação de bases e critérios para a intervenção[368] e exigência de princípio de elaboração teórica sobre a prática profissional.[369] De outro — e se trata aqui de uma unidade irredutível, da qual não se podem separar os "lados bons" dos "maus" —, suas debilidades aparecem no simplismo, na pobreza categorial da sua impostação epistemológica e na pretensão de fundar o estatuto profissional como variável da sua "cientificidade".

A implementação profissional destas concepções constitui por excelência o "Método Belo Horizonte" — estrato mais conhecido do conjunto da proposta dos formuladores mineiros.[370] Tal implementação — o estrito "processo metodológico" — foi sistematicamente

---

368. Aí se oferecem os requisitos para a elaboração do *marco referencial* da ação profissional (Santos, 1985, p. 35-38) e a pauta para a definição e priorização de *áreas de intervenção* (idem, ibidem, p. 44-46).

369. Observe-se que esta enfática exigência de princípio não contradiz a noção de prática como "produtora de conhecimentos", uma vez que a atividade teórica é posta fundamentalmente como sistematizadora dela. Somente quando os vieses antes apontados foram minimamente superados é que a petição de princípio se concretizou — como o comprova a evolução de formuladores mineiros (é o caso da própria Santos).

370. Pauta interventiva originalmente articulada sobre sete "momentos": Aproximação I, Investigação Significativa, Interpretação Diagnóstica, Aproximação II, Programação, Execução de Projetos, Revisão e Sistematização Geral. O detalhamento deste "processo metodológico" e suas sínteses gráficas — bem como a sua avaliação pós-experiência — encontram-se em Santos (1985, p. 49-68, 104-105).

testada em Itabira, numa experiência de extensão institucional que obedeceu a critérios e controles previamente explicitados. Não é preciso sumariar aqui o andamento do teste, que aparece narrado em documento da escola mineira;[371] importa, antes, salientar três aspectos significativos que sobressaem dessa narrativa. Primeiro: a delimitação do alcance do "processo metodológico" como *ordenador* das ações interventivo-profissionais; segundo: a comprovação de como um elenco diferenciado de técnicas pode ser legitimamente empregado em operações que obedecem a uma *estratégia interventiva* definida com clareza;[372] terceiro: a relevância do *espírito crítico* presente ao longo do trabalho da equipe belo-horizontina.

Aquela narrativa, contudo, é ainda mais importante para destacar algumas dificuldades enfrentadas no experimento — e só mencionaremos duas delas, de cariz teórico-metodológico, que julgamos especialmente ilustrativas.[373] A primeira diz respeito à defasagem entre as *referências teóricas*[374] com que o agente profissional assumia a experiência e as *condições particulares* que contextualizavam a sua intervenção. Os formuladores belo-horizontinos reconhecem esta defasagem e debitam-na à "generalidade" dos seus pressupostos; asseveram mesmo que, "para que tais referências cumprissem

---

371. A narração da experiência, seus critérios e sua imediata avaliação estão coligidos em Santos (1985, p. 69-105).

372. Aqui se exemplifica como uma tal *estratégia* permite superar amplamente o tecnicismo que comparece em outras vertentes não tradicionais (e, mesmo em certas formulações tradicionais).

373. Entre outras que poderiam ser apontadas, caberia alguma saliência ao problema da *participação* das populações envolvidas no "processo metodológico". À partida, entendia a equipe de Belo Horizonte "que a participação é uma constante em todo o processo, constituindo-se no elemento fundamental à consecução dos objetivos" (Santos, 1985, p. 49); a concepção de participação esposada pela equipe, aliás, possuía dimensões claramente cívicas e sociocêntricas (Santos, 1985, p. 40-44) e não compartilhava do equívoco demagógico de supor que a "verdade" residia no "saber da população" (equívoco posteriormente tão generalizado, e a que Santos e Rodriguez chamariam de *ilusão da transparência* [Santos, 1985, p. 136-137]). Da leitura da narrativa infere-se que uma certa expectativa da equipe em face do protagonismo de grupos e pessoas que se envolveram no processo *não* se confirmou.

374. Observe-se que não estamos nos remetendo ao "processo metodológico", mas às referências teóricas que são parte do "marco referencial" (Santos, 1985, p. 36).

DITADURA E SERVIÇO SOCIAL

seu papel *orientador* do processo prático, era necessário que as mesmas incluíssem *aspectos teórico-práticos* que possibilitassem uma análise atual e concreta do objeto de atuação (na realidade brasileira)" (Santos, 1985, p. 101; grifos originais). O que está em jogo aqui, e não é tomado em conta na escala necessária pelos formuladores mineiros, menos que uma potencial dimensão operativa das referências teóricas, é o problema capital das *mediações* entre elas e o marco interventivo; salvo erro, a demanda que dirigem às referências é impertinente: mediações que *orientem o* "processo crítico", enquanto intervenção determinada, localizada e datada, são uma questão atinente ao agente interventivo, que só pode lograr respondê-la se operar referenciado por uma concepção teórico-metodológica que (além de estar vocacionada para a ação), *ela mesma*, contemple privilegiadamente a relevância das mediações crítico-analíticas (reflexivas) e a própria mediação como categoria ontológica central — algo que parece estranho ao viés marxista que sustenta a concepção teórico-metodológica do "Método Belo Horizonte".[375] Na verdade, a demanda contida na observação da equipe belo-horizontina tão somente sintomatiza o lastro empirista que subjaz às suas colocações.

A segunda dificuldade — onde igualmente se vislumbra esse lastro — refere-se à renovação teórica esperada no processo e na conclusão do experimento. Os formuladores da escola mineira partiam do princípio de que, ao fim do processo prático, as referências teóricas com que se o iniciou seriam enriquecidas pela sintetização

---

375. Já indicamos o lastro maoísta aí contido. Em estreita relação com o problema aqui sinalizado — a conexão referências teóricas/análise de situações particulares —, vale a pena retomar a arguta anotação de um crítico (aliás, simpático a Mao) sobre este problema nas teses do grande revolucionário acerca da contradição: Mao "utiliza [...] categorias abstratas, estabelecidas dogmaticamente, para nominar processos sociais muito particulares. [...] Será o estudo dessas condições específicas a cada situação particular que permitirá a Mao superar um formalismo idealista. Mas, então, sua teoria das contradições fica repousando no vazio, porque sua realização depende das 'condições concretas de cada situação'. E o que ele fica a nos dever é precisamente o arsenal teórico com que analisa a particularidade de cada situação. Aparece como se tivéssemos, de um lado, uma concepção dogmática do 'universal' e, de outro, uma abordagem empírica do 'particular'" (Eder Sader, "Introdução" a Mao, 1982, p. 27).

da prática, elaborada mormente no "sétimo momento" do "processo metodológico".[376] A narrativa e a avaliação documentadas em Santos (1985) não tocam neste aspecto,[377] mas noutro texto da escola ele é abordado, com a explícita admissão da *ausência* do esperado enriquecimento (*Análise histórica...*, p. 49 ss.). Curiosamente, as causas apontadas para esta ausência *não* colocam em tela os supostos epistemológicos que estão na raiz do fenômeno, antes derivando para questões adjetivas[378] — vale dizer: mesmo reconhecendo que algo de problemático operava num constitutivo elementar da sua proposta, a equipe não teve condições para identificá-lo corretamente; não pôde perceber que o óbice principal residia, precisamente e apesar de todas as proclamações em contrário, no empirismo pragmático que viciava a base da sua proposta.

Pelas observações precedentes, fica salientado o elemento central em que radica o conjunto de problemas que atravessa a elaboração belo-horizontina — que, sem esgotar a gênese das suas debilidades, responde predominantemente por elas —: as limitações do viés da tradição marxista que ela incorpora. *Sem perder de vista a importância teórica e ideológica desta incorporação*, realizada em condições nada favoráveis (recorde-se, mais uma vez, o quadro da sociedade e da universidade brasileiras da época), o fato é que na inspiração marxista de que se socorrem os formuladores belo-horizontinos se encontram os nós problemáticos que rebatem comprometedoramente na sua contribuição renovadora. Trata-se de uma inspiração que, *jejuna de uma reflexão sobre as fontes originais*, integrou ao marco teórico-meto-

---

376. "Toda prática social exige determinadas referências teóricas que a informem, assegurando uma objetividade de ação. Tais referências constituem o que se denomina T_1. O processo prático incluirá, portanto, o T_1 como a prática concreta desenvolvida na realidade. Este processo pode ser sintetizado por P. Esta prática resultará em novos elementos teóricos sintetizados a partir do processo, e que constituem o T_2. Esta teoria, *qualitativamente diversa da inicial*, constituirá as referências teórico-práticas de um novo processo" (Santos, 1985, p. 11, grifos nossos).

377. Mas, anos depois, esta autora e Rodriguez voltaram percucientemente à questão (Santos, 1985, p. 107-150).

378. Ao contrário do que fazem os autores do texto citado na nota anterior.

dológico da construção de Belo Horizonte toda a *contaminação positivista* que vinha no leito da Segunda Internacional, refratada pela leitura mais sofisticada do epistemologismo que, pós-stalinista, não se liberou dos laivos dogmáticos. O "marxismo sem Marx" que enforma a reflexão belo-horizontina, precisamente à falta de uma sustentação ontológico-dialética e na escala em que devia conectar teoria e intervenção prático-profissional, vai na direção da conjunção do fatalismo mecanicista com o voluntarismo idealista — numa "síntese" que, como Lukács o demonstrou há muito, é típica do *marxismo vulgar*, necessariamente eclético (Lukács, 1974). Assim é que o "Método Belo Horizonte", combinando o formalismo e o empirismo na sua redução epistemológica da práxis, estabelece vínculos iluministas entre concepção teórica e intervenção profissional, deforma as efetivas relações entre teoria, método e prática profissional e simplifica indevidamente as mediações entre profissão e sociedade.

Dos dilemas teórico-metodológicos apontados nestas páginas enferma a contribuição da escola de Belo Horizonte, e é desnecessário dizer que a interrupção do experimento impediu seu desdobramento e repensamento numa outra direção crítica (tarefa que, noutras circunstâncias, coube a alguns de seus componentes). Esta contribuição, no entanto, avançou ainda para proposições também referenciadas à *formação profissional* — com o que coroava o caráter global da alternativa que oferecia ao tradicionalismo.

Tais proposições (expressas especialmente no documento *Uma proposta de reestruturação da formação profissional*) formulam-se com a mesma preocupação de rigor dos outros estratos da elaboração belo-horizontina, o que significa afirmar que incorporam os vieses que os atravessam.[379]

Identificando no processo de aprendizagem três elementos nucleares — a referência à realidade, a criatividade e a globalização —,

---

379. Não é por acaso que, nestas proposições, o *primeiro* elemento considerado no conceito de aprendizagem seja o de "realidade", que, entre outros traços definidores, aparece "como formadora do conhecimento dos indivíduos" (*Uma proposta...*, p. 25).

as proposições apontam para uma *formação teórico-prática*, assentada numa estrutura curricular cujas "células básicas" são as unidades de aprendizagem (UA), cada qual definida como "atividade mínima programada cujo conteúdo é integrado por elementos teóricos e práticos de pesquisa, docência e ação profissional" (*Uma proposta...*, p. 33). As UAs se combinariam em projetos semestrais de aprendizagem (PSA), articulação para sincronizar as UAs e o "contato com a realidade"; tais PSAs se estruturariam — centralizados por projetos de investigação (PI), programas de estudos, pesquisa e/ou ação profissional, realizados semestralmente — de forma a garantir uma sequência formativa globalizante, em cadeia, em aproximações sucessivas à realidade e criativa (*Uma proposta...*, p. 34 ss.). Todos estes níveis organizativos da formação foram dispostos ao longo de oito semestres letivos, contemplando-se inclusive o elenco de disciplinas constitutivas de cada semestre e os conteúdos das sete disciplinas especificamente profissionais de Serviço Social (*Uma proposta...*, p. 46-47).

Deixando de mão observações mais técnicas ou de detalhe, o que importa salientar nestas proposições formativas — como se pode verificar pela leitura do documento que as apresenta — é a projeção de um quadro profissional cuja *competência* se expressaria tridimensionalmente: política (com a capacidade de analisar a sociedade como campo de forças contraditórias), teórica (com a aquisição do acúmulo existente e da habilitação investigativo-sistematizadora) e interventivamente (com aptidão para enfrentar eficientemente a prática profissional estrita). É cabível indagar em que medida essas proposições formativas seriam afetadas pela continuidade da experiência e seu desdobramento crítico, posto que se saiba que o ritmo de desenvolvimento de ambas (formação e experiência enquanto intervenção) seja assimétrico. Parece pertinente supor, todavia e a despeito desta indagação, que não estaria vulnerabilizado o seu eixo central: a formação de um agente profissional em que as capacidades técnicas estariam criticamente consteladas por uma sensibilidade política, respaldada por informação teórica e disposição investigativa.

DITADURA E SERVIÇO SOCIAL 367

O bosquejo que aqui se oferece do trabalho da equipe belo-horizontina está longe da tematização de toda a sua amplitude. O que se pretende deixar remarcado é que, explicitando uma proposição global de alternativa ao tradicionalismo, ele inaugurou — enquanto formulação de um projeto profissional que, respondendo à particularidade da conjuntura brasileira, estava sintonizado com as vanguardas renovadoras mais críticas da América Latina — a perspectiva da intenção de ruptura enfrentando as questões mais candentes da configuração teórica, ideológica e operativa que constituem uma profissionalidade como a do Serviço Social. Sua magnitude reside basicamente na congruência e na preocupação de rigor com que perseguiu a arquitetura daquele projeto; suas fragilidades intrínsecas creditam-se aos limites e problemas inerentes ao viés elementar com que se apropriou do substrato teórico-metodológico com que fundou esta arquitetura — a vertente da tradição marxista em que se inspirou — e que a comprometeu tanto mais intensivas foram aquelas preocupação de rigor e congruência. De fato, a ultrapassagem crítica da proposição belo-horizontina implicava, no estrito plano teórico-metodológico (sem prejuízo de outras condições políticas e ideológicas), uma inflexão na modalidade mesma de apropriação do referencial próprio ao legado marxiano. O marco para esta inflexão haveria de emergir uma década mais tarde — e estaria configurado na reflexão de Iamamoto, pedra angular para erradicar da intenção de ruptura as contrafações empiristas, formalistas e (neo)positivistas.

2.5.4.2 A reflexão de Iamamoto: o resgate da inspiração marxiana

O trabalho de Iamamoto — cujo subtítulo, aliás, é equívoco[380] — tem um objetivo expresso: recusando quer uma "leitura interna"

---

380. Ao título *Legitimidade e crise do Serviço Social*, apôs a autora o subtítulo "Um ensaio de interpretação sociológica da profissão". Como se verá, nada mais longe de uma análise "sociológica" que este ensaio.

do Serviço Social (que buscaria a sua especificidade no seu objeto, objetivos, procedimentos e técnicas), quer uma abordagem da sua institucionalidade como epifenômeno da ordem burguesa (que o localizaria como um "reflexo" do quadro social abrangente), procura compreender o significado social do "exercício profissional em suas conexões com a produção e reprodução das relações sociais na formação social vigente na sociedade brasileira" (Iamamoto, 1982, p. 1-2). A sua perspectiva de análise enfoca o "Serviço Social como profissão referenciada ao contexto de aprofundamento do capitalismo" no país (idem, ibidem, p. 2) e supõe "que a apreensão do significado histórico da profissão só é desvendada em sua inserção na sociedade, pois ela se afirma como instituição peculiar na e a partir da divisão social do trabalho" (idem, ibidem, p. 3).[381]

O programa teórico-crítico de Iamamoto, como se constata, dirige-se para uma modalidade analítica até então muito pouco explorada (diríamos mesmo inexplorada, em termos de radicalidade e consequência) na apreciação do Serviço Social como instituição: pensá-lo como imbricado na lógica da *reprodução das relações sociais*. Este programa se desdobra em dois níveis de análise, distintos pelo seu grau de abstração: a análise da instituição profissional no bojo da totalidade das relações sociais da ordem burguesa e a sua análise na particularidade da formação social brasileira — níveis desenvolvidos desigualmente: o primeiro é objeto das operações teórico-críticas que são expostas nos três capítulos iniciais do ensaio de Iamamoto, o segundo vem explicitado no capítulo conclusivo.[382] Em

---

381. Mais exatamente: "Como a profissão só existe em condições e relações sociais historicamente determinadas, é a partir da compreensão destas determinações históricas que se poderá alcançar o significado social desse tipo de especialização do trabalho coletivo (social), mais além da aparência em que se apresenta em seu próprio discurso, e, ao mesmo tempo, procurar detectar como vem contribuindo, de maneira peculiar, para a continuidade contraditória das relações sociais, ou seja, do conjunto da sociedade" (Iamamoto, 1982, p. 3).

382. Pela própria ponderação maior que o primeiro nível desfruta na reflexão da autora, é a ele que dedicaremos o essencial da nossa argumentação. Dos três capítulos iniciais — "Uma concepção teórica da reprodução das relações sociais", "A divisão social do trabalho" e "O Serviço Social no processo de reprodução das relações sociais" —, o segundo permanece

DITADURA E SERVIÇO SOCIAL   369

ambos, Iamamoto orienta-se contra duas abordagens aparentemente críticas da profissão, que nem dão conta da complexidade dos
nexos entre Serviço Social/quadros sociais nem da funcionalidade
daquele no âmbito destes: a vertente *mecanicista* do sociologismo
vulgar "que, sustentando ser o Serviço Social um dos instrumentos
a serviço de um poder político, conclui estar a profissão necessariamente fadada a constituir-se num reforço exclusivo do mesmo", e a
vertente *voluntarista* que, "ao considerar o assistente social como 'o
agente de transformação', não reconhece, nem elucida, o verdadeiro
caráter dessa prática [profissional] na sociedade atual" (Iamamoto,
1982, p. 93).[383] Vejamos como a autora elabora a sua interpretação
alternativa, que pretende se oferecer como um *tertium datur* para
estas duas colocações que julga, corretamente, como unilaterais.

A base da interpretação de Iamamoto é a sua concepção acerca
da produção (que é produção e reprodução) das relações sociais, que
ela fundamenta e desenvolve ao longo do primeiro capítulo do seu
ensaio. Calcada numa reflexão que se desdobra colada aos textos
marxianos fundamentais — em especial *O capital*, inclusive apelando ao inédito capítulo VI, mas recorrendo ainda aos *Grundrisse*[384] —,

---

inédito em livro; também inédito em livro está o capítulo final, "Legitimidade e crise do
Serviço Social". Como já se indicou, as partes publicadas estão em Iamamoto e Carvalho (1983,
p. 29-123 [cf. as notas 282 e 348. Nota da 2ª edição]).

383. Na sua crítica ao voluntarismo profissional — viés que permeou boa parte das
propostas da reconceptualização latino-americana —, Iamamoto chama a atenção para dois
aspectos fulcrais dessa postura equivocada: a sua tendência a deslocar os papéis dos *partidos
políticos* e a minimização indevida do *caráter profissional* da intervenção do Serviço Social;
veja-se a sua pontuação: a postura voluntarista, "ao superestimar a eficácia política da atividade profissional subestima o lugar das organizações políticas das classes sociais no processo de transformação da sociedade [... e,] por outro lado, parece desconhecer a demanda do
mercado de trabalho" (Iamamoto, 1982, p. 93).

384. Não há dúvida de que, entre os autores de Serviço Social, Iamamoto é o que mais
apropriadamente recorre às fontes *originais* marxianas. Na sua competente leitura de Marx,
ressalto um elemento nuclear: ela conjuga com segurança os textos "maduros" com as obras
"de juventude" (especialmente os *Manuscritos de 1844*, mas ainda *A ideologia alemã*), recusando com firmeza as tolices referentes ao "corte epistemológico". Eis por que ela compreendeu
com muita justeza a relação entre a problemática da *alienação* e as formulações acerca do
fetichismo (Iamamoto, 1982, p. 41-43, 64).

a argumentação de Iamamoto prima pelo rigor teórico e pela congruência crítica: ela recupera, a partir da rica categoria de *produção social*, a *especificidade histórica* da ordem burguesa, com a *processualidade* das relações sociais sendo resgatada pelo desvelamento dos mecanismos da *reificação*. Para tanto, Iamamoto procede a um tratamento inicialmente sistemático da produção social *capitalista*: tomando-a como "relação social entre pessoas, entre classes sociais que personificam determinadas categorias econômicas" (Iamamoto, 1982, p. 12), sustenta que "o capital é a relação social determinante que dá a dinâmica e a inteligibilidade de todo o processo social", supondo necessariamente o trabalho assalariado: "Capital e trabalho assalariado são uma unidade de diversos; um se expressa no outro, um recria o outro, um nega o outro" (idem, ibidem). A reificação das categorias econômicas, própria da socialidade burguesa, é em seguida dissolvida com a crítica das *formas fenomênicas* de que se revestem — com Iamamoto retomando, passo a passo, a análise marxiana das *metamorfoses do capital*, centralizando-se, no desenvolvimento da reflexão, a problemática do *processo de trabalho.* A constituição das *classes sociais* é posta na imanência mesma da produção *social*, numa perspectivação totalizante do processo das relações sociais.[385] Mediatamente, a reflexão de Iamamoto ultrapassa a positividade típica da emergência dos processos sociais na ordem burguesa e reconstrói a sua dinâmica essencial e estrutural, contemplando a complexidade contraditória em que a produção *material* imbrica-se na produção de *relações sociais* (as classes, sua cotidianidade e seu modo de vida), *políticas* (o Estado) *e ideoculturais* (ideologia, ciência). Na análise inicialmente sistemática ganha densidade gradual a dimensão histórica, que adquire gravitação como explicitação do movimento que os passos sistemáticos desvelam: a historicidade do sistema de relações constitutivas da ordem burguesa é inerente a elas — e sistema e história se implicam e explicam. Em sua globalidade, a análise restitui o *movimento* da ordem burguesa: a produção social capitalista

---

385. Um dos pontos fortes da análise de Iamamoto é a preservação da *perspectiva da totalidade* — voltaremos a isso.

pōe e repōe, em meio a contradições e antagonismos, o *conjunto* de relações sociais que é a realidade social em que se movem as *dramatis personae* do universo burguês.

Este complexo de determinações é fundamental para o prosseguimento da reflexão de Iamamoto. Sobre ele vão se articular todas as suas elaborações ulteriores: a concretização, que nele se alcança, da sociedade burguesa como espaço de tensões, com níveis e instâncias dotados de legalidade e autonomia particulares — postos e apreendidos os sistemas de mediação que os vinculam à sociedade recuperada como totalidade —, esta concretização é determinante para dilucidar a constituição e a funcionalidade profissionais do Serviço Social.

Antes de avançar, para acompanhar a reflexão da autora, é importante realçar um elemento axial, que a singulariza dentre as elaborações construídas no marco do Serviço Social: *a justa compreensão que Iamamoto tem da postura teórico-metodológica marxiana.* Provavelmente auxiliada pelo fato de enfrentar as fontes "clássicas", só adjetivamente recorrendo a intérpretes,[386] ela consegue superar os vieses mais generalizados na tradição marxista e comprometer-se com a perspectiva ontológica original de Marx.[387] É esta correta postura teórico-metodológica que garante a Iamamoto uma angulação do processo social que está sempre inscrita no *ponto de vista da totalidade* (que, desde 1923, Lukács insistia ser o próprio e o pertinente do método de Marx) e lhe assegura a base para procedimentos sempre felizes na caça às mediações.

O altíssimo nível de elaboração que Iamamoto atinge na abertura do seu ensaio, todavia, não se mantém no segundo capítulo, dedicado a tematizar a divisão social do trabalho — tematização

---

386. E, quando a eles recorre, fá-lo com critério — veja-se, por exemplo, o seu apelo a Lefebvre.

387. O que é tanto mais notável se se leva em conta que, segundo todos os indícios, Iamamoto, à época, desconhecia os trabalhos lukacsianos que polemizavam contra as deformações (neo)positivistas da herança de Marx.

necessária para localizar, sistemática e historicamente, o espaço *profissional* do Serviço Social. Não se trata de um conjunto de pontuações anódinas o que ela nos apresenta aqui; ao contrário, continuando a apoiar-se basicamente na bibliografia "clássica", Iamamoto apanha corretamente a gênese da divisão social do trabalho[388] e centra seus cuidados na estrutura dinâmica com que ela se configura na ordem burguesa (sobre a universalização mercantil). Reconstituindo as formas com que a divisão social do trabalho vem se revestindo da manufatura à grande indústria, Iamamoto agarra — sempre seguindo os passos marxianos — fenômenos e processos substantivos, faz distinções categoriais da máxima relevância (cf. esp. Iamamoto, 1982, p. 80-82) e compreende lucidamente as incidências próprias dos sistemas automatizados; muito especialmente, ela capta as principais implicações deste andamento ao nível do processo de trabalho e da população trabalhadora (idem, ibidem, p. 83 ss.); nesta passagem, ela já abre a via para o esclarecimento do que serão as *políticas sociais* na ordem burguesa consolidada e madura. Afinando ainda mais a sua reconstituição da dinâmica capitalista, num diapasão que rompe completamente com o moralismo característico das construções do Serviço Social,[389] Iamamoto totaliza a sua análise da divisão social do trabalho rebatendo-a na sociedade global (Iamamoto, 1982, p. 86-88) e, seguindo o Gramsci de "Americanismo e fordismo" na consideração das mediações requeridas para a adequação da força de trabalho aos mecanismos da ordem urbano-industrial, aponta

---

388. Há apenas um deslize da autora, neste capítulo: ela afirma, sociologisticamente, que "a divisão *social* do trabalho e a consequente determinação dos indivíduos a certos ramos de atividades profissionais é *uma característica comum a todas as sociedades*" (Iamamoto, 1982, p. 62; grifos nossos). Existe aqui uma *hipostasia* da divisão *social* do trabalho que, acreditamos, não encontra pleno suporte em Marx (cf. especialmente Marx, 1968 e Marx e Engels, 1977, além de inúmeras passagens de *O capital*).

389. Neste sentido, Iamamoto apreendeu a medula da ótica marxiana. Ao longo de todo o seu trabalho, o traço especificador da relação entre capital e trabalho é a *exploração*; conexamente, o caráter progressista e revolucionário, historicamente dado, da produção capitalista, com sua necessária contrapartida de barbárie, é incorporado plenamente na análise. Aqui se está nas antípodas de qualquer eticismo.

para as *instituições sociais* que, especializado o trabalho coletivo, põem o espaço elementar para profissões como o Serviço Social.[390]

A análise é correta, mas insatisfatória; é necessária, mas insuficiente; se apreende com justeza os processos *basilares* da divisão social do trabalho inerentes à dinâmica capitalista, não avança para concretizá-los na mesma escala em que seu potenciamento na ordem burguesa consolidada, depois tardia, implica em uma complexidade crescente na estrutura social (com uma diferenciação interna e externa das classes fundamentais), que exige a pesquisa de processos novos e mais sutis (ainda que extremamente ponderáveis) que os basilares estudados pela autora. Numa palavra, Iamamoto não conseguiu aprofundar as fecundas indicações rnarxianas de que se socorre com procedência. Apontando embora para o espaço social a ser ocupado por desempenhos profissionais do gênero do Serviço Social, sua análise — no plano estrito da divisão social do trabalho — carece de um *desenvolvimento teórico* que dê conta das múltiplas (e novas) segmentações do trabalho coletivo na dinâmica capitalista contemporânea. Se é verdade que, ao tratar da inserção do Serviço Social nesta dinâmica, Iamamoto vai obter resultados profícuos, é igualmente certo que estes não comparecem plenamente fundados neste passo da sua elaboração. Em nosso juízo, à autora faltou o suporte de análises mais modernas, a partir do exame do movimento mais recente da ordem burguesa, acerca das modalidades novas mediante as quais se realizam os processos basilares que identificou.[391]

---

390. "[...] O controle do operário extrapola o âmbito fabril, sendo complementado por instituições sociais que, em nome do capital, contribuem para o estabelecimento de meios de tutela e normatização da vida do trabalhador, socializando-o de modo a adaptá-lo à disciplina e aos métodos de trabalho requeridos pela organização industrial" (Iamamoto, 1982, p. 87).

391. Além das fontes "clássicas", neste capítulo Iamamoto se socorre da citação de Gramsci, de umas poucas páginas de Lefebvre e só de dois registros substantivos: o trabalho de Braverman (1987) e os estudos recolhidos em Gorz [org.], (1980). Com o apoio de aportes tão parcimoniosos, realmente, não há muito a acrescentar ao que já fora estabelecido nas fontes "clássicas".

Quando Iamamoto enfrenta — no terceiro capítulo do seu ensaio — "o Serviço Social no processo de produção das relações sociais", o que pretende é "captar o *significado social dessa profissão na sociedade capitalista*, situando-a como um dos elementos que participa da reprodução das relações de classes e do relacionamento contraditório entre elas"; seu objetivo concentra-se num "esforço de *compreender a profissão* historicamente situada, configurada como um tipo de especialização do trabalho coletivo dentro da divisão social do trabalho peculiar à sociedade industrial" (Iamamoto, 1982, p. 89; grifos originais).

Retomando as considerações teóricas elaboradas no primeiro capítulo do seu ensaio, a autora circunscreve a reprodução das relações sociais como "totalidade concreta em movimento, em processo de estruturação permanente", que é a própria "reprodução da totalidade do processo social" (Iamamoto, 1982, p. 91). A inserção do Serviço Social, como operação teórico-crítica, na reprodução das relações sociais, contemplada a profissão como "realidade vivida e representada na e pela consciência de seus agentes" e como "atividade socialmente determinada pelas circunstâncias sociais objetivas que conferem uma direção social à prática profissional" — níveis nem sempre coincidentes e simétricos (idem, ibidem) —, esta inserção é que interessa a Iamamoto. E ela a concretiza inscrevendo a prática profissional no terreno das intermediações entre as classes sociais fundamentais: entende Iamamoto que só neste *campo mediador* o Serviço Social existe como profissão e tem determinadas as suas alternativas de ação.[392] A partir desta determinação crucial, a

---

392. "Como as classes fundamentais e suas personagens só existem em relação pela mútua mediação entre elas, a atuação do assistente social é necessariamente polarizada pelos interesses de tais classes, tendendo a ser cooptado por aqueles que têm uma posição dominante. Reproduz também, pela mesma atividade, interesses contrapostos que convivem em tensão. Responde tanto a demandas do capital como do trabalho e só pode fortalecer um ou outro polo pela mesma mediação do seu oposto. Participa tanto dos mecanismos de dominação e exploração como, ao mesmo tempo e *pela mesma atividade*, da resposta à sobrevivência da classe trabalhadora e da reprodução do antagonismo desses interesses sociais, reforçando as contradições que constituem o *móvel básico da história*. A partir dessa compreensão é que se

DITADURA E SERVIÇO SOCIAL

autora dirige a sua análise para os núcleos constitutivos do processo de configuração profissional do Serviço Social, tomada esta configuração no marco da divisão social do trabalho.[393]

Iamamoto situa a emergência do Serviço Social na transição do capitalismo concorrencial ao monopolista: mostra como a "questão social", então, demanda a intervenção sistemática do Estado, mediante políticas sociais que incidem sobre o conjunto das camadas trabalhadoras, incluído aí o exército industrial de reserva (Iamamoto, 1982, p. 96 ss.);[394] rastreada a natureza econômico-social desta intervenção, ela verifica, com lucidez, que o trânsito do caritativismo filantrópico à intervenção profissional institucionalizada dá-se historicamente quando ocorre "a centralização e racionalização da atividade assistencial e de prestação de serviços sociais pelo Estado, à medida que se amplia o contingente da classe trabalhadora e sua presença política na sociedade" (Iamamoto, 1982, p. 98).[395] A afirmação profissional se realiza, contudo, repondo duas ambiguidades: a

---

pode estabelecer uma *estratégia profissional e política, para fortalecer as metas do capital ou do trabalho,* mas não se pode excluí-las do contexto da prática profissional, visto que as classes só existem inter-relacionadas. É isto, inclusive, que viabiliza a possibilidade de o profissional colocar-se no horizonte dos interesses das classes trabalhadoras" (Iamamoto, 1982, p. 94; grifos originais).

393. O Serviço Social "afirma-se como um tipo de especialização do trabalho coletivo, ao ser expressão de necessidades sociais derivadas da prática histórica das classes sociais no ato de produzir e reproduzir os meios de vida e de trabalho de forma socialmente organizada. O desenvolvimento das forças produtivas e as relações sociais engendradas nesse processo determinam *novas necessidades sociais e novos impasses* que passam a exigir *profissionais especialmente qualificados* para o seu atendimento, segundo os parâmetros de 'racionalidade' e 'eficiência' inerentes à sociedade capitalista" (Iamamoto, 1982, p. 96; grifos originais).

394. Neste passo, Iamamoto refere-se também à emergência da profissão no Brasil, com observações extremamente argutas; deixaremos de mão este estrato da sua argumentação (depois retomado no último capítulo do seu ensaio), uma vez que, nela, o central é a análise da instituição profissional (cf. nota 382).

395. Para a autora, esta colagem organizacional-institucional com que emerge o Serviço Social determina que não se possa "pensar a profissão no processo de reprodução das relações sociais independentemente das organizações institucionais a que se vincula, como se a atividade profissional se encerrasse em si mesma e seus efeitos sociais derivassem, exclusivamente, da atuação do profissional" (Iamamoto, 1982, p. 99). Consideramos esta pontuação fundamental para a análise da profissão.

da referência liberal do assistente social, na verdade um assalariado, de onde uma considerável labilidade nas funções que se lhe atribuem (Iamamoto, 1982, p. 100-101); a da disjuntiva entre quem demanda os seus serviços — os trabalhadores — e quem os remunera — patronato/Estado —, de onde o caráter "impositivo" da sua atuação (Iamamoto, 1982, p. 104-105). Neste espaço, o assistente social é um "intelectual subalterno" (Iamamoto, 1982, p. 110), com o Serviço Social aparecendo "como uma tecnologia social e o profissional como um técnico cuja atuação é geralmente mediatizada pela prestação de serviços sociais em instituições que implementam políticas sociais específicas" (Iamamoto, 1982, p. 111).[396] Eis por que, em seguida, Iamamoto é levada a discutir a natureza desses *serviços sociais*. Indicando a sua conexão com os "direitos sociais" componentes da *cidadania* tematizada por Marshall, Iamamoto disseca os serviços sociais nas suas determinações econômicas, sociais e político-ideológicas. Ela mostra como tais serviços são a *redistribuição*, via Estado, de parcela do valor criado pelos trabalhadores e deles extraída pelos capitalistas; revela como são, por um lado, *conquistas* das lutas populares e democráticas que, por outro, são travestidas de *concessões/doações* pelos aparatos institucionais que os viabilizam, com todas as implicações ideológicas daí decorrentes (Iamamoto, 1982, p. 113-116).

Somente após esgotar esses núcleos temáticos é que a nossa autora vai apanhar o *significado social* da profissão; esta é situada "no processo da reprodução das relações sociais, fundamentalmente como uma atividade *auxiliar e subsidiária no exercício do controle social e na difusão da ideologia da classe dominante junto à classe trabalhadora*" (Iamamoto, 1982, p. 116; grifos originais); esta determinação, todavia, não é unilateralizada, já que a autora afirma que o Serviço

---

396. Vê-se, pois, que Iamamoto, sem excluir "a possibilidade e a necessidade de o profissional produzir conhecimentos científicos, contribuindo para o acervo das ciências humanas e sociais, numa linha de articulação dinâmica entre teoria e prática" (Iamamoto, 1982, p. 110), *não* pensa o Serviço Social como saber autônomo com estatuto científico; pensando-o como prática profissional, como *tecnologia social*, ela desloca inteiramente a questão do seu objeto, objetivos, método, especificidade etc., para a resolução das dimensões do seu *significado social*.

Social *"participa, também, ao lado de outras instituições sociais, das respostas legítimas de sobrevivência da classe trabalhadora face às suas condições de vida, dadas historicamente"* (idem, ibidem, p. 117; grifos originais). Esta contínua cautela para não reduzir as contradições que constituem e permeiam o espaço social em que se inscreve a profissão, para apreender e formular o antes referido *tertium datur* da sua especificidade, baliza toda a reflexão subsequente de Iamamoto. Num primeiro passo, ela desenvolve a relação entre Serviço Social e a reprodução da força de trabalho; no segundo, entre a profissão e a reprodução do controle social e da ideologia dominante.[397] Nestas páginas (Iamamoto, 1982, p. 121-149), a reflexão da autora recupera o alto nível que caracterizou o capítulo de abertura do seu ensaio: aqui já não se trata mais, como lá, de reproduzir teoricamente o movimento da dinâmica capitalista; trata-se de pensar o movimento do Serviço Social como *constituído por e constituinte de tal dinâmica*, e Iamamoto, sempre atenta à contraditoriedade que perpassa a atividade profissional, vai reconstruindo, num andamento sistemático e histórico, a configuração *funcional* (econômico-social e sociopolítica) do Serviço Social, ao mesmo tempo em que a imbrica organicamente a seus componentes particulares. Neste procedimento teórico-crítico, a inspiração da fonte marxiana revela-se inteira: o objeto real (a estrutura da atividade profissional) é reproduzido teoricamente mediante a crítica da sua funcionalidade (econômico-social, política e ideológica), e a pluridimensionalidade do Serviço Social (enquanto conjunto de manipulações prático-empíricas e enquanto aporte ao controle ideocultural) é explorada intensivamente, numa construção intelectual que se pode julgar, sem exageros, um primor de análise crítico-dialética.

Tal ensaio de Iamamoto culmina com a autora procurando probletizar o processo que denomina de "legitimação e crise do

---

397. Como já fomos obrigados a fazer em casos anteriores, aqui só assinalamos os pontos nodais da elaboração de Iamamoto — a leitura do seu texto é que pode restituir sua integralidade e riqueza.

Serviço Social" no Brasil contemporâneo, especialmente sob o ciclo autocrático burguês.[398] Entendendo a prática profissional como "prática em processo", Iamamoto considera que a "crise profissional" é "a expressão, na consciência de seus agentes, da temporalidade dessas práticas, da necessidade de redefinições" (Iamamoto, 1982, p. 153); por outra parte, a "legitimação" diz respeito à garantia de "uma demonstração constante da indispensabilidade [dos serviços profissionais] àqueles de quem tem emanado o poder de delegação de autoridade ao profissional, de requisitar e remunerar o seu trabalho" (idem, ibidem, p. 155). Ora, sustenta a autora, para os profissionais que experimentam a "crise" sem questionar "as bases políticas da legitimação do seu fazer", ela aparece "apenas como imperativo de modernização do aparato técnico-profissional", que se "resolve facilmente no aprimoramento técnico da instituição em função das exigências do processo de acumulação e da modernização do Estado" (Iamamoto, 1982, p. 156); para os profissionais que põem em causa aquelas bases políticas, "crises e legitimação *incorporam as contradições básicas da ordem burguesa*" e, por isto mesmo, apontam para uma "ruptura profunda com o modo de *pensar, de dirigir, de educar daqueles que vivem no patamar superior da sociedade*" (idem, ibidem, p. 157; grifos originais).

Antes de tratar da crise e da legitimação que têm por cenário o Serviço Social no Brasil contemporâneo, Iamamoto vai se interrogar sobre a "questão social" no quadro do capitalismo monopolista no país, uma vez que este é o pano de fundo daquele cenário. Recuperando as melhores análises sobre este pano de fundo (Fernandes e Ianni), Iamamoto (1982, p. 158-173) indica que a intervenção do Estado próprio à organização monopolista sobre a "questão social" passa a exigir um profissional cuja tarefa básica é exercer um papel "articulador da população aos órgãos em que trabalha", operando como "o profissional da coerção e do consenso" (idem,

---

398. Na caracterização do ciclo ditatorial, Iamamoto se remete às formulações de Fernandes (1975) sobre a autocracia burguesa no Brasil.

ibidem, p. 173); reafirma-se aí a natureza da atuação profissional como mais "de cunho predominantemente político-ideológico do que propriamente econômico" — a eficácia de sua atuação junto à clientela é basicamente ideológica, sob a aparência tecnificada (idem, ibidem, p. 177). Os traços tradicionais do Serviço Social — sua "imagem social", seu perfil de profissão "feminina", o papel intelectual assistente social, a ambiguidade do seu estatuto (liberal/ assalariado) etc. —, em face das exigências novas postas pelo trato da "questão social" (em todos os níveis societários) pelo Estado da organização monopólica, atualizam a dialética crise/legitimação; e Iamamoto visualiza, na sua evolução, duas vertentes profissionais, a *modernizadora* e a que pretende uma *ruptura* com a herança conservadora do Serviço Social.[399]

No exame da primeira dessas vertentes (Iamamoto, 1982, p. 193-217), a autora repassa a emergência do Serviço Social no Brasil, sob o signo do catolicismo, mas privilegia a vinculação histórica e ideocultural da profissão com o *pensamento conservador*, e, salvo erro, Iamamoto é o primeiro profissional brasileiro a discutir esta vinculação. Na análise desta conexão, ressaltando as dimensões reformistas utópicas do conservadorismo (que pensa praticamente só em suas versões europeias), Iamamoto faz uma série de observações percucientes; no entanto, quer-nos parecer que a sua abordagem está longe de um enfoque satisfatório, na medida em que seu procedimento analítico surge enviesado por uma abordagem especialmente sociológica.[400] O privilégio que Iamamoto concede ao

---

399. "Na vertente modernizadora, que vivencia a crise profissional como atualização da instituição [Serviço Social] e reforço de suas bases de legitimação junto às instâncias mandatárias, acentuam-se as *mudanças de forma* do discurso e da prática, mantidos os vínculos do intelectual com o poder. Na tendência que se lança na tentativa de ruptura com a herança conservadora do Serviço Social, problematiza-se os requisitos e as dificuldades vivenciadas pelo intelectual que se orienta para um outro projeto de sociedade, através de uma prática efetivamente inovadora" (Iamamoto, 1982, p. 193; grifos originais).

400. Aqui, sim, Iamamoto opera uma aproximação rigorosamente sociológica ao conservadorismo — não é casual que suas fontes sejam, quase exclusivamente, Mannheim e Nisbet. As fragilidades dessa abordagem são evidentes, desde a suposição gratuita segundo a qual

pensamento conservador é pertinente para o seu percurso crítico: para ela, o que a vertente modernizadora do Serviço Social no Brasil faz, no pós-64, é *atualizar* a herança conservadora da profissão, de forma a adequá-la "às novas estratégias de controle e repressão da classe trabalhadora, efetivadas pelo Estado pelo grande capital, para atender às exigências da política de desenvolvimento com segurança" (Iamamoto, 1982, p. 213). Ao desdobrar seu enfoque desta atualização, Iamamoto tece considerações muito argutas sobre esta vertente profissional.[401] Sua análise global da vertente modernizadora, porém, parece-nos muito sumária, entre outras razões por subsumir nela componentes que, como tentamos destacar (cf. seções 2.2.4, 2.3 e 2.4), podem e devem ser tratados distintamente.

Também sumária é a apreciação da autora sobre a vertente que intenta a ruptura com a herança conservadora da profissão (Iamamoto, 1982, p. 217-223). Sinalizando que esta vertente deita raízes nos anos 1960, que expressa um movimento que transcende as fronteiras da profissão e que se conecta à reconceptualização, Iamamoto assevera que ela é "uma *procura*, uma *luta por alcançar novas bases de legitimidade da ação profissional do assistente social, que reconhecendo as contradições sociais presentes nas condições do exercício profissional, busca colocar-se, objetivamente, a serviço dos interesses dos usuários*" (Iamamoto, 1982, p. 219-220; grifos originais). A dimensão claramente *política* dessa ruptura, todavia, implica "*no enriquecimento do instrumental científico de análise da realidade social e no acompanhamento atento da dinâmica conjuntural*" (idem, ibidem, p. 220; grifos originais). Vale dizer: para Iamamoto, um novo dimensionamento *político* da profissão supõe o atendimento de *requisições teóricas e intelectuais* novas.

"a mentalidade conservadora não possui predisposição para teorizar" (Iamamoto, 1982, p. 203) até a minimização efetiva do peso da própria sociologia (e do conjunto das ciências sociais) na sua constituição.

É curioso notar como a autora, tão fiel à inspiração marxiana na análise da dinâmica capitalista, deriva, ao tratar de um veio ideocultural que só no seu marco adquire a sua relevância precípua, para um enfoque alheio à sua inspiração original (cf. infra, nota 403).

401. Cf. nomeadamente as suas notações sobre a psicologização das relações sociais e sobre o transclassismo já referido noutra seção deste capítulo (Iamamoto, 1982, p. 215-216).

Seguramente, ao seguir os passos principais da reflexão de Iamamoto, nem de longe sugerimos a sua riqueza e fecundidade. Mas este não era o nosso objetivo: o que visávamos era apontar a característica central da sua elaboração — consistente na interpretação do Serviço Social a partir da sua inserção na dinâmica capitalista, à luz de uma inspiração teórico-metodológica haurida direta e legitimamente na fonte marxista. É nítida a originalidade de Iamamoto: reside na modalidade de compreensão do Serviço Social erguida sobre a análise do processo de produção (e reprodução) das relações sociais na ordem burguesa; mas esta originalidade só é concebível a partir do seu posicionamento teórico-metodológico — precisamente a angulação extraída com fidelidade de Marx. Trata-se de uma chave compreensiva — ao que saibamos, levada a cabo, com as notas pertinentes que vimos, pela primeira vez no marco profissional por Iamamoto — que *subverte* o enquadramento crítico-analítico do Serviço Social: com ela, as problemáticas internas (intrínsecas) da profissão encontram a base para um equacionamento novo e correto; a ótica da tecnologia social (*tal como a fundamenta Iamamoto*) permite situar histórica e sistematicamente as questões de teoria, método, objeto e objetivos profissionais no âmbito que lhes é precípuo: *o da profissionalidade que se constrói nos espaços da divisão sociotécnica do trabalho,* tensionados mediatamente pelo rebatimento das *lutas de classes.*

Ao longo da nossa argumentação, sinalizamos que a elaboração de Iamamoto, exemplar, não passa sem reparos. Cumpre destacar, entre outras reservas cabíveis, duas que não são meramente tangenciais. A primeira diz respeito ao tratamento extremamente parcimonioso que Iamamoto confere às *projeções e lutas sociopolíticas* enquanto tais na dinâmica capitalista; ainda que as refira com correção, a ausência de uma explícita ênfase na sua relevância pode abrir a via a interpretações do seu pensamento que apontem para o risco de impostações economicistas — que, em nosso juízo, são infirmadas pela articulação interna da reflexão da autora.[402] A segunda é relativa

---

402. Esta interpretação parece ser a que faz Faleiros (1987, p. 65); creio, todavia, que desdobramentos a partir da própria análise de Iamamoto podem contestá-la.

ao deslocamento dos referenciais teórico-metodológicos quando Iamamoto centra a sua atenção sobre configurações ideoculturais significativas na ordem burguesa (cf. nota 400); aí, as mais profícuas sugestões da tradição marxista são substituídas pelo sociologismo.[403]

Estas pontuações críticas, entretanto, se esbatem diante da essencialidade da contribuição de Iamamoto: ela consiste no primeiro tratamento rigoroso do Serviço Social, no interior da reflexão brasileira, que apreende a instituição profissional na perspectiva teórico-metodológica crítico-dialética haurida a partir de um trabalho sistemático sobre a fonte marxiana; e mais: as resultantes desta apreensão, pela sua natureza mesma, infletem os rumos do debate profissional, qualificando-o teórica e politicamente. Neste sentido é que se pode afirmar que, com a elaboração de Iamamoto, a vertente da intenção de ruptura se consolida no plano teórico-crítico. E se o faz pelo resgate da inspiração marxiana, é no seu leito que podem ser colmatadas as lacunas e solucionados os problemas que a própria autora não equacionou inteiramente.

2.5.5 Intenção de ruptura e modernidade

Consolidada nos desdobramentos do resgate da inspiração marxiana, mas sem se restringir exclusiva e estritamente à impostação que lhe foi conferida na fundamental reflexão de Iamamoto, antes se diversificando com a incorporação de outros influxos, em seguida a elaboração própria do projeto de ruptura foi se adensando com contributos de assistentes sociais que, de uma maneira ou de outra, acabaram por construir um acervo de representações que, sem

---

403. Iamamoto ressente-se claramente aqui do desconhecimento do acervo crítico da tradição marxista sobre o pensamento conservador; é surpreendente como ela trata, por exemplo, a problemática da "comunidade" (Iamamoto, 1982, p. 203-205) ignorando a polêmica *marxista* acerca do anticapitalismo romântico; é evidente que, à época em que redigia o seu ensaio, Iamamoto ignorava as contribuições fundamentais, entre outros, de Lukács, Adorno e Horkheimer, Williams e Goldmann.

dúvida, coloca o debate profissional no Brasil num nível que resiste tranquilamente ao cotejo com toda a reflexão sobre o Serviço Social situada nos países capitalistas periféricos (e não só).

Mas a contribuição da perspectiva da intenção de ruptura ao processo de renovação do Serviço Social no Brasil demanda um exame da literatura profissional que escapa aos limites deste estudo — especialmente na medida em que supõe a consideração da produção intelectual objetivada a partir do segundo terço da década de 1980, lapso que desborda aos marcos da nossa análise.

Ao longo destas páginas, no entanto, foram tangenciados elementos que oferecem alguns dos tópicos principais que deverão ser contemplados quando se apresentar a ocasião para um balanço das conquistas desta vertente renovadora.[404] Parece claro que estes tópicos estão numa íntima relação com as bases sociopolíticas que suportam o projeto da ruptura e com o referencial teórico-metodológico de que ele se socorre — componentes aliás estritamente vinculados. Prendendo-se à expressão ideopolítica dos interesses históricos do arco de forças centralizado pela classe operária e recuperando a perspectivação da teoria social de Marx com a incorporação da tradição marxista (ambos os movimentos realizando-se com os problemas precedentemente indicados), a intenção de ruptura enriqueceu o debate profissional com um elenco de núcleos temáticos e propostas crítico-analíticas que o tornaram *contemporâneo* das polêmicas e alternativas do universo cultural mais avançado da área das ciências sociais.

Apenas sinalizando o que com mais relevo aparece neste enriquecimento, vale assinalar que é com a vertente da intenção de ruptura que repercutem produtivamente no Serviço Social no Brasil as questões referentes à dinâmica contraditória e macroscópica da sociedade, apanhadas numa angulação que põe em causa a produção social (com a ênfase na crítica da economia política), que ressalta a importância da estrutura social (com o privilégio da análise das

---

404. Cf. especialmente as seções 2.2.4, 2.5.2 e 2.5.3.2 e as notas 287, 290 e 318.

classes e suas estratégias), que problematiza a natureza do poder político (com a preocupação com o Estado) e que se interroga acerca da especificidade das representações sociais (indagando-se sobre o papel e as funções das ideologias). Esta constelação simbólica só ingressa no mundo mental dos assistentes sociais brasileiros mercê das elaborações conectadas à perspectiva da intenção de ruptura. E é precisamente a partir de suas matrizes que se pôde colocar o rol de inquietudes relativas ao processo histórico do Serviço Social, sua relação com as estratégias de classes e o poder condensado no Estado, sua articulação com as várias construções ideológicas e seu processamento como prática profissional no âmbito de instituições sociais determinadas. A requisição que dela derivou — a do assistente social como um tipo particular de *intelectual* — colaborou decisivamente para girar a face do profissional, propondo-o, ademais de um agente técnico especializado, como um protagonista voltado para o conhecimento dos seus papéis sociopolítico e profissional, envolvendo exigências teóricas mais rigorosas.

Este enriquecimento do debate profissional contém ainda implicações prático-operativas de indescartável gravitação (ainda que sua exploração esteja longe do patamar necessário para que o caráter de intenção desta perspectiva seja superado). O esclarecimento cuidadoso da inserção da profissão na divisão sociotécnica do trabalho e sua localização na estrutura sócio-ocupacional e a compreensão histórica da sua funcionalidade no espaço de mediações entre classes e Estado redimensionam amplamente o alcance e os limites da sua intervenção, bem como o estatuto das suas técnicas, objetos e objetivos.[405] Ou seja: a renovação crítico-analítica viabilizada pelo desenvolvimento teórico da perspectiva da intenção de ruptura propicia novos aportes no nível prático-operativo da profissão — de onde, por exemplo, a circunscrição de formas alternativas de intervenção, no bojo das políticas sociais, junto a movimentos sociais e

---

405. Não interessa, agora, remeter à documentação que funda este nosso conjunto de observações — só cabe assinalar que a produção vinculada à perspectiva da intenção de ruptura, ao longo dos anos 1980, corrobora-o inteiramente.

o reequacionamento do desempenho profissional no marco da assistência pública.

O balanço, extremamente necessário, dos avanços possibilitados pelo contributo da intenção de ruptura deverá salientar, também, que o enriquecimento profissional sugerido operou-se com a conjunção de dois componentes que, indubitavelmente, são marcantes: de um lado, uma ponderável *abertura e ampliação de horizontes ideoculturais*, que permitiu à profissão aprofundar o rompimento com a notória endogenia das suas representações; de outro, um sensível *elemento crítico*, responsável pela introdução, no terreno das representações profissionais, de um confronto de ideias e concepções antes não registrado.

Entretanto, a significação maior da emersão, do desenvolvimento e da consolidação da perspectiva da intenção de ruptura — consideradas as suas produções até o momento presente — é outra, e a ela deve ater-se o balanço reclamado: trata-se da relação, que veio a ser estabelecida no Brasil pelo projeto da ruptura, entre *Serviço Social e modernidade*.

Desde a divulgação, entre nós, do interessante ensaio de Berman (1987), a discussão sobre a *modernidade* ganhou foros de novidade e rebateu nos meios profissionais, encontrando ecos na literatura empenhada em seguir o que há de ressonante nos veículos de comunicação social mais apreciados pela intelectualidade[406] — e logo a retórica do "moderno" desdobrou-se na do "pós-moderno". Curiosamente, o "moderno" (e o "pós-moderno") não se qualifica, não se determina nesta literatura, constituindo antes um traço num jogo de espelhos em que parece predominar o diversionismo teórico e ideológico: é como se todas as categorias teóricas se desmanchassem no ar do impressionismo. Ora, sem uma clarificação elementar, o "moderno" e o "pós-moderno" arriscam-se a se converter no pré-cafona.[407]

---

406. Cf., p. ex., o ensaio de Falcão, in Netto e Falcão (1987) e a tese de Rodrigues (1988, p. 54 ss.).

407. Para retomar a *blague* do pensador catalão Raul Matteos Castell.

A modernidade se dimensiona efetivamente na ordem burguesa consolidada e madura: é a civilidade da organização societária urbano-industrial, com o perfil das classes sociais fundamentais nitidamente conformado, com as relações sociais embasadas no contratualismo e na distinção inteira entre o indivíduo e o cidadão, com a vigência da igualdade jurídico-política, com a liquidação de quaisquer meios de violência extra-econômica para a apropriação privada do excedente socialmente produzido, com a definição das fronteiras entre sociedade civil e Estado, com a mercantilização de todas as objetivações humanas, com a agilidade da indústria cultural, com a planetarização do mundo pela mediação do mercado, com a secularização e a laicização das formas de socialização e controle social e com a relativa autonomização real e a separação formal entre poder econômico e representação política. Em poucas palavras — como o viu premonitoriamente Baudelaire e o experimentou dramaticamente Benjamin —, a modernidade é a contraface ideocultural problemática da maturação plena da ordem burguesa, envolvendo a totalidade da vida social: das atividades pelas quais o indivíduo se reproduz diretamente ao reproduzir indiretamente a sociedade — ou, na concepção de Heller (1975), o plano da *cotidianidade* — às objetivações mais suspensivas e homogeneizantes do ser social, capazes de vincular a existência prático-imediata do indivíduo ao nível do humano-genérico — na concepção de Lukács (1966-1967), os planos do *trabalho criador, da ciência e da estética.*

Se é assim, a modernidade apresenta-se como um dado recente na formação social brasileira — variável mesma de uma revolução burguesa tardia que, operando-se na periferia do sistema capitalista e no estágio histórico-universal do esgotamento mesmo da ordem burguesa como padrão societário, só pode ser "atípica" em face dos seus paradigmas dos séculos XVIII e XIX: só pôde realizar-se imediatamente pela negação dos seus projetos históricos originais e coroar-se mediatamente através de mecanismos autocráticos. É o regime autocrático burguês que atua, no Brasil, como o promotor das bases necessárias à modernidade que, como tal, colide com ele; a ultrapassagem deste regime, com as franjas burguesas mais lúcidas — sob a pressão proletária e popular — pretendendo derivar a sua dominação de um papel dirigente, põe o conjunto de condições pertinentes à modernidade.

Ora, é precisamente na perspectiva da intenção de ruptura que se plasmam as conotações inerentes a um exercício profissional (e suas representações) compatível com a modernidade: o reconhecimento dos projetos societários diferenciados das classes e dos parceiros sociais, a compreensão da dinâmica entre classes/sociedade civil/Estado, a laicização do desempenho profissional, a assunção da condição mercantilizada dos serviços prestados pelo profissional etc.

Este há de ser o fulcro do balanço dos aportes característicos do projeto de ruptura à renovação do Serviço Social no Brasil: com a sua contribuição, o vetor da modernidade (que não se confunde com o da modernização) atravessa a profissão. E não é um paradoxo que, ao introduzir as dimensões da modernidade nas representações profissionais, a perspectiva da intenção da ruptura faça-o visando à sua superação: sistemática e historicamente, ou seja: teórica e praticamente, a elaboração da modernidade segregou sempre a sua crítica — teórica e prática.

2.6 A renovação profissional: caminho e viagem

O processo de renovação do Serviço Social no Brasil, sob a autocracia burguesa, de que nos ocupamos — em suas formulações ideais — no curso deste capítulo, teve os seus traços constitutivos sumariados praticamente na abertura deste segmento do nosso trabalho (cf. seção 1.2). Aqueles traços, contudo, precisamente porque antecipando resultados que só seriam fundamentados com a argumentação ulterior e porque centrados numa apreciação especialmente sócio-histórica, poderiam aparecer como abstratos e extrínsecos naquela altura. O tratamento que em seguida se ofereceu às direções da renovação profissional, tomadas nas suas perspectivas centrais (e estas pensadas através das suas formulações mais representativas), procurou exatamente ultrapassar o que poderia mostrar-se como abstração e extrinsicidade.

Supomos que — sem a menor pretensão de exaurir a complexidade de cada um dos vetores da renovação, e menos ainda de agarrar as sutis dinâmicas internas de cada um deles e entre eles mesmos — o tratamento oferecido revelou-se apto para apanhar o processo global da renovação no plano das (auto)representações profissionais, colocando em relevo seus ganhos e seus problemas cruciais e bosquejando um quadro de conjunto em que o movimento nuclear da renovação aparece na sua essencialidade estrutural. Uma rapidíssima retrospectiva do que se obteve com aquele tratamento talvez seja útil à guisa de fecho deste livro.

Uma primeira abordagem indica que o desenvolvimento do Serviço Social como instituição no Brasil mantém uma conexão clara com o desenvolvimento das relações capitalistas na nossa formação social. Se isso já se evidenciara com a análise da emergência da profissão no país (cf. Carvalho, in Iamamoto e Carvalho, 1983), agora novamente se patenteia: o processo de renovação que examinamos conecta-se ao processo de saturação do espaço nacional pelas relações capitalistas, no andamento posto pela "modernização conservadora" promovida pelo regime autocrático burguês. Particulariza-se aqui a criação e consolidação de um mercado nacional de trabalho para os assistentes sociais (isto é: a generalização e a determinação de *loci* na estrutura da divisão sociotécnica do trabalho) na escala mesma em que a "questão social" torna-se objeto da intervenção macroscópica, sistemática e estratégica do Estado burguês vinculado ao grande capital. Processo que se realizou através de complexos sistemas de mediação que fizeram rebater, com ponderação variada, no âmbito do Serviço Social as características próprias do ciclo autocrático burguês; de onde a nossa atenção às políticas

DITADURA E SERVIÇO SOCIAL   389

educacional e cultural do regime autocrático burguês, condutos que modelaram largamente as possibilidades da renovação profissional — em síntese: as modalidades da renovação não podem ser tomadas como derivações diretas da "modernização conservadora", antes se construindo num plano em que as exigências desta se refratam no confronto com as tradições profissionais, com a adesão ou com a oposição ao seu projeto, mas mediante um corpo de concepções teóricas e ideológicas cuja articulação particular impõe particularidades à adesão e à oposição *profissionais* à "modernização conservadora" e tudo o que ela implicou.

Outra aproximação sugere que, no processo de renovação profissional, repuseram-se tensões históricas que assinalam a constituição do Serviço Social enquanto sistema de (auto)representações. Em todas as direções e perspectivas do processo de renovação profissional levado a cabo no Brasil, constatamos as marcas do sincretismo (com seu inevitável acólito, o ecletismo) que persegue historicamente as (auto)representações do Serviço Social, sempre repostas quando a profissão pretende fundar-se como campo específico do saber ou lastrear a sua legitimidade numa base "científica". Mesmo a análise da perspectiva da intenção de ruptura mostra a enorme dificuldade para superar esta problemática, o que só parece possível quando a especificidade profissional é transladada para a sua inserção na reprodução das relações sociais, compreendendo-se a profissão como tecnologia social (como o faz Iamamoto).

Aproximações outras poderiam ser conduzidas, visando a uma síntese de cariz conclusivo. Quer-nos parecer, entretanto, que o mais importante é retomar a ideia, avançada num dos nossos passos analíticos, segundo a qual o processo de renovação do Serviço Social no Brasil, operado sob a autocracia burguesa, configurou a emergência de um quadro profissional sintonizado com as realidades sociopolíticas e ideoculturais da sociedade brasileira que ultrapassou as constrições do ciclo autocrático burguês. Laicizado e diferenciado, o Serviço Social que atravessa os anos 1980 — com muito mais fidelidade que em qualquer outro momento da sua história no Brasil — expressa a complexidade e a diferenciação pertinentes à contemporaneidade da sociedade brasileira. Nos seus componentes conservadores, modernizantes e contestatórios, as (auto)representações profissionais condensam (é certo que mediata e dissincronicamente) os próprios vetores que comparecem nas lutas e dramas do tecido social brasileiro. Num registro antes impensável, as (auto)representações do Serviço Social no Brasil, na década de 1980 e em função do seu desenvolvimento pós-1964, permitem identificar as grandes linhas de força que tensionam e dinamizam a nossa sociedade.

Em poucas palavras: o que a renovação profissional fez, através da elaboração dos formuladores cujo esforço examinamos em nossa crítica (os quais, repita-se, são apenas um limitado estrato do conjunto de profissionais que se empenhou em repensar diferencialmente o seu exercício técnico e social), foi construir um acúmulo no interior do qual é possível reconhecer — insista-se: pela primeira vez na história do Serviço Social nestas plagas — as tendências fundamentais que mobilizam as classes e os grupos sociais brasileiros no enfrentamento dos problemas da economia, da cultura e da história.

Nesta angulação, até parece que a crítica não passa de um ofício parasitário: ela se alimenta do sangue que circula nas reflexões produzidas pelos profissionais de vanguarda do Serviço Social. Parece, mas não é: a crítica se autoimplica mesmo com o objeto com que se confronta e recusa — adere a ele para transformá-lo e negá-lo, transformando-se e negando-se. Assim é que o intento, aliás compromissado com uma determinada direção do processo renovador, de decodificar, de desnudar e de combater concepções e posições, ao cabo do seu trajeto sempre provisório, não se defronta com destroços: recupera seus sentidos imanentes, compreende a necessária diversidade e a compulsória pluralidade de concepções e posições legitimadas pela riqueza da vida social e a serem preservadas no debate democrático e, enfim, rende-se à evidência que a realidade impõe. A renovação profissional, porque foi capaz de sintonizar as (auto) representações do Serviço Social com a pluridimensionalidade dos projetos que permeiam a sociedade brasileira, constituiu, em si mesma, a contribuição (nem sempre consciente e voluntária, é verdade) dos assistentes sociais para abrir o caminho ao futuro — de sua profissão e da sociedade.

Conhecido o caminho, como o notou lúcida e desesperadamente o jovem Lukács, novo paradoxo: o caminho acabou, a viagem apenas começa.

Referências

ABBAGNANO, N. *História da filosofia*. Lisboa: Presença, 1970. v. XIII.

ABRAMIDES, M. B. C. A ANAS e sua relação com o projeto profissional alternativo de Serviço Social no Brasil: contribuição ao debate. *Serviço Social & Sociedade*, São Paulo, n. 30, ano X, abr. 1989.

ABRAMIDES, M. B. C. et al. (Orgs.). *Repensando o trabalho social*. São Paulo: Cortez, 1984.

ADORNO, T. W. *Prismas*. Barcelona: Ariel, 1962.

_____. *La ideología como lenguaje*. Madrid: Taurus, 1982.

_____. *Adorno*. G. Cohn (Org.). São Paulo: Ática, 1986.

AGUIAR, A. G. *Serviço Social e filosofia*: das origens a Araxá. São Paulo: Cortez/UNICAMP, 1982.

ALAYÓN, N. et al. *Desafío al Servicio Social*. Buenos Aires: Humanitas, 1976.

ALBUQUERQUE, M. A. *Contribuição de alguns pressupostos do personalismo à compreensão da pessoa deficiente mental*: análise de uma experiência com grupos em Serviço Social. Rio de Janeiro: UFRJ, 1984. (Mimeo.)

ALMEIDA, A. A. Reflexão sobre o problema da reconceituação do Serviço Social. *Debates Sociais*, Rio de Janeiro, CBCISS, n. 19, 1970.

_____. O movimento de reconceituação no Brasil: perspectiva ou consciência? *Debates Sociais*, Rio de Janeiro, CBCISS, n. 21, 1975.

ALMEIDA, A. A. *Possibilidades e limites da teoria do Serviço Social*. Rio de Janeiro: Francisco Alves, 1978.

ALTHUSSER, L. *A favor de Marx*. Rio de Janeiro: Zahar, 1979.

_____. *Posições-2*. Rio de Janeiro: Graal, 1980.

ALVES, M. M. *Beabá dos acordos MEC-USAID*. Rio de Janeiro: Gernasa, 1968.

AMMANN, S. B. *Ideologia do desenvolvimento de comunidade no Brasil*. São Paulo: Cortez, 1982.

_____. Produção científica do Serviço Social no Brasil. *Serviço Social & Sociedade*, São Paulo, ano V, n. 14, abr. 1984.

ANDER-EGG, E. et al. *Del ajuste a la transformación*: apuntes para la historia del Trabajo Social. Buenos Aires: Ecro, 1975.

_____; KRUSE, H. *El Servicio Social*: del paternalismo a la conciencia de cambio. Montevideo: Guillaumet, 1970.

ANDRADE, O. S. *O livro brasileiro*: 1920-1971. Rio de Janeiro: Paralelo, 1974.

ANDRADE, R. C. Perspectivas no estudo do populismo brasileiro. In: ENCONTROS COM A CIVILIZAÇÃO BRASILEIRA, 7., Rio de Janeiro, Civilização Brasileira, 1979.

ARCOVERDE, A. C. B. *O coletivo ilusório*: uma reflexão sobre o conceito de comunidade. Recife, Universitária/UFPE, 1985.

ARNS, P. E., Cardeal. Prefácio. *Brasil*: nunca mais. Petrópolis: Vozes, 1985.

ARRUDA, M. et al. *Multinacionals and Brazil*: the impact of multinational corporations in contemporary Brazil. Toronto: Brazilian Studies, LARU, 1975.

ARVON, H. *A filosofia alemã*. Lisboa: Dom Quixote, 1972.

ASSOCIAÇÃO NACIONAL DOS ASSISTENTES SOCIAIS (ANAS). *O Serviço Social nas relações sociais*: movimentos populares e alternativas de políticas sociais. São Paulo: Cortez, 1987.

AZEVEDO, F. *A cultura brasileira*. São Paulo: Melhoramentos, 1971.

BACHELARD, S. *La logique de Husserl*. Paris: PUF, 1957.

BAPTISTA, M. V. *Desenvolvimento de comunidade*: estudo da integração do planejamento do desenvolvimento de comunidade no planejamento do desenvolvimento global. São Paulo: Cortez e Moraes, 1976.

BARATTA, G. *L'idealismo fenomenologico di Edmund Husserl*. Urbino: Argalia, 1964.

BARBOSA, M. M. *Objetivos profissionais e objetivos institucionais na trajetória do Serviço Social*: Belo Horizonte, 1960-1984. São Paulo, PUC-SP, 1989. (Mimeo.)

BARBOSA FILHO, R. *Populismo*: uma revisão teórica. Belo Horizonte: UFMG, 1980. (Mimeo.)

BELLUZZO, L. G. M.; LIMA, L. A. O. *O capitalismo e os limites da burocracia*. São Paulo: Ciências Humanas, 1978. (Col. Temas de Ciências Humanas, n. 3.)

BEN-DAVID, J. Relatório de uma visita ao Brasil (25 de julho/8 de agosto de 1976). *Ciência Hoje*, Rio de Janeiro, CNPq, v. 7, n. 37, nov. 1987.

BENJAMIN, W. *L'homme, le langage et la cultura*. Paris: Denoel-Gonthier, 1974.

BEOZZO, J. O. *Cristãos na universidade e na política*. Petrópolis: Vozes, 1984.

BERGER, M. *Educação e dependência*. São Paulo: Difel, 1980.

BERMAN, M. *Tudo o que é sólido desmancha no ar*. São Paulo: Companhia das Letras, 1987.

BERNARDET, J. C. *Cinema brasileiro*: proposta para uma história. Rio de Janeiro: Paz e Terra, 1979.

BORDIN, L. *O marxismo e a teologia da libertação*. Rio de Janeiro: Dois Pontos, 1987.

BOSI, A. (Org.). *Cultura brasileira*: temas e situações. São Paulo: Ática, 1987.

BOTTOMORE, T. B.; NISBET, R. (Orgs.). *História da análise sociológica*. Rio de Janeiro: Zahar, 1980.

BRESSER PEREIRA, L. C. *Desenvolvimento e crise no Brasil*. São Paulo: Brasiliense, 1977.

_____. Notas introdutórias ao modo tecnoburocrático ou estatal de produção. *Estudos CEBRAP*, São Paulo, CEBRAP, v. 20, abr./jun. 1977a.

BRITO, A. C. *Cultura brasileira*: botando os pingos nos jotas — ou ainda: questão de antídoto. Rio de Janeiro: IBRADES, 1972. (Mimeo.)

BUBNER, R. *La filosofía alemana contemporánea*. Madrid: Cátedra, 1984.

CALLADO, A. *Quarup*. Rio de Janeiro: Civilização Brasileira, 1967.

CAMPOS, A. et al. *Teoria da poesia concreta*. São Paulo: Duas Cidades, 1975.

CANDIDO, A. Radicais de ocasião. *Discurso*, São Paulo, Ciências Humanas, n. 9, 1978.

CAPALBO, C. *Fenomenologia e ciências humanas*. Rio de Janeiro: J. Ozon, 1973.

_____. Correntes filosóficas contemporâneas e suas implicações no trabalho do Serviço Social. *Cadernos Verdes*, Rio de Janeiro, CBCISS, ano XII, n. 147, 1979.

_____. Fenomenologia e Serviço Social. *Debates Sociais*, Rio de Janeiro, CBCISS, ano XX, n. 38, 1. sem. 1984.

CAPARELLI, S. *Televisão e capitalismo no Brasil*. Porto Alegre: L&PM, 1982.

CARDOSO, F. H. "Teoria da dependência" ou análises concretas de situações de dependência? *Estudos*, São Paulo, CEBRAP, n. 1, 1971. (Col. Sobre teoria e método em sociologia.)

_____. *Política e desenvolvimento em sociedades dependentes*. Rio de Janeiro: Zahar, 1971a.

_____. *O modelo político brasileiro*. São Paulo: Difel, 1972.

_____. *Autoritarismo e democratização*. Rio de Janeiro: Paz e Terra, 1975.

CARDOSO, F. H.; FALETTO, E. *Dependência e desenvolvimento na América Latina*. Rio de Janeiro: Zahar, 1970.

CARDOSO, M. L. *Ideologia do desenvolvimento*. Brasil: JK-JQ. Rio de Janeiro: Paz e Terra, 1977.

_____. *La construcción de conocimientos*. México: Era, 1977a.

CARDOSO DE MELLO, J. M. *O capitalismo tardio*. São Paulo: Brasiliense, 1986.

CARNOY, M.; LEVIN, H. M. *Escola e trabalho no Estado capitalista*. São Paulo: Cortez, 1987.

CARONE, E. *O PCB*. São Paulo: Difel, 1982. 3 v.

CARONE, E. *O marxismo no Brasil*: das origens a 1964. Rio de Janeiro: Dois Pontos, 1986.

CARPEAUX, O. M. O estruturalismo é o ópio dos intelectuais. *Revista Civilização Brasileira*, Rio de Janeiro, Civilização Brasileira, ano III, n. 14, jun. 1967.

CARVALHO, A. M. P. *A questão da transformação e o trabalho social.* São Paulo: Cortez, 1986.

_____. O projeto da formação profissional do assistente social na conjuntura brasileira. *Cadernos ABESS*, São Paulo, 1986a.

_____ et al. Projeto de investigação: a formação profissional do assistente social no Brasil. *Serviço Social & Sociedade*, São Paulo, ano 5, n. 14, abr. 1984.

CARVALHO, A. S. *Metodologia da entrevista*: uma abordagem fenomenológica. Rio de Janeiro: Agir, 1987.

CARVALHO FRANCO, M. S. As ideias estão no lugar. *Cadernos de Debate*, São Paulo: Brasiliense, 1976. (Col. História do Brasil, v. 1.)

CARVALHO DA SILVA, M. L. *Evolução do conceito de Desenvolvimento de Comunidade no período 1965/1970, na sub-região do Cone Sul da América Latina.* São Paulo, 1974. (Mimeo.)

CASTRO, M. M. *História do Serviço Social na América Latina.* São Paulo: Cortez/Celats, 1984.

CAVALCANTE, B. *Certezas e ilusões*: os comunistas e a redemocratização da sociedade brasileira. Rio de Janeiro: EDUFF/Tempo Brasileiro, 1986.

CAVENDISH, P.; GRAY, J. *La revolución cultural y la crisis china.* Barcelona: Ariel, 1970.

CENTRO BRASILEIRO DE COOPERAÇÃO E INTERCÂMBIO DE SERVIÇOS SOCIAIS (CBCISS). In: CONGRESSO BRASILEIRO DE SERVIÇO SOCIAL, 2., *Anais...*, Rio de Janeiro, CBCISS, 1962.

_____. *Objeto, método e funções do Serviço Social.* Rio de Janeiro: CBCISS, 1984. (Col. Temas Sociais.)

_____. *Teorização do Serviço Social.* Rio de Janeiro: Agir, 1986.

_____. *Teorização do Serviço Social.* Rio de Janeiro: Agir, 1988.

CERQUEIRA FILHO, G. A *influência das ideias socialistas no pensamento político brasileiro (1890-1922).* São Paulo: Loyola, 1978.

CERQUEIRA FILHO, G. *A questão social no Brasil*. Rio de Janeiro: Civilização Brasileira, 1982.

CHACON, W. *História das ideias socialistas no Brasil*. Rio de Janeiro: Civilização Brasileira, 1965.

_____. *História das ideias sociológicas no Brasil*. São Paulo: Grijalbo/Edusp, 1977.

CHAMIE, M. *Instauração práxis*. São Paulo: Quíron, 1972.

CHASIN, J. Sobre o conceito de totalitarismo. *Temas de Ciências Humanas*. São Paulo: Grijalbo, 1977. v. 1.

_____. *O integralismo de Plínio Salgado*. São Paulo: Ciências Humanas, 1978.

CHAUI, M. A reforma do ensino. *Discurso*, São Paulo: Hucitec, n. 8, 1978.

CHERESKY, I.; CHONCHOL, J. (Orgs.). *Crise e transformação dos regimes autoritários*. São Paulo/Campinas: Ícone/UNICAMP, 1986.

CHILCOTE, R. H. *O partido comunista brasileiro*: conflito e integração (1922-1972). Rio de Janeiro: Graal, 1982.

CLARK, M. A. G. *La práxis del trabajo social en una dirección científica*. Buenos Aires: Ecro, 1974.

CLAUDÍN, F. *A crise do movimento comunista*. São Paulo: Global, 1985-1986. 2 v.

COLLIER, D. (Org.). *O novo autoritarismo na América Latina*. Rio de Janeiro: Paz e Terra, 1982.

COMBLIN, J. *A ideologia da segurança nacional*. Rio de Janeiro: Civilização Brasileira, 1978.

COMISSÃO EXECUTIVA NACIONAL DAS ENTIDADES SINDICAIS DE ASSISTENTES SOCIAIS (CENEAS). Salário-mínimo profissional dos assistentes sociais. Pesquisa. *Serviço Social & Sociedade*, São Paulo, ano IV, dez. 1982.

CONSELHO FEDERAL DE ASSISTENTES SOCIAIS (CFAS). In: CONGRESSO BRASILEIRO DE ASSISTENTES SOCIAIS, 3., *Anais...*, São Paulo, CFAS, 1980.

CORBISIER, R. *Reforma ou revolução?* Rio de Janeiro: Civilização Brasileira, 1968.

CORDEIRO, L. (Pseud.). *Cultura brasileira hoje*. Paris, 1977. (Mimeo.)

CORNELY, S. A dinâmica do desenvolvimento frente aos problemas contemporâneos. *Cadernos Verdes*, Rio de Janeiro, CBCISS, n. 53, 1972.

_____. Algunas ideas preliminares sobre la reconceptualización del Servicio Social en el Brasil. In: ALAYÓN, N. et al. *Desafío al Servicio Social*. Buenos Aires: Humanitas, 1976.

_____. *Serviço Social*: planejamento e participação comunitária. São Paulo: Cortez e Moraes, 1976a.

_____. Unidade latino-americana, participação social e Serviço Social. In: ENCONTRO SOBRE SERVIÇO SOCIAL NA UNIDADE LATINO-AMERI-CANA, 2., *Anais...*, São Paulo, Cortez, 1983.

CORREA, M. S. *1964 visto e comentado pela Casa Branca*. Porto Alegre: L&PM, 1977.

COSTA, J. C. *Contribuição à história das ideias no Brasil*. Rio de Janeiro: Civilização Brasileira, 1967.

COSTA LIMA, L. (Org.). *Teoria da cultura de massa*. Rio de Janeiro: Saga, 1970.

COSTA, S. G. Introdução às questões de metodologia. Teoria do diagnóstico e da intervenção em Serviço Social. *Debates Sociais*, Rio de Janeiro, CBCISS, supl. n. 4, 5. ed. set. 1978.

COUTINHO, C. N. *Literatura e humanismo*. Rio de Janeiro: Paz e Terra, 1967.

_____. *O estruturalismo e a miséria da razão*. Rio de Janeiro: Paz e Terra, 1972.

_____. Cultura e democracia no Brasil. *Encontros com a Civilização Brasileira*, Rio de Janeiro: Civilização Brasileira, n. 17, 1979.

_____. *A democracia como valor universal*. São Paulo: Ciências Humanas, 1980.

_____. *Os intelectuais e a organização da cultura no Brasil*. São Paulo: Ciências Humanas, 1981. (Col. Temas de Ciências Humanas, n. 10.)

COUTINHO, R.; BELLUZZO, L. G. M. (Orgs.). *Desenvolvimento capitalista no Brasil*. São Paulo: Brasiliense, 1982. 2 v.

COVRE, M. L. *A fala dos homens*. São Paulo: Brasiliense, 1983.

CUEVA, A. *O desenvolvimento do capitalismo na América Latina*. São Paulo: Global, 1983.

CUNHA, L. A. R. O "milagre brasileiro" e a política educacional. *Argumento*, Rio de Janeiro, ano 1, n. 2, 1973.

_____. *Educação e desenvolvimento social no Brasil*. Rio de Janeiro: Francisco Alves, 1985.

_____. *A universidade temporã*. Rio de Janeiro: Francisco Alves, 1986.

_____. *Política educacional no Brasil*: a profissionalização do ensino médio. Rio de Janeiro: Eldorado-Tijuca, s/d.

DANTAS, J. L. *Definição de um modelo de desenvolvimento social comunitário*: teorização e metodologia [versão provisória]. Brasília: Governo do Distrito Federal/Fundação do Serviço Social, 1972. (Mimeo.)

_____. *Teoria geral do Serviço Social*. Aracaju: Faculdade de Serviço Social/ UFS, jul./ago. 1973. (Mimeo.)

_____. A teoria metodológica do Serviço Social. Uma abordagem sistemática. *Debates Sociais*, Rio de Janeiro, CBCISS, supl. n. 4, 5. ed., set. 1978.

_____. Desenvolvimento e marginalização social. *Cadernos Verdes*, Rio de Janeiro, CBCISS, n. 91, 1979.

DELGADO, M. B. A organização política dos assistentes sociais. *Serviço Social & Sociedade*, São Paulo, ano II, n. 5, mar. 1981.

DELLA CAVA, R. Igreja e Estado no Brasil do século XX. *Estudos CEBRAP*, São Paulo, CEBRAP, n. 12, 1975.

DELLA VOLPE, G. *Teoria marxista dell'emancipazione umana*. Roma: Riuniti, 1974.

DESANTI, J. *Phénoménologie et praxis*. Paris: Sociales, 1963.

DIAS, E. *História das lutas sociais no Brasil*. São Paulo: Edaglit, 1962.

DIAS, F. C. Presença de Max Weber na sociologia brasileira contemporânea. *Revista de Administração de Empresas*, Rio de Janeiro, Fundação Getúlio Vargas, v. 14, n. 4, jul./ago. 1974.

DREIFUSS, R. A. *1964*: a conquista do Estado. Petrópolis: Vozes, 1981.

DULLES, J. W. F. *Anarquistas e comunistas no Brasil.* Rio de Janeiro: Nova Fronteira, 1977.

_____. *O comunismo no Brasil.* Rio de Janeiro: Nova Fronteira, 1985.

DURAND, J. C. *Arte, privilégio e distinção.* São Paulo: Edusp, 1985. (Mimeo.)

DUTRA, D. P. *O fenômeno da participação dentro da perspectiva heideggeriana do social.* Rio de Janeiro: UFRJ, 1989. (Mimeo.)

EISENSTADT, S. N. *Modernização:* protesto e mudança. Rio de Janeiro: Zahar, 1969.

ESCALADA, M. *Crítica a los métodos de la reconceptualización del Trabajo Social.* Tegucigalpa: Guaymuras, 1986.

ESCOLA DE SERVIÇO SOCIAL DA UNIVERSIDADE CATÓLICA DE MINAS GERAIS. *A prática como fonte de teoria.* Belo Horizonte: ESS/UCMG, 1971.

_____. *Teoria. Prática. Serviço Social.* Belo Horizonte: ESS/UCMG, 1972. (Mimeo.)

_____. *Uma proposta de reestruturação da formação profissional.* Belo Horizonte, ESS/UCMG, s/d. (Mimeo.)

_____. *Análise histórica da orientação metodológica da Escola de Serviço Social da UCMG.* Belo Horizonte: ESS/UCMG, 1974. (Mimeo.)

ESCOLA SUPERIOR DE GUERRA (ESG). *Manual básico da Escola Superior de Guerra.* Rio de Janeiro: ESG, Departamento de Estudos MG-75, 1975.

ESTEVAM, C. *A questão da cultura popular.* Rio de Janeiro: Tempo Brasileiro, 1963.

FALEIROS, V. P. *Trabajo Social:* ideología y método. Buenos Aires: Ecro, 1972.

_____. *A política social do Estado capitalista.* São Paulo: Cortez, 1980.

_____. *Metodologia e ideologia do Trabalho Social.* São Paulo: Cortez, 1981.

_____. *Saber profissional e poder institucional.* São Paulo: Cortez, 1985.

_____. Confrontos teóricos do movimento de reconceituação do Serviço Social na América Latina. *Serviço Social & Sociedade*, São Paulo, ano VIII, n. 24, ago. 1987.

FALEIROS, V. P. A questão da metodologia em Serviço Social: reproduzir-se e representar-se. In: VV. AA. *A metodologia no Serviço Social.* São Paulo: Cortez, 1989. (Col. Cadernos ABESS, v. 3.)

FARIAS, V. *Heidegger et le nazisme.* Paris: Verdier, 1987.

FAUSTO, B. (Org.). *História geral da civilização brasileira.* 4. ed. São Paulo: Difel, 1986. v. III.

FÁVERO, M. L. A. *Universidade e poder.* Rio de Janeiro: Achiamé, 1980.

FÁVERO, O. (Org.). *Cultura popular. Educação popular*: memória dos anos sessenta. Rio de Janeiro: Graal, 1983.

FAZZI, R. C. O. *Actuales límites y alternativas generales del Trabajo Social latinoamericano.* Tegucigalpa: UNAH-MLATS, 1985. (Mimeo.)

FEDERICO, M. E. B. *História da comunicação*: rádio e TV no Brasil. Petrópolis: Vozes, 1982.

FEIJÓ, M. C. *O que é política cultural.* São Paulo: Brasiliense, 1983.

FERNANDES, F. *Sociedade de classes e subdesenvolvimento.* Rio de Janeiro: Zahar, 1968.

_____. *A revolução burguesa no Brasil.* Rio de Janeiro: Zahar, 1975.

_____. *A sociologia numa era de revolução social.* Rio de Janeiro: Zahar, 1976.

_____. *Circuito fechado.* São Paulo: Hucitec, 1976a.

_____. *Apontamentos sobre a teoria do autoritarismo.* São Paulo: Hucitec, 1979.

FERNANDES, F. *A universidade brasileira*: reforma ou revolução? São Paulo: Alfa-Ômega, 1979a.

FERNANDES, I. B. *A recuperação do discurso de Gordon Hamilton sobre o diagnóstico na perspectiva fenomenológica.* Rio de Janeiro: PUC-RJ, 1978. (Mimeo.)

FERRANTE, V. L. B. *FGTS*: ideologia e repressão. São Paulo: Ática, 1978.

FERRY, L.; RENAUT, A. *Pensamento 68*: ensaio sobre o anti-humanismo contemporâneo. São Paulo: Ensaio, 1988.

FISHLOW, A. Algumas reflexões sobre a política econômica brasileira após 1964. *Estudos CEBRAP*, São Paulo, CEBRAP, jan./mar. 1974.

FORMAN, S. *Camponeses*: sua participação no Brasil. Rio de Janeiro: Paz e Terra, 1984.

FRANCK, A. G. *Capitalism and under development in Latin America*: historical studies of Chile and Brazil. New York: Monthly Review Press, 1967.

FREDERICO, C. *A consciência operária no Brasil*. São Paulo: Ática, 1978.

_____. *A vanguarda operária*. São Paulo: Símbolo, 1979.

_____. *A esquerda e o movimento operário*: 1964-1984. São Paulo: Novos Rumos, 1987. v. 1.

FREIRE, P. *Pedagogia do oprimido*. Rio de Janeiro: Paz e Terra, 1986.

FREITAG, B. *Escola, Estado e sociedade*. São Paulo: Moraes, 1986.

FROMM, E. *A crise da psicanálise*. Rio de Janeiro: Zahar, 1971.

FURTADO, C. *Subdesenvolvimento e estagnação na América Latina*. Rio de Janeiro: Civilização Brasileira, 1968.

_____. *Análise do modelo brasileiro*. Rio de Janeiro: Civilização Brasileira, 1972.

_____. *O Brasil pós-milagre*. Rio de Janeiro: Paz e Terra, 1981.

GALBRAITH, J. K. *A crise econômica de 1929*. Lisboa: Dom Quixote, s/d.

GALPER, J. *Política social e trabalho social*. São Paulo: Cortez, 1986.

GARAUDY, R. *Perspectivas do homem*. Rio de Janeiro: Civilização Brasileira, 1965.

_____. *Pour un modèle français du socialisme*. Paris: Gallimard, 1968.

GARCIA, P. B. *Educação*: modernização e dependência. Rio de Janeiro: Francisco Alves, 1977.

GARCIA, W. E. (Org.). *Educação brasileira contemporânea*: organização e funcionamento. São Paulo: McGraw-Hill, 1976.

GEYMONAT, L. et al. *Historia del pensamiento filosófico y científico*: siglo XX. Barcelona: Ariel, 1984. v. 1.

GIANNOTTI, J. A. *Origens da dialética do trabalho*. São Paulo: Difel, 1966.

_____. Contra Althusser. *Teoria e Prática*, São Paulo, n. 3, 1968.

_____. Notas sobre a categoria "modo de produção" para uso e abuso dos sociólogos. *Estudos CEBRAP*, São Paulo, CEBRAP, n. 17, jul./set. 1976.

GIANNOTTI, J. A. *Filosofia miúda e demais aventuras*. São Paulo: Brasiliense, 1985.

_____. *A universidade brasileira em ritmo de barbárie*. São Paulo: Brasiliense, 1987.

GIDDENS, A. *Novas regras do método sociológico*. Rio de Janeiro: Zahar, 1978.

GOERTZEL, T. MEC-USAID: ideologia do desenvolvimento americano aplicada à educação superior brasileira. *Revista Civilização Brasileira*, Rio de Janeiro, Civilização Brasileira, ano III, n. 14, jul. 1967.

GOES, M.; CUNHA, L. A. *O golpe na educação*. Rio de Janeiro: Jorge Zahar, 1985.

GOLDENBERG, J. *Energia nuclear no Brasil*: as origens das decisões. São Paulo: Hucitec, 1978.

GOLDMANN, L. *Lukács et Heidegger*. Paris: Denoel, 1973.

GOLDSTEIN, H. *Social Work practice*: a unitary approach. South Caroline: University South Caroline Press, 1973.

GORENDER, J. Correntes sociológicas no Brasil. *Estudos Sociais*, Rio de Janeiro, ns. 3-4, set./dez. 1958.

_____. *Combate nas trevas*. São Paulo: Ática, 1987.

GOULDNER, A. *La crisis de la sociología ocidental*. Buenos Aires: Amorrortu, 1973.

GRACIANI, M. S. S. *O ensino superior no Brasil*: a estrutura de poder na universidade em questão. Petrópolis: Vozes, 1984.

GRAMSCI, A. *Os intelectuais e a organização da cultura*. Rio de Janeiro: Civilização Brasileira, 1968.

_____. *Literatura e vida nacional*. Rio de Janeiro: Civilização Brasileira, 1968a.

GUIMARÃES, A. P. *Inflação e monopólio no Brasil*. Rio de Janeiro: Civilização Brasileira, 1963.

GULLAR, F. *Cultura posta em questão*. Rio de Janeiro: Civilização Brasileira, 1965.

GULLAR, F. *Vanguarda e subdesenvolvimento*. Rio de Janeiro: Civilização Brasileira, 1969.

HABERMAS, J. *La téchnique et la science comme idéologie*. Paris: Gallimard, 1973.

_____. *Le discours philosophique de la modernité*. Paris: Gallimard, 1988.

HARDMAN, F. F. *Nem pátria, nem patrão!* São Paulo: Brasiliense, 1983.

HARTMANN, N. Antología I. *Revista de Occidente*, Madrid, 1954.

HECKER, F. A. M. *Socialismo em São Paulo*: a atuação de Antonio Piccarolo. São Paulo: FFLCH/USP, 1986. (Mimeo.)

HECKERT, S. R. *Relatório preliminar de pesquisa para dissertação de mestrado*. Juiz de Fora: FSS/UFJF, 1989. (Mimeo.)

_____. *Identidade e mulher no Serviço Social*. Rio de Janeiro: ESS/UFRJ, 1989a. (Mimeo.)

HEGEL, G. W. F. *Phénoménologie de l'esprit*. Paris: Aubier-Montaigne, 1939. v. 1.

_____. *Ciencia de la lógica*. Buenos Aires: Solar-Hachette, s/d.

HEIDEGGER, M. *Que é metafísica?* São Paulo: Duas Cidades, 1969.

_____. *O fim da filosofia e a tarefa do pensamento*. São Paulo: Duas Cidades, 1972.

_____. *Ser e tempo*. Petrópolis: Vozes, 1989. 2 v.

HELLER, A. *Sociologia della vita quotidiana*. Roma: Riuniti, 1975.

_____. *Para mudar a vida*. São Paulo: Brasiliense, 1982.

HELLER, A.; FEHER, F. *Marxisme et démocratie*. Paris: Maspero, 1981.

HOBSBAWM, E. J. *Mundos do trabalho*. Rio de Janeiro: Paz e Terra, 1987.

_____ (Org.). *História do marxismo*. Rio de Janeiro: Paz e Terra, 1987a. v. VIII.

HOFFMANN, R. A concentração da posse da terra no Brasil. In: ENCONTROS COM A CIVILIZAÇÃO BRASILEIRA, 7., Rio de Janeiro, Civilização Brasileira, 1979.

HOLLANDA, H. B. *Impressões de viagem. CPC, vanguarda e desbunde*: 1960/1970. São Paulo: Brasiliense, 1981.

HORKHEIMER, M. *Crítica de la razón instrumental*. Buenos Aires: Sur, 1973.

HORKHEIMER, M.; ADORNO, T. W. *Dialética del iluminismo*. Buenos Aires: Sur, 1971.

HOUAISS, A. Depoimento. *Visão*, São Paulo, 5 jul. 1971.

HUNTINGTON, S. *Political order in changing societies*. New Haven: Yale University Press, 1968.

HUSSERL, E. *Méditations cartésiennes*. Paris: Vrin, 1947.

_____. *La philosophie comme science rigoureuse*. Paris: PUF, 1955.

_____. *The crisis of European sciences and transcendental phenomenology*. Illinois: Northwestern University Press, 1970.

_____. *L'idée de la phénoménologie*. Paris: PUF, 1970a.

_____. *Investigaciones lógicas*. Madrid: Alianza, 1985. v. I-II.

IAMAMOTO, M. V. *Legitimidade e crise do Serviço Social*. Piracicaba: ESALQ/ USP, 1982. (Mimeo.)

_____; CARVALHO, R. *Relações sociais e Serviço Social no Brasil*. São Paulo: Cortez/Celats, 1983.

_____; NETTO, J. P. *Serviço Social alternativo*: elementos para a sua problematização. Rio de Janeiro: ESS/UFRJ, 1989. (Mimeo.)

IANNI, O. *A formação do Estado populista na América Latina*. Rio de Janeiro: Civilização Brasileira, 1975.

_____. *O colapso do populismo no Brasil*. Rio de Janeiro: Civilização Brasileira, 1975a.

_____. *O Estado e a organização da cultura*. In: ENCONTROS COM A CIVILIZAÇÃO BRASILEIRA, 1., Rio de Janeiro, Civilização Brasileira, 1978.

_____. *Ditadura e agricultura*. Rio de Janeiro: Civilização Brasileira, 1979.

_____. *A ditadura do grande capital*. Rio de Janeiro: Civilização Brasileira, 1981.

_____. *O ciclo da revolução burguesa no Brasil*. São Paulo: Ciências Humanas, 1981a. (Col. Temas de Ciências Humanas, n. 10.)

IANNI, O. *O ciclo da revolução burguesa*. Petrópolis: Vozes, 1984.

INCAO, M. A. D'. (Org.). *O saber militante*: ensaios sobre Florestan Fernandes. Rio de Janeiro: Paz e Terra/UNEP, 1987.

INGRAO, P. *Masse e potere.* Roma: Riuniti, 1977.

INSTITUTO NACIONAL DO LIVRO (INL). *Programa do livro-texto do ensino superior.* Brasília: MEC-INL, s/d.

_____. *Programa nacional do livro didático.* Brasília: MEC-INL, out. 1973.

_____. *Relatório de atividades do Instituto Nacional do Livro:* 1974-1975. Brasília: MEC-INL, 1976.

JASPERS, K. *Filosofía.* México: Fondo de Cultura Económica, 1958-1959. v. I-II.

JUNQUEIRA, H. I. Os princípios básicos na aplicação dos métodos do Serviço Social. *Boletim da Comissão Estadual de São Paulo da LBA,* São Paulo, LBA, v. II, n. 4, mar./abr. 1958.

_____. Quase duas décadas de reconceituação do Serviço Social: uma abordagem crítica. *Serviço Social & Sociedade,* São Paulo, ano II, n. 4, dez. 1980.

JUNQUEIRA, S. B. *Relação de congressos, conferências, dias de estudo, seminários, encontros internacionais, nacionais e locais de Serviço Social e bem-estar social.* Rio de Janeiro, Instituto Social, Biblioteca Pe. Eduardo Lustosa, n. 23, 1971.

KARSCH, U. M. S. Resenha crítica: O princípio de autodeterminação no Serviço Social: uma visão fenomenológica. *Serviço Social & Sociedade,* São Paulo, ano IV, n. 10, dez. 1982.

_____. *O Serviço Social na era dos serviços.* São Paulo: Cortez, 1987.

_____; MARTINS, J. *Questionamentos sobre a origem dos componentes básicos do Serviço Social:* disciplina e profissão. São Paulo: PUC-SP, s/d. (Mimeo.)

KISNERMAN, N. *Servicio Social Pueblo.* Buenos Aires: Humanitas, 1973.

_____. *Temas de Serviço Social.* São Paulo: Cortez e Moraes, 1976.

KNOPLOCH, Z. *Ideologia do publicitário.* Rio de Janeiro: Achiamé, 1980.

KONDER, L. A rebeldia, os intelectuais e a juventude. *Revista Civilização Brasileira,* Rio de Janeiro, Civilização Brasileira, n. 15, set. 1967.

_____. *A derrota da dialética.* Rio de Janeiro: Campus, 1988.

KOSIK, K. *Dialética do concreto.* Rio de Janeiro: Paz e Terra, 1969.

KOVAL, B. *História do proletariado brasileiro*. São Paulo: Alfa-Ômega, 1982.

LACROIX, J. *Marxismo, existencialismo, personalismo*. Barcelona: Fontanella, 1971.

LAMOUNIER, B. O ISEB: notas à margem de um debate. *Discurso*, São Paulo, Ciências Humanas, n. 9, 1978.

LECLERC, G. *Crítica da antropologia*. Lisboa: Estampa, 1973.

LEFEBVRE, H. *Position*: contre les technocrates. Paris: Anthropos, 1967.

_____ et al. *A irrupção. A revolta dos jovens na sociedade industrial*: causas e efeitos. São Paulo: Documentos, 1968.

LEVIN, H. M. et al. *Educação e desigualdade no Brasil*. Petrópolis: Vozes, 1984.

LÉVINAS, E. *Théorie de l'intuition dans la phénoménologie de Husserl*. Paris: Vrin, 1970.

LIMA, B. A. *Contribución a la epistemología del Trabajo Social*. Buenos Aires: Humanitas, 1975.

LIMA, H.; ARANTES, A. *História da Ação Popular*: da JUC ao PCdoB. São Paulo: Alfa-Ômega, 1984.

LIMA, L. Marchas y contramarchas del Trabajo Social: repasando la reconceptualización. *Acción Crítica*, Lima, Celats, n. 6, 1979.

_____. Una parte de la historia del Trabajo Social: seis años en el CELATS. *Nuevos Cuadernos CELATS*, Lima, Celats, n. 2, s/d.

LIMA, M. H. A. *Serviço Social e sociedade brasileira*. São Paulo: Cortez, 1984.

LOPES, J. B. *Objeto e especificidade do Serviço Social*: o pensamento latino-americano. São Paulo: Cortez, 1979.

_____. A formação profissional em Serviço Social na América Latina e Caribe: processo histórico e perspectivas atuais. *Serviço Social & Sociedade*, São Paulo, ano X, n. 30, abr. 1989.

LOPES DE ALMEIDA, F. *Política salarial, emprego e sindicalismo*: 1964-1981. Petrópolis: Vozes, 1982.

LUKÁCS, G. *Estética*. Barcelona/México: Grijalbo, 1966. v. 1.

_____. *Estética*. Barcelona/México: Grijalbo, 1967a. v. 3.

LUKÁCS, G. *Estética*. Barcelona/México: Grijalbo, 1967b. v. 4.

_____. *Existencialismo ou marxismo?* São Paulo: Senzala, 1967.

_____. *El asalto a la razón*. Barcelona/México: Grijalbo, 1968.

_____. *Introdução a uma estética marxista*. Rio de Janeiro: Civilização Brasileira, 1970.

_____. *História e consciência de classe*. Porto: Escorpião, 1974.

_____. *Cultura e potere*. Roma: Riuniti, 1974a.

_____. *Ontologia dell'essere sociale*. Roma: Riuniti, 1976. v. 1.

_____. *Ontologia do ser social*: os princípios ontológicos fundamentais de Marx. São Paulo: Ciências Humanas, 1979.

_____. *Ontologia dell'essere sociale*. Roma: Riuniti, 1981. v. II.

LUZ, M. T. *As instituições médicas no Brasil*. Rio de Janeiro: Graal, 1979.

LYOTARD, J. F. *A fenomenologia*. Lisboa: Edições 70, s/d.

MACEDO, M. A. *Reconceituação do Serviço Social*. São Paulo: Cortez, 1986.

MACHADO, L. Z. *Estado, escola e ideologia*. São Paulo: Brasiliense, 1987.

MACHADO NETO, A. L. A ex-Universidade de Brasília. *Revista Civilização Brasileira*, Rio de Janeiro, Civilização Brasileira, ano III, n. 14, jul. 1967.

MAGDOFF, H. *La era del imperialismo*. México: Nuestro Tiempo, 1969.

MAGUIÑA, A. et al. *La búsqueda del Trabajo Social alternativo como fenómeno histórico*. Lima: Celats, 1988.

MALHEIROS, P. *O Serviço Social sob a concepção materialista dialética*. São Paulo, 1982. (Mimeo.)

_____. Movimentos sociais e Serviço Social. In: ENCONTRO SOBRE SERVIÇO SOCIAL NA UNIDADE LATINO-AMERICANA, 2., *Anais...*, São Paulo, Cortez, 1984.

MANDEL, E. *Le troisième âge du capitalisme*. Paris: UGE, 1976. v. I-II-III.

MANFREDI, S. M. *Política*: educação popular. São Paulo: Símbolo, 1978.

MAO TSE-TUNG. *Obras escogidas*. Pekin: Ediciones en Lenguas Extranjeras, 1971. v. 1.

MAO TSE-TUNG. *Mao Tse-tung.* In: SADER, E. (Org.). São Paulo: Ática, 1982.

MARCONDES FILHO, C. *O capital da notícia.* São Paulo: Ática, 1986.

MARCONI, P. *A censura política na imprensa brasileira*: 1968-1978. São Paulo: Global, 1980.

MARCUSE, H. *Negations.* Middlesex: Penguin, 1972.

MARINI, R. M. *Subdesarrollo y revolución.* México: Siglo XXI, 1969.

MARQUES, G. (Pseud.). *Cultura e política no Brasil contemporâneo.* Rio de Janeiro, 1972. (Mimeo.)

_____. Économie et politique au Brésil aujourd'hui. *Études Brésiliennes,* Leuven, ano 3, n. 4, 1977.

MARTINELLI, M. L. *Serviço Social*: identidade e alienação. São Paulo: Cortez, 1989.

MARTINS, C. B. *Ensino pago*: um retrato sem retoques. São Paulo: Global, 1981.

MARTINS, C. E. *Capitalismo de Estado e modelo político no Brasil.* Rio de Janeiro: Graal, 1977.

MARTINS, J. S. *Os camponeses e a política no Brasil.* Petrópolis: Vozes, 1986.

MARTINS, L. A *nação e a corporação multinacional.* Rio de Janeiro: Paz e Terra, 1975.

_____. *Estado capitalista e burocracia no Brasil pós-64.* Rio de Janeiro: Paz e Terra, 1985.

MARX, K. *Oeuvres. Économie.* Paris: Gallimard, 1968. v. 2.

_____. *O 18 Brumário e cartas a Kugelman.* Rio de Janeiro: Paz e Terra, 1969.

_____. *Para a crítica da economia política* [e outros escritos]. São Paulo: Abril, 1982.

_____. *Teorias da mais-valia.* São Paulo: Difel, 1983. v. 2.

_____. *O capital*: crítica da economia política. São Paulo: Abril, 1983a. v. 1.

_____. *O capital*: crítica da economia política. São Paulo: Abril, 1984. v. 2.

_____. *Teorias da mais-valia.* São Paulo: Difel, 1985. v. 3.

MARX, K. *Miséria da filosofia*. São Paulo: Global, 1985a.

_____. *A guerra civil na França*. São Paulo: Global, 1986.

_____; ENGELS, F. *Manifesto do partido comunista*. Lisboa: Avante, 1975.

_____; _____. *A ideologia alemã*: Feuerbach. São Paulo: Grijalbo, 1977.

MATHIAS, G.; SALAMA, P. *O Estado superdesenvolvido*. São Paulo: Brasiliense, 1983.

MATTELART, A. *Multinacionais e sistemas de comunicação*. São Paulo: Ciências Humanas, s/d.

_____ et al. *Cultura contra democracia?* São Paulo: Brasiliense, 1987.

MERLEAU-PONTY, M. *Fenomenologia da percepção*. Rio de Janeiro: Freitas Bastos, 1971.

_____. Sobre a fenomenologia da linguagem. In: _____; HUSSERL, E. *Os pensadores*. São Paulo: Abril, 1975. v. XLI.

_____. O filósofo e sua sombra. In: _____; HUSSERL, E. *Os pensadores*. São Paulo: Abril, 1975a. v. XLI.

MERQUIOR, J. G. *A astúcia da mímese*. Rio de Janeiro: J. Olympio, 1972.

_____. *Michel Foucault ou o niilismo de cátedra*. Rio de Janeiro: Nova Fronteira, 1985.

MÉSZÁROS, I. *The work of Sartre*. Brighton: Harvester, 1979. v. 1.

_____. *Marx*: a teoria da alienação. Rio de Janeiro: Zahar, 1981.

_____. *A necessidade do controle social*. São Paulo: Ensaio, 1987.

MICELI, S. *Intelectuais e classe dirigente no Brasil (1920-1945)*. São Paulo: Difel, 1979.

_____ (Org.). *Estado e cultura no Brasil*. São Paulo: Difel, 1984.

MICHALSKY, Y. *O palco amordaçado*. Rio de Janeiro: Avenir, 1979.

MIGUEL, W. L. *O Serviço Social e a promoção do homem*. São Paulo: Cortez, 1980.

MILLS, C. W. *A imaginação sociológica*. Rio de Janeiro: Zahar, 1969.

MINISTÉRIO DA EDUCAÇÃO E CULTURA (MEC). *Política Nacional de Cultura*. Brasília: MEC, 1975.

MOIX, C. *O pensamento de Emmanuel Mounier*. Rio de Janeiro: Paz e Terra, 1968.

MONIZ BANDEIRA, L. A. *Cartéis e desnacionalização*. Rio de Janeiro: Civilização Brasileira, 1975.

_____. *O governo João Goulart*. Rio de Janeiro: Civilização Brasileira, 1977.

MONIZ SODRÉ. *O monopólio da fala*. Petrópolis: Vozes, 1977.

MORA, J. F. *Diccionário de filosofía*. Madrid: Alianza, 1988.

MORAES, A. *Introdução ao estudo do capitalismo financeiro e da oligarquia financeira no Brasil*. São Paulo, 1972. (Mimeo.)

MORAES, R. et al. (Orgs.). *Inteligência brasileira*. São Paulo: Brasiliense, 1986.

MOREIRA ALVES, M. H. *Estado e oposição no Brasil (1964-1984)*. Petrópolis: Vozes, 1987.

MOREL, E. *O golpe começou em Washington*. Rio de Janeiro: Civilização Brasileira, 1965.

MOREL, R. L. M. *Ciência e Estado*: a política científica no Brasil. São Paulo: T. A. Queiroz, 1979.

MORIN, E. *Cultura de massas no século XX*. Rio de Janeiro: Forense, 1967.

MOTA, A. E. *O feitiço da ajuda*. São Paulo: Cortez, 1985.

_____. Uma nova legitimidade para o Serviço Social de empresa. *Serviço Social & Sociedade*, São Paulo, ano VIII, n. 25, dez. 1987.

MOTA, C. G. (Org.). *Brasil em perspectiva*. São Paulo: Difel, 1976.

_____. *Ideologia da cultura brasileira (1933-1974)*. São Paulo: Ática, 1977.

MOUNIER, E. *Le personnalisme*. Paris: PUF, 1950.

MOUNIER, E. *Introdução aos existencialismos*. São Paulo: Duas Cidades, 1963.

MOURA, C. A. R. *Crítica da razão na fenomenología*. São Paulo: EDUSP/Nova Stella, 1989.

NATANSON, M. (Org.). *Phenomenology and the social sciences*. Illinois: Northwestern University Press, 1973.

NETTO, D. *1973/1983*: dez anos de crise e, apesar de tudo, crescimento Brasília: Secretaria de Planejamento da Presidência da República, 1983.

NETTO, J. P. Sobre la incapacidad operacional de las disciplinas sociales. *Selecciones de Servicio Social*, Buenos Aires, Humanitas, ano VIII, n. 27, 1975.

_____. La crisis del proceso de reconceptualización del Servicio Social. In: ALAYÓN, N. et al. *Desafío al Servicio Social*. Buenos Aires: Humanitas, 1976.

_____. *Capitalismo e reificação*. São Paulo: Ciências Humanas, 1981.

_____. La crítica conservadora a la reconceptualización. *Acción Crítica*, Lima, Celats, n. 9, jul. 1981a.

_____. O Serviço Social e a tradição marxista. *Serviço Social & Sociedade*, São Paulo, ano X, n. 30, abr. 1989.

_____; FALCÃO, M. C. B. *Cotidiano*: conhecimento e crítica. São Paulo: Cortez, 1987.

NEVES, L. A. *O CGT no Brasil (1961-1964)*. Belo Horizonte: Vega, 1982.

OLIVEIRA, B. A. *O Estado autoritário brasileiro e o ensino superior*. São Paulo: Cortez/Autores Associados, 1981.

OLIVEIRA, E. R. *As Forças Armadas*: política e ideologia no Brasil (1964-1969). Petrópolis: Vozes, 1976.

ORTIZ, R. *Cultura brasileira e identidade nacional*. São Paulo: Brasiliense, 1985.

_____. *A moderna tradição brasileira*. São Paulo: Brasiliense, 1988.

PACI, E. *The function of the sciences and the meaning of man*. Illinois: Nothwestern University Press, 1972.

PAIVA, V. *Paulo Freire e o nacionalismo desenvolvimentista*. Rio de Janeiro: Civilização Brasileira, 1980.

PAIVA, V. Estado, sociedade e educação no Brasil. In: ENCONTROS COM A CIVILIZAÇÃO BRASILEIRA, 22., Rio de Janeiro, Civilização Brasileira, 1980a.

PALMA, D. *Reconceptualización*: una búsqueda en América Latina. Buenos Aires: Ecro, 1977.

PARODI, J. El significado del Trabajo Social en el capitalismo y reconceptualización. *Acción Crítica*, Lima, Celats, n. 7, 1978.

PARTIDO COMUNISTA BRASILEIRO (PCB). *PCB*: vinte anos de política. Documentos (1958-1979). São Paulo: Ciências Humanas, 1980.

_____. *Uma alternativa democrática para a crise brasileira.* São Paulo: Novos Rumos, 1984.

PASCHOAL, A. M. *Ação comunitária*: busca de significados. Rio de Janeiro: UFRJ, 1980. (Mimeo.)

PAVÃO, A. M. B. *O princípio de autodeterminação no Serviço Social*: uma visão fenomenológica. São Paulo: Cortez, 1988.

PEDROSA, M. *A opção brasileira.* Rio de Janeiro: Civilização Brasileira, 1966.

PEREIRA, A. *Interpretações.* Rio de Janeiro: Casa do Estudante do Brasil, 1944.

_____. *Posição e tarefas da inteligência brasileira.* São Paulo: Ciências Humanas, 1978. (Col. Temas de Ciências Humanas, n. 4.)

_____. *Ensaios históricos e políticos.* São Paulo: Alfa-Ômega, 1979.

_____. *Construindo o PCB (1922-1924).* São Paulo: Ciências Humanas, 1980.

PEREIRA, L.; FORACCHI, M. (Orgs.). *Educação e sociedade.* São Paulo: Editora Nacional, 1964.

PEREIRA, M. Política e censura. In: ENCONTROS COM A CIVILIZAÇÃO BRASILEIRA, 17., Rio de Janeiro: Civilização Brasileira, 1979.

PEREIRA, O. P. Ceticismo e mundo exterior. *Discurso*, São Paulo, Pólis, n. 16, 1987.

PINHEIRO, P. S. *Política e trabalho no Brasil.* Rio de Janeiro: Paz e Terra, 1977.

PINTO, R. M. F. *Política educacional e Serviço Social.* São Paulo: Cortez, 1986.

POERNER, A. J. *O poder jovem*: história da participação política dos estudantes brasileiros. Rio de Janeiro: Civilização Brasileira, 1968.

PRADO JR., C. *História econômica do Brasil.* São Paulo: Brasiliense, 1963.

_____. *Formação do Brasil contemporâneo (colônia).* São Paulo: Brasiliense, 1965.

_____. *A revolução brasileira.* São Paulo: Brasiliense, 1966.

PRADO JR. *Estruturalismo de Lévi-Strauss e marxismo de Althusser*. São Paulo: Brasiliense, 1971.

PRESTES, A. L. *A formação do capitalismo monopolista de Estado no Brasil e suas particularidades*. São Paulo: Ciências Humanas, 1980. (Col. Temas de Ciências Humanas, n. 8.)

PRNJAT, B. Modelos de política cultural. *Socialismo e Democracia*, São Paulo, Alfa-Ômega, n. 8, out./dez. 1985.

PROKOP, D. *Dieter Prokop*. In: C. MARCONDES FILHO (Org.). São Paulo: Ática, 1986.

QUARTIM DE MORAES, J. Ideólogos autoritários e teorias sobre o autoritarismo: uma síntese crítica. *Filosofia Política*, Porto Alegre, L&PM, n. 3, inverno 1986.

QUIROGA, C. *Uma invasão às ocultas*: reduções positivistas no marxismo e suas manifestações no ensino da Metodologia no Serviço Social. Belo Horizonte: UFMG, 1989 (Mimeo.) [Texto publicado por Cortez Editora, em 1991, sob o título *Invasão positivista no marxismo*: manifestações no ensino da metodologia no Serviço Social. Nota da 2. edição.]

RAINHO, L. F. *Os peões do Grande ABC*. Petrópolis: Vozes, 1980.

RAMOS, A. G. *A redução sociológica*. Rio de Janeiro: ISEB/MEC, 1958.

RAMOS, J. M. O. *Cinema, Estado e lutas culturais*: anos 50/60/70. Rio de Janeiro: Paz e Terra, 1983.

RAMOS, R. *História da propaganda no Brasil*. São Paulo: ECA/USP, 1972. (Mimeo.)

RIBEIRO, D. *A universidade necessária*. Rio de Janeiro: Paz e Terra, 1975.

_____. *UnB*: invenção e descaminho. Rio de Janeiro: Avenir, 1978.

RICHTA, R. La révolution scientifique et technologique et les choix offerts à la civilization moderne. *L'Homme et la Société*, Paris, Anthropos, n. 9, 1968.

RICOEUR, P. *Husserl*: an analysis of his phenomenology. Illinois: Northwestern University Press, 1967.

RIVIÈRE, M. *Economia burguesa e pensamento tecnocrático*. Rio de Janeiro: Civilização Brasileira, 1966.

RODRIGUES, E. *Os anarquistas*: trabalhadores italianos no Brasil. São Paulo: Global, 1984.

RODRIGUES, L. M. O PCB: os dirigentes e a organização. In: FAUSTO, B. (Org.). *História geral da civilização brasileira*. São Paulo: Difel, 1981. v. 10.

RODRIGUES, M. L. *Relacionamento e Serviço Social na travessia da modernidade*. São Paulo: PUC-SP, 1988. (Mimeo.)

RODRIGUES, M. U. *O processo da revolução na América Latina*. Rio de Janeiro: Paz e Terra, 1967.

RODRIGUEZ, R.; TESCH, W. *Organizaciones Profesionales del Trabajo Social en América Latina*. Lima: Celats, 1978.

ROMANELLI, O. O. *História da educação no Brasil (1930-1973)*. Petrópolis: Vozes, 1987.

ROSTOW, W. W. *Etapas do desenvolvimento econômico*. Rio de Janeiro: Zahar, 1966.

ROUANET, S. P. *As razões do iluminismo*. São Paulo: Companhia das Letras, 1987.

RUBIM, A. A. *Partido Comunista, cultura e política cultural*. São Paulo: USP, 1986. (Mimeo.)

SÁ, N. P. *Política educacional e populismo no Brasil*. São Paulo: Cortez e Moraes, 1979.

SAMPAIO, P. *Capital estrangeiro e agricultura no Brasil*. Petrópolis: Vozes/CEBRAP, 1980.

SANTOS, L. L. El movimiento de reconceptualización: diez años después. In: ALAYÓN, N. et al. *Desafío al Servicio Social*. Buenos Aires: Humanitas, 1976.

SANTOS, L. L. *Textos de Serviço Social*. São Paulo: Cortez, 1985.

SANTOS, T. *Socialismo o fascismo*: dilema latino-americano. Santiago: Prensa Latinoamericana, 1969.

SANTOS, W. G. *Cidadania e justiça*. Rio de Janeiro: Campus, 1979.

SARTRE, J. P. *El ser y la nada*. Buenos Aires: Losada, 1966.

SAVIANI, D. *Política e educação no Brasil.* São Paulo: Cortez/Autores Associados, 1987.

_____ et al. *Filosofia da educação brasileira.* Rio de Janeiro: Civilização Brasileira, 1987.

SCHAFF, A. *O marxismo e o indivíduo.* Rio de Janeiro: Civilização Brasileira, 1967.

SCHELER, M. *Selected philosophical essays.* Illinois: Northwestern University Press, 1973.

SCHUTZ, A. *El problema de la realidad social.* Buenos Aires: Amorrortu, 1974.

_____. *Collected papers.* Haya: Nijhoff, 1964-1970-1971. v. I-II-III.

_____. *Fenomenología e relações sociais.* In: WAGNER, H. (Org.). Rio de Janeiro: Zahar, 1979.

SCHUTZ, A.; LUCKMANN, T. *The structures of the life-world.* Illinois: Northwestern University Press, 1973.

SCHWARZ, R. *Ao vencedor, as batatas.* São Paulo: Duas Cidades, 1977.

_____. *O pai de família e outros estudos.* Rio de Janeiro: Paz e Terra, 1978.

SECRETARIA DA PRESIDÊNCIA DA REPÚBLICA. *Mercado brasileiro de comunicação.* Brasília: SPR, 1983.

SEGATTO, J. A. *Breve história do PCB.* São Paulo: Ciências Humanas, 1981.

SERRA, R. M. S. *A prática institucionalizada do Serviço Social.* São Paulo: Cortez, 1983.

SÈVE, L. *Marxisme et théorie de la personnalité.* Paris: Sociales, 1974.

_____. *Man in marxist theory and the psychology of personality.* Brighton: Harvester, 1978.

SHAW, M. *El marxismo y las ciencias sociales.* México: Nueva Imagem, 1978.

SILVA, J. G. *A modernização dolorosa.* Rio de Janeiro: Zahar, 1982.

SILVA, M. G. *Ideologias e Serviço Social.* São Paulo: Cortez, 1983.

SIMÕES, C. *A lei do arrocho.* Petrópolis: Vozes, 1986.

SINGER, P. As contradições do milagre. *Estudos CEBRAP*, São Paulo, CEBRAP, n. 6, out./dez. 1973,

SINGER, P. Evolução da economia brasileira: 1955-1975. *Estudos CEBRAP*, São Paulo, CEBRAP, n. 17, jul./set. 1976.

_____. *A crise do milagre*: interpretação crítica da economia brasileira. Rio de Janeiro: Paz e Terra, 1977.

SMART, B. *Sociologia, fenomenologia e análise marxista*. Rio de Janeiro: Zahar, 1978.

SODRÉ, N. W. *História da burguesia brasileira*. Rio de Janeiro: Civilização Brasileira, 1964.

_____. *História da literatura brasileira*. Rio de Janeiro: Civilização Brasileira, 1964a.

_____. *História militar do Brasil*. Rio de Janeiro: Civilização Brasileira, 1965.

_____. *A ideologia do colonialismo*. Rio de Janeiro: Civilização Brasileira, 1965a.

_____. O momento literário. *Revista Civilização Brasileira*, Rio de Janeiro, Civilização Brasileira, ano I, n. 3, jul. 1965b.

_____. *História da imprensa no Brasil*. Rio de Janeiro: Civilização Brasileira, 1966.

_____. *História do ISEB* (I). São Paulo: Grijalbo, 1977. (Col. Temas de Ciências Humanas, n. 1.)

_____. *História do ISEB* (II). São Paulo: Grijalbo, 1977a. (Col. Temas de Ciências Humanas, n. 2.)

_____. *Brasil*: a luta ideológica. São Paulo: Ciências Humanas, 1978. (Col. Temas de Ciências Humanas, n. 3.)

_____. *História do ISEB* (III). São Paulo: Ciências Humanas, 1978a. (Col. Temas de Ciências Humanas, n. 4.)

SODRÉ, N. W. *Contribuição à história do PCB*: 1. Formação. São Paulo: Ciências Humanas, 1980. (Col. Temas de Ciências Humanas, n. 8.)

_____. *Contribuição à história do PCB*: 2. Infância. São Paulo: Ciências Humanas, 1980a. (Col. Temas de Ciências Humanas, n. 9.)

_____. Contribuição à história do PCB: 3. A crise. São Paulo: Ciências Humanas, 1981. (Col. Temas de Ciências Humanas, n. 10.)

SOEIRO, T. M. Bases para a reformulação da metodologia do Serviço Social. *Debates Sociais*, Rio de Janeiro, CBCISS, supl. n. 4, 5. ed., set. 1978.

SORJ, B. *Estado e classes sociais no Brasil.* Rio de Janeiro: Zahar, 1980.

_____; TAVARES DE ALMEIDA, M. H. (Orgs.). *Sociedade e política no Brasil pós-64.* São Paulo: Brasiliense, 1984.

_____ et al. (Orgs.). *Economia e movimentos sociais na América Latina.* São Paulo: Brasiliense, 1985.

SOROKIN, P. A. *Les tendences et les déboires de la sociologie américaine.* Paris: PUF, 1959.

SOUZA, L. A. G. *A JUC:* os estudantes católicos e a política. Petrópolis: Vozes, 1984.

SOUZA, L. E. Valores em Serviço Social. *Cadernos Verdes.* Rio de Janeiro: CBCISS, 1978.

SOUZA, M. L. *Questões teórico-práticas do Serviço Social.* São Paulo: Cortez, 1985.

SPIEGELBERG, H. *The phenomenological movement:* a historical introduction. Haya: Nijhoff, 1969.

SPOSATI, A. *História da pobreza assistida em São Paulo.* São Paulo, PUC-SP, 1987. (Mimeo.) [Texto publicado por Cortez Editora, em 1988, sob o título *Vida urbana e gestão da pobreza.* Nota da 2. edição.]

SPOSATI, A. et al. *Assistência na trajetória das políticas sociais brasileiras.* São Paulo: Cortez, 1985.

STALIN, J. *Stalin.* In: NETTO, J. P. (Org.). São Paulo: Ática, 1982.

STARLING, H. M. M. *Os senhores das Gerais.* Petrópolis: Vozes, 1986.

STEIN, E. *Introdução ao pensamento de Martin Heidegger.* Porto Alegre: Ithaca, 1966.

_____. *A questão do método na filosofia:* um estudo do modelo heideggeriano. São Paulo: Duas Cidades, 1973.

STEPAN, A. (Org.). *Authoritarian Brazil.* New Haven/London: Yale University Press, 1973.

STEPAN, A. *Os militares*: da abertura à Nova República. Rio de Janeiro: Paz e Terra, 1986.

SZMERECSÁNYI, T. *O planejamento da agroindústria canavieira do Brasil (1930-1975)*. São Paulo/Campinas: Hucitec/Unicamp, 1979.

TAVARES, A. (Pseud.). Caio Prado Jr. e a teoria da revolução brasileira. *Revista Civilização Brasileira*, Rio de Janeiro, Civilização Brasileira, ano 1, ns. 11-12, dez. 1966/mar. 1967.

_____. *Causas da derrocada de 1º de abril de 1964*. São Paulo: Ciências Humanas, 1980. (Col. Temas de Ciências Humanas, 8.)

TAVARES, J. A. G. *A estrutura do autoritarismo brasileiro*. Porto Alegre: Mercado Aberto, 1982.

TAVARES, M. C. *Da substituição de importações ao capitalismo financeiro*. Rio de Janeiro: Zahar, 1972.

TEIXEIRA, A. *Educação no Brasil*. São Paulo: Editora Nacional, 1969.

TERTULIAN, N. La déstruction de la raison: trente ans après. *Doxa*, Budapest, Institute of Philosophy of the Hungarian Academy of Sciences, n. 4, 1985.

THOMPSON, E. P. *A miséria da teoria*. Rio de Janeiro: Zahar, 1981.

TOLEDO, C. N. *ISEB*: fábrica de ideologias. São Paulo: Ática, 1977.

TOLIPAN, R.; TINELLE, A. C. (Orgs.). *A controvérsia sobre distribuição de renda e desenvolvimento*. Rio de Janeiro: Zahar, 1975.

TRAN-DUC-THAO. *Phénoménologie et matérialisme dialectique*. Paris: Minh-Tan, 1951.

TRÍAS, V. *Três faces do populismo*. In: ENCONTROS COM A CIVILIZAÇÃO BRASILEIRA, 8., Rio de Janeiro, Civilização Brasileira, 1979.

VAJDA, M. Fenomenologia e marxismo: un dialogo. *Aut-Aut*, Milano-Firenze, La Nuova Italia, n. 127, jan./fev. 1972.

VÁZQUEZ, A. S. *Filosofia da praxis*. Rio de Janeiro: Paz e Terra, 1968.

_____. *Ciência e revolução*. Rio de Janeiro: Civilização Brasileira, 1980.

VERDÈS-LEROUX, J. *Trabalhador social. Prática. Hábitos. Ethos. Formas de intervenção*. São Paulo: Cortez, 1986.

VIANNA, L. W. *Liberalismo e sindicato no Brasil*. Rio de Janeiro: Paz e Terra, 1978.

_____. Problemas de política e organização dos intelectuais. *Presença*, São Paulo, n. 1, nov. 1983.

VIANNA, M. L. W. *O governo Médici*: uma análise de conjuntura. In: ENCONTROS COM A CIVILIZAÇÃO BRASILEIRA, 14., Rio de Janeiro, Civilização Brasileira, 1979.

_____. *A administração do milagre*. Petrópolis: Vozes, 1987.

VIEIRA, A. C. et al. O Serviço Social e o desenvolvimento de 1961 a 1968. *Serviço Social & Sociedade*, São Paulo, ano VIII, n. 24, ago. 1987.

VIEIRA, B. O. *História do Serviço Social*. Rio de Janeiro: Agir, 1985.

_____. Serviço Social: acesso à cientificidade. *Serviço Social & Sociedade*, São Paulo, ano IV, n. 10, dez. 1982.

VIEIRA, E. A. *Autoritarismo e corporativismo no Brasil*. São Paulo: Cortez, 1981.

_____. *Estado e miséria social no Brasil*. São Paulo: Cortez, 1983.

VINHAS, M. *A terra. O homem. As reformas*. Rio de Janeiro: Graal, 1980.

_____. *O Partidão*: a luta por um partido de massas (1922-1974). São Paulo: Hucitec, 1982.

VRANICKI, P. *Storia del marxismo*. Roma, Riuniti, 1973.

VV. AA. *Husserl (Cahiers de Royaumont/1957)*. Buenos Aires: Paidós, 1968.

_____. *Reconceptualización del Servicio Social*. Buenos Aires, Humanitas, 1971.

_____. *Realismo e antirrealismo na literatura brasileira*. Rio de Janeiro: Paz e Terra, 1974.

_____. *Ciclo de debates no Teatro Casa Grande*. Rio de Janeiro: Inúbia, 1976.

_____. *Compendio sobre metodología para el Trabajo Social*. Buenos Aires: Ecro, 1976a.

_____. *Histoire du marxisme contemporain*. Paris: UGE, 1976-1978. v. I-VIII.

VV.AA. Cultura brasileira. *Escrita-Ensaio*, São Paulo, Vertente, ano I, n. 1, 1977.

_____. *A questão agrária*. São Paulo: Brasil Debates, 1980.

_____. *Poder y oposición en las sociedades postrevolucionarias*. Barcelona: Laia, 1980a.

_____. *O nacional e o popular na cultura brasileira*. São Paulo: Brasiliense, 1981-1983. v. 1-5.

_____. A metodologia no Serviço Social. *Cadernos ABESS*, São Paulo, n. 3, 1989.

WANDERLEY, L. E. *Educar para transformar*. Petrópolis: Vozes, 1984.

WEFFORT, F. C. Nota sobre a "teoria da dependência": teoria de classe ou ideologia nacional. *Estudos*, São Paulo, CEBRAP, n. 1, 1971. (Col. Sobre teoria e método em sociologia.)

_____. *O populismo na política brasileira*. Rio de Janeiro: Paz e Terra, 1978.

WEISSHAUPT, J. R. (Org.). *As funções sócio-institucionais do Serviço Social*. São Paulo: Cortez, 1985.

WERTHEIM, J. (Org.). *Meios de comunicação*: realidade e mito. São Paulo: Editora Nacional, 1979.

YAZBEK, M. C. et al. Projeto de revisão curricular da Faculdade de Serviço Social/PUC-SP. *Serviço Social & Sociedade*, São Paulo, ano V, n. 14, abr. 1984.

ZAIDAN FILHO, M. *PCB (1922-1929)*: na busca das origens de um marxismo nacional. São Paulo: Global, 1985.

JOSÉ PAULO NETTO é Professor Emérito da Universidade Federal do Rio de Janeiro. Sua carreira docente registra experiências na Europa e na América Latina — aqui, participou ativamente do debate do Serviço Social aberto pelo Movimento de Reconceituação. É membro do conselho editorial de revistas de Serviço Social no Brasil e no exterior, tem publicados dezenas de artigos e ensaios e contribuiu em vários volumes coletivos organizados pelos pesquisadores da área. Além de *Ditadura e Serviço Social*, a Cortez Editora já lançou mais de dez edições do seu livro *Capitalismo monopolista e Serviço Social*.

No âmbito das Ciências Sociais, é marxista bem conhecido, seja pelos seus ensaios divulgados no país e fora dele, seja como organizador (solo ou em coautoria) de coletâneas de Marx, Engels e Lukács, seja como tradutor não apenas destes três clássicos, mas ainda de Lenin e Karl Korsch e autores relevantes como Fernando Claudín, Jean Lojkine, Enrique Dussel, Jean Ziegler e Ludovico Silva. Redigiu também verbetes para dicionários especializados.

Da sua extensa bibliografia, são de destacar os seguintes títulos:

- *Lukács e a crítica da filosofia burguesa*. Lisboa: Seara Nova, 1978.
- *Capitalismo e reificação*. São Paulo: Ciências Humanas, 1981.
- *O que é stalinismo*. São Paulo: Brasiliense, 1981.
- *Georg Lukács, o guerreiro sem repouso*. São Paulo: Brasiliense, 1983.
- *O que é marxismo*. São Paulo: Brasiliense, 1985.
- *Comunismo*. São Paulo: Global, 1986.
- *Portugal: do fascismo à revolução*. Porto Alegre: Mercado Aberto, 1986.
- *Democracia e transição socialista*. Belo Horizonte: Oficina de Livros, 1990.
- *Crise do socialismo e ofensiva neoliberal*. São Paulo: Cortez, 1993.
- *Marxismo impenitente*. São Paulo: Cortez, 2004.
- *Pequena história da ditadura brasileira. 1964-1985*. São Paulo: Cortez, 2014.

Dos livros que publicou em coautoria, destaque-se:

- *PCB: 1922-1982. Memória fotográfica.* São Paulo: Brasiliense, 1982 (coautores: José Antônio Segatto, José Ramos Neto, Paulo Cesar de Andrade, Vladimir Sacchetta).

- *Cotidiano: conhecimento e crítica.* São Paulo: Cortez, 1987 (coautor: Maria do Carmo Falcão).

- *Economia Política: uma introdução crítica.* São Paulo: Cortez, 2007 (coautor: Marcelo Braz).